中国社会科学院 学者文选
巫宝三集
中国社会科学院科研局组织编选

中国社会科学出版社

图书在版编目(CIP)数据

巫宝三集 / 中国社会科学院科研局组织编选. —北京: 中国社会科学出版社, 2003.5 (2018.8 重印)

(中国社会科学院学者文选)

ISBN 978-7-5004-3754-3

Ⅰ.①巫… Ⅱ.①中… Ⅲ.①巫宝三—文集②经济—中国—文集③经济思想史—中国—文集 Ⅳ.①F12-53

中国版本图书馆 CIP 数据核字(2003)第 018272 号

出 版 人	赵剑英
责任编辑	李 是
责任校对	谢 康
责任印制	戴 宽

出　　版	中国社会科学出版社
社　　址	北京鼓楼西大街甲 158 号
邮　　编	100720
网　　址	http://www.csspw.cn
发 行 部	010-84083685
门 市 部	010-84029450
经　　销	新华书店及其他书店
印刷装订	北京市十月印刷有限公司
版　　次	2003 年 5 月第 1 版
印　　次	2018 年 8 月第 2 次印刷
开　　本	880×1230　1/32
印　　张	13.5
字　　数	323 千字
定　　价	79.00 元

凡购买中国社会科学出版社图书,如有质量问题请与本社营销中心联系调换
电话:010-84083683

版权所有　侵权必究

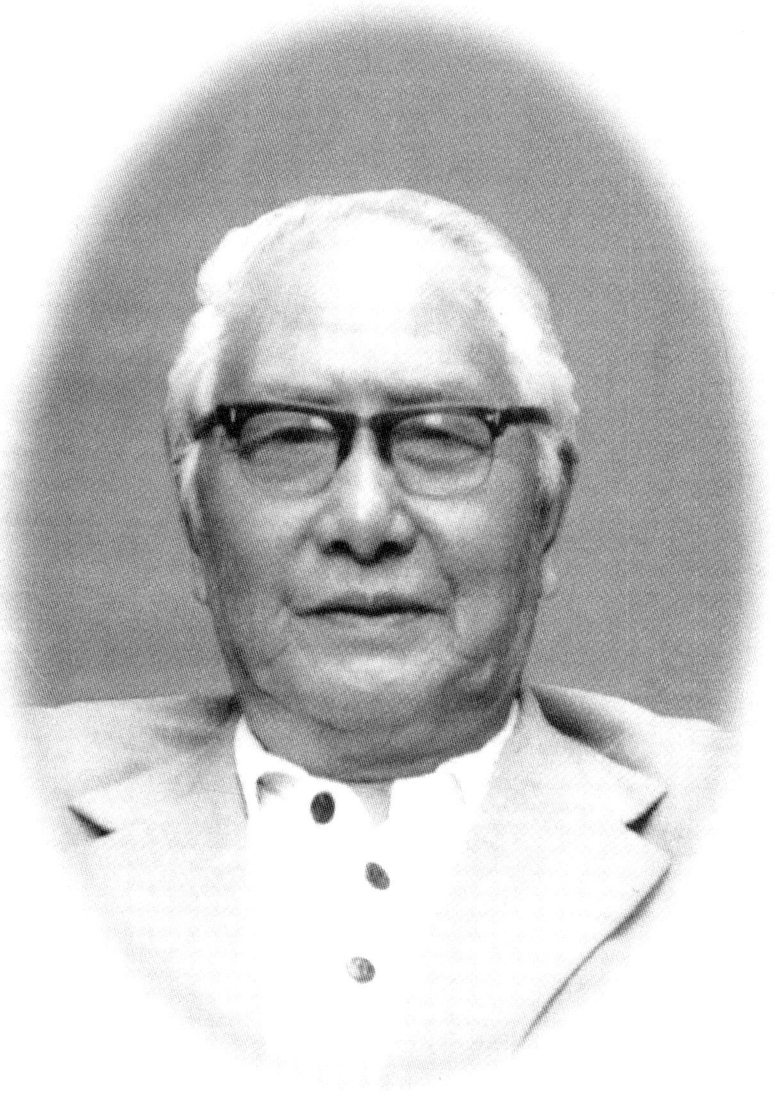

目 录

编者的话 …………………………………………………（1）

农业与经济变动 …………………………………………（1）
中国国民所得（1933、1936 及 1946 年）………………（12）
抗日战争前中国的工业生产和就业 ……………………（39）

关于我国过渡时期经济法则的作用的几个问题 ………（50）
斯拉法著《用商品生产商品》中译本前言 ……………（64）

论经济思想史的研究对象、方法和意义 ………………（70）
论中国古代经济思想史研究主要方面及其意义 ………（94）
中国古代经济分析论著述要 ……………………………（116）
中西古代经济思想比较研究绪论 ………………………（129）
中国古代经济思想对法国重农学派经济学说的影响问题
　的考释 …………………………………………………（165）

我国先秦时代租赋思想的探讨 …………………………（192）

《管子》的封建社会国家经济论 …………………………（260）
孙武、孙膑的经济思想 ……………………………………（333）
庄子的经济思想 ……………………………………………（343）
司马迁"法自然"的经济思想 ………………………………（361）

作者著译书目 ………………………………………………（403）
作者年表 ……………………………………………………（409）

编者的话

巫宝三（1905—1999）原名巫味苏，江苏省句容县人。1925年入吴淞政治大学。1927年入南京中央大学。1930年转入清华大学，1932年毕业后入南开大学经济学院，从事研究工作，1933年至1949年先后在北平社会调查所和中央研究院任助理员、副研究员、研究员及南京中央大学兼职教授等。其间于1936—1938年由中央研究院派赴美国留学，获哈佛大学硕士学位。1938—1939年在德国柏林大学进修。1947—1948年受罗氏基金会资助，再度赴美，完成博士论文，获哈佛大学博士学位。新中国建立后，历任中国科学院经济研究所研究员兼副所长、代理所长；经济思想史研究室主任；《经济研究》编辑部编辑委员会委员、顾问；经济研究所顾问、学术委员会委员；中国社会科学院研究生院教授、博士研究生导师；北京大学兼职教授；中国经济思想史学会名誉会长；外国经济学说研究会顾问；中国民主促进会第四、五届中央委员、第六、七届中央常委、第二、三届中央参议委员会常委；第五、六、七届全国政协委员、北京市政协第五届委员、常委、第六届委员、常委、副主席等职。

巫宝三一生致力于经济学的理论研究工作。他的学术活动和成就，大体上可以新中国成立前后分为两个大阶段。在1950年代以前，主要从事中国农业经济问题和西方经济学说的研究。50年代以后，主要致力于中国经济思想史的研究。他的理论研究的一个突出特点和优点是很重视联系中国经济的实际，在研究西方经济理论时，主要不是作一般的介绍和阐述，而是着眼于研究中国的经济问题。如他研究农业经济和总量分析的经济理论时，就是联系了中国作为一个农业占主要地位、有别于工业化国家的情况进行分析的。在他主持的"中国国民所得"课题的研究中，更是从旧中国统计资料贫乏等实际情况出发，在充分利用一切已有资料的基础上，详细搜集和估算其他方面的材料，历时三年，才完成了《中国国民所得》一书，成为我国第一部对国民所得作详备研究的著作，得到国内外学术界很高的评价。在中国经济思想史的研究工作中，他强调要从编辑经济思想资料入手，在详细占有第一手资料的基础上，对各种经济思想、范畴和有关思想家的经济思想，逐个进行专题研究，然后再进行综合的、系统的研究，写出各个时代的专著。同时为了充分论述中国经济思想史的特点，丰富经济学说通史的内容，他提倡进行中西经济思想的比较研究，主张批判地吸取西方经济理论中有用的因素，以适应中国经济改革与社会主义经济理论建设的需要，使经济思想史的研究，在广度和深度上推向前进。

巫宝三一生著译颇丰。1950年代以前，出版专著和译著9部，并在国内外刊物上发表论文数十篇。50年代以后，编辑出版了近代和自先秦至清代多卷本的《中国经济思想史资料选辑》以及《古代希腊罗马经济思想资料选辑》、《西欧中世纪经济思想资料选辑》等共8卷9册计300多万字的资料书，专著3部，译书1部，论文40多篇。

根据中国社会科学院编辑"学者文选"的有关要求和精神，

这次收录的 15 篇论文是考虑和选择了作者不同历史时期、不同学术领域里有代表性的学术论文，其中发表于新中国成立以前的 3 篇，1950 年代以后的 12 篇。凡已作为专著出版的，这里就不再收入。

根据以上的考虑和要求，这里收入的论文，按其内容和写作时序，编为四组。

第一组三篇论文，均发表于 1940 年代，其中一篇是研究农业国家经济发展的理论，另外两篇是关于三四十年代中国国民所得的研究。

巫宝三研究经济理论，始终立足于中国经济的实际。旧中国是一个经济落后的农业国，因此他特别重视对农业经济问题的研究。他的《农业与经济变动》一文，就是从落后的农业国经济的现实出发，对西方发达国家经济学界的农业经济理论进行分析并提出质疑的一篇极富创见性的论文。该文探讨了在农业国家（不同于发达的工业国）中，经济变动是如何发生的，分析了杰奉斯与谟尔的收成学说所提出的"农业丰收是成为发动经济繁荣的因素"的理论，指出它既不完全适合工业国家经济变动的实际，更不能在农业国家成立。文章进一步分析了经济变动中的弹性需求理论，认为这一理论，也是从英美等发达工业国家立论的，而对于像中国、印度等农业国家来说，就并不适用。因为在不同农业国、不同对外贸易关系的情况下，农产品需求弹性有着种种差异，由此引起不同的经济变动。归根结底是取决于各国经济结构的不同。文章还探讨了需要线的移动问题，指出汉森教授的有关论点，对发达的工业化国家是真实的，但对中国、印度等农业国则不适用。文章最后批评了凯恩斯关于经济盛衰发动于农产物存积周期的论点，但赞同熊彼得的"在一个前资本主义社会所包含的资本主义部分愈小，则资本主义过程中，特殊变动所产生的影响愈小，而外来因素则成为经济变动的主因"的观点。该文以富于理论性创见，而获中央研究院杨铨纪念奖。

由于巫宝三在研究西方经济理论时，十分重视联系中国的经济实际，在他研究农业经济和总量分析的经济过程中，发觉中国经济中存在两个突出的现实问题：一是在中国经济中，农业生产占有极为重要的地位，二是要使中国经济发展，就要大量投资，而这些投资，必须从每年的国民生产中减去消费部分以后，才能获得。为了研究这个问题，就必须进一步研究中国的国民生产（国民收入）有多少？农工商等各业在其中各占比重是多少？国民生产总额中用作消费部分有多少？剩下可用作投资部分有多少？等等。弄清这些国民经济的基本问题和数据，对于研究和制定中国财政经济的发展计划以及对国民经济各方面作进一步的研究，都具有头等重要的意义。因此要研究中国的经济问题，就需要对中国国民所得问题进行研究，这在当时中国社会科学界，还是一个没有开发的学术领域。从1930年代末起，他就着手筹划这项工作。首先对国民所得概念的厘定和理论的阐发，进行深入的探讨，然后与汪馥荪（敬虞）、章季闳（有义）等五位研究人员一起，对中国国民所得的实况，进行前所未有的精密测量，于1945年完成《中国国民所得（1933）》一书，被列为中央研究院社会科学研究丛刊之一，于1947年由中华书局出版。这是我国第一次对国民所得作出的较为详备的研究，也是我国在这方面的第一部著作，得到国内外的高度重视和好评。美国哈佛大学的费正清教授认为此书"是对中国国民所得现有的最详备的估计。"联合国1948年出版的《各国1938—1947年国民所得的统计》中的中国部分，介绍了此书，并引用了书中的资料。此外，巫宝三还撰写了《国民所得概论》（正中书局1945年）、《中国国民所得估计方法论稿》（华西大学《经济学报》第1卷第1期，1944年）、《国民所得与国际收支》(哈佛大学)《经济学季刊》,(1946年)、《中国国民所得的一个新估计》(芝加哥大学《政治经济学杂志》,1946年),《中国国民所得: 1933修正》(《社会科学杂志》第9卷第2期, 1947年)等一系列有关研究国民所得的著作和论文。这里收录的《中国国民所得1933、1936、1946》是较有代表性的一篇。

《抗日战争前中国的工业和就业》一文,是巫宝三与汪馥荪(敬虞)两先生合作的成果,发表于英国《经济学季刊》1946年9月总第223期。该文在当时有关资料十分缺乏和凌乱的情况下,以极大的努力,克服种种困难,对中国的工业生产和就业状况,作出了相应的估计和测算,并与英德美三国的工业生产和分配状况进行了比较分析。1990年代末,日本学者久保亨和牧野文夫两教授对此评价说,该文"从总体上把握近现代中国经济的发展过程,特别是为探讨民国时期(1912—1949)中国工业的生产规模及其结构而进行的必要的基础工作","是一项令人惊叹的成果"。鉴于该文在研究中国国民所得中的重要意义,故一并收录于此。

第二组两篇论文。其中《关于我国过渡时期经济法则的作用的几个问题》一文,是巫先生在新中国建立后,努力学习马克思主义,以马克思主义经济理论研究分析我国过渡时期经济关系的一篇代表作。文章根据马克思主义经济学原理和党的政策,首先分析了经济法则与国家制度的关系,分析了当时存在的五种经济成分和三种经济形态各自在经济上的特点及国家根据社会发展的经济法则制定相应的政策,大力发展社会主义经济,利用和改造非社会主义经济的必要性、可能性和必然性。其次,进一步联系几年来社会主义改造的实际成就,分析了生产关系一定要适合生产力性质的法则,在对国民经济改造中所起的巨大作用。最后文章着重分析了社会主义基本经济法则对整个国民经济所起的作用和对各种经济成分所起的不同作用。全文较好地对过渡时期党的经济政策,作了理论性的阐发。另一篇《用商品生产商品》中译本前言写于1990年,该书中译本重印第3版时,它对原著的理论要点,作了简明的介绍。《用商品生产商品》一书作者斯拉法(Pie Sroaffa, 1898—1983)是英国剑桥学派著名经济学家。《用商品生产商品》一书是他30多年研究的重要成果。此书提出的理论体系及在此基础上建立的新的分配理论,是剑桥学派经济理论的基石。虽然此书篇幅不大,只有98页(中译本仅96页),但它对边际生产力分配理论的批判,被认为是对新古典学派经济理论的第二次革命,具有划时代的意义。因此此书可以说是篇幅最少,而影响力很大的一部著作。在中译本前言中,巫先生对此书的理论特点、研究方法及此书问世以来各种肯定和否定的意见,也作了简略的介绍。《用商品生产商品》一书原文比较艰深,中译本的问世可以说是巫先生对学术界的又一贡献。

第三组共五篇论文。其中三篇是论述关于经济思想史研究的对象、方法和意义的文章。另外两篇是关于中西古代经济思想的比较研究及中西经济思想交互关系的文章。

《论经济思想史的研究对象、方法和意义》一文,是在十年动乱结束后,写于80年代初,经济思想史的学术研究开始恢复的时期,是为了适应新时期经济思想史学科建设的需要。文章对经济思想史研究的对象、方法和时代意义,进行了深入的阐发。首先描述了经济思想史这门学科产生和发展的历史;其次对这门学科中存在的三种不同的名称——政治经济学史、经济学说史和经济思想史,在研究对象和范围的大小、异同上,作了分析和说明。并指出,迄今在经济思想史研究领域里,一般都只是论述欧美古代与近代的经济思想,还没有一部包括几个古老文化国家(如中东、印度和中国)的经济思想史。因此研究和出版中国在各个历史时期的丰富的经济思想史，不仅对中国，而且对丰富世界经济思想史的研究，有重要的意义。关于研究方法，作者在论述运用历史唯物主义方法的重要性的同时，强调要防止用贴标签方式代替阶级分析和不作科学分析，随心所欲地评价思想家学术思想的错误倾向。最后文章论述了研究经济思想史，对于开展广义政治经济学研究的重要意义，特别是关于贯彻厚今薄古原则，要遵循马克思恩格斯关于古代经济思想研究的指示，既要反对复古，也要反对鄙古。

在《论中国古代经济思想史研究的主要方面及其意义》一文中，作者首先指出，写作此文的目的在于回答一个长期存在于学术界的问题，即"研究中国经济思想史有什么意义"？作者认为其意义就在于通过对中国经济思想史的研究，深入探索和揭示客观史实，剖析其中的意义，使中国经济思想史这门学科建立在对象明确，内容丰富，意义肯定的基础上，从而为弘扬中国固有文化和丰富世界经济思想史作出应有的贡献。为此，文章从三个方面展开论述：（1）如何看待中国经济思想史这门学科的研究和如何评价中国历史上的经济思想。对此文章回顾了在欧洲经济科学作为独立学科的形成和欧洲最早一部经济学说史的出现，相距有二百多年的时间。指出中国在 20 世纪 20 年代以前，从未有过经济思想史著作出现，这种状况是与中国资本主义工商业发展迟缓，经济思想一直没有冲破封建自然经济这一客观实际有关。自 50 年代末尤其是 80 年代以来，随着中国社会主义经济建设的发展，中国经济思想史的研究，有了长足的进展，取得了丰硕的成果，这对世界了解中国的经济思想和丰富世界经济思想通史，都有重要的意义。（2）经济思想的内涵是什么？作者认为，各个时代各个思想家的经济思想，大抵包括有三个方面：一是作为经济思想基础或出发点的哲学思想；二是对各种经济问题的见解、主张和政策方案；三是对各种经济现象和问题内在外在关系的分析。一个大经济学家的经济学说，常常包含了这三个方面，而一般的思想家则往往着重表述经济思想的一个或两个方面。在我国古代的经济思想，往往以哲理和政策观点居多，而经济分析则较少。文章以先秦时期的经济思想为例，深入探讨了上述经济思想的三个方面。(3)关于先秦经济思想的主要特点。文章认为先秦经济思想是历史上中国经济思想的源头。它既有规范性思想，也有实证性论述。主要表现在"食"、"货"范畴的宏观经济分析中，具体体现为以农为本而展开的富国富民思想，先秦的儒、墨、法各家的经济思想，都属于这种经世济民的宏观经济理论。在微观经济思想方面，春秋战国时代的大商人范蠡与白圭，提出"积著之理"和"趋时"、"待乏"等经商原则，它包括了商品上市的季节性规律、一般物价涨落规律、商品与货币流转原则等。此外，在农业经济方面，《管子》提出的"均地分力"论，透彻分析了在小农经济的经营中，如何提高生产积极性的各种条件，是很富有理论意义的微观经济分析。

根据以上三个方面的分析，作者认为中国先秦时代的经济思想是很丰富的，其中不乏某些卓越的经济分析，至今还有它一定的现实意义。对它进行深入研究，不仅为弘扬我国固有文化所必须，对于丰富古代世界经济思想亦有必要。

作者在《中国古代分析论著述要》一文中，有针对性地介绍和论述了中国古代经济思想中，具有经济分析性的论著，据以反驳某些西方经济学者所谓东方经济思想中缺乏科学分析内容之谬见。全文分为两部分。第一部分论述规范性经济思想与分析论证性经济思想的相互联系与区别。指出前者在于回答"应当如何"的问题，后者在于回答"是什么"的问题，而二者往往并存于一个经济学说中。在古代由于自然经济处于统治地位，经济关系比较单纯，经济学尚未成为一门独立科学，因此，经济思想的论著，以规范性论述居多，分析性的经济学说很少，这在西方古代亦是如此。在中国古代绝不是没有构成理论的经济分析，而是人们缺乏对中国古代经济思想的研究。第二部分作者列举了先秦以来有典型意义的六个经济分析理论：（1）孙武对农业生产与赋税及土地制度关系的定量分析。（2）管仲的"相地而衰征"的租税差等理论的分析。（3）荀子《富国论》中对欲与求、分工分职、财货本末源流等所作的杰出的经济分析和论证。（4）孟子的社会分工与交换劳动的理论分析。（5）孔颖提出的铸币"不惜铜爱工"的原则和"钱货既均"的理论，对货币价值论所作的探讨及丘浚对货币价值论的进一步分析。沈括对货币流通速度的理论分析。（6）《管子》的"侈靡论"和陆挚的"禁奢辨"对消费反作用于生产，有利于促进生产发展所作的理论分析。

《中西古代经济思想比较绪论》和《中国古代经济思想对法国重农学派经济学说的影响问题的考释》是作者在经济思想史领域里，贯通中西方经济思想研究、颇富于创见性的两篇论文。在《绪论》中作者指出，对中西方经济思想作比较研究，其目的在于阐明两者的共同性与各自的特点，尤其是后者。为此，文章以中国的西周至战国时期（前11世纪至前221年）与古希腊罗马（前12世纪荷马时代至前5世纪罗马帝国灭亡），从三个方面进行了比较研究：

（1）古代中国与古希腊罗马社会经济发展的异同：①两者在自然经济占主导地位、农业是最主要的生产部门和生产力的发展方面，都颇为相通。但在土地关系上则很不相同。古希腊罗马是奴隶社会，土地私有，直接生产者是奴隶；而古代中国，土地分封为公侯贵族所有，直接生产者是自有农具的小私有经济，向土地所有者缴纳劳动地租和实物地租。②商品生产和货币经济都早已产生。但两者在各自社会中发达的程度不同。古代中国是内陆国家，古希腊罗马在地中海沿岸地区有繁茂的航运和国内外贸易，其商品货币经济远较古代中国发达。③最初两者的政权都操于土地贵族，但后来两者有很大差异。古代中国是宗法制政权与土地所有制结成统一体，后来由兼并战争而演化为绝对君权的官僚制度，工商业者在政治上多依附于贵族和封建统治者，没有形成一个阶级力量。而古希腊罗马在梭伦改革后，公民都享有政治权利，工商业富有阶层得参与政权。

（2）古代中国与古希腊罗马经济思想的异同：①古代思想家的经济思想，都以哲学、政治思想为基础，这在古代中国和古希腊罗马是相同的，只是由于具体社会历史条件的不同，提出的经济问题和作出的论述有所不同。②两者都把农业生产放在首位。但在中国，重农思想主要是从国家和君主的富强出发，发展成为重农抑工商的政策和理论，而在古希腊罗马则主要是从奴隶主大农庄的利益出发，没有形成为抑制工商业的政策和理论。

（3）古代中国所特有的经济思想。如对封建经济问题的理论分析以及封建主义的功利思想、租赋思想、富国思想等。

在《考释》一文中，作者对中国古代经济思想如何和为何对法国重农学派经济学说产生影响的问题，作了迄今最为详尽的考察和分析。文章从三个方面作了考释：（1）中国学术思想在法国的传播：文章考察了16世纪以来，中西方文化学术交流的历史，特别是中国学术思想在法国传播的情况。（2）自然秩序论与天道论：魁奈继承了欧洲自古希腊罗马以来，特别是17—18世纪以来反宗教蒙昧主义和反封建专制主义的自然法思想。认为自由和理性是自然秩序最重要的内涵，从而把自然法思想作为其整个学说的基础。而中国儒家的天道观的政治哲学与道德制度，被重农学派认为是符合于自然秩序的自然法思想，因而加以认同和推崇。
(3)重农学派与古代中国经济思想之异同：两者都认为农业是财富的本源，是社会生存的基础。但法国重农学派认为工商业对农产品加工及农工产品的流通是社会所必需的，因而主张给工商业发展以一切便利，取消各种限制，不征工商税。而古代中国经济思想则强调抑制工商业的发展。这是两者根本不同点。最后，文章探讨了古代中国的重农思想对法国重农学派的影响。认为法国重农学派的自然秩序思想，渊源于欧洲古希腊罗马及中世纪以来的学术思想，并非是接受中国古代学术思想的结果。但中国古代的学术思想确是对重农学派思想产生了某种推动力，为其经济学说提供了有力的论证。中国古代的重农思想与法国的重农理论体系，在外观上相合，而与理论实质则无何联系。

第四组共五篇论文，其中两篇是综论性的专题研究，另外三篇是对各别思想家经济思想的探讨。

《我国先秦时代租赋思想的探讨》是一篇专题研究论文。作者认为租赋思想是我国古代最重要最突出的经济思想之一，自先秦至整个封建时代，都占有重要的地位。探讨租赋思想，离不开田制和税制，因此其范围较单纯从财政学来论述为广。文章首先从西周铜器铭文探讨了"租"的概念的起源。接着考察了《国语》和《管子》中有关管仲改革租赋制度的论述，揭示了这一改革在理论和实践上的进步意义。其后《禹贡》发展了管仲的租赋思想，而在《周礼》中则有更大更丰富的发展。作者认为管仲、《管子》、《禹贡》和《周礼》的租赋思想，属同一体系，而以《周礼》为高峰。文章还就先秦各派思想家的主要代表人物：孔子、墨子、孙武、李悝、商鞅、孟轲、荀况等的租赋思想一一作出了分析。最后文章就中国古代租赋思想的特点与古希腊罗马作了比较分析，指出，古希腊罗马也很重视农业，但在各种有关农业经济的论著中，很少有关地租的论述。这是由于古希腊罗马是奴隶社会，奴隶没有私有经济，也就不会有地租问题的出现。虽然奴隶社会也有自耕农和隶农要交地租，但它不构成社会的主要经济问题，所以并无思想家去重视和论述这个问题。到了中世纪，欧洲封建领主领地内，有公田私田之分，实行劳动地租。13世纪后，公田分与农奴耕种，实行实物地租，与中国先秦时代的土地制度颇为相似。但由于欧洲在神学统治下，没有能出现像中国先秦时那样各派思想家的论述。由此可以看出，研究中国古代租赋思想，对于理解仔国古代社会经济和历史，有着重要的意义。

《〈管子〉的封建社会国家经济论》这篇专题论文，是《管子经济思想研究》一书中的一篇总论，是作者长期研究管子经济思想具有总结性的一篇论著。作者认为《管子》一书的特点，就在于非成书于一时一人之手，而是战国秦汉多家多方面思想的总汇。其经济思想的产生，一是源于管仲治国功业及其政策思想；二是源于春秋战国时代社会经济变革所产生的思潮。为了真实地反映和理解《管子》的经济思想，作者认为必须根据《管子》原著自身的拓点去整理和考察其经济思想理论，避免套用近代的经济理论。所以论文在整个研究分析中，没有采用生产、交换、分配这样一些近代的经济理论范畴，而是按原著固有的思想表述方式，将《管子》一书的经济思想的主要内容，归纳为九个方面：

（1）务本论、富国论。《管子》对农业财富的重视和对富国问题的论述，较其它法家更全面而具体。其对物质财富的理解，与现代国民财富论相近。其富国论介于商韩法家与儒家之间，而略近于商韩。

（2）欲利论。《管子》的欲利论，接近于法家而兼取儒家礼义之说，主张刑赏与教化并用。

（3）务本饬末论。《管子》重本，并主张禁末产，但同时极其重视百工的制造。这是与其他法家重本抑末论的不同地方。

（4）分民说。发展了管仲的四民分业论，展示了一幅多样化专业的图景，并为它的发展提出了论据。

（5）关于土地制度。描述了在授田制下分户经营的小农制度的进一步发展，是新兴地主和小农占有土地，代替旧的贵族领主封地的制度。《管子》认为，这种土地制度，可以发挥很大的生产力。但全书没有一处有土地买卖的论述。

（6）关于发展农业生产力。《管子》把发展农业生产力的思想，提到更高的水平，提出了改善生产关系以提高生产力的卓越论述。还比较全面系统地论述了生产要素和土地结合的作用，特别是从农学上研究了水利灌溉及各种土壤与农作物和果木生长关系的问题，是学术思想上的新发展。

（7）赋税论。租和税的概念不分，是春秋战国时代通行的思想。管仲提出的"相地而衰征"的赋税政策，在理论和实践上都有划时代的意义。它的"富上足下"的分配原则，对封建社会的分配关系有深刻的理论意义。

（8）商品货币关系论。《管子》对商品货币问题的重视及其论述篇幅之多，为古代各家著作中所仅见。文章对《管子》提出的重视流通领域，加强国家对流通领域控制的各种具体政策进行了分析，指出，《管子》的思想并非代表商人阶级维护商人的利益，而是为了巩固和加强封建君主的财力和抑制富商大贾，与欧洲的重商主义根本不同。文章深入分析了《管子》的市场论、货币学说、价格学说及货币价格政策，在肯定其理论贡献的同时，也指出其中某些荒诞谬误之处。

（9）侈俭论。文章认为《管子》的侈俭论所讨论的是关于统治阶级的消费问题，其特点是既主俭，但不是无条件地崇俭；既反侈，而又肯定侈靡的作用。这是《管子》侈靡论提出的非常可贵的新论点。

对于各别思想家的经济思想，这里选录的三篇是比较有特色的。

在《孙武孙膑的经济思想》一文中，作者指出，这两位不但是大军事家，而且对政治经济问题亦有卓越的论述。对此，过去不大为人们所注意。文章从富国富民思想、数量观念和为企业经营所借鉴的兵家战略思想三个方面进行了探讨。首先根据《孙子兵法·吴问篇》中孙武对晋国六卿谁先灭亡，作出的精辟论断所反映的田制和赋税思想以及《孙膑兵法·强兵篇》中所提出的强兵思想，探讨了孙武、孙膑的富国强兵思想与商鞅的富国强兵思想的异同。其次，文章列举《孙子兵法》中有关度、量、数、称、胜等数量观念在军事战略中的运用，认为这是对我国古代数量观念在军事中应用的重要贡献。最后文章对《兵法》中有关将帅应具备的条件及其在军事胜负中的关键作用，这一战略思想应用于现代企业经营中的重要借鉴意义作了探讨。

在《庄子的经济思想》一文中，作者指出，在学术界尤其是中国经济思想史学界，几乎无例外地认为庄子思想是反对技术和经济进步，反对时代潮流的复古倒退主义者，是消极性的。但作者认为，庄子思想有其积极的一面。本文从庄子思想的三个方面：治世论、养生论和对工商技术的态度，作了深入的分析和论证。文章说一般言庄子思想者，认为他是避世、厌世主义者，其实庄子是讲了许多"明王之治"，并提出了他的积极治世之道："能其事者以为治"的思想。这就是他的顺应自然的治世论。他主张治世要"应时而变。"荀子说庄子"蔽于天而不知人"，其实庄子是既知天也知人的。庄子的养生论主张恬淡自适，力求寡欲而顺自然。文章分析了庄子的"寡欲"与"无欲"之别，指出后者是就社会现象而言，前者是就个人生活而言。养生需要物资，但不应使物资成为养生的累赘，因而反对剥削和争夺，占有不必要的物量，这是庄子养生论的精义所在。它既是个人主义的，也是共利共给主义的，而不是自私自利的。最后文章分析了庄子对工商与技术的态度，指出它既有否定的一面，也有肯定的一面，各随其所论述的问题而定，对丧失自身的自然真朴而务于功利的机巧，则否定；对"循乎天理"和"因其固然"的技术则肯定。

《司马迁"法自然"的经济思想》一文从论述司马迁的基本思想出发，分析和高度评价了司马迁的社会经济观。全文分6个部分。第1部分论述司马迁的基本思想，"法自然"是以道家为主，兼采儒墨之善，名法之要，是对道家思想的发展。第2部分论述司马迁关于社会经济发展的学说。作者认为，司马迁的社会经济发展思想是他的"通古今之变"所必然要回答的基本思想。司马迁对社会经济发展规律提出的"善者因之，其次利导之，其次教诲之，其次整齐之，最下者与之争"的著名论断，即是基于"法自然"的思想。文章第3、4、5部分，分别就司马迁的货殖学说、农虞工商各业的经营原则和反对封建专制主义与民争利政策三个方面，进一步申述了"法自然"的经济思想。最后第6部分以司马迁经济思想的历史地位为总结，指出司马迁从封建社会发展正反两方面的历史教训，提出封建社会经济发展的一些基本原则和学说，这在封建社会中是永放光辉的思想，它在中国封建社会里未能开花结果，这是因为在专制主义的封建社会里，被视为异端而没有"昌明其义"的可能。

巫宝三先生是我国老一代著名经济学家，他学贯中西，是中国经济思想史研究新阶段的开拓者之一。他治学严肃认真，实事求是，坚持真理，不随风曲附。他热爱所从事的学术事业，不计名利，不尚虚荣，脚踏实地，潜心于学术，直至耄耋之年，仍孜孜不倦地工作，以自己渊博的知识，优良的学风和品德，教育培养了一批又一批的硕士和博士研究生，为国家造就有用人才，弘扬祖国文化而贡献了毕生精力。他的道德文章是永远值得人们怀念的。

朱家桢

2002年3月20日于北京

农业与经济变动[*]

一

在经济变动中,农业向被看做一个被动的因素。汉生教授(A. H. Hansen)曾说"农业现在成为工商业的球戏"[①],我想大多数经济学者会同意这句话。少数经济学者如提谟申科先生(V. P. Timoshenko),仍然想为杰奉斯父子(W. S. Jevons, H. S. Jevons)及谟尔(H. L. Moore)的学说辩护[②],可是没有引起任何响应。我以为在英美等国家,农业在经济变动中所占的地位,

---

[*] 本文原载清华大学《社会科学》第3卷第1期,昆明,1941年4月。

本文大部是作者受中央研究院社会科学研究所研究补助在国外写的,为未完稿农业国家经济发展理论一书的一部分。现加以补充,先行发表,希望海内贤硕,不吝讨论。又本文原稿,曾与作者其他论文,获得(民国)二十九年度中央研究院杨铨纪念奖金。在本文发表之时,作者敬向中央研究院及社会科学研究所致射。

① A. H. Hansen, The Business Cycle and Agriculture, Journal of Farm Economy, Jan. 1932.

② V. P. Timoshenko, The Role of Agricultural Fluctuations in Business Cycle, Michigan Buisness Studies, No. 2.

不算第一等的重要，可是在澳洲、印度与中国等农业国家，则情形两样。我在这篇文章里面所说的农业国家，是指一个国家，她工业的发展，还很落后，她全国的价值生产（Value Production），受农业的支配。实在说，在这种国家，没有像现代理论家所说的"商业"盛衰（Business Cycle）。这种国家的商业，根据是农业性的，因此所谓"盛衰"（Cycle），也是农业性的。在这篇文章里面，我要讨论与此有关的几点，如经济变动在农业国家如何发生，农业在这种国家所占的地位至何程度，及在工业国家与农业国家中农业所发挥的影响如何不同。

二

杰奉斯与谟尔所主张的收成学说（Harvest theory），其要旨如下：在一个十足收成的年头，农产物的价格将趋低落，因此消费者以及制造商将受价格低落之益，贩卖商及运输业将受业务总量增加之益，这些因素转过来将发动经济繁荣。[①] 这个学说，不能完全解释工业国家的经济变动，现代经济学者已批评过。同时这个学说也不能在农业国家成立，因为工业在这种国家根本不发达。其次，丰收本身不能使价格高或低，价格的高或低，在于农产物需要弹性的大小。所以丕固教授（A.C.Pigou）又把收成学说修正了一下。在他的经济变动（Industrial Fluctuations）一书中，他说："假使农产物的一般需要，是有弹性的，一个十足的丰收，可

---

① W.S.Jevons, "The Solar Period and the Price of Corn"; "The Periodicity of Commercial Crises and its Physical Explanation"; "Commercial Crises and Sun Spots". All in Investigation in Currency and Finance, 1884.

H.S.Jevons, "The Causes of Unemployment", Contemporary Review, 1909.

H.L.Moore, Economic Cycle.1914; Generating Economic Cycles, 1923.

以引致经济繁荣。反过来说，假使一般需要是无弹性的，丰收可以引致经济衰落。"① 丕固教授这个说法，也值得重加考虑。第一，他的说法，不能解释一个不很工业化的农业国家的经济变动；第二，应用他的说法解释经济变动，我们要先知道，农产物的一般需要弹性是否大于或小于1，其次要知道，如果一般需要弹性是大于1，是否会引致经济繁荣。

在我看来，在一个不很工业化的农业国家里面，如果其经济关系只限于国内（Closed economy），不论农产品的一般需要弹性是大于1或小于1，丰收将永远引致经济繁荣。因为在这种国家，即使需要弹性是小于1，丰收纵使农业生产者的货币收入减少，农业生产者的实物收入将因以增加。在这种国家，农业生产者消费的物品，大部分是自产的，很少是工业品，所以丰收即是足衣足食足用。这种事实，可以在中国许多内地看到，在那些地方，自给自足经济仍然多少存在。我想印度有些地方也有这种情形。不过，这种社会随着经济进步已成为过去了，所以我不想过分看重此点。现在讨论我对丕固学说提出重加考虑的第二点。

三

经济科学还没有发展到一种地步，能够确定农产物的一般需要弹性。不过有几点值得探讨一下：第一，农产物的一般需要弹性，与农产物内所包含的是哪几种物品至有关系。有些农产物如棉花、橡胶、麻，其需要弹性比食粮为大，而且棉花、橡胶、麻等的需要，很少有代替其他农产物的可能。因此，在一个不很工

---

① A.C.Pigou, Industrial Fluctuations, P.41.

业化的农业国家，其所生产的工业原料作物较少，一般需要弹性就比较小。第二，高度工业化国家的一般需要弹性，比不很工业化的农业国家为大，因为消费者需要弹性比贩运商需要弹性大，①并且在工业国家里面，运销程序比较发达。例如美国的运销机构，就非常发达，从事运销业务的人的收入，在全国收入（National income）中所占的地位，仅次于制造工业。②虽然我们还不知道农产运销在整个运销程序中所占的部分，不过可以确定的说，农产运销在美国一定比不很工业化的农业国家为活跃。在这种情形下，虽然消费者需要弹性是小于1，因此丰收可以对农业生产者有害，但对于贩运商与运输业，丰收可以增加其收入。假定在收成是50个单位时候，农产物零售价格是20个单位，产地价格是12个单位，则农人的收入是600个单位，贩运商的收入是400个单位。现在假定收成增加到60个单位，并且零售价格跌到16个单位，产地价格跌到8个单位，则农人与贩运商的收入各为480个单位。这里全部收入是减少了，但是贩运商的收入则增加。现在我们来看一个运销不很发达的农业国家是怎么样。我们假定收成的数量仍然是50，产地价格仍然是12，但零售价格是15，则农人的收入

---

① 贩运商为存积而购买农产物，其需要弹性比消费者为大，这是无可否认的。不过存积牵连时间问题与存积费用，这些都不在我们所假定的问题以内。我们所要讨论的，是在其他条件不变的时候，农产物数量增加，价格如何变动。再说回来，存积这问题，并不过于复杂。假使我们假定农人自己储存所生产的谷物，到以后再出卖，农人替代了贩运商的地位，则贩运商的需要弹性显然比消费者为小。读者如试绘一消费者与贩运商需要曲线图，更可明了此点。又读者要注意，这里所讨论的，仅是需要线（demand schedule），而不是需要线的移动（shift of demand schedule）。关于需要线的移动，我们将在本文后部讨论。

② J. D. Black, J. K. Galbraith, "The Quantitative Position of Marketing in the U.S." Quarterly journal of Economics, May, 1935.

仍然是600，贩运商的收入则为150。再假定收成增加到60，产地价格跌到8，零售价格跌到11，则农人的收入为480，而贩运商的收入为180。在这两个情形下，农人的收入是一样，不过全部收入的减少，农业国家比工业国家为大。所以我们可以结论说，假使工业国家的一般需要弹性是1，农业国家的需要弹性则小于1。

可是有一点，像是与上述情形相反。在一个国家，分业农场（diversified farms）占主要地位，农产物的需要弹性，恐比专业农场的工业国家为大。假定农人自己消费的农产物，可以彼此代替至相当程度，则在某种农产物贱的时候，农人将保留作为自己消费，而出卖价格未变的一种。所以如果某一种农产物的需要弹性较其他一种为大，在这种情形下，其所对于农人的损失将较小。若在一个国家，她的农业生产是很商业化的，农人将不能就自己所生产的变更其需要。当然，其他消费者仍然可以变更其需要，不过生产者本人消费的替代性，与其他消费者的替代性，其程度大有不同。

上面的讨论，仅限于一个国家对外无经济关系。事实上，每个农业国家都多少有点对外贸易。这个事实，使上面的讨论不能不加以补充。一般说来，在国际经济关系之下，一国农产物的需要弹性，常比在孤立经济关系之下为大，并且输出品在世界贸易中所占的比例愈小，其需要弹性愈大。因为在国际经济关系之下，本国的输出品可以替代别国的输出品。澳洲在1929年，全国收入的20％以上，是来自对外输出。[1] 印度在1921—1922年间，也有10％以上的全国收入，来自对外输出。[2] 澳洲的主要输出品，是小麦、羊毛、肉类、牛油、糖及皮革，至于印度则为大米、棉花、

---

[1] D.B.Copland, Australia in the World Crisis, P.11.

[2] J.B.Jathar and S.G.Beri, Indian Economics, vol.11.pp.151—79.

茶及油类子仁。这些输出品的产地,并不限于澳印二国,所以这两国可以在国外市场上以本国的产品代替别国的产品。在1930年,中国的主要输出品,如生丝,占世界贸易总额17%,茶则占12%。[1] 有些农业国家的输出品,在国外市场的竞争性不大,如巴西的咖啡,马来亚与东印度的橡胶,及中国的大豆、桐油,都占世界产额的绝大部分,因此这些物品的国外市场需要弹性比较小。不过这是几个特殊的例子。事实上,农业国家的大多数输出品,在国外市场上都有竞争性的。

关于上述这一点,还有一方面值得提一提。一个国家所生产的一种物品,如果是主要为供本国消费的,而同时该种物品有大量输入,则丰收的结果,完全可以替代输入品。在这种情形下,需要弹性恐怕要大于1。在中国,大米、小麦、棉花都是主要农产品,同时也是大宗输入品。我们都知道,在一个丰收年头,大米、小麦、棉花的进口都大大减少。

根据以上的讨论,我们可以说,农产品的一般需要弹性,将因各种情形而不同。在对外无经济关系的情形之下,农业国家的需要弹性,将较工业国家为小。至于在国际经济情形之下,对外贸易额愈大,其在世界贸易中所占的成分愈少,则需要弹性将愈大。所以收成之丰歉,是否影响价格的变动,得视这些不同情形而定。

四

现在我们来讨论第二点,如果我们假定农产品的一般需要弹

---

[1] Djang Siao-Mei, The Position of China as a Producer of Raw Materials and a Consumer of Manufactured Products, P.14.

性是大于1，是不是丰收一定可以启动经济繁荣？

我以为在上述假定之下，只有农业生产占全国收入之大部，丰收才可以启动经济繁荣。丕固教授曾说："美国的农业生产，约占全国价值生产22%，并且收获的变动，上下于平均数，在百分之十以上，就是说，收获变动的总数，为20%，在这种情形之下，即使需要弹性无限的有弹性，由于收成变动所引起的最大可能的经济变动，也不过20%的22/78，就是6.5%，或是平均数各面的3.25%。"① 是不是3.25%的经济变动，可以使整个经济起何大的变动，是一个问题。不过有些国家，如澳洲、印度、中国，农业生产所占全国价值生产的部分，一定不止22%。在1925—1926年，澳洲的农业生产，差不多占全国价值生产60%，② 至于英国治下的印度，在1913—1914年，农业生产占全国收入71%。③ 中国还没有全国价值生产的估计，不过我想农业生产所占的成分，不会在印度之下。在这种情形之下，并根据上面对农产品一般需要弹性的假定，收成的丰歉，必对一般经济情形有重大影响。在中国常可看到，在丰收的时候，农人有充足的食粮，地主可收到地租，贷款者可收到本息，经营商业的人营业额大为增加。全国的经济生活，主要依于丰收。在印度，也是如此。恩斯推女士（Vera Anstey）说："收成的丰歉，直接影响国家的收入，生产者的生计，小工业的营业，输入品的需要，以及所有经营农产品运输、贩卖及出口的进款。没有别种因素，如经济政策的变更，大规模工业的扩张，或是商业情形大量的转变，可以和季候

---

① A.c.Pigou, Industrial Fluctuations, p.60.
② F.C.Benham, The Prosperity of Australia, p.16.
③ P.A.Walia and G.N.Joshi, The Wealth of India, P.105.

风的重要性比拟。"① 澳洲的情形，略有不同。澳洲是一个为输出而生产的国家，她的农业生产，依于畜牧较依于农作物为多；她的经济繁荣，受农作物丰歉的影响，不若受国外市场价格的影响为大。所以季候风的说法不能应用于澳洲。不过不论是澳洲、是印度，还是中国，有一点为大家所共有，就是全国的繁荣，依于农业收入的增高。在一个农业国家，农业收入的变动，是足以左右全国经济生活的。

以上的讨论，并不使我们得到一个简单的准则。在一方面，农业国家的农业生产，虽然是占全国收入之大部，可是除非有一个大的国外市场，需要的弹性常比工业国家为小，而国外市场又常常是有竞争性的。至于工业国家的农业生产，虽然在全国收入中占小部分，需要弹性则较农业国家为大，并且国外市场愈大，需要弹性也愈大。农产物的丰收，也许可以在农业国家引起经济繁荣，但不一定在工业国家也可以如此。或者农产物的丰收，可以在某一个农业国家引起经济繁荣，但不一定在别一个农业国家也可以如此。各国经济结构的不同，是这些歧异的根本所在。

五

上面所讨论的，是农产物需要线与经济变动的关系。现在我们要讨论需要线的移动。汉生教授在讨论农业与经济盛衰时曾说："总括而论，农产物价格的周期变动，主要由于经济盛衰中工商业购买力的变动所引起的农产物需要线的强烈移动。"② 在英美等国，

---

① Vera Anstey, The Economic Development of India, p.434.

② A.H.Hansen, op.cit., p.6.

这句话的真实性，是无可怀疑的。在经济生活依赖于出口贸易的农业国家，这句话也是很对的。不过一个农业国家，她如果没有大量的对外贸易，这句话的真实性，也就成问题。原因是在经济结构的不同。在有些国家，她的生产方法是间接的，经济的变迁，是受农业以外的因素的制约。举例说，美国的经济繁荣，也许是由于非农业的消费品的需要，而刺激资本物工业的扩张，因此而引起农产物需要线的移动。可是在农业国家，像我在上面指出的，需要线的移动不能起于非农业的因素。中国和印度的重要的工业是煤矿业，纺织工业，碾米及面粉工业，水泥工业，火柴工业，卷烟工业，及其他小规模的手工业。差不多所有这些工业，都是生产消费品。消费品的生产，当然与消费者的支出有关。很显然的，在农业国家，消费者的支出，依于农业的收入。这些工业不能根据工业需要本身可能的变更。而或伸或缩。

一个农业国家，如果有大量出口贸易，则情形大有不同。澳洲的情形，最可作为说明。从1925—1929年，澳洲因世界经济繁荣也跟着繁荣。出口货价高涨，出口货额增加，资本大量流入，这里这三者，像克浦伦教授（D.B.Copland）所说，是澳洲经济繁荣的基石。[①] 可是世界经济恐慌一经开始，"澳洲出口货价暴跌，致使出口货值减少4000万镑。同样，海外借款骤停，又使在国外的收入损失3000万镑。仅仅此两方面的损失，已达7000万镑，占前一年经济繁荣时全国收入10%以上。"[②] 中国的出口贸易，在国民经济生活上，其重要虽然不及澳洲，可是世界市场的变好变坏，对她也有密切关系。中国之所以未被牵入世界经济恐慌的圈子，实由于1926—1931年银价低落，出口货价高涨所致。在那个

[①] D.B.Copland, op.cit., p.11.

[②] Ibid., p.37.

时期，国内货价继续上涨，直至1931年。可是自从几个重要国家脱离金本位以后，银价和英美货币，立刻高涨，结果出口货价低落，国内货价也随之低落。①克浦伦教授在讨论澳洲经济地位时曾经说，澳洲还是一个"附庸的经济"（dependent economy），她出产原料及食料，这些物品的价格，在世界经济衰落时，是最先跌价。②我想只有在这种情形时，汉生教授上面的那句话，才有充分的意义。

凯恩斯先生（J.M.Keynes）在他的经济盛衰学说中，亦论及农业，并与上述一点有关，顺便讨论一下。凯恩斯先生在他的新著中，提出一个论点：如果经济盛衰是发动于农业，这是因为农产物存积的周期变动。③按照凯恩斯先生的学说，农产物存积的周期变动，是起于贩卖商对于将来的看法，换句话说，是起于在经济盛衰中贩卖商需要线的移动。假使这是一个正确的解释，则应该是说经济盛衰引起农业盛衰，而不是农业盛衰引起经济盛衰。凯恩斯先生也许以为农产物存积的周期变动，是起于农产物需要弹性比农产物供给变化为固定。就是说，即使除去因价格变更所引起的多量需要，需要仍然比供给固定，因此在丰收时，农产物自然存积起来，在歉收时，农产物的存积自然减少下去。依照这种说法，农业生产者的收入，在丰收时，无疑的将减少。农业生产者的目前收入不能增加，反为减少，那里还能引起经济繁荣！

---

① W.Y.Lin, China Under Depreciated Silver, 1926—1931, p.111., The New Monetary System of China, pp.11—6.

② D.B.Coplamd, op.cit.24.

③ J.M.Keynes, The General Theory of Employment, Interest, and Money, pp.322—332.

六

最后，我想引熊佩特教授（J.A.Schumpeter）的几句话来结束本文。熊佩特教授虽然以为在经济变动中，农业是外来的因素（exogenous factor），如战争、地震等一样，而非内在的因素（endogenous factor）[1]，并且以为收成的好坏，仅足以影响价值与收入，而这种影响的本身，仅是一个福利的问题，而不是一个经济盛衰的问题[2]，可是他说："在一个前资本主义的社会，所包含的资本主义的部分愈小，则资本主义过程中特殊变动所生的影响愈小，而外来因素则成为经济变动的主因。在 18 世纪以前，甚至 18 世纪之中，收成、战争、疫疠等，绝对的、相对的都极为重要，这不但是真实的，并且是很明显的。生产方法变动（innovations）所生的影响，在那种社会中，自然与在资本主义社会中不同"。[3]

于中央研究院社会科学研究所，
昆明，1940 年 11 月

---

[1] J.A, Schumpeter, Business Cycles, Vol.1, pp.7—10.

[2] Ibid.p.17.

[3] Ibid.pp.224—5.

中国国民所得
(1933、1936 及 1946 年)*

一

在内战及高度通货膨胀的混乱中，估计 1946 年中国国民所得的工作实在是一件非常困难的事。困难有下述几方面：第一，如大家所熟知，我国的货币价值变动极巨，已失其为共同计量单位的意义。我们要说一个单位的货物或劳务值多少国币，实无何意义。我们要再比较一个企业单位或一个个人在 1946 年的货币收入与在战前的货币收入，更无意义。不过国民所得的计算一定要用一个共同单位，而我们的货币，不管如何无意义及无价值，仍然是国内通用的共同计算单位。在这种情形之下，我们计算国民所得究竟应该如何计算？第二，全国性的统计材料只有很少几种，

---

* 本文原载《社会科学杂志》第 9 卷第 2 期，南京，1947 年 12 月。

作者很感谢资源委员会经济研究所所长孙恭度先生，如果没有他的鼓励，1946 年的估计不会现时就做的。当然，这不是说，孙先生是负这个估计的文责。此外，同事汪馥荪、章季阆二先生帮助作者估计制造业，运输交通，及政府劳务所得，亦一并在此致谢。

如农业中的作物及牲畜，矿冶业中的煤、生铁、钢、水泥、盐及其他几种不太重要的项目，制造业中的棉纱、丝、面粉、卷烟、火柴及电力，运输交通业中的铁路、汽车、飞机、汽船、电信及邮递，银行保险业的银行家数，私立教育机关的教职员人数，政府劳务中的中央政府的公务员人数，及国际支出与收入。是不是这些统计材料可以足够做出一个可以信赖的估计？第三，假使用价值增加法来计算国民所得，一定要计算每一个产业的总收入，减除项目及净收入。总收入尚可以价格乘产量得到。至于减除项目呢？不但是价格变动极巨，并且根本上没有原料及折旧等统计可供计算。最后，共产党控制区域是在中央政府管辖之外。因此，政府所编制的大多统计材料仅限于政府管辖区域，而共产党控制区域的统计材料，则无法获得。这一个事实，使得我们无法做出一个包括全国各省的满意的估计。

不过，社会各方对于1946年国民所得估计的需要亦极为迫切。我们经过八年的对外战争，接着又是大规模的内战，战争所带来的破坏以及战争所招致生产的努力，一定对于我们的国民经济有严重的影响。对外战争结束后，我国的生产能力及国民所得究竟有什么改变？这一个问题，不但经济学者及制订政府政策的人极望知道，就是一般人民也很想知道。面对这种需要，我们准备做一个1946年国民所得的初步估计，并准备用下述方法解决上段所述各种困难：

（一）1946年的价格因素，我们丢在一旁。所有各种产业生产的所得，皆按照战前价值计算。举例如米的生产量在1946年为1936年生产量90%，我们以米在1936年的生产值乘以0.90，就得到以1936年价格计算的1946年米的生产值。这个计算方法不但使我们免除价格激烈变动的困难，并且也使我们可以比较战后与战前的所得。除此以外，我们可以0.90乘1936年米的净产值直接得到1946年米的净产值,由此而解决了无法克服的减除项目计算的困难。这得要假定1936年估计的净产值是正确的,而且最重要的是,要假定1946年的成本构成及折旧率与1936年比较都没有改变。这些都是大胆的假定。不过除了有些产业的工作效率降低以外,而这种降低是由于一般情形之不安定,并非由于生产结构之变更,我们没有事实可以证明上述各项都已发生重大改变。工作效率之降低,也许主要由于工资调整的晚后,设如此,则成本构成可不致发生重大改变。折旧率在战后可能因缺乏适当补充而较高,但战前折旧之计算系以每年平均计算,因此战后之计算亦应与战前相同。

(二)一个产业如果没有所有产品的产量统计,我们就用各产品有产量统计的产量比率的平均数作为一业的产量指数。例如米、麦及其他十七种作物,1946年的产量对于1936年的产量的比率的平均数是92%,我们就用这个平均数作为所有作物的产量指数。这个方法应用于所有各业的估计,因为我们缺乏所有各种产品的产量统计。有些产业如农业、矿冶业、运输交通业、商业及政府劳务,产量统计或相当充足,或相当具有代表性,用这种方法所做的估计尚能认为满意。但其他产业如制造业、营造业、银行保险业、住宅劳务、家内劳务及自由职业等,统计材料甚为稀少,用这种方法所做的估计,恐怕颇有问题。不过既然缺乏详尽材料,而上述农业等五种产业代表生产的所得总数80%以上,这样估计的结果,可以相信有对于实际情形增长了解的价值。

(三)我们以为不能获得共产党控制区域的生产统计,不一定使我们的估计造成一个严重的缺陷,特别是在1946年。第一,中央农业实验所的作物与牲畜估计,除东北各省外,其他各省皆已包括在内。第二,矿冶业及新式运输交通业在共产党区域内不甚重要。这些产业在1947年东北共产党区域可以成为相当重要,但在1946年决不如此。第三，新式制造业、银行保险业及自由职业大多在共产党控制区域以外，而旧式工业、营造业、商业、住宅劳务、家内劳务及政府劳务等，则可假定共产党控制区域与政府控制区域的发展相同。如此，共产党控制区域内的经济活动，如旧式工业等，可以按照政府控制区域的同样基础计算。当然，这也是一个大胆的假定。

二

这篇文章里面1933年及1936年的数字是引用作者主编的《中国国民所得，一九三三》[①]一书，但有下列诸修正。

（一）原书农业中农具及农舍的折旧率偏于高估，在全部作物总产值中占7.26%。现在我们剔除过高样本重新计算，结果折旧率在全部作物总产值中占4.93%。因此改正的农业净所得数字从原有的12271百万元提高到12593百万元。推定指数亦加以修正，以前用的是收获指数，现在改用产量指数。

（二）由于日本人调查外人在华设立工厂及生产材料的获得，我们对于制造业部分亦引用此项材料加以补充。因此外国工厂的总产值亦从661百万元提高到771百万元，全部制造业净产值从1838百万元提高到1889百万元。

（三）1936年航空、邮递、住宅劳务及自由职业的数字亦有修正，但改变极微。1936年住宅及自由职业劳务，因为缺乏材料，是勉强用房租及工资指数推算而得。现在我们找到私立教育机关的岁出材料，可以用来重新计算1936年的自由职业的劳务。至于住宅的材料，现在依然缺乏，不过我们现在想与其用房租指

---

① 中华书局出版，民国二十六年。

数勉为估计，不如假定其无变动。这个原则亦应用于家内劳务、旧式邮递产值及满洲航空公司产值的计算。最后，家内劳务现从自由职业中分立单成一类。

（四）作者的所能支配的所得（disposable income）的定义，Kuznets先生曾批评为与通用者不合。[①] 这个批评当然有道理，作者在引用这个定义时，也非不知道。问题是在：要使价值增加法的估计与消费投资法的估计一致并可以比较，不能不丢开通用的定义。[②] 现在为使用不同方法估计的国民所得可以彼此比较，作者决定同时用通用的定义及自己的定义，并且为避免混乱，作者命通用者为所能支配的所得，自己的为所能支配的货物与劳务（disposable goods and services）。这两种俱在以下总表中分别列出。二者的差别是在包括国际收支项目中对外贷借、慈善捐助及救济物资等项与否。

至于1946年的数字，可以从附录中各表看到基本统计材料及计算的程序。读者如欲知总表中数字如何得出，请看附录各表。不过有两项，即政府劳务及银行保险业的产值的计算，须加以说明。除自由职业而外，这两项独特地表示上升趋势，并且上升达到相当高的程度。读者在下节可以看到，政府劳务较战前增加约二倍，银行保险业较战前约增加三倍。虽然这些增加与我们观察相符，但反对者可以说我们所用的计算材料很成问题，这特别以银行保险业为然。因为我们无法找到银行保险业职员人数的材料，不得已求其次，乃就各年银行的数目作为计算该业产值的增减的

---

① "Comments on Mr. Ou's Study of the National Income of China."（打印本）

② 参看 P.S.Ou,（巫宝三）International Payments in National Income, Quarterly Journal of Economics, Feb.1946, Reply to Dr.Kuznets' Comments on Mr.Ou's study of the National Income of China（打印本）J.R.Hicks and A.G.Hart, The Social Framework of the American Economy, Chapter XII.

指数，这个指数很可能有高估产值之弊。银行保险业的所得主要得自其他产业的利息支付。我们即可看到，依据战前基础计算的1946年的生产活动，一般皆趋下游。这就是说，银行保险业从其他产业利息支付中所得到的所得不能高于战前。如此，银行保险业的产值怎能如上所述增加甚大呢？可是我们不要忽略一个事实，即我们在计算其他各业产值时，我们因缺乏材料，没有计算所有投机囤积营业的产值，就是说，我们没有包括其他各业投机囤积所得在国民所得中。不用说，这种所得，不管如何为社会所不需，应当计算在国民所得以内。银行业，就通货膨胀期内扩充的部分而论，主要是直接、间接经营投机囤积事业。如果我们没有计算其他各业的投机囤积所得，这部分所得没有理由不可以计算在银行业中。理论上讲，银行业仅得到投机囤积所得的一部分——利息支付，其他部分如工资、薪津、利润等亦应该在各业中计算。现在我们既无法将投机囤积所得在各业中计算，如一并计在银行业项上下，则就全部国民所得而论，应无错误。投机囤积所得究有多少，我们实无法计算。不过，如果说1946年银行保险业的产值及投机囤积的产值的合计，按照战前基础计算，约大于战前银行保险业产值的三倍，我们想不是一种夸大。假定银行保险业从正常生产活动所得到的所得，与战前相同，则在各业所得中应减之部分，即由于银行保险业与其他业重复计算的利息所得，也应该不变；而1946年银行保险业的所得，在减除此不变的减除数以后，应该统统列为国民所得，因为余数并未犯重复计算之弊。

我们所估计的政府劳务产值，可以用其他材料校对。单就1946年的生活补助费而论，就有2424138百万元之多。生活补助费是近年来公教人员及兵士收入的最重要部分。如果以1946年对战前物价5200比1的价比去除上数，则1946年政府支付薪金工资的数额，比较1933年大202百万元，比较1936年大39百万元。但公教人员及兵士的实际收入,最多只及战前1/5,所以公教人员及兵士的人数一定会较战前增加两倍有余。我们所用来计算政府劳务的材料是中央政府的公务员人数。地方政府劳务的增加不致与中央政府不成比例,但军事方面人员的增加,可能超过中央政府公务员的增加,我们相信后者超比例的增加可以抵消前者低比例的增加。事实上,上述生活补助费的数字,已经证明我们的假定。

此外尚有三个项目,即营造业、住宅劳务及家内劳务,因为在附录的统计表中没有这三项的基本统计材料,应在这里简略地说明计算的方法。营造业的产值,据一位名建筑师的估计,只及战前的10%。这个估计当然非常粗率。家内劳务也因缺乏材料,只好假定与战前相同没有变动。这个假定不会发生高估之弊,因为据政府统计,1946年全国人口数较1933年增加4.6%。最后,根据社会科学研究所的估计,在对外战争中房产损失约为1936年货币价值11048百万元,其中住宅的损失至少有42%,即4640百万元。假定住宅的寿命是50年,则每年住宅劳务的损失约为92.4百万元。1933年的住宅劳务是934百万元,减除92.4百万元,余842百万元为1946年的住宅劳务,这并不是一个太高的数字。营业及公用房屋的损失,约为6407百万元,用上述同样方法计算,每年劳务的损失约为128百万元。这128百万元因为无法分配于各产业部门,我们作为一个总的减除项目,从生产的所得中减除。

还有一点应该说明,即我们这个估计不包括台湾。这完全因为1933及1936两年的估计没有包括台湾,1946年的估计如包括台湾在内,将失去共同比较的基础,而无从获悉战后国民所得较战前到底是增加还是减少。

三

估计的结果，在下列总表中可以很显明地看出来：第一，农业所得仍然居首位，占国民所得全部之一半有余，不过其重要性渐渐减低。农业所得所占的百分数在1933年为61.5，而在1946年为59.4，在1936年为64.5，而在1946年为62.7。商业所得仍占次位，其百分数亦约减低。其余各项则变动甚大。在1933年及1936年，制造业所得位于其余各项之首，运输交通业次之，住宅劳务第三，政府劳务第四，矿冶业第五，银行保险业第六，营造业第七，自由职业第八，家内劳务最后。但在1946年，位次几乎完全倒换。政府劳务居首，制造业次之，运输交通业第三，银行保险业第四，住宅劳务第五，自由职业第六，家内劳务第七，矿冶业第八，营造业最后（参看总表二）。这种改变究竟是什么意义？有一点是很清楚的。劳务一类，包括政府劳务，银行保险劳务，自由职业劳务，及家内劳务，重要性大为增加，特别以政府劳务及银行保险劳务为最。这就是说，全国的资源，多少从货物的生产转移到劳务的生产。这里应该提醒读者，即我们所说的政府劳务，不包括政府企业，而仅包括民政、军政及教育文化等劳务，政府企业已包括在各相当的产业中。

第二，某一产业所得的百分数，在全部所得中的增加或减少，并不就是说某一产业所得的增加或减少。这完全要看全部所得的变动。如果全部所得减少，而某一产业的所得不变，则某一产业所得所占的百分数仍然会增加。所以为获得一个全貌起见，颇有分析各个产业战后对战前的相对变动的必要。从总表三我们可以看到，农业、矿冶业、制造业、营造业、运输交通业、商业及住宅所得，皆表示低减，特别以矿冶业、营造业低减为甚。1946年矿冶业所得只为1933年的37.8％，并且只为1936年的28.9％，而营造业所得，如我们在前段所述，只为战前的10％。所得增加的，只有银行保险业、自由职业及政府劳务三项。1946年银行保险业所得为1933年的379.5％，为1936年的128.4％，而政府劳务则为1933年的214.6％，为1936年的166.4％。这三项所得的估计乃依据职员人数及银行家数。银行家数不一定能正确的表示劳务增减的程度，但在缺乏职员人数材料情形之下，也未尝不可用来做一个粗率的指示，如我们在上节所述。职员人数应该可以表示劳务的生产，如果工作效率不变，劳务的生产应该与人数成比例。在通货膨胀时期，真实所得减低得多，但真实劳务的生产并不会同样减低。问题是这些劳务是不是社会所需要。银行保险业主要是资助生产与贸易，政府劳务，最后的分析，也是为生产、贸易及一般社会福利服务。我们已经看到货物生产、营造事业以及直接与二者有关的劳务皆已减少，在这情形之下，银行与政府劳务的扩展究竟有何益处？似乎这些劳务并非帮助生产，而是产生负数劳务，或是为产生这些劳务而产生。最近银行业主要是做货物与外币投机买卖，直接的或间接的，政府的开支有80％—90％是为军事目的及公务员薪金支付。国家的资源从货物生产与营造事业移转到这些劳务，而这些劳务对于社会福利并无贡献，徒有消蚀社会生产物的作用。这是我国现时经济一个很不健康的发展。就像一块地，既不施肥，也不防护，任风吹水刷，结果作物愈长愈小，愈长愈细。又像一个生痨病的人，身体的生长不及身体的消耗。

最后，1946年全部生产的所得，与1933年比较，所减少的数额不若与1936年比较来得大。与1933年比较，全部生产的所得减少1295百万元，而与1936年比较，则减少2489百万元。这是因为1933年是个经济衰落年，而1936年是个经济兴盛年。在八年对外战争之后，接着又大规模的打内战，我国全部生产的所得的减少程度，似乎与一般所想象不同。不过如果我们从全部生产的所得中除开政府与银行保险业在1946年增加的劳务部分，则减低数额将增大。与1933年比较，所减少者变为2590百万元，而与1936年比较所减少者变为3743百万元。前减少数约为全部生产的所得14%，后减少数约为16%。这就是说，我国平均每人的物质生活，较战前减少约1/6。这还是假定人口在这个时期没有变动。事实上，我国人口在这个时期增加很多。在1933年全国人口数为429494138人，而在1946年则为449255736人，增加数为4.6%。换句话说，我国平均每人的物质生活，约较战前减少1/4。如果再考虑由于通货膨胀所发生的财富重分配的恶果，一般人民平均每人的物质生活，自然更加减低。我国人民的生活水准，早已降至饥饿线上，而1946年的情形使之更趋恶劣。这种恶劣情形，由于联总救济物资输入，国际捐助，及对外借款而减轻不少。1946年这三项国际收入，以1933年币值计算有1509百万元，以1936年币值计算有1345百万元。假使我国在1946年没有上述三项国际收入，则所能支配的货物与劳务，将减为1933年币值19402百万元，1936年币值23393百万元，这些仍较1933年及1936年所能支配的货物与劳务为少。包括上述三项国际收入的所能支配的货物与劳务，虽然在1946年较在1933年略有增加，但如果我们从总数中减除所增加的社会不需要的劳务，则在1946年仍较在1933年为少。

总表1　　　国民所得（1933、1936 及 1946 年）　　　（百万元）

	1933	1936	1946 1933年价格	1946 1936年价格
农　　业	12593	16641	11482	12702
矿 冶 业	238	294	90	85
制 造 业	1889	2475	1202	1679
营 造 业	221	196	21	19
运输交通业	922	1042	850	873
商　　业	2541	2566	2318	2272
银行保险业	200	294	759	883
住 宅 劳 务	934	934	842	842
自 由 职 业	171	215	242	276
家 内 劳 务	141	141	141	141
政 府 劳 务	642	1001	1378	1666
总　　数	20492	25799	19325	21438
减除				
1．利息重复计算	173	254	173	254
2．营业及公用房屋劳务损失	—	—	128	128
生产的所得	20319	25545	19024	23056
国际净收入				
（1）不包括借款及捐助	68	171	378	337
（2）包括借款及捐助	98	1204	1887	1681
所能支配的所得	20387	25716	19402	23393
所能支配的货物与劳务	20417	26749	20911	24737

总表2　各业所得占国民所得的百分数（1933、1936及1946年）

	1933	1936	1946 1933年价格	1946 1936年价格
农　　业	61.5	64.5	59.4	62.7
矿 冶 业	1.1	1.1	0.5	0.4
制 造 业	9.2	9.6	6.2	7.2
营 造 业	1.1	0.8	0.1	0.1
运输交通业	4.5	4.0	4.4	3.7
商　　业	12.4	10.1	12.0	9.7
银行保险业	1.0	1.1	3.9	3.7
住 宅 劳 务	4.6	3.6	4.4	3.6
自 由 职 业	0.8	0.8	1.3	1.2
家 内 劳 务	0.7	0.5	0.7	0.6
政 府 劳 务	3.1	3.9	7.1	7.1
总　　数	100.0	100.0	100.0	100.0

总表3　1946年国民所得与1933、1936年比较　　（百分数）

	1933	1936	1946 1933年价格	1946 1936年价格
农　　业	100.0	100.0	91.2	88.3
矿 冶 业	100.0	100.0	37.8	28.9
制 造 业	100.0	100.0	63.6	67.8
营 造 业	100.0	100.0	9.5	9.7
运输交通业	100.0	100.0	92.2	83.8

续表

	1933	1936	1946 1933年价格	1946 1936年价格
商　　业	100.0	100.0	91.2	88.5
银行保险业	100.0	100.0	379.5	300.3
住宅劳务	100.0	100.0	90.1	90.1
自由职业	100.0	100.0	141.5	128.4
家内劳务	100.0	100.0	100.0	100.0
政府劳务	100.0	100.0	214.6	166.4
总　　数	100.0	100.0	94.3	90.8

总表4　　　　国民所得（1931—1936年）　　　（百万元）

	1931	1932	1933	1934	1935	1936
农　　业	15315	15094	12593	11325	12906	16641
矿冶业	257	234	238	241	258	294
制造业	1927	1870	1889	1813	2002	2475
营造业	200	139	221	260	190	195
运输交通业	980	885	922	995	1052	1042
商　　业	3989	2718	2541	2286	2236	2566
银行保险业	176	176	200	235	251	294
住宅劳务	934	934	934	934	934	934
自由职业	164	160	171	161	173	215
家内劳务	141	141	141	141	141	141
政府劳务	725	635	642	918	835	1001

续表

	1931	1932	1933	1934	1935	1936
总　　数	24808	22986	20492	19309	20978	25798
减　　除	153	153	173	203	217	254
	1931	1932	1933	1934	1935	1936
生产的所得	24655	22833	20319	19106	20761	25544
国际净收入						
（1）不包括借款及捐助	172	126	68	106	65	171
（2）包括借款及捐助	216	989	98	337	341	1214
所能支配的所得	24827	22959	20387	19212	20826	25715
所能支配的货物与劳务	24871	23822	20417	19443	21102	26758

附　录

表1　　　　　　　　　　农作物产量　　　　　　　（百分数）

	1933	1946	1936	1946
粳　稻	100.00	95.31	100.00	96.18
糯　稻	100.00	63.31	100.00	61.50
高　粱	100.00	79.05	100.00	71.22
小　米	100.00	116.81	100.00	114.70
糜　米	100.00	88.36	100.00	83.48
玉　米	100.00	131.33	100.00	123.20
大　豆	100.00	61.22	100.00	75.31
甜　薯	100.00	134.22	100.00	144.53
棉　花	100.00	107.10	100.00	86.11
花　生	100.00	70.49	100.00	79.86
芝　麻	100.00	73.13	100.00	81.45
烟　草	100.00	94.72	100.00	94.38
小　麦	100.00	101.60	100.00	99.95
大　麦	100.00	81.36	100.00	75.04
豌　豆	100.00	99.30	100.00	84.71
蚕　豆	100.00	99.66	100.00	89.68
油菜籽	100.00	143.45	100.00	123.17
莜　麦	100.00	77.07	100.00	69.84
平　均	100.00	95.42	100.00	91.91

资料来源：中央农业实验所。

表 2　　　　　　　　　牲畜及家禽总数　　　　　　　（百分数）

畜禽	1934*	1946	1936	1946
水牛	100.00	66.08	100.00	72.75
黄牛	100.00	85.70	100.00	83.16
马	100.00	50.57	100.00	57.31
骡	100.00	54.23	100.00	53.56
驴	100.00	60.67	100.00	61.22
山羊	100.00	58.12	100.00	73.76
绵羊	100.00	54.16	100.00	57.64
猪	100.00	66.62	100.00	72.97
鸡	100.00	61.67	100.00	70.05
鸭	100.00	56.79	100.00	69.22
鹅	100.00	47.57	100.00	69.50
平均	100.00	60.20	100.00	67.38

资料来源：中央农业实验所。

* 1933 年的数字不能与他年比较，改用 1934 年代替。

表 3　　　　丝及桐油的产量（1933、1936 及 1946 年）

	1933 A	1936[(1)] B	1946[(2)] C	$\dfrac{C}{A}$	$\dfrac{C}{B}$
丝（市担）	181000	330000	74400	0.4110	0.2255
桐油（吨）	102750	120000	51000	0.4964	0.4250
平　均	……	……	……	0.4537	0.3253

资料来源：(1) 资源委员会。
　　　　　(2) 中美农业考察团报告书。

表4　以1933、1936年两年价格计算的农业净产值（1946年）

	产量，为1933年的百分数	净产值，1933年价格(百万元)	产量，为1936年的百分数	净产值，1936年价格(百万元)
作　物	95.42	9500	91.91	12092
茶、桐、漆、蚕桑	45.37	88	32.53	83
蔬菜及水果	95.42	1040	91.91	1324
牲畜及家禽	60.20	533	67.38	788
木　材	50.00*	139	50.00*	183
鱼　产	95.42	182	91.91	232
总　数		14482		14702

* 估计的百分数，因为营造业只约为战前的10%，木材的产值不会高过50%。

表5　矿冶业主要产品产量（1933、1936及1946年）　　（千吨）

	1933 (A)	1936 (B)	1946 (C)	$\dfrac{C}{A}$	$\dfrac{C}{B}$
煤	28378.8	39342.0	17408.0	0.6134	0.4425
生铁	606.7	788.9	31.0	0.0512	0.0393
钢	25.0	50.0	15.7	0.6280	0.3140
钨砂	5.7	9.8	2.4	0.4211	0.2449
锑	11.1	14.3	1.0	0.0901	0.0699
锡	8.4	12.9	2.0	0.2381	0.1550
铜	0.5	0.3	0.1	0.2000	0.3333
锌	0.1	0.8	0.01	0.1000	0.0125
水泥	223.5	306.2	175.0	0.7830	0.5715
盐	2584.8	2341.6	1686.5	0.6525	0.7202
平均	……	……	……	0.3777	0.2905

资料来源：经济部、财政部及资源委员会。

注：除盐外包括东北各省。

表6　以1933、1936年两年价格计算的矿冶业净产值（1946年）

	产量，为1933年的百分数	净产值，1933年价格（百万元）	产量，为1936年的百分数	净产值，1936年价格（百万元）
矿冶业	37.77	90	29.05	85

表7　制造业主要产品产量（1933、1936及1946年）

	1933 (A)	1936 (B)	1946 (C)	$\dfrac{C}{A}$	$\dfrac{C}{B}$
棉纱　1000市担	6993	7504	5005	0.7157	0.6670
丝　1000市担	181	330	74	0.4088	0.2242
面粉 1000袋	70174	62476	50059	0.7134	0.8013
卷烟 1000箱	1131	1089	1104	0.9761	1.0138
火柴 1000箱	736	701	600	0.8152	0.8559
电力 1000K.W.H.	1735307	6205395	3154271	1.8177	0.5083
平　　均				0.6362	0.6784

资料来源：财政部及资源委员会。

注：除电力外皆不包括东北各省。

表8　以1933、1936年两年价格计算的制造业净产值（1946年）

	产量，为1933年的百分数	净产值，1933年价格（百万元）	产量，为1936年的百分数	净产值，1936年价格（百万元）
制造业	63.62	1202	67.84	1679

表9　　铁路运输的运量及净产值（1933、1936及1946年）

	1933（1）	1936（1）	1946
人公里（1000）	4030370	4227640	11718143
客运指数	100.00	100.00	290.75（2） 227.18（3）
客运收入（1000元）	60944	62480	177195（4） 173182（5）
吨公里（1000元）	4770950	6351404	3409156
货运指数	100.00	100.00	71.46（2） 53.68（3）
货运收入（1000元）	81461	102580	58212（4） 55065
客货运收入指数	100.00	100.00	165.31（2） 138.28（3）
净产值（百万元）	95	107	157（4） 148（5）

资料来源：交通部。

注：（1）不包括东北各省。（2）对1933年之百分数。（3）对1936年之百分数。（4）1933年价格。（4）1936年价格。

表10　汽车辆数及汽车运输的净产值（1933、1936及1946年）

	1933	1936	1946
车辆数（1）	44462	62001	51141
指　　数	100.00	100.00	115.02（2） 82.48（3）
净产值（百万元）	33	37	38（4） 31（5）

注（1）包括私人用车、公共汽车、货车、邮政车及特用车等。

（2）对1933年之百分数。（3）对1936年之百分数。（4）1933年价格。（5）1935年价格。

表 11　飞航里程及航空运输的净产值（1933、1936 及 1946 年）

	1933（1）	1936（1）	1946
飞航里程（1000）	1923	3276	15793
指数	100.00	100.00	821.27（2）
			482.08（3）
净产值（百万元）	0.14	0.35	1（4）
			2（5）

资料来源：交通部。

注（1）包括中国及欧亚两公司。（2）对 1933 年之百分数。（3）对 1936 年之百分数。（4）1933 年价格。（5）1936 年价格。

表 12　船舶吨数及汽船运输的净产值（1933 及 1946 年）

	1933	1946
吨数（1000）	1433	800
指数	100.00	55.82
净产值（百万元）	62	35*

资料来源：交通部。* 1933 年价格。

表 13　电信业营业量及净产值（1933、1936 及 1946 年）

	1933（1）	1936（1）	1946
国内及国际电报发出字数（1000）	159298	187793	469079
指数	100.00	100.00	294.47（2）
			249.79（3）
营业收入（千元）（1000）	15271	19438	44969（4）
			48.554（5）
长途电话次数（1000）	1286	3329	13175

续表

	1933 (1)	1936 (1)	1946
指数	100.00	100.00	1024.49 (2) 395.76 (3)
营业收入（千元）	537	1311	5502 (4) 5188 (5)
电话用户	44216	53167	99596
指数	100.00	100.00	225.25 (2) 187.33 (3)
营业收入（千元）	4711	5974	10612 (4) 11191 (5)
电信业收入指数	100.00	100.00	297.69 (2) 242.99 (3)
净产值（百万元）	19	24	57 (4) 58 (5)

资料来源：交通部。

注（1）不包括东北各省。（2）对 1933 年之百分数。（3）对 1936 年之百分数。(4) 1933 年价格。(5) 1936 年价格。

表 14　邮递件数及邮递业净产值（1933、1936 及 1946 年）

	1933 (1)	1936 (1)	1946
国内邮件数（1000）	765648	852636	1010159
指　　数	100.00	100.00	131.94 (2) 118.47 (3)
净产值	22	30	29 (4) 36 (5)

资料来源：交通部。

注（1）不包括东北各省。（2）对 1933 年之百分数。（3）对 1936 年之百分数。(4) 1933 年价格。(5) 1936 年价格。

表 15　　运输交通业的净产值（1933、1936 及 1946 年）

	1933	1936	1946 1933 价格	1946 1936 年价格
铁路	258	289	157	148
汽车	33	37	38	31
电车（1）	9	11	10	11
航空	1	1	1	2
轮航	62	71	35	37（2）
木船（1）	390	435	414	435
人力车（1）	67	75	71	75
搬运（1）	36	40	38	40
电信	33	41	57	58
邮递	33	41	29	36
总数	922	1042	850	873

注：（1）假定以 1936 年价格计算的 1946 年净产值与 1936 年净产值相同，因此如以 1933 年价格计算，则须除以 1.05 的 1933—1936 年的价比。
　　（2）以 1.05 乘以 1933 年价格计算的 1946 年净产值。

表 16　　　　貿易及生产（1933、1936 及 1946 年）　　　（百万元）

	1933	1936	1946 1933 价格	1946 1936 年价格
农业	12593	16641	11482	14702
矿冶业	238	294	90	85
制造业	1885	2456	1199	1666
进出口贸易*	1957	1647	2441	2175
总　数	16673	21038	15212	18628
指　数	100.00	100.00	91.24	88.54

＊根据中央银行估计，1946 年进出口贸易为 637.38 百万元美金。美金与国币折合率在 1933 年为美金 1 元＝国币 3.8301 元，在 1936 年为美金 1 元＝国币 3.4122 元。

表 17　　以 1933、1936 年两年价格计算的商业净产值（1946 年）

	贸易与生产，为 1933 年的百分数	净产值，1933 年价格（百万元）	贸易与生产，为 1936 年的百分数	净产值，1936 年价格（百万元）
商　业	91.24	2318	88.54	2272

表18　银行家数及银行保险业净产值（1933、1936及1946年）

	1933	1936	1946
总　　行	146	164	613
分　　行	892	1332	3024
指　　数			
总　　行	100.00	100.00	419.86（1） 373.78（2）
分　　行	100.00	100.00	339.01（1） 227.03（2）
平　　均	100.00	100.00	379.44（1） 300.41（2）
净产值（百万元）	200	294	759（3） 883（4）

资料来源：银行年鉴1934与1936。中华民国统计提要，1947。

注：(1)对1933年之百分数。(2)对1936年之百分数。(3)1933年价格。(4)1936年价格。

表19　私立教育机关职员人数（1933、1936及1946年）

	1933	1936	1946
大　学	2409	2645	2482
学　院	1496	1573	1308
专科学校	372	591	600
中　学	23940	26334（1）	35607
总　数	28217	31143	39997
指　数	100.00	100.00	141.75（2） 128.43（3）

资料来源：教育部。

注：(1)根据岁出估计。(2)对1933年之百分数。(3)对1936年之百分数。

表 20　　　自由职业净产值（1933、1936 及 1946 年）

	1933	1936	1946 1933 年价值（1）	1946 1936 年价值（2）
私立教育机关	59	74	84	95
医生及护士	62	78	88	100
传教士及僧道	39	49	55	63
律　　师	8	10	11	13
会　计　师	2	3	3	4
新　闻　记　者	1	1	1	1
总　　　数	171	215	242	276

（1）乘以 1.42。（2）乘以 1.28。

表 21　中央机关公务员人数及政府劳务净产值（1933、1936 及 1946 年）

	1933	1936	1946
人数	6238	8042	12386
指数	100.00	100.00	214.59（1） 166.45（2）
政府劳务	642	1001	1378（3） 1666（4）

资料来源：中华民国统计提要，1935、1940 及 1947。

注：（1）对 1933 年之百分数。（2）对 1936 年之百分数。（3）1933 年价值。（4）1936 年价值。

表 22　国际收支（1933、1936 及 1946 年，不包括借款及捐助）

	1933（百万元）	1936（百万元）	1946 百万元美金*	1946 百万元按1933年汇率	1946 百万元按1936年汇率
收入					
华侨汇款	200.0	320.0	128.67	429.8	439.0
利息、股息及其他所得	5.0	90.0	1.38	5.3	4.7
总数	205.0	410.0	130.05	498.1	443.7
支出					
债务	93.0	127.8	31.35	120.1	107.0
利息及股息	38.3	—			
汇款—自由职业	1.0	115.5	—		
影片租金	5.0	—			
总数	137.7	239.3	31.35	120.1	107.0
净收入	67.7	170.7	98.70	378.0	336.7

* 中央银行估计。

表 23　国际收支（1933、1936 及 1946 年，包括借款及捐助）

	1933（百万元）	1936（百万元）	1946 百万元美金*	1946 百万元按1933年汇率	1946 百万元按1936年汇率
收入					
华侨汇款	200.0	320.0	128.67	492.8	439.0
利息、股息及其他所得	5.0	90.0	1.38	5.3	4.7
外国投资	30.0	1033.0	—	—	—
联总救济物资	—	—	315.00	1206.5	1074.8
慈善捐助	—	—	1.92	7.4	6.6
借款	—	—	77.00	294.9	262.7
总数	235.0	1443.0	523.97	2006.9	1787.8
支出					
债务	93.0	127.8	31.35	120.1	107.0
利息及股息	38.3		—		
汇款—自由职业	1.0	115.5	—		
影片租金	5.0		—		
总数	137.7	239.3	31.35	120.1	107.0
净收入	97.7	1203.7	492.62	1886.8	1680.8

* 中央银行估计。

抗日战争前中国的工业生产和就业[*]

一 引言

我们在《中国国民所得（1933）》一书[①]的工业部分，对中国的工业生产和就业状况作出了估计。因为该书的英译本，尚在准备之中[②]，而人们对中国工业化程度的认识，仍然非常模糊，因此发表和分析我们研究的结果，或许是不无裨益的。在本文中，我们希望能说明中国工业生产的规模、劳动力的数量和构成、不同工业部门的相对重要性以及劳动生产率和工资薪金收入在净产值中所占的份额。凑巧的是，上述各点同罗思塔斯（L.Rostas）

---

[*] 本文为作者与汪馥荪（敬虞）合写的论文。

[①] 巫宝三（主编）、汪馥荪、章季闳、马黎元、南钟万、贝友林：《中国国民所得（1933）》，中央研究院社会研究所，1946年中文版。

[②] 巫宝三先生后来在1947年发表了题为China's National Income, 1933, 1936 and 1946 的英文小册子。——译注

先生写的一篇有关英、德、美三国工业的论文③中所讨论的问题，互相一致。由此，我们把中国同上述三国进行比较，就有了基础。读者将会看到，比较的结果，是惊人的。

有三点必须从一开始就提出来。第一，这篇文章中的数字与书中的数字，不尽相同。这是因为，为了便于比较，我们作了若干调整，剔除了书中包括在工业内的公用事业，添补了书中未包括在工业内的钢铁冶炼企业。④第二，由于手工业在中国工业中的重要性，我们把工业区分为工厂和手工业两部分，以便考察它们相对的作用。不过，由于缺乏可资利用的数据，关于手工业的分析，还不能与工厂同步提出。因此，在发生困难的时候，我们就只好单独地分析工厂了。在我们的估计中，"工厂"的定义是根据中国工厂法所设立的雇工在30人以上的企业，而手工业包括所有其他企业、家庭附属工场和独立的手工业者。这样一来，当把中国的工厂生产与其它三国的工厂生产作比较的时候，前者似乎必然处于不利的地位。因为在那三个国家中，工厂的范围要宽广得多。英国的数据包括所有雇工在10人以上的企业，德国包括雇工5人及5人以上的企业，而美国则包括产值在5000美元以上的所有企业。可是如果以产值作比较的话，那么，中国工厂的数字反而包含了广阔得多的范围。中国雇工在30人或稍多一些的企业，产值很少达到5000美元，也很少能达到雇工10人的英国企业或雇工5人的德国企业所生产的那么多。最后，我们的数字是1933年的。这一年是中国经济萧条的一年。虽然我们对于生产的估计

---

③ 罗思塔斯：《英、德、美三国的工业生产和分配 1935—37》，(Industrial Production, Productivity, and Distribution in Britain, Germany and the United States, 1935—37)，载《经济学季刊》(Economic Journal)，1943年4月。

④ 钢铁冶炼企业在书中列入矿业。——译注

延伸到了1936年,但那些估计不会像1933年的那样准确。因此,必须注意到,当我们把中国1933年的数字与其他三国1935年或1936年的数字作比较的时候,中国的数字是会偏低一点的。

二 工业生产的规模

从表1中我们可以看到,1933年中国工业的总产值虽然约占国民总产值的24%,但净产值却只占国民净产值的8.5%。工业总产值在国民总产值中的比例之所以比较大,部分地是因为两者的覆盖面不尽一致,但主要是归因于在整个工业中原料的使用占了很高的比例(在计算净产值时必须从总产值中减去)。净产值确实小得可怜,其中工厂的净产值更是如此,在国民净产值中只占1.9%。与此相反,手工业令人意想不到地在整个工业生产中占有压倒优势。在工业总产值中,工厂只占25%,手工业却占75%[①]这些事实清楚地显示了中国的工业化仍处在幼稚的阶段。它的工厂生产在国民经济中处于可以被忽视的地位。当我们把中国的工业生产同其他三国比较时,这种幼稚的状态和被忽视的地位,就显得更为突出了。

从表2中我们可以看到,美国工厂的净产值是中国1933年的162倍,1936年的126倍;德国工厂的净产值是中国1933年的64倍,1936年的50倍;英国工厂的净产值是中国1933年的50倍,1936年的39倍。这意味着,如果中国的工业同美国一样的规模和效率,那么中国工厂的净产值就可以提高到战前水平的126—162倍。由于中国人口远远多于美国的人口,所以,从理论上说,中国工业中就业的工人人数可以提高到超过美国的水平。由此推

[①] 原文计算有误,此处已予校正。——译注

断，中国的工业净产值也可以提高到超过美国的水平。

表1　　　　　　　　中国工业生产总表（1933）

	实数（中国货币：百万元）	%
国民总产值	31534①	100.00
工业总产值②		
工　厂	1895	6.01
手工业	5628	17.85
合计	7523	23.86
国民净产值		100.00
工　厂	378	1.88
手工业	1339	6.65
合　　计	1717	8.53

① 这个数字是全国所有商品和服务的生产部门收入的合计，但在有些部门中，如林业、商业、服务业以及交通运输业的一部分，它们的总产值无法获得，只将净产值包括在内。

② 不像其它生产部门那样以生产者价格计算，此处系以市场价格代替。

表2　　　　　中、德、英、美四国工厂生产的规模指数

	中国	德国（1936）	英国（1935）	美国（1935）
总产值	100（1933）	2583	2425	7848
	100（1936）	1989	1904	6162
净产值	100（1933）	6433	5051	16179
	100（1936）	5018	3940	12620

注：货币换算率：1933年中国货币1元＝0.0618英镑；1936年中国货币1元＝0.0599英镑。

三　工业就业的规模

上一节所得的结论可以通过工业就业状况的分析，作更充分的论证。表3显示了全部工业就业人数占全国总人口的2.6%，而工厂工人仅占0.25%，手工业工人则占2.3%。拿工厂工人的比例（0.25%）与德国的9.2%、英国的11.3%和美国的6.7%比较，我们就又看到一个尖锐的对比。即使我们采取1936年中国工厂工人数字，这个对比也不会有多大改变。从表4中，我们可以看出，德国是中国1936年的31倍，英国是34倍，美国是22倍。

表3　　　　　　中国工业就业状况（1933）

	人数（千）	%
全国总人口	429494.1①	100.00
工业就业人口		
工　厂	1076.4	0.25
手工业	10000.0	2.33
合　计	11076.4	2.58
工厂就业人员		
操作工	763.0	0.18
领　班	45.8	0.01
职　员	115.0	0.03
其　他	152.6	0.04

① 这个数字是1932—1933年的，见《中国年鉴》1935—1936年，人口章。

如果从事手工业的人们能够转而进入工厂工作，中国的状况肯定会好得多。从表3中，我们一眼就能看出，工厂工人在整个工业就业中，仅约占10%，而他们的净产值却如我们在上节所述，高达22%。如果中国工厂工人在总人口中的比例像美国一样高（且不说英国），那么，它的工厂工人数将是美国的3.4倍。如果它的生产规模与美国相等，则它的净产值就可提高到战前水平的400倍以上。

表4　中、德、英、美四国工厂生产中的就业规模

	中国 (1936)	德国 (1936)	英国 (1935)	美国 (1935)
工厂工人占全国人口的比例%	0.3	9.2	11.3	6.7
指　　数	100	3066	3433	2233

表5　中、德、英、美四国工厂劳动力构成

	中国 (1933)	德国 (1936)	英国 (1935)	美国 (1935)
职员/操作工人	15.1%	17.2%	15.0%	14.7%
指数	100	114	99	97

工厂就业人员包括操作工、领班职员和其他雇佣人员。由于手工业本身的特点和统计数字的缺乏，我们还不能（像对工厂那样）将手工业中的就业人员细加分类。但是我们从表3中已经看

到工厂里面（直接从事生产）的操作工人总数是微不足道的。为了进一步作比较，表5显示了四国工厂就业人员、办事员和技术人员（统称职员）同操作工人的比例，出人意料的是，这一比例在四个国家中相当近似。中国仅略高于英、美而低于德国。

表6　　　　　中国工业生产结构（1933）

工业部门	净产值（中国币值：百万元）			工厂操作工（千人）	工厂数
	工厂	手工业	合计		
木材	1	46	47	3	27
机械	22	4	26	38	236
金属和金属品	13	7	20	7	82
电气用具	6	1	7	6	63
船舶和交通工具	14	41	55	41	56
土石	20	54	74	24	120
化学	28	22	50	49	184
纺织	154	258	412	459	859
服用品	15	82	97	17	165
胶革	12	37	49	16	99
饮食烟草	67	702	769	72	547
造纸印刷	21	56	77	23	269
仪器	3	3	6	4	74
杂项	2	26	28	4	43
总计	378	1339	1717	763	2824

四 工业生产的结构

在中国工业生产和就业的总数中,各部门的相对重要性,从表6和表7中可以看出。这里有几点值得注意:第一,在所有14个工业部门中,只有机械、金属品制造、电器用具和化学工业等四个部门的工厂产值占主要地位。而在其他十个部门的产值中,手工业均占居压倒的优势地位。特别是在纺织品、服用品、饮食烟草和木材制造等重要工业部门中,工厂生产分别只占总额的37%、15%、9%和2%。这意味着在几乎所有的消费品工业中,手工业居于主导地位。其次,在整个工业中,消费品工业的优势也非常显著。纺织、服用品和饮食烟草业的产值加在一起,约占总产值的3/4,而在其他三国中,这三项之和,只占29%—37%。其必然的结果就是中国的生产资料工业在整个工业生产中所起的作用微不足道。金属和金属品制造、机械、船舶和交通工具加在一起,只约占总产值的6%,但在其他三国则高达32.6%(美国)以至40.3%(德国),这使我们能够看出中国资本积累所达到的低下程度。第三,工厂的操作工,集中在纺织工业中,其他各个工业部门的雇工数没有一个达到工厂雇工总数的10%,大多数的部门都低于5%,而纺织业一个部门却集中了雇工总数的60%。这部分地归因于纺织业产值在工业总产值中的居高地位,同时也归因于纺织业中(手工织业的大量存在)节省劳动的进程,不像在其他工业部门中那么明显。这一特征,在其他三国中,也有所表现,这从表7中可以看出来,当然,程度是不一样的。最后,在中国工厂总数中,纺织业也居于领先的地位,达到859家;其次是饮食烟草业,为547家;居第三位的是造纸印刷业,为269家。但是就每家工厂所雇佣的操作工人数量而言,纺织业仅列第二,为534人;船舶和交通工具业居首,为732人[1];化学工业居第三,为266人。全体工厂平均每家雇佣的操作工人数是270人。

表7 中、德、英、美四国工业生产结构(%)

工业部门	净产值						雇工			
	中国(1933)			德国(1936)	英国(1935)	美国(1935)	中国[2](1933)	德国(1936)	英国(1935)	美国(1935)
	工厂	手工业	合计							
金属	7.9	0.5	2.1	18.9	12.4	14.3	3.8	17.9	13.0	15.2
机械、船舶和交通	6.6	3.5	4.1	21.4	21.0	18.3	8.3	19.4	21.4	16.1
化学	7.4	1.6	2.9	9.9	7.4	9.8	6.4	5.0	3.8	5.2
纺织	40.7	19.3	24.0	11.0	13.3	8.0	60.2	15.2	20.5	15.1
服用	4.0	6.1	5.7	4.0	6.9	7.7	2.2	5.6	10.4	11.6
胶革	3.2	2.8	2.9	2.0	2.1	3.1	2.1	2.4	2.0	3.1
土石	5.3	4.0	4.3	6.7	4.5	3.2	3.2	9.5	4.8	3.2
制材	0.3	3.4	2.7	4.0	3.2	4.7	0.4	6.1	3.8	8.0
造纸印刷	5.6	4.2	4.5	5.7	9.5	11.8	3.0	6.4	7.9	7.5
饮食烟草	17.7	52.4	44.8	14.0	17.0	16.5	9.4	10.2	10.1	12.3
杂项	1.3	2.2	2.0	2.4	2.5	2.6	1.0	2.3	2.4	2.8
合计	100.0	100.0	100.0	100.0	100.0	100.0	100.0	100.0	100.0	100.0

[1] 原文计算有误,此处已予校正。——译注
[2] 只含工厂工人。

五　工厂的劳动生产率

根据以上所指出的全部事实，逻辑的结论只能是中国工业生产率的低下。表8把中国工厂工人的人均净产值，同其他三国作了一个比较。指数显示一个中国工人的生产只相当于一个德国工人或英国工人的1/9，一个美国工人的1/19。换言之，一个中国工人需要用19天才能生产出一个美国工人一天所生产的产值。这个差别是惊人的。但这还不是全部事实。当我们把一个美国工人的产值与一个中国手工业工人的产值进行比较时，其结果几乎是令人难以想象的。我们从中国工厂和手工业的净产值和就业人员的比例可知，工厂工人的人均产值是手工业工人的2.6倍。这样一个美国工人一天的工作将等于一个中国手工业工人50天的工作。当然，这样一个低生产率只是部分地归因于劳动的缺乏效率，另一部分，或许是主要的，应归因于资本投入的低下。显然，只要节省劳动的设施未被广泛地运用，劳动生产率必然是低下的。这种事实也为净产值在总产值中所占的比重反映出来。在德、英、美三国，这一比例约占40%—50%，而在中国，它只有20%，加工制造过程越是简单，净产值在总产值中所占的比重就越低下。

表8　中、德、英、美四国工厂操作工人人均净产值

	中国（1936）	德国（1936）	英国（1935）	美国（1935）
英镑	31	294	264	595
指数	100	948	852	1929

六 工厂生产中的收入分配

在结束本文之际，让我们再通过计算工资在净产值中的比例，简要地讨论一下工厂生产的分配问题。所得的结果也能与罗思塔斯先生论文中的数字作一比较。表9清楚地显示了这一比例在中国是远远高于其他三国的。

表9　中、德、英、美四国工厂净产值中工资所占的份额

	中国（1933）	德国（1936）	英国（1935）	美国（1935）
%	65.1	32.0	44.3	39.4
指数	100.0	49.2	68.0	60.5

依照上文的分析，这是非常自然的。资本投入的规模越小，劳动力分配的份额就越大。但是劳动力的分配份额越大，并不意味着劳动力所得的报酬越高，相反，这意味着劳动力的较大投入，从而是劳动力报酬的较低偿付。从罗思塔斯先生论文的第10表中，我们也能看到，在1924—1938年间，英、德两国工人工资（在工厂净产值中）所占份额的长期变化，显示了一种下降的趋势。如果中国的工业化能够加速发展，则工资占净产值的份额将会自然减少，而工资水平将会提高。

（杜询诚译自1946年9月英国《经济学季刊》总第223期）

关于我国过渡时期经济法则的作用的几个问题

关于我国过渡时期经济法则问题的讨论，内中有几个问题还需要充分讨论：一、经济法则的作用与国家制度的关系，二、生产关系一定要适合生产力性质的法则对国民经济改造所起的广阔的作用，三、社会主义基本经济法则对整个国民经济所起的作用和对各种经济成份所起的不同作用。本文就这三个问题加以讨论。

一 经济法则的作用与国家制度的关系

讨论过渡时期经济法则的作用，首先需要明确过渡时期经济的特点。

我国过渡时期存在有五种经济成份。即国营经济、合作社经济、国家资本主义经济、资本主义经济、个体经济。这五种经济成份中，国营经济是社会主义的经济；国家资本主义经济中有社会主义因素，也有资本主义因素；合作社经济中有一部份是社会主义的，如供销、消费、信用合作、集体农庄和一部份手工业合作社，另有一部份是半社会主义的，如以土地入股或以生产工具入股的农业和手工业生产合作社，其中有社会主义因素，也有个体经济因素，所以这五种经济成份的基本经济形态是社会主义经济、资本主义经济和个体经济，而由于个体经济是建立在劳动者对生产资料私人所有制的基础上面，小农和手工业者具有私有者和劳动者的二重性，它在过渡时期是站在十字路口的经济，可以向资本主义经济发展，也可以向社会主义经济发展。

过渡时期"在经济上的特点，就是即有社会主义，又有资本主义"①。有这种特点，不等于这两种经济可以永远保持下去。这两种经济是"两种相反的生产关系，在一个国家里面互不干扰地平行发展，是不可能的"②。过渡时期就是要由目前复杂的经济结构的社会过渡到单一的社会主义经济结构的社会的时期，在这个时期中，社会主义经济与资本主义经济进行激烈的斗争。由于社会主义经济的优越性和领导地位，社会主义经济一步一步地战胜资本主义经济，最后建成单一的社会主义经济。

所以在过渡时期整个国民经济是处在不断的运动、发展、变化过程中。各种经济成份不是孤立的，而是相互联系相互作用的。社会主义经济与资本主义经济及个体经济不是互不干扰和平共处的，而是相互矛盾相互斗争相互排斥。它们也不是静止不动的，而是相互消长和发展变化的。各种经济成份各有它特有的经济法则在发生作用。但是各种经济的发展不仅服从自己特有的经济法则，同时还服从一切社会形态所共有的经济法则。例如，社会主义经济与资本主义经济的发展各受社会主义基本法则和剩余价值法则的支配，在社会主义经济范围内起作用的社会主义经济法则也对资本主义经济发生影响，但是不能代替剩余价值法则在资本

---

① 刘少奇：《关于中华人民共和国宪法草案的报告》，见《中华人民共和国宪法》人民出版社版，第47页。

② 同上，第47—48页。

主义经济内发生作用，而这两种经济的发展又同受生产关系一定要适合生产力性质的经济法则的支配。生产关系一定要适合生产力性质的法则之所以能对各种经济成份都发生作用，是由于各种经济本身以及各种经济之间存在着矛盾，要求向前发展。过渡时期的基本矛盾，是社会主义经济与资本主义经济的矛盾，新生长的优越的社会主义经济在不断的争取为自己开辟道路，而将死亡的资本主义经济则在力图反抗。这个矛盾的解决就是改变资本主义的生产关系为社会主义的生产关系。这个矛盾之所以有可能解决，则因为资本主义经济本身的矛盾——生产社会性与资本主义所有制的矛盾，工人阶级与资本家的矛盾，和社会主义经济已经显示出来的巨大优越性，推动它向这个方向发展而求得解决。

经济法则的作用，可以通过人们自觉的积极的活动，限制某些经济法则发生作用的范围，而给其他经济法则的作用创造有利条件。历史上存在有各种社会制度，不是代表各种社会制度的统治阶级对于经济法则的利用都是采取同样的态度的。例如，资产阶级最充分地利用剩余价值法则为自己谋利益，并且在推翻封建的生产关系和确立资产阶级的生产关系的一个时期，也曾利用过生产关系一定要适合生产力性质的法则，剩余价值法则在这个时期是在这个法则的基础上被利用和作用着的。但是资产阶级利用经济法则是与社会绝大多数人的利益相矛盾的，并且利用国家制度来保护自己狭隘的阶级利益，因此，当资本主义生产关系不能适应新的生产力性质的时候，它们竭力反抗这个法则得到发生作用的广阔场所。相反的，在工人阶级掌握了政权居于统治地位的社会，由于它是先进阶级，它的利益是和社会绝大多数人的利益融合在一起的，它是以社会发展规律作为实际行动的指南，能自觉的利用经济法则为社会谋福利，因此，它在社会经济发展上发挥了历史上空前未有的作用，使适合于社会绝大多数人的利益的经济法则获得发生作用的充分广阔场所。例如，它依靠生产关系一定要适合生产力性质的法则，制定政策，消灭旧的生产关系，创造新的社会主义的经济形式。它依靠随着社会主义经济成份的出现和日益巩固而产生的社会主义经济法则，并根据个体经济和资本主义经济的运动法则，制定政策，发展社会主义经济，改造个体经济和资本主义经济。这些法则都是作为被认识了的必然性来发生作用的。因此，社会经济发展过程就能够通过人们自觉地积极活动，使生产关系与生产力通常不会弄到发生冲突。根本说来，社会主义经济就不是自发地产生的，而是自觉地有计划地建立起来和发展起来的。列宁在"论粮食税"的论文中，就充分论证了苏维埃国家的意义在经济实质上是与资产阶级国家迥然不同的。列宁说："'社会主义苏维埃共和国'一语系意味着苏维埃政权是要决心过渡到社会主义。"①

我国宪法第四条规定："中华人民共和国依靠国家机关和社会力量，通过社会主义工业化和社会主义改造，保证逐步消灭剥削制度，建立社会主义社会。"第六条规定："国营经济是全民所有制的社会主义经济，是国民经济中的领导力量和国家实现社会主义改造的物质基础。国家保证优先发展国营经济。"这就很明确的表明了工人阶级领导的国家制度和日益强大的社会主义的国营经济的社会力量，是我国发展社会主义经济、改造非社会主义经济和最后建成单一的社会主义经济的决定因素和强大杠杆。同时也表明了，逐步消灭剥削制度和建立社会主义社会不是自发地或者自流地进行的，而是依靠国家机关和社会力量，并通过国家制定的经济政策——社会主义工业化和社会主义改造——来达到的。很显然的，这个经济政策不是凭空杜撰的，而是依据社会发展的

---

① 《列宁文选》，两卷集，第2卷，莫斯科中文版，第846页。

经济法则、社会主义基本经济法则和各种经济的运动法则等来制定的。

我国宪法第十五条还规定:"国家用经济计划指导国民经济的发展和改造,使生产力不断提高,以改进人民的物质生活和文化生活,巩固国家的独立和安全。"国民经济有计划的(按比例的)发展是社会主义经济的特点。社会主义经济的目的是保证最大限度地满足整个社会经常增长的物质和文化的需要,而达到这一目的的手段是用在高度技术基础上使社会主义生产不断增长和不断完善的办法。在我国宪法这一条中已经很明显的规定出来,我国国民经济发展和改造的目的和达到这一目的的手段是依据社会主义基本经济法则的要求,并且国家是依据国民经济有计划的(按比例的)发展的法则,制定政策,来指导国民经济的发展和改造。

问题很清楚:我国过渡时期这几年的实践证明了,经济法则的作用是与国家制度有极其密切的关系。国家依据经济法则决定经济政策和指导实际行动,而经济法则藉国家的经济政策获得发生作用的充分广阔场所。

二 生产关系一定要适合生产力性质的法则对国民经济改造所起的广阔作用

生产关系一定要适合生产力性质的法则是一切社会形态所共有的经济法则,是社会发展的经济法则。斯大林教导说"无产阶级党在制定自己的党纲以及进行实际活动时,首先应以生产发展的法则,应以社会经济发展的法则为出发点。"[1] 中国共产党依靠了这个法则,领导全国人民彻底推翻了帝国主义、封建主义和官

---

[1] 《联共(布)党史简明教程》莫斯科中文版,第154页。

僚资本主义在中国的统治，没收官僚资本主义企业使之变为社会主义的企业，在农村中实行土地改革使土地归农民所有，以解放我国的生产力。但解放生产力的任务到此并未终了。资本主义经济还束缚生产力的发展，个体经济还限制生产力的发展，现代化的工业还不够强大，因此，党和国家根据生产关系一定要适合生产力性质这个法则、社会主义基本经济法则和各种经济的运动法则等，制定我国过渡时期的总任务：逐步实现国家的社会主义工业化，逐步完成对农业、手工业和资本主义工商业的社会主义改造，以建立单一的社会主义生产关系的经济。

生产关系一定要适合生产力性质的法则在过渡时期有其广阔的作用场所。过渡时期是社会主义革命时期，非社会主义经济在不断进行变革。社会主义经济不是从旧时代的经济内部以现成的形式出现的，而必得由工人阶级领导的政权消灭旧的生产关系，创造新的社会主义的经济形式。这种社会主义改造，既不是在自发的经济发展过程中形成的，也不是可以不顾客观的经济法则随意创造的，而是随着过渡时期非社会主义经济本身以及社会主义经济和非社会主义经济之间所显露的日益增长的矛盾，国家自觉的利用生产关系一定要适合生产力性质这个法则，改变旧的生产关系，使新的生产关系与在各种经济中发展起来的生产力相适应。斯大林说过："领导机关的任务在于及时地看出日益增长的矛盾，并及时地采取办法，使生产关系适合于生产力的增长，来克服这种矛盾。"[①] 我国过渡时期的总任务，就是在克服这种矛盾的基础上制定的。

我国革命胜利以后这五年来，社会主义经济和资本主义经济、社会主义经济和个体经济以及个体经济、资本主义经济本身的矛

---

① 斯大林：《苏联社会主义经济问题》人民出版社版，第61页。

盾日益显露出来。例如，资本主义经济和个体经济在商品生产和流通上的无政府状态与国家有计划的经济发展相矛盾，这就要求在全国范围内着手建立社会主义的国营商业和合作社商业，有计划的控制原料与产品，调济供需，稳定市场，活跃工农业生产和城乡经济。在一九五四年九月，国营和合作社商业在社会商品零售总额中的比重已占50%左右，在批发总额中的比重已占80%左右。又如，国家工业基础的薄弱与各种产业在发展和改造上所需要的大量装配相矛盾，这就要求以较高速度来发展工业，特别是发展重工业，在较短时期内实现国家的社会主义工业化。在五年计划期间已经规定约有六百个重大工业项目在进行建立。再如，个体经济本身向两极分化的矛盾，资本主义经济本身工人与资本家的矛盾和生产社会性与资本主义所有制的矛盾，要求按照生产力性质和水平对个体农业和手工业采用半社会主义的生产合作社的过渡形式，对资本主义工商业采用各种不同形式的国家资本主义的过渡形式，逐步发展社会主义因素，最后改造成为社会主义生产关系。这在社会主义改造上任务最为艰巨，斗争最为激烈。但在这几年内，社会主义因素已在这些经济中大量增加起来。一九五四年全国参加互助组和合作社的农户约占全国农户总数60%，农业生产合作社在一九五五年春耕时将发展到五十万个以上，参加农户将达一千万户以上。个体手工业到一九五四年底预计有五万六千余个生产合作社（组）组织起来，参加人数有一百十余万人。私营工商业在一九五四年上半年上海、天津、北京、武汉、广州、沈阳、重庆、西安等八个重要城市接受加工、订货、包销和收购的资本主义工业的产值，已占这些城市中资本主义工业总产值的80%左右。最后，社会主义性质的农村信用合作社在一九五五年春也可发展到十五万个。① 所有这些新建立的社会主义的企业，在改造中的半社会主义的企业和包含有社会主义因素的企业，都出现了完全的或不完全的社会主义的生产关系，成为生产力进一步发展的主要和决定的力量，使社会主义基本经济法则获得了发生作用的新的场所。所有这些成就，也充分说明国家依靠生产关系一定要适合生产力性质的法则在这几年中对国民经济改造所起的巨大作用。

必须指出，生产关系一定要适合生产力性质的法则与社会主义基本经济法则是向同一方向发展的，它们的要求是一致的。只有按照生产力发展的水平，逐步改变为社会主义的生产关系使其与生产力性质相适合，生产力才有充分发挥余地，才能保证生产水平与人民福利水平的不断提高。社会主义经济之所以优越，是由于它符合于全体人民的利益，而其所以如此，则是由于它的生产关系完全适合生产力性质，生产关系通常不会弄到和生产力发生冲突。也是在这种完全适合的基础上，社会主义经济的目的和达到这一目的的手段才能实现。

三 社会主义基本经济法则对整个国民经济所起的作用和对各种经济成份所起的不同作用

社会主义基本经济法则对我国国民经济所起的作用，表现在国家政权在法权上的社会主义成份，"把这整整的一千都拿上手

---

① 本节数字除个体手工业系根据全国手工业生产合作展览会材料及农村信用合作社根据一九五四年十一月二十三日《人民日报》社论外，余皆根据周恩来：《政府工作报告》人民出版社版。

来,不让一个哥比(戈比—苏联辅币)落在非社会主义用途之上"①;表现在它发生作用的社会主义经济及具有社会主义因素的经济所显示的优越性;表现在它争取为自己开辟道路,作用范围日益扩大;表现在它对于整个国民经济的发展和发展方向所起的决定作用。在解放后短短的五年内,我国生产上有了突飞猛进的增长,一九五四年预计现代工业总产值将等于一九四九年的4.2倍,如果再加上农业和手工业,那末工农业总产值将等于一九四九年的2.2倍。国营、合作社营和公私合营工业的产值在工业总产值中的比重上也迅速上升,在一九五四年预计将由一九四九年的37%升为71%左右。在劳动人民生活上也有了很大的改善,根据中央五个工业部门的统计,一九五三年职工平均货币工资比一九五〇年增加84%。至于农村居民的购买力,一九五三年则比一九五〇年增加76%。②从一九五三年起实行第一个五年计划,集中主要力量发展重工业,以建立国家工业化和国防现代化的基础。这些事实和上面两节所阐述的情况,都说明社会主义基本经济法则在我国国民经济发展中发生决定的作用。

在过渡时期社会主义基本经济法则对整个国民经济发生的作用,和在单一的社会主义经济的社会有所不同。在单一的社会主义经济的社会,如苏联,社会主义基本经济法则在整个社会所发生的作用,犹如在国营经济中一样。在我国过渡时期,还有与之相对立的资本主义经济的存在,社会主义基本经济法则还不能在占全国工业产值29%(一九五四年)的私营工业中发生支配作用,也还不能在个体农业和手工业中发生支配作用。所以说社会主义基本经济法则对我国过渡时期国民经济起决定作用,不能意

---

① 《列宁文选》,两卷集,第2卷,第849页。
② 周恩来:《政府工作报告》人民出版社版,第5、6页,第18、20页。

味着其他经济法则的作用是无足轻重的。正是由于社会主义与资本主义的斗争是过渡时期的特点，资本主义经济法则的作用，也就使社会主义经济法则的作用受到限制。这从以下我们所述社会主义基本经济法则对于各种经济成份所起的作用中也可以看到。

在多种经济成份存在而以国营经济为整个国民经济的领导力量的条件上，社会主义基本经济法则对各种经济所起的作用不同，有从经济内部起作用的，就是起支配的作用，有从经济外部起作用的，就是起影响的作用。从经济内部起作用的是在国营经济，供销、消费、信用合作社经济，及社会主义的农业生产合作社和手工业生产合作社经济的范围内，从规定企业任务一直到企业经营，都完全受社会主义基本经济法则的支配。由国家决定的国民经济各个年度计划和五年计划的方针和内容，也都是根据社会主义基本经济法则和国民经济有计划按比例的发展法则的要求，直接贯彻到社会主义的国营经济和合作社经济各个部门。另外在国家资本主义经济中高级形式的公私合营企业由于社会主义成份与资本主义成份共同占有生产资料，在合作社经济中半社会主义的农业生产合作社及手工业生产合作社由于个体劳动者所有制改变为劳动群众部分集体所有制，社会主义因素都居于领导地位，因此社会主义基本经济法则也在这些经济的内部起作用。私营企业在公私合营以后，根本改变了过去唯利是图的经营管理方针，使企业的生产符合于国家的要求，并使企业状况得到重大的改进。在盈余分配上，大部分可以根据国家计划，用于发展生产，资本家只能按照公私比重取得一定的份额。因此，资本家在企业的地位有了改变，剩余价值法则的作用在颇大程度上受到限制，不能对企业起支配的作用。但由于资本主义因素仍然在企业内存在，企业经营管理需要逐步改革，资本家还剥削工人的剩余劳动，资方还老喊"无利可得",说明剩余价值法则还起一定作用,社会主义基本经济法则还不能起完全而充分的作用。资本主义因素之所以容许存在,是因为在过渡时期,资本家"在扩大生产、改进企业管理和生产技术、培养和训练技术工人和技术人员等方面,在接受社会主义改造方面,对国家还可以作出一定的贡献"。[①] 在半社会主义的农业生产合作社和手工业生产合作社中,土地及生产资料是统一经营和使用的,可使生产得以增长,技术得以改进,劳动是集体的,并采取逐步扩大收益分配按劳取酬办法;公共积累是逐年增加的,可以实现扩大再生产;与国家经济计划和与国营经济是结合的,可使产销纳入国家计划轨道。这些也都是社会主义基本经济法则在起作用。但是由于土地、生产工具等主要生产资料尚为私人所有,未公有化,这些私有的生产资料还取得一定的收益,表明了私有经济的因素还存在,劳动者基于私有生产资料而占有剩余生产物的个体经济法则[②]也还起一定的作用。个体劳动者生产资料之所以还没有集体化,私有生产资料之所以在分配上还起一定作用,是由于目前的生产力水平还没有达到使个体劳动者完全按劳动日分配的实际收入超过目前按劳动日和按生产资料分配的实际收入,和目前个体劳动者觉悟水平适合于此形式。这一点说明了国家是依据具体条件,利用和限制资本主义经济法则及个体经济法则来发展生产。

社会主义基本经济法则如何对各种经济起影响的作用呢?所谓影响的作用,就是在资本家所有制和个体劳动者所有制没有改变的情形之下,生产和分配还是受该种经济固有的法则所支配,

---

① 刘少奇:《关于中华人民共和国宪法草案的报告》,见《中华人民共和国宪法》,第52页。

② 参看马克思:《剩余价值学说史》,第1卷三联书店版,第402页。

社会主义基本经济法则通过国家政策在供销、收购、价格、信用、税收等措施来影响该种经济固有法则的作用。例如，国家目前实行的对粮食、油料、棉花统购统销办法，禁止一切私商私自经营，由国家规定价格统一计划收购与供应，这样在这几种产品上就消灭了自由市场，消灭了竞争、囤积、投机等现象，也就消除了价值法则通过竞争在市场上自发地形成价格的作用，同时保证了人民生活的安定，工业原料的正常供应和农民合理价格的获得。这种措施事实上就是国营商业和合作社商业代替了资本主义商业，扩大了国营经济在商品流通中的范围。在这种措施下以及在推行农产品预购合同及结合合同制度下，社会主义基本经济法则和国民经济有计划的发展的法则当然在这些商品流通中就起了作用，农民对这几种产品的囤积及兼营商业的资本主义自发势力也就失去了活动场所。这种措施对农民的生产是有影响的，如有了合理和稳定价格的保障，生产更趋积极，收入更可增长，但是支配个体农民进行生产的法则并未因此而改变。这就是说，个体农民经济中依然是价值法则在起调节作用，所不同者，过去是和市场上盲目竞争及不稳定的价格相联系，现在是和国家计划收购、计划供应、规定价格相联系。

　　国营商业对于商品季节差价、地区差价、批零差价和商品牌价的规定，也同样表明社会主义基本经济法则在起作用。但在自由市场还存在的情况下，这种规定也是对于价值法则起影响作用，而不是在实质上消除了价值法则的作用。

　　棉粮比价、麻粮比价、余粮比价的规定的性质，在价格由国家规定而不是自发地形成一点上是与牌价规定相同的，但在国家有意识的规定两种产品比价以鼓励一种产品生产的一点上则是不同的。比价的规定，使农民根据价值法则的作用按照优价调节其生产。这也表明国家依靠社会主义基本经济法则与国民经济有计划的发展的法则，利用个体经济中价值法则的作用以发展生产。

在国家对私营工业的加工、订货、包销中社会主义基本经济法则所起的作用，也在颇大的程度上是属于影响的作用。通过加工、订货、包销等方式，私营工业的生产和产品的销售就纳入国家计划的轨道，原料亦受到国家控制，私营工业依赖社会主义经济的程度日益增加。为了责成按照合同办事，国家对于接受加工、订货的企业，可以派员进行监督，并且国家规定工缴和货价，限制了私营工业的利润率，因而限制了剩余价值法则的作用，社会主义基本经济法则也在企业内部起一起作用。但由于所有制还没有改变，国家不参与企业的经营和管理，企业基本上还是按照资本主义方式经营，资本家不关心经营管理的改善和技术的改进，以致产品质量低，成本高，浪费十分严重，并且还有偷工减料，盗窃国家财产，偷税漏税等事，藉以获取高额利润。这就表明了在接受加工、订货、包销的私营工业中剩余价值法则仍然起支配作用。

此外，国家对产品的收购，农业生产资料的供应，贷款，税收和劳动政策的制定，都表明社会主义基本经济法则及国民经济有计划的发展的法则对国民经济中非社会主义经济的发展发生影响。

总起来说，在我国过渡时期社会主义基本经济法则对于整个国民经济的发展和发展方向是起着决定作用的。在社会主义生产关系存在的场所，社会主义基本经济法则就发生支配作用，支配作用起的完全和充分与否，则看生产关系是否完全社会主义化而定。在个体经济和资本主义经济的生产关系存在的场所，社会主义基本经济法则对它们是起影响的作用，就是通过国家的经济政策和通过社会主义经济范围的扩大和力量的加强，改变个体经济和资本主义经济的外部条件，限制价值法则和剩余价值法则的作用范围，也就影响个体经济和资本主义经济的地位和发展。

马克思在论述政治经济学的研究方法时，有过下面一段话，这一段话对于研究我国过渡时期的基本经济法则问题具有巨大的指导意义，兹引录于下，并以结束此文。

"在一切社会形态中都有一定的生产决定着其他一切生产的地位和影响，因而它的关系也决定着其他一切关系的地位和影响。这是普照的光，淹没着其他一切色彩，改变着它们的特点。这是一种特殊的以太，出现在它里面的一切存在，都由它来决定比重。"[①]

---

① 马克思：《政治经济学批判》，人民出版社版，第169页。

斯拉法著《用商品生产商品》
中译本前言[*]

斯拉法（1898—1983）的《用商品生产商品》这本书在 1963 年出版，距今已有 30 年；中译本初版于 1963 年，距今亦近 30 年这是一本薄薄的总共只有 98 页（中译本亦只有 96 页）的经济理论著作，在出版后 30 年中一直受到经济学家的重视，阐述和讨论它的论著不断出现。有的经济学家甚至认为斯拉法在这本书中提出的理论，是对新古典学派经济理论的第二次革命，是一本划时代的著作，但也不是没有相反的意见。因此，这本书是值得我国经济理论界注意和对它进行研究的。趁此书再版之时，译者就其理论要点略作介绍，供读者参考。

这本书的经济理论有一显著特点，就是在基本理论上，它返回到从重农主义到李嘉图的古典学派经济理论传统。它不是如同新古典学派的理论，在生产规模改变和生产要素组成比例改变的假定下论证供需关系的均衡，而是研究一个经济体系的各生产部门在生产方法不变的条件下日复一日地、周而复始地进行生产的基本状态。这本书的书名《用商品生产商品》，就表明了斯拉法如

---

[*] 斯拉法：《用商品生产商品》，中译本，第 3 版、商务印书馆出版，1991 年。

同古典学派一样把生产视为一种循环过程。斯拉法在此书附录《参考文献》中，明确指出魁奈的《经济表》图式所表明的是生产的循环过程，李嘉图挑出谷物作为对它自己生产和对所有其他商品生产都需要的一种产品（本书第93页），就是斯拉法此书所遵循的传统的最好说明。从这个基本点出发，这本书所阐述的经济理论，就必然与新古典学派形成尖锐的对立。

李嘉图认为，确立社会产品在各阶级间分配的法则，是政治经济学的主要问题，并以这一问题作为他的理论体系的中心，进而考察作为分配学说基础的价值学说。斯拉法与李嘉图相同，也是把工资与利润在国民收入中占有的相对份额以及这种相对份额的改变对于利润的商品价格的影响，看作他研究的中心问题，并为了充分说明这一问题，进而研究社会产品和剩余产品的生产，在生产中劳动与生产资料的比例对于商品相对价格的决定作用，剩余产品的分配以及这种分配的改变对于利润率和商品相对价格的影响等等。在这些问题的研究上，斯拉法基本上遵循李嘉图的传统，但加进了新的分析方法，并在理论上有所发展。其最主要之点是，斯拉法充分论证了，不同生产部门生产产品时使用的劳动和生产资料的比例不相等，对于研究商品相对价格差异的极端重要性。他指出，一种商品（基本产品），在本生产部门是产出的产品，在其他部门则是投入的生产资料，在这一生产部门是投入的生产资料，在其他生产部门则为产出的产品。因此，不同生产部门生产产品，固然有使用的劳动和生产资料的比例不相等的问题，但它所使用的生产资料本身在被生产时也有使用的劳动和生产资料的比例不相等的问题，以至于在生产中众多层次的生产资料的生产都有这种比例不相等的问题。"其结果是，两种产品相对价格的变动，不但取决于它们各自生产时所使用的劳动对生产资料的比例，并且取决于这些生产资料本身被生产时所使用的比例，还取决于这些生产资料的生产资料本身被生产时所使用的比例，等等"（本书第21页）。其次，在国民收入或称社会纯产品中，工资的升降直接影响利润在其中所占的份额，随之直接影响利润率的高低。在统一的利润率条件下，各生产部门所需支付利润的数额，常取决于所使用的生产资料的价值总额。因此，工资与利润分配份额的改变，必然要影响利润率，而由于各不同生产部门所使用的劳动与生产资料的比例不相等，利润率的变动不能不影响各生产部门生产商品的相对价格。简言之，即分配关系的变动，不能不影响利润率；而利润率的变动，不能不影响生产部门所需支付的利润数额，因而不能不影响商品的相对价格。这就是斯拉法"要在生产方法仍然不变的假定下，观察工资变动对于利润率和各种商品价格的影响"（本书第18页）所做的一些分析。

斯拉法的分配理论是与新古典学派的理论对立的。在他的理论体系中，工资是自变量，是在生产体系以外决定的。货币工资率的变动，是由一个国家历史上所形成的工资水平以及国内劳资双方协议力量的对比等决定的。至于实际工资率的变动，则与物价和货币购买力变动以及收入分配相对份额有关。再说利润，它是社会纯产值，即国民收入扣除工资后的余额，利润率是这个余额与生产所使用的生产资料总值的比率。给定了工资，利润和利润率即可随之而求出。因此，利润率也可以从生产体系以外决定，特别是可以为货币利息率所决定。斯拉法根本否定新古典学派边际生产力论所谓边际产品的理论。边际生产力论认为在生产方法改变的条件下，增加一个单位的劳动或资本，因而增加了产量、产值，最后增加一个单位劳动或资本所增加的产量、产值，就决定了工资率或利润率。斯拉法认为在生产方法不变的条件下，生产日复一日地进行，"不但很难找见一个要素的边际产品（或者换一种说法，一种产品的边际成本）——干脆在那里就找不见"（本书第6页）。如果认为这种论证是基于不同的前提条件，不能以此非彼，那么，斯拉法还提出另外很坚强的理由。斯拉法认为生产资料多种多样，它们的耐用性大不相同，如果不用它们的价值计算，就不可能总计多种生产资料为一个资本总量。而如果要计算它们各个的价值，就非先知道利润率不可。例如厂房设备的资本价值，通常是按它的预期收益用现行利润率（利息率）折算的。若如边际生产力论者所说，利润率决定于厂房设备（资本）的边际产值，这岂非是以利润率决定利润率的循环论吗？但若按斯拉法的分析，商品生产价格是按直接劳动消耗费用和按利润率计算的各项生产资料消耗的价值计算的，如果把生产资料还原为各个有时期的劳动项目，也要用利润率计算这些有时期的劳动项目的价值。这也就是说，各项生产资料不可能作为一项单一的资本量，并用它来决定价格和分配份额（参阅本书第43页）。斯拉法的这些论述，对于新古典学派边际生产力论的批驳，可以说是结论性的。斯拉法关于工资与利润在国民收入分配中的相互消长关系，表明了资本主义社会中两大阶级的矛盾关系。关于工资与利润的决定，取决于外部条件的理论，具有政策措施的涵义，不过斯拉法对此没有明白申述。

　　斯拉法为了论证分配关系的改变，确实是商品相对价格改变的主要原因，他提出如何能找到"一种不变的价值尺度"来计量商品价格变动的问题。因为，如他所说，"任何特殊的价格变动，究竟是起于被计量的商品的特殊性，还是起于计量标准的特殊性，无法说定"（本书第23页）。这里所说的特殊性，就是各种商品生产所使用的劳动对生产资料的比例不相等，例如用黄金作为计量标准，黄金生产本身也有这种比例的特殊性。这是一个老问题，李嘉图早就提出了。李嘉图因未能解决这个问题而感到困惑。斯拉法为设法解决这一问题，作出了独出心裁的论证。他认为关键问题是设法寻找到一种计量标准，它本身确实不具有这种比例的特殊性。他从李嘉图的"中数"概念得到启示，从"平衡商品"逐步推导出一种"标准商品"，这种商品生产的比例和它们参加生产资料总量的比例是相同的，因而纯产品对生产资料数量的比率也是相同的，并且标准商品各层生产资料的生产都存在相同的比例。在这种规定下，标准商品相对于其他商品的价格，在工资变动时所受到上升或下降的影响，只会产生于正在和它比较的商品的生产特殊性，而不会产生于它自身（参阅本书第24页）。这样，标准商品就成为一种不变的价值尺度，它在工资变动时可以作为其他商品具有不同"比例"而产生价格变动的测量器。同时，因为各种产品与生产资料的比例是相同的，利润率是统一的，它还表明利润率的改变不影响商品的相对价格，除非商品具有不同的"比例"。

斯拉法书中，还有在论证以上问题时关于劳动价值学说和生产价格学说的新颖表述，以及数学方法等内容，在此不一一阐述了。

经济理论界对于斯拉法此书的意见，不尽相同。有的经济学家对他的理论持怀疑或否定态度，特别是追随新古典学派的一些经济学家。他们认为斯拉法所阐述的多是过时的观念，对半个多世纪以来新发展的经济活动分析置之不顾，如在他的理论体系中，就找不到需求理论的地位。但经济学家对此书评论的主流，还是肯定的。肯定来自两个方面，一来自所谓凯恩斯左派即新剑桥学派的经济学家，另一来自西方马克思主义经济学家。前者完全肯定斯拉法的分配理论，认为它可以补充凯恩斯理论在分配论方面的不足，并予新古典学派边际生产力论以有力的打击。斯拉法虽然没有参加新剑桥学派的活动，没有把自己的理论和凯恩斯的理论结合起来，但新剑桥学派的学者已经把二者结合起来了，理论界一般都把斯拉法列为新剑桥学派主要理论家之一。另一方面，西方马克思主义经济学家认为斯拉法用劳动价值来说明商品的相对价值和剩余产品，他对价值转化为生产价格的论证，解决了理论界一向存在的争议，因此认为，斯拉法的理论是同马克思的经济学说相结合的。对于以上这些意见，经济学界仍在继续讨论，目前还很难做出定论。应该说，斯拉法这本书，文字简约而义理精深，是当代经济理论少数重要著作之一，它成为理论界讨论的一个热点是十分自然的。

1990 年 10 月

论经济思想史的研究对象、方法和意义[*]

在讨论本文所提出的几个问题之前，有必要先回顾一下经济思想史这门学科的发展史。所以本文将分下列几节讨论：一、这门学科的发展史；二、研究对象和范围；三、研究方法；四、研究的意义。

一 这门学科的发展史

经济思想史这门学科是随着政治经济学成为一门独立科学之后而产生的。马克思说："政治经济学作为一门独立的科学是在工场手工业时期才产生的。"[①] 在这之前，当然不会出现政治经济学史这门学科。因之，这门学科的产生和发展的历史还是比较短的，只有一百多年的历史。政治经济学史最早的和有系统的一部著作，是法国资产阶级经济学家布朗基写的《欧洲从古代到现代的政治

---

[*] 本文系作者为纪念陈岱孙教授任教55周年而撰，原载巫宝三、陈振汉等著《经济思想史论文集》，北京大学出版社，1982年9月。

[①]《马克思恩格斯全集》第23卷，第404页。

经济学史》，② 1837 年出版，以后有德、英文等译本。全书分两卷，第一卷从古希腊、罗马到法国重商主义者柯尔贝尔，第二卷从法国资产阶级经济学古典学派布尔吉尔贝尔到空想社会主义者傅立叶、欧文。书的后面还附有较为完备的政治经济学重要著作书目。作者在书的"导言"中指出，他不同意当时很多著作认为政治经济学开始于魁奈与杜尔阁的说法，他认为古代之有政治经济学如近代之有政治经济学一样，虽然古代经济思想在表述上不是有系统的，但都是从事实和实践中产生的。因此，此书所遵循的途径，是把经济思想和一般历史联系起来，研究从古代到现代之间的相互影响。这部书作为最早的一部政治经济学史，虽然有它的缺点和局限性，例如对于政治经济学这门科学的理解、对于今古社会性质的理解和对于以往经济学说的分析等，但这部书由于它的丰富资料和系统性对于理解人类经济思想的发展非常有用，它是在 19 世纪享有盛名的经济学著作之一。现今流行的经济思想史或经济学说史著作，可以说大体上还是以它为范本的。甚至这部书的某些部分，现在仍有参考价值。例如，这部书对欧洲中世纪经济思想的叙述，占第一卷篇幅 1/3 以上，远较现在著作仅有一章或二章为详细。马克思在研究和批判资产阶级政治经济学时已见到此书，并在研究重农主义和亚当·斯密的经济学说时，引用了书中的几段论述。③

在 19 世纪上半叶，英国古典学派经济学在学术界取得了支配地位，这时在德国产生了一种反响，即反对用抽象的演绎方法研究政治经济学，主张经济学要注入历史精神，要从具体经验研究

---

② Blanqui, J.A., Histoirc de L'economie politique en Europe depuis Les anciens jusque nos jours. 1837。

③ 《马克思恩格斯全集》第 26 卷，第 1 册，第 37、40、167 页。

各个国家和各个时代的经济问题，认为不存在一般的普遍的经济规律，一切规律只能从具体历史环境中用归纳方法得出，甚至认为特殊的经济规律也不存在，只存在某些类似之点。这就是德国历史学派对于经济学研究所提出的方法论，这种方法论当然也就成为他们研究经济学说史的方法。最早提出这种方法论的经济学家是罗雪尔，他最初的一本著作是《根据历史方法的国民经济学讲授大纲》，出版于1843年，以后他还有用历史材料研究16、17世纪英国经济学说的著作，研究14世纪阿莱斯姆（N. Oresme）经济学说的著作，以及关于德国政治经济学史的大部头著作等。[①]用历史方法研究政治经济学和经济学说史当然是必要的，问题是罗雪尔等所提倡的历史方法是形而上学的烦琐的历史方法，其结果就变成大量历史材料的堆积，而不能深入探究各种经济现象的内在关系及其发展的规律性。最近还有一个资产阶级经济学家在评论上述罗雪尔的后一部书时说："这部书脚注之多使人望而生畏，而更糟的是，这部书从历史到分析到学说注释，转来转去，丧失了一贯性，并模糊了作者的意向。"[②]事实上，早在罗雪尔不断出版他的著作时，马克思就常常批判他的庸俗的历史方法，马克思说：

从历史的角度进行工作的，并且以明智的中庸态度到处

---

① 罗雪尔有很多著作，上述这几种著作的德文书名是：

1. Grundriss zu Vorlesungen uber die Staatswissenschaft nach Geschichticher Methode, 1843.

2. Zur Geschichte der englischen Volkswirtschaftslehre im sechzehnten undsiebzehnten Jahrhundert, 1851—1852.

3. Ein grosser National okonom des vierzehten Jahrhunderts, 1863.

4. Geschichte der National okonomik in Deutschland, 1874.

② Lekachman, R., A History of Economic Ideas, 1976, 第300—301页。

搜集"最好的东西,如果得到的结果是矛盾,这对它说来并不重要,只有完备才是重要的,这就是阉割一切体系,抹去它们的一切棱角,使它们在一本摘录集里和平相处。……甚至斯密、李嘉图和其他人的真正的思想(不仅是他们本身的庸俗因素),在这里也好像毫无内容,变成了庸俗的东西。①

在罗雪尔的著作出现之时,马克思已经根据他所发现的历史唯物主义学说,对历史上出现的经济学说和资产阶级各派经济理论进行系统的和历史的分析批判。他在1857—1858年写成的手稿《政治经济学批判大纲》,1859年出版的《政治经济学批判》,1861—1863年写成的手稿《剩余价值理论》,还有在1877年写的《〈批判史〉论述》(《反杜林论》第二编第十章),都包含有关于政治经济学这门独立科学的发展史的论述以及关于古代一些著名的经济学说的论述。如在《政治经济学批判》以及《资本论》巨著中,都可看到他对于古希腊经济学说和古典学派以及庸俗学派经济学说的论述,马克思这些论述,根据历史唯物主义学说,既强调了经济理论的历史性,又肯定了科学的抽象分析法,把政治经济学以及政治经济学史的研究,提高到科学的水平,成为我们研究政治经济学史和经济思想史的指导思想。恩格斯说:"政治经济学本质上是一门历史的科学。"② 这当然同德国历史学派心目中的经济学的历史方法,是根本不同的。这从上面所引马克思对罗雪尔的批判已经可以看到。

在这里应该提到,在《反杜林论》中马克思所写的《〈批判史〉论述》的《批判史》一书,是杜林写的关于经济学史的著作

---

① 《马克思恩格斯全集》第26卷Ⅲ,第558页。
② 同上书,第20卷,第160—161页。

叫做《国民经济学和社会主义批判史》[①]。杜林这部书如书名所示，包括两大部分，一为政治经济学史，一为社会主义学说史，前一部分也略谈古希腊、罗马的经济学说。杜林是德国资产阶级经济学家李士特（F. List）和美国资产阶级经济学家凯里（H. C. Carey）经济学说的拥护者和吹捧者，但他还以"社会主义的行家，同时兼社会主义的改革家"[②]的面目大著其书，在当时思想界颇有影响。马克思对于他这部《批判史》没有进行全面的评述，因为有些方面如方法论及社会主义，恩格斯已在《反杜林论》一书其他部分论述了。马克思对于这部书所集中评述的，是杜林的一种夸夸其谈、哗众取宠、对历史上的经济学说并不真正理解的研究经济学说史的恶劣作风。举一个例子说，重农主义"在当时说来是天才的、对通过流通而实现的年度再生产过程的说明，非常准确地回答了这种纯产品在国民经济的循环中究竟成了什么这一问题。"[③]但杜林却认为"在《经济表》上面，只可能是一种趋于神秘主义的混乱和任性。"[④] 马克思指出杜林对于历史上经济学说的错误认识还有很多。所以马克思最后说，"凡是想在现在或最近的将来研究政治经济学史的人们，与其依靠杜林先生的'具有伟大风格的历史记述'，还不如熟悉'最流行的东拼西凑的教科书'的'淡水似的作品'，……要可靠得多。"[⑤] 马克思对杜林这部学说史的许多评述，对于如何研究政治经济学史和经济思想史具有十分重要的指导意义。

[①] Duhring, E., Kritische Geschichte der Nationaloekonomic und des Sozialismus, 1874.

[②] 《马克思恩格斯全集》第20卷，第7页。

[③] 同上书，第276页。

[④] 参看上书，第276页。

[⑤] 同上书，第279页。

随着政治经济学这门学科的发展,政治经济学史或经济思想史也越来越受到人们的重视,在这一方面的著作也越来越多。近年法人丹涅所著《经济思想史》一书开列了从50年代以来出版的较为重要的法文经济思想史著作,就有十四种。[①] 我们不准备一一列举这些著作,仅举在国际上有影响的和国内出版的几种著作如下:

1. 基特、列士特合著:《经济学说史》(Gide, C. et Rist, C., Histoire des doctrines economique) 第7版,1947(第一版,1909),有中文译本。

2. 韩讷:《经济思想史》(Haney, L.H., History of Economic Thought),第4版,1949(第一版,1911),有中文译本。

3. 罗尔;《经济思想史》(Roll, E., History of Economic Thought),增订版第4版,1978(第一版,1938),有中文译本。

4. 熊彼特:《经济分析史》(Schumpeter, J.A., History of Economic Analysis),第2版,1955(第一版,1954),中译本在准备中。

5. 道布:《亚当·斯密以后的价值与分配学说》(Dobb, M., Theories of Value and Distribution since Adam Smith),1973。

6. 卢森贝: 《政治经济学史》(Розенберг, Д.И., ИСТОРИЯ, Попинтиеской Зкономии, 1940)有中译本,' 1959。

7. 王亚南:《政治经济学史大纲》,1950年再版。

8. 鲁友章、李宗正:《经济学说史》上册,1979。

以上这些著作虽然论述的主要是经济学说史,但这些著作在基本观点上、在对象和范围上、在研究方法上、在对这门学科意

[①] Henri Denis, Histoire de la pense economique, 第5版,第3页,1977年。

义的阐述上,都各有所侧重,以至有所不同。如(5)(6)(7)(8)几种著作基本上是马克思主义的观点,而(1)(2)(3)(4)则是资产阶级客观主义的观点。又如(1)(5)所包括的是近代经济学说的发展史,而其他几种则都包括古希腊、罗马以及中世纪的经济学说,(2)还包括希伯来和印度的经济思想。又如(1)(2)(3)(4)(5)侧重西方经济学说的论述,(1)又侧重法国经济学说,而(6)(7)则侧重马克思主义经济学说的论述。这些不同点,也对研究经济思想史提出一些问题。以下我们分:一、研究对象和范围;二、研究方法;三、研究的意义等三个问题来讨论。

二 研究对象和范围

在这门学科中,有"政治经济学史"、"经济学说史"、"经济思想史"这三种名称。这三种名称表明了它们研究对象和范围大小不同。政治经济学史研究政治经济学作为一门独立科学出现以后的发展史,起自重商主义学说产生以后,它的范围最明确,时期亦较短。经济思想史研究起自古代产生的经济思想,包括早期的未系统化的原始观念、见解和主张,当然也包括各个时代产生的经济学说。它的范围最广。经济学说史则介乎上述二者之间,既不限于成为独立科学以后的政治经济学,也不包括原始的经济观念和见解,而以提出的观念和见解是否是一种比较有分析的和有系统的知识为准。不过"政治经济学史"的著作,如上述卢森贝、王亚南等的著作,也包括古代世界的经济思想,这些经济思想是作为政治经济学前史或作为杰出思想家和政治家的经济思想而提出的。同时有很多著作,如上述罗尔的,事实上是经济学说史,但却名为"经济思想史"。我们在第一节列举的几种著作中，只有韩讷可以说是上面所说的经济思想史。这一方面是由于古代距离现代很远，现实意义较少，另一方面也是由于古代以自然经济为主，系统性研究也不多。所以从现在出版的经济思想史和政治经济学史的著作来说，大多数都是经济学说史的内容。

经济思想史的研究对象，总的说来，是研究经济观念和学说的产生、发展及其相互关系的历史。关于这个问题，一般没有多少分歧意见。如韩讷说："经济思想史是经济观念发展的评述，研究它们的起源、相互关系和表述。"[1] 罗尔说，经济思想史是研究"经济思想的发展"，"研究形成现代经济学说的思想主流。"[2] 卢森贝也说，"政治经济学史教程的任务，在于阐明政治经济学这门科学的发生和发展。"[3] 不过在50年代，熊彼特对于经济思想史的研究对象问题提出了他的见解以后，引起了研究这门学科的学者的注意和讨论。我们也认为有对于他的见解进行讨论的必要。

熊彼特是如何提出经济思想史的研究对象的呢？他说："经济思想史是关于经济问题的所有意见和愿望的总和，特别是在某一时间和场所浮现在公众心中的有关于这些问题的经济政策的意见和愿望。但是公众意见从来不是一种没有差别的和同质纯一的东西，而是当时社会分为各种不同性质的集团和阶级的结果。"[4] 熊彼特所提出的经济思想史的研究对象，与其他学者所提出的，初看起来，似无若何差异，如果说有的话，它还带有明显的阶级分析内容。但细加考察，熊彼特所以如此提出经济思想史的研究对

---

[1] 韩讷：《经济思想史》，第4页，英文版，1925年。

[2] 罗尔：《经济思想史》，第12页、17页，英文版，1978年。

[3] 卢森贝：《政治经济学史》，第1页。

[4] 熊彼特：《经济分析史》，英文版，第38页。

象,并不是在于强调阶级分析法,而是在于把经济分析和经济思想对立起来,在于否定经济思想史的独立性和客观性。他主要是说,这样的经济思想史表现了各个时代和各个阶级所表现出来的意识形态的偏见,对于其他时代和地区并无若何真实性。他举例说,以查里曼大帝(中世纪法兰克国王,公元742—814年)的经济政策思想与汉姆拉比王(公元前1792—1750年)的经济政策思想相比,很难说谁优谁劣,评论家亦各有各的见解。但经济分析方法则与见解、政策等不同,它是可以比较的,是有优劣好坏之分的。对所分析的对象的兴趣和态度的不同,不构成分析方法的特点。他说,对于亚当·斯密的《国富论》,我们所感兴趣的,不是他为维护什么而论证,而是他如何证论和用什么分析工具来论证。他的政治原则和政策方案本身(包括表明价值判断的意识形态)。无疑对他自己和他的读者是最关重要的,并且这是他的著作在社会上获得成功和在人类思想史上获得光荣地位的主要原因。但是熊彼特认为这些都是他的时代和国家意识形态的表述,对于其他时代和国家没有任何真实性。他还举了对市场价格分析方法为例说,当代经济学家希克斯(J.R.Hicks)、萨缪尔森(P.Samuelson)所提出的一些概念和分析方法,显然是19世纪经济学家如穆勒(J.S.mill)等所不能看懂的。这表明经济分析方法的进步和经济科学的进步。他这里所说进步,是说前后分析方法是可以比较的,是可以分辨出它们的优劣次序的。[①] 熊彼特这种见解,发前人之所未发,不是没有意义的。问题在于他把经济分析与经济思想截然分开,并藉此来贬低经济思想史和经济学说史而抬高经济分析史[②],则不无可议之处。这里想提出两点,一是关于

[①] 熊彼特:《经济分析史》,英文版,第38、40页。
[②] 他认为"经济分析史"就是"经济学史"。见上书,第38页。

对经济理论和政策思想的真实性问题，一是关于经济思想与经济分析的截然分开问题。历史上的许多经济学说和政策方案的提出，都以具体时代和具体社会经济情况为根据。如果两个国家处于相同时代和具有相同的社会经济特点，那么由此而产生的那种具有科学性的学说和政策，对于这两个国家就有很大程度的真实性。我们说"很大程度"，因为各国还可能有其他具体特点。熊彼特所说的市场价格分析，也不能脱离历史时代。显然现代的复杂分析，即不能适用于小商品经济。经济分析方法与经济思想和政策虽然有不同之处，但终极地说，都不能脱离具体时代和具体社会条件。即使某一经济学说是某一阶级代表人物对某一经济问题所作的解说和对某一经济政策所作的论证，如同亚当·斯密对自然价值、市场、分工学说和自由贸易政策等所作的论述，只要这种学说揭示了经济问题的真实关系、只要这种学说和政策对于社会经济发展起推动作用，那么这种经济学说和经济政策就具有真实性和科学性，而将为后人继承和发扬。如果把这些经济学说和政策论述，都看成为偏见，那历史上还有什么真实性的经济学说呢？其次，关于经济分析是否能完全独立于经济思想，也有问题。对于这个问题，道布有所论述，节录其文如下：

熊彼特所说的"分析"或者是一种纯粹的形式结构，与经济问题无任何关系，……或者是一种逻辑体系，作为关于经济现象或活动的某种表述方法而设计的。如果真是前者，那么它就不能和我们所讲的经济学说史等同。……如果是后者，那么它就必定不能与它所准备回答的问题分开，因而不能与实际的（或假定的）经济问题的模样分开，这些经济问题是预定好来研究的。……在这种情形下，那就不可能要求分析"独立"于命题的经济内容和意义，而它们都是（熊彼特自己承认）受意识形态的制约的，因而不可能认为分析是超意识形态的。①

事实上，熊彼特《经济分析史》这一大部头著作中所论述的分析方法，都可以说属于道布所说的第二类分析方法，因而经济分析方法也就无法与经济思想分开，而经济思想史也就必然要包括经济分析方法。罗尔也讨论了这个问题，他得出的结论说："看来，经济思想史必须对于'分析的'和更'通行的'经济学采取某种混合办法。"②

关于经济思想史的研究范围，在上节回顾这门学科的发展史时，我们已经可以看到，现在经济思想史的著作，一般都是从古希腊、罗马中世纪开始，往下写近代和现代欧洲各国和美国经济思想和学说的发展。个别的如韩讷的《经济思想史》有一章讲古代希伯来和印度的经济思想，然后再讲古希腊、罗马中世纪和以后的发展。这种著作，从我们来说，只能说是外国或西方的经济思想史，不切合阐发我国学术思想的要求。就世界经济思想史来说，对全面理解人类经济思想的产生和发展，也是不完备的。作为一部完备的经济思想史，应该包括几个有古老文化国家的经济思想，特别是那些文化从古代一直延续到现代的国家，如中东国家，印度和中国。这样的经济思想史，才真正能表明全人类经济思想发展的实际，而其内容必然会更为丰富多彩。但是现在还谈不上。除西方经济思想史著作而外，其他国家或地区的经济思想史的研究著作，或者还不多，或者还没有。比较地说，中国的经济思想，由于历史的悠久，特别是由于历史文献的丰富，是最有必要和可能把它整理出来，作为人类的思想财富贡献给全世界。西方有灿烂的古希腊文化，有最早开始发展的资本主义生产方式，

---

① 道布：《亚当·斯密以后的价值与分配学说》，第4、5页。
② 罗尔：《经济思想史》，第7页。

但中间约一千年的中世纪,被称为黑暗时期,学术思想资料是比较缺乏的。这种情况反映在西方经济思想史中,一般著作仅仅有"略备一格"的中世纪封建社会的经济思想一章。反过来看中国,古代中国也有灿烂的学术文化,更为突出的是有两千多年的延续不断的封建社会的政治经济和学术思想的发展,而在近代中国半封建半殖民地社会资本主义没有能获得应有的发展的百年之后,兴起了社会主义的新中国,随之政治经济和文化俱出现了新的面貌。世人现在已经在期望着中国学术思想将来必然有高度的发展,其中当然包括经济思想的发展。所以在一部经济思想史中,包括中国各个历史时期的经济思想发展史,不但可以丰富迄今为止出版了的经济思想史,并且也将显示出经济思想发展的新的趋向。毛泽东曾说过:

> 今天的中国是历史的中国的一个发展,我们是马克思主义的历史主义者,我们不应当割断历史。从孔夫子到孙中山,我们应当给以总结,承继这一份珍贵的遗产。这对于指导当前的伟大的运动,是有重要的帮助的。①

这段话应当看作是研究中国经济思想史的指导思想,但也可以适用于世界经济思想史的研究。近三十年来国内学者对中国经济思想史的研究已经有了新的开始,预计在将来必能在世界经济思想史的研究中作出贡献。作者提出这一问题,固然是就中国经济思想史的研究而言,但也期待着其他各国如印度、如中东各国等,有各自经济思想史的研究专著出现(苏联已出版有《俄国经济思想史》著作)。如果这样,那么将来的经济思想史必将是另一番面貌了。

---

① 《毛泽东选集》,第499页。

三 研究方法

经济思想史研究中一个中心问题,并且是意见最为分歧而长久存在的问题,是这门学科的研究方法问题。研究方法的问题是,(1)如何对各个历史时期的经济思想和学说进行理论的分析;(2)如何分析这些思想和学说产生与发展的根源。在思想史的研究上,一向存在着马克思主义历史唯物论与资产阶级历史唯心论的对立,这种对立也很明显地表现在经济思想史研究的上述两个问题上。马克思主义历史观"和唯心主义历史观不同,它不是在每个时代寻找某种范畴,而是始终站在现实历史的基础上,不是从观念出发来解释实践,而是从物质实践出发来解释观念的东西。"[①] 马克思曾用研究宗教史为例来说明历史唯物论的方法论。他在《资本论》的一个附注中说,"从当时现实生活关系中引出","由此产生的精神观念","这种方法是唯一的唯物主义方法,因而也是唯一科学的方法。"[②] 这里所说的现实生活关系,包括物质生产的发展状况、生产资料所有制形式以及在阶级社会由所有制形式而决定的阶级关系。经济思想和学说是这些经济状况和阶级关系在观念上的反映和解说,是随着这些状况和关系的发展而发展。封建生产方式的产生和发展,就会产生和发展关于封建主义的经济思想和学说,其他社会生产方式的产生和发展,也会产生和发展其他经济思想和学说。应该指出,经济思想和学说与其他意识形态有所不同。宗教、美学、哲学、政治、法律等思想意识,是生产状况和生产资料所有制形式所决定的阶级利害关系曲折的或间接的

---

① 《马克思恩格斯全集》第3卷,第43页。
② 同上书,第23卷,第410页。

反映，而经济思想和学说则是对于经济问题和经济关系直接作出的解说和表示，它的主题本来就是经济问题和经济关系，而不像宗教、美学等自有主题。因此，经济思想和学说与经济制度和经济发展是如影之随形，直接联系的。历史唯物主义研究方法的深刻之处，就是它不停止在对于概念、见解、学说、政策的一般的和表面的理解上，而是深入到各历史时代社会经济发展状况和阶级利害关系的分析上。关于这一点，马克思有一段精辟的论述：

> 任何时候，我们总是要在生产条件的所有者同直接生产者的直接关系——这种关系的任何形式，总是自然地同劳动方式和劳动社会生产力的一定的发展阶段相适应——当中，为整个社会结构，从而也为主权和依附关系的政治形式，总之，为任何当时的独特的国家形式，找出最深的秘密，找出隐藏的基础。①

这里马克思是说为上层建筑如国家形式找出最深的秘密，秘密即在某种形式的生产资料所有制中。把这个原理应用到经济思想的研究，更可以说，各种经济思想和政策的解释，要在某种形式的生产方式当中去找。也就是说，要在各个时代生产力状况、生产关系、阶级关系中去找。因为经济思想、学说和政策是用来说明和解决生产力、生产关系这些问题的。这就是历史唯物主义的研究方法，就是历史分析法和阶级分析法。只有根据这种方法，才能把经济思想史的研究置于具有生活气息和真实可靠的基础上。我们可以举贡赋或赋税为例。因为贡赋或赋税是封建社会思想家常常论述的一个问题，是封建统治赖以存在的物质基础。但是如果单从赋税征收对象，赋税在国家财政收入中的比重以至农民负担等去考察，则不能揭示封建赋税"隐藏的基础。"封建赋税一般

---

① 《马克思恩格斯全集》第25卷，第891—892页。

说是以土地为对象的征税,但不是来自土地自身,而是来自劳动与土地相结合所生产的产品。这里有一个土地所有权垄断和劳动者人身依附关系的问题,有生产品为谁所有的问题。在封建制下由于超经济强制,农民的全部剩余产品甚至部分必要产品,都归封建主所有。而封建赋税,如果直接征自直接生产劳动者,不论是劳动地租或实物地租,赋税也就是地租,二者没有差别。如果赋税征自封建地主,赋税仍然来自地租,不过是封建主把部分地租收入缴付封建国家罢了。所以要了解封建社会赋税思想"更深的秘密",必须了解封建制生产方式下封建主与农民的关系,必须了解各种形式的封建地租。以上是就封建贡赋或赋税为例,来说明运用历史唯物主义方法论来分析经济思想的必要性。事实上,每一经济概念或学说都可作这种分析与探讨(说到地租,我们很自然地会想到李嘉图的地租学说,他的关于利润与地租收入的对立学说,反映当时工业资产阶级与地主阶级利益的矛盾,反映当时为取消"谷物法"而进行的斗争)。

资产阶级经济学家也承认社会经济情况和当时重大经济问题对于经济思想和学说的形成是有直接关系的,但是他们对于历史唯物主义方法论,特别是关于阶级分析法,是采取深闭固拒态度的。例如基特和里士特在所著《经济学说史》的《序言》中就说,"历史方法党派观念极强的人,特别是历史唯物主义的拥护者,认为学说和制度只不过是事实的一种死板的反映而已。……重要的是,我们应当记住,单单事实并不足以说明任何学说的起源,甚至政治学说也是如此,更不用说那些纯粹科学性质的学说。"[①] 基特和里士特的这种观点表明了他们是历史唯心论者。举一个例子就可以说明。在他们的书《马克思主义》一章的一个附注中,他

[①] 基特·里士特:《经济学说史》,英文版,1948年,第7—8页。

们说，看马克思的出身等情况，"不会有什么人会预言他会成为一个好斗的社会主义者。不过，他的命运就是那样。"① 虽然他们还赞扬马克思基本上是一个学者，是一个文才极高的人等等，但由此不难看出他们的唯心论观点。

历史唯物主义方法论日益为人们所接受，使得资产阶级经济学家在经济思想史的研究方法上不能不有所改变。例如第二次世界大战以后较为流行的罗尔的《经济思想史》一书，其《导论》中关于方法论就有以下论述。

> 这本书的根据是，确认任何一个时代的经济结构和这种结构经历的改变，对于经济思想有主要的影响。大多研究经济思想史的人都同有这一种信念，虽然不常把它讲出来。不大有人会怀疑，在以奴隶劳动为主的社会所产生的经济思想，是不同于在封建社会或在工资劳动社会所产生的经济思想。②

但是罗尔的这种论述，并不表明他是坚定的历史唯物主义方法论者。他在该书1973年增订版的《前言》中又重提了方法论问题，他说，"对于一般思想的研究，个别地说对于经济思想的研究，是不是有一些通则可以应用来作解说，这是更为困难的问题。有两种可能的、起极端的意见：一种认为思想的产生完全是偶然的，另一种是各种式样的马克思主义历史一元论，认为思想最后决定于一些永久起作用的因素，特别是物质因素。如在《导论》中所进一步说明的，我多少采取一种折中的意见，认为这两种意见没有那一种它本身一定可以一贯地提供一种恰当的解说。"③ 这

---

① 基特·里士特：《经济学说史》，英文版，1948年，第452页。
② 罗尔：《经济思想史》（英文版，1978年），第14页。
③ 同上书，第7页。

些话把罗尔的基本观点表明得一清二楚。说到底,罗尔认为人们的经济思想和学说可以由各种不同的设想、动机和目的而产生,亦即受着偶然性的支配,而不能完全用现实经济状况和经济关系这个基本因素来说明。但是这个问题,恩格斯早就从哲学的高度做了回答。他说:

> 历史事件似乎总的说来同样是由偶然性支配着的。但是,在表面上是偶然性在起作用的地方,这种偶然性始终是受内部的隐蔽着的规律支配的,而问题只是在于发现这些规律。①

在经济思想史的研究方法上,应当防止两种倾向,一种是用贴标签的方式代替阶级分析法,另一种是不是实事求是地对思想家的学术思想作全面的深入的科学分析,而是片面地、随心所欲地评价一个思想家的学术思想。这两种倾向是互为表里的,有前一种倾向,就必然有后一种倾向,而有后一种倾向,就会易于出现前一种倾向。这两种倾向,在"四人帮"统治时期,完全可以说达到了登峰造极的程度。"四人帮"的"批孔"有它的罪恶企图,这已成为铁案,这里不去说它。但"四人帮"为"批孔"炮制了大量的在学术思想上的所谓"论据",却是在学术思想研究方法上的极好反面教材。孔子是我国历史上影响最大的思想家,是二千四百多年以前的思想家,到了今天,人们更可以有条件来科学地分析和评价他的思想。但是在"四人帮"的指挥下,一大批称为"权威性"的"批孔"论文曾经风靡全国,而不旋踵即被证明为"昏话连篇","制造混乱"。② 为什么?这就是由于对孔子思想不作全面的深入的科学分析和论证,而为罪恶目的所驱使,用

---

① 《马克思恩格斯全集》第21卷,第341页。

② 参看庞朴:《孔子思想的再评价》,《历史研究》1978年第8期;《中华文史论丛》1979年第1辑有关论文。

片言只语作随心所欲的解释,乱贴标签!

经济思想史的任务,应该是揭示理论的发展史。在各个时代,哪些理论是分析了经济事物内部的真正关系,哪些理论是符合发展社会生产力的要求,哪些理论提供了解剖经济事物的新的方法,以及这些理论的渊源和发展。另一方面,要揭露在各个时代,哪些理论是为旧事物辩护的,是掩盖事物真相的,是对生产发展起阻抑作用的。历史上的经济思想和学说,可以说是形形色色,有的接近于科学的理论,有的则为剥削阶级利益辩护,毫无科学性。因此,要用科学的态度分析这些理论。例如,对于李嘉图的经济学说,马克思曾指出:

> 李嘉图把资本主义生产方式看作最有利于生产,……对于他那个时代来说,李嘉图是完全正确的。
>
> 李嘉图的毫无顾忌不仅是科学上的诚实,而且从他的立场来说也是科学上的必要。①

马克思对于科学理论的形成,在讨论价值学说时,还有一段概括的论述,我们应当很好记取。他说:

> 理论的历史确实证明,对价值关系的理解始终是一样的,只是有的比较清楚,有的比较模糊,有的掺杂着较多的错觉,有的包含着较多的科学的明确性。因为思维过程本身是在一定的条件中生长起来的,它本身是一个自然过程。所以真正能理解的思维只能是一样的,而且只是随着发展的成熟程度(其中也包括思维器官发展的成熟程度)逐渐地表现出区别。②

马克思以上的论述,对于研究各个历史时期的经济思想和学说,是有重要的指导意义的。

---

① 《马克思恩格斯全集》第26卷Ⅱ,第124—125页。
② 同上书,第4卷,第369页。

最后，用简单的类比或"套"的方法来说明某一经济思想，也值得我们注意。举例说，梁启超说"墨子之经济思想同今世最新之主义多吻合。"① 他的意思是，墨子"以力助人，以财分人"的学说，与科学社会主义的经济思想是吻合的。这种类比显然是错误的，因为墨子的"兼相爱，交相利"的学说，是在古代私有制条件下的学说，而科学社会主义学说，则是以消灭私有制为前提的学说。又如唐庆增用《管子》的货币学说与法国巴丹（J.Bodin）的货币数量说相比，说"研究货币数量理论者，可推巴丹为鼻祖，然巴丹之书出版于1573年，在氏之千余年前，我国《管子》固早已倡有此项学说矣。"② 这种类比，既未说明两种学说各自产生的历史时代及其特点，也未分析各自学说的内容，而从表面一些说法即作此类比，应该说是不恰当的。在比较研究这类问题，我们要遵照马克思主义原则，不能用简单"套"的方法。

四 研究的意义

人们会问，研究经济思想史有什么意义呢？我们只要想到各个历史时期总有思想家和经济学家不断地对当时的经济问题寻求答案和解决办法，这些答案和解决办法有的经过加工和补充，有的被否定，并且随着时代的改变，新的问题提出了，要做出新的分析和解答，就知道经济科学本身就是一个历史发展过程，它有来龙去脉，不研究它的发展史，就不能了解今天的经济理论是通过怎样曲折道路形成的。事实上，今天的经济理论，不论它如何严密和完美，如果不讲它以往的发展历史，就不能充分理解它现

---

① 梁启超：《墨子学案》，《自序》。
② 唐庆增：《中国经济思想史》上卷，第221页。

在的严密和完美。这是从经济理论本身的研究来说。其次,任何学科都有"温故而知新"的作用。过去的理论在解决什么问题上成功了?为什么成功了?如何成功了?反之,失败的原因何在?过去这些正反两面的经验教训,对于理论工作者是很有启发意义的。以上所述,可以说是研究经济思想史的一般意义。下面还想对两个问题的意义来说一说。

(一) 研究经济思想史对于研究广义政治经济学的意义

先说广义政治经济学是什么以及研究它的必要性。关于这个问题,恩格斯有两段很透彻的论述:

> 政治经济学作为一门研究人类各种社会进行生产和交换并相应地进行产品分配的条件和形式的科学——这样广义的政治经济学尚有待于创造。到现在为止,我们所掌握的有关经济科学的东西,几乎只限于资本主义生产方式的发生和发展。

> 要对资产阶级经济学全面地进行这样的批判,只知道资本主义的生产、交换和分配的形式是不够的。对于发生在这些形式之前的或者在比较不发达的国家内和这些形式同时并存的那些形式,同样必须加以研究和比较。到目前为止,总的说来,只有马克思进行过这种研究和比较。所以到现在为止,在资产阶级以前的理论经济学方面所确立的一切,我们也差不多完全应当归功于他的研究。[①]

这就是说,不但要研究资本主义政治经济学,还要研究资本主义社会以前社会的政治经济学和研究资本主义社会以后的社会主义政治经济学,这样,对人类各种社会生产方式发展规律的研

---

① 《马克思恩格斯全集》第20卷,第163—164页。

究，可以对于某一社会生产、交换、分配等形式的产生和发展得到清楚的说明。举地租为例来说，单单研究资本主义地租的形式是不够的，必须研究在资本主义地租形式发生之前的封建地租的各种形式的发展，并把二者进行比较，才能对资本主义地租，同时也对封建主义地租，有充分的理解。如恩格斯所说，在这方面，马克思做了许多开创性的研究工作，如在《政治经济学批判大纲》中关于"资本主义以前生产各形态"的研究，如《资本论》第三卷中关于"商人资本的历史考察"，"资本主义以前的形态"，"资本主义地租的产生"的研究等。以后恩格斯在《家庭、私有制和国家的起源》中对于古代社会经济形态的产生和发展作了系统的研究，再以后列宁在《俄国资本主义的发展》中对于封建主义经济的基本特点作了理论上的概括。关于社会主义经济理论的研究，也有斯大林的《苏联社会主义经济问题》一书。以上这些都是恩格斯所说的关于资本主义生产方式以外的人类各种社会生产方式的研究，即关于广义政治经济学的研究。但是到现在为止，关于资本主义以前的社会，如封建社会政治经济学，尚无继马克思、列宁之后进行大量科学研究的著作。苏联在50年代有波尔什涅夫（В.Ф.Поршнев）的一本《封建主义政治经济学纲要》出版，但内容不能说是很充实的。因此，这一方面的工作，尚须经济学界作出巨大努力，才能有所成就。特别是中国，封建社会如此长久，文献资料如此丰富，著述封建社会政治经济学的任务，应该是责无旁贷。

说到这里，就要说到经济思想史的研究与研究各种社会政治经济学的关系。对于这个问题，我们只要想一想马克思在研究资本主义政治经济学时，他是如何从研究和批判资产阶级学者所著各种经济学说开始的，就可以明白了。马克思在创立他的剩余价值学说过程中，研究了所有资产阶级古典的和庸俗的政治经济学，吸取了其中具有科学意义的部分，而舍弃了和批判了庸俗的部分。这样做，也是为了验证他所创立的理论的科学性。完全有理由从此吸取教益，就是除了经济思想史这门学科自身的研究需要而外，为了研究前资本主义社会政治经济学以及社会主义政治经济学，也有必要对前资本主义社会的经济思想以及社会主义社会的经济学说的产生和发展进行充分的研究。即使前资本主义社会的经济思想和学说，由于思想家受所处时代和地位的限制，不可能提出一些关于经济规律的理论，但也不能说其中没有一些合理的、反映客观实际的理论。吸取其合理部分而批判其辩护性部分，这是研究这种政治经济学所不可缺少的工作。显然，这种工作是不能离开前资本主义社会经济思想的研究的。

（二）研究古代经济思想的意义

从整个历史研究来说，厚今薄古是原则，这在中外都是相同的。原因很简单，历史越靠近现代，情况越复杂，同当前问题的关系越密切，而很多专题尚有待于研究。但是厚今薄古，并不意味着否定古代史的研究。薄古不等于鄙古。与此相反的，就是厚古薄今的态度。虽然持这种态度的人不是很多，但也并非没有。可以说，在经济思想史的研究领域中，厚古或者说复古思想与否定古代或者说鄙古思想这两种相反的思想都有不同程度的存在，至少可以说是存在过的。因此，这就存在对于研究古代经济思想意义的认识问题。由于在现阶段，研究中国古代经济思想尚有重视的必要，所以讨论这个问题不是没有现实意义的。

复古思想把古代思想当做神圣的东西来供奉，认为解决今日各种问题的原则，都可以在古代思想中找到。这种思想的一个例证，是袁世凯时代及稍后军阀时代有些人所提倡的兴孔教和"读经"。著有《孔子及儒家的经济思想》一书的陈焕章，就是当时主持孔教会的人物。当然,现在研究中国经济思想者不大可能再出现这样的人,但是只要有一些复古思想的残余存在,就不能正确对待古代经济思想的研究。关于否定研究古代经济思想的意义的例子,我们可以举马克思、恩格斯批判杜林所持观点来说明。杜林说:"关于古代的科学的经济理论,我们实在没有任何积极的东西可以奉告,而完全非科学的中世纪,则对此更没有什么可说的。"杜林还说,亚里士多德关于"使用价值和交换价值之间的区别"的论点,"不但表达得很迂腐,很有学究气味",而找到这种区别的人,还未免有些"滑稽"。① 这是对古代经济思想和研究古代经济思想持完全否定态度的例子。对于这种态度,马克思、恩格斯作了严肃的批判,说在杜林那里,"希腊古代思想实际上只具有最通常的观念"。但马、恩对古希腊经济思想如何评价呢?他们对它有高度的评价,其说如下:

> 因为历史地出现的政治经济学,事实上不外是对资本主义生产时期的经济的科学理解,所以,与此有关的原则和定理,也能在例如古代希腊社会的著作家那里见到,这只是因为一定的现象,如商品生产、贸易、货币、生息资本等等,是两个社会共有的,由于希腊人有时也涉猎于这一领域,所以他们也和其他领域一样,表现出同样的天才和创见。所以他们的见解就历史地成为现代科学的理论的出发点。②

这是对古希腊经济思想的总的评价。对于古希腊各个思想家的经济思想,马克思也进行了研究。如对于柏拉图的分工学说,马克思说,"古典古代对于分工的见解,是和现代的见解形成'最

---

① 引自《马克思恩格斯全集》第20卷,第250页。
② 同上书,第249—250页。

严格的对立。'"① 又如对于亚里士多德在论述商品交换时提出按"比例相等"的见解，马克思说，"亚里士多德在商品的价值表现中发现了等同关系，正是在这里闪耀出他的天才的光辉。"② 由此可见，马克思和恩格斯对于研究古代经济思想的意义，都十分重视，并且对它进行研究，最后作出确当的评价。我们应该学习马、恩的这种研究态度，而反对上面所述的复古和鄙古的态度。

1980 年 9 月中旬

---

① 《马克思恩格斯全集》第 20 卷，第 251 页。
② 同上书，第 23 卷，第 75 页。

论中国古代经济思想史研究主要方面及其意义[*]

治中国经济思想史者常要回答这样一个根本问题：研究中国经济思想史有什么意义？问题提的更尖锐一些，在长达二千多年的中国古代社会里是否有作为研究对象的经济学说？这个问题，好像已经成为过去，它已经由好几部《中国经济思想史》著作的出版做了回答。但是这个问题仍然像是一个幽灵在经济学界游荡，虽然它确实得到了一些解答，因而消除了一些迷雾，然而它似乎仍然没有得到充分的说明和论证，使上述问题焕然冰释，不复存在。我认为中国经济思想史研究工作者的任务，就是继续前人披荆斩棘作出很多研究成果的努力，深入探索，揭示客观史实，剖析其中意义，使中国经济思想史这门学科建立在对象明确，内容丰富，意义肯定的基础上，从而为弘扬中国固有文化和丰富世界经济思想作出应有的贡献。完成这项任务，需要付出艰辛的劳动和几代人的努力。本书之作，仅希望在这方面能尽一点微薄之力而已。

---

[*] 原载《中国经济史研究》1991年第1期。此文系作者在所编《先秦经济思想史》一书中所写的《导论》，今按其内容，易以此题。

凡是根本问题，都非一言所能定案，而必须反复琢磨，从不同角度进行考察和论证，使能逐渐得到"众说佥同"、难以驳倒的结论。从这点出发，我准备在下面讨论两个问题。一个是，如何看待中国经济思想史这门学科的研究，另一个是，如何评价中国历史上的经济思想。讨论这两个问题，显然对于回答上述根本问题是必要的，而第二个问题更是问题的关键，需要作为讨论的重点。先谈第一个问题。

一

提出如何看待中国经济思想史这门学科的问题，是十分自然的。一因中国自古代以至20世纪20年代以前，从未有过中国经济思想史这种著作（陈焕章的《孔子及儒家的经济学说》一书是专题研究，是在1911年才出版的，并且是用英文写成在美国出版的，[①]知道的人甚少）。二因中国经济思想史的专门研究，如果从1926年出版的甘乃光的《先秦经济思想史》一本简史算起，到现在也只有半个多世纪，较在1837年出版的欧洲最早一部经济学说史（布朗基：《欧洲从古代到现代的政治经济学史》[②]）要晚近百年，并且在这个时期中也只从80年代以来这项研究才有较大发展。这些事实，表现出来学术界对中国经济思想史这门学科存在着不同看法。但是，这里既然提出以西方经济学说史来作比较，那么如果问为什么欧洲经济学说史的研究著作没有更早出现，而

---

① Chen Huan – Chang, The Economic Principles of Confucius and his School, 2vol.1911.

② Blanqui, J·A., Histoire de L'Economie Politique en Europe depuis Les anciens Jusque nos Jours, 1837.

迟至1837年才有相关的第一部著作问世，道理岂不是相同吗？因此，为解答上面所提出的问题，回顾一下欧洲经济学说史这门学科的发展历程是有启发意义的。

经济学说史或经济思想史和各门科学史一样，它成为一门独立学科，是在这门科学发展若干年代以后，表明它在自己的研究领域内，通过不断积累知识和研究，得出这一领域事物的内在规律，它既是理论性的，又是可以观察和验证的。经济科学作为一门独立的科学，是在西欧封建制度解体和资本主义制度产生时开始的，是在商品生产和交换发达以后产生的，在时代上，是在15世纪末至16、17世纪，那时出现了代表商业资本利益和重视对外贸易政策论点的重商主义学说。用马克思的话说，重商主义是"现代生产方式的最早的理论探讨。"① 在这以前古希腊、古罗马奴隶制社会和中世纪封建制社会，自然经济处于统治地位，经济关系比较单纯，关于经济问题的论述，或多或少都是哲学和政治论述的延伸，极少把经济问题作为单独的一门学科进行研究。这在中国古代也是如此。上述在欧洲最早出现的布朗基的欧洲经济学说史的研究著作，距离最早重商主义著作的出现已有200多年。可知欧洲经济学说史这种专门著作的出现，是在继重商主义许多著述以后，先随着资本主义的发展，在英国法国有古典经济学的产生，随后有标志着经济科学发展新阶段的法国重农学派魁奈经济学说的产生，有英国亚当·斯密创立了的经济学理论体系，有进一步发展了经济学理论的英国李嘉图、法国西斯蒙第的经济学说。由于经济学作为一门独立科学越来越发展，客观上有必要来研究它发展的来龙去脉，它的重点虽然是在近代，但近代思想概念的产生，有它过去的渊源关系，这样也就有必要研究经济思想自古

---

① 《马克思恩格斯全集》第25卷，人民出版社版，第376页。

到今的发展历史。随着欧美各国经济的激烈变动和发展，也出现了经济学说群说并起的空前兴盛局面，这就使得经济学说史作为一个分支学科的地位确立起来。在第一次世界大战以前，经济学的分支学科如工业经济、劳工经济、农业经济、货币银行学等尚未确立之时，在法国，经济学说史已成为大学主修和学位考试的主试课目。在第二次世界大战以后，这种情形虽有改变，但经济思想史这门学科的地位仍然确立不移，几乎每年都有几种经济思想史的新著出版。由此可以看到这门学科在经济科学中的地位了。

就中国来说，由于资本主义工商业发达的迟缓，经济思想一直没有突破封建主义以自然经济为主的框架。迟至19世纪中期西方资本主义打开中国大门以前，尚未出现论述近代生产方式的最早理论著作。在19世纪中叶以后至20世纪初期，在经济学说上是以介绍西方经济学说为主，研究中国经济思想发展史的课题还提不上日程。直到20世纪20年代，孙中山的国民革命学说和实践，更唤起了知识界的觉醒，思所以从政治上和经济上振兴中华，乃有学者开始我国古代经济思想的研究，"为创造本国新经济思想之准备"①。以此来看50年代末期以来中国经济思想史研究的发展，大致亦是缘于社会主义经济建设的奋起和经济研究的蓬勃发展，学者们思发掘我国悠久而丰富的古代文化中的经济思想，为创造我国社会主义经济理论提供资料，亦所以为丰富古代世界经济思想做出贡献。这种设想，已经不仅是我国经济学者所具有，外国的一些经济学家也多发出这种呼声了。举例如苏联汉学家史太因在其著作《〈管子〉，一个研究与俄译》一书中说，"在经济思想史的课程和教学中，对中国（及其他东方国家）至今几乎未赋

---

① 唐庆增：《中国经济思想史》上卷，《自序》。

予任何地位。……几乎局限于考察欧洲大陆范围内经济思想意义的形成。……对早期世界经济思想史的研究，早就应加以改造，把东方也列入它的研究课题"①。这就是说，现在的一般经济思想史著作，只是欧洲和北美洲的经济思想发展史，而不是包括各个有悠久文化地区的全世界范围的世界经济思想史。又如印度公元前一部经典著作《政事论》，其中记载古代印度的经济思想，此书编者名考塔里亚，在印度现在已有《考塔里亚的经济学》的研究著作出版（1967年）。最近印度出版一本《经济思想史》，其中有《印度经济思想》一章，②对于印度从古代直到近代的经济思想，作了一个概括的论述。这说明了现在研究经济思想史在扩大范围方面已在迈步前进。关于古代中国经济思想的研究，西方有识之士亦多寄予浓厚兴趣。如著名现代经济学家熊彼特即说，"在古代中国比在任何其他地区，我们可以指望发现许多方面的古代经济思想，中国是我们所知道的保存有最古老典籍文化的所在地。事实上，在那里我们看到一种高度发达的公共行政制度，日常处理农业、商业和财政问题。……更有进者，那里有货币管理和兑换控制方法，决定这些方法似乎必须先经过一定次数的分析。"③ 西方经济学家对于中国有悠久的历史和灿烂的文化，是深信不疑的。然而由于不能直接阅读中文史料和中文著作，以及由于用西方文字出版的中国经济思想研究著作极少，过去仅有两种，一为上面所举陈焕章所著之书，份量虽大，但过多生搬硬套近代经济概念，缺乏科学分析，一为李肇义所著书，为法文本，④ 甚简略，知者不

---

① В.М.Штеин, ГуанъЦзы, Исследование и перевод, 1959, Москва.

② Bhatia, H. L. Histiory of Economic Thought, 1980, India.

③ Schumpeter, J. A. History of Economic Analysis. 1955（第二版），第53页。

④ Ly Siouy Les grands Courants de la Pensée économique Chinoise dan L'antiquite《古代中国四大学派的经济思想》1936, 巴黎。

多，因而对古代中国经济思想了解甚少。最近胡寄窗教授的《中国经济思想史简编》的英文本[1]已经出版了，从此可以弥补过去的不足，西方学者可以较多地了解中国经济思想的重要内容和发展概况。但过去西方学者有认为古代中国经济思想虽然丰富，但多为经济政策意见和主张，缺乏科学分析内容。如泰勒即说："没有一个东方国家有任何东西可以与西方国家中世纪僧侣们所作出的良好开端的经济分析相比拟。"[2] 要否定这种论断，不是用几句对抗性语言所能济事，而必须用实实在在的思想资料，经过缜密研究作出论证和说明。这个工作，可以说是本书所企图达到的目标之一，在本文下节也要扼要进行论述。总起来说，中国经济思想史这门学科是中外瞩目的一项研究，它有丰富的古代文献资料这样有利的研究条件，它是世界经济思想通史的一个必要组成部分，它虽然起步较晚，那是为历史条件所决定的，但随着中国经济的发展和经济科学研究的开拓，它必将愈来愈在广度和深度上展开它的研究和显示它的重要意义。下面我们就来讨论中国经济思想（以先秦为例）的内容及其意义问题。

二

各个时代和各个思想家的经济思想，大抵包括三个方面，一是作为经济思想基础或出发点的哲学思想，二是对于各种经济问题的见解、主张和政策方案，三是对于各种经济现象和问题内在外在关系的分析。一个大经济学家的经济学说常常包含这三个方

---

[1] Hu Jichuang, A Concise History of Chinese Economic Thought, Foreign Languages Press. 1988.

[2] Taylor. H.C.《东方的经济思想》，《美国经济评论》1956年5月号。

面的经济思想，最明显的例子是亚当·斯密的经济学说，它既有以道德哲学作为它的出发点的哲学思想，又有对于资本主义经济体制成因和各种关系的理论分析，还有由此而得出的经济自由主义各种经济政策处方。但不是所有各个经济学家都是如此明白地呈现出来这三方面的经济思想。作为另一极端的例子，可以举出不少数理经济学家所作的经济分析，他们既不说明他们的经济分析所源出的基本思想，也不提出他们根据经济分析所作出的政策意见，而仅仅是对经济现象和问题本身内在和外在关系的分析和说明。但即以这种极端例子而言，也不难从它所根据的前提及各种关系的机制，发现这种分析所依据的基本思想以及隐含的政策性结论。一般来说，一个思想家的经济思想，着重表述了上述经济思想的一个方面或两个方面，而未论及其他两个方面或一个方面，在经济思想史中并不乏见，在近代如此，在古代更为显著。但这种情况，如上所述，并不妨碍我们去探寻其他方面的经济思想。我们所要论述的是，这三个方面的经济思想都有其重要意义，而在古代的经济思想往往以哲理和政策观点的经济思想居多、经济分析较少的情形下，则我们除了要着重说明经济哲理和政策性思想的意义而外，还要努力探索思想家在政策性论述中连带所作的经济分析，并阐明其重要意义。以下我们试就先秦经济思想这三个方面的情况及其重要意义作一些扼要的说明，或者有助于对本书所述经济思想作进一步的探讨。先述作为经济思想出发点的基本思想或哲学思想。

古代学科没有分立。思想家总是从宇宙本源，社会制度，即所谓天道和人道，以及天人关系等方面开始探索。用现在的语言来说，就是从哲学、政治、伦理等方面开始论述，并且总是综合论述这些问题。以此为基础，而再论及其他问题，经济问题是常被连带论及或当作个别具体问题来论述的。古代中外大思想家，很难说他首先是一个经济思想家，而总是说他是一个哲学家，或教育家，或政治家，但在他的学说思想里包涵有丰富的和卓越的经济思想。古希腊的柏拉图是以哲学家而著称的，他不是研究经济问题的人，但在他的著名著作《理想国》中，却有关于分工问题的卓越论述。亚里士多德是一个知识广博的思想家，他的著名的货币学说，却是在他的伦理学和政治学著作中作为一个具体问题论述的。我们下面就要展示，古代中国经济思想也完全是在与此相同的模式中出现的。这里需要着重说明，古代哲学、政治、伦理等思想与经济思想的关系的上述模式，固然是受古代科学发展条件所制约，但经济思想与哲学、政治思想的关系，有其内在的必然的联系。某种经济制度的存在以及某种经济问题的出现，必然要求思想家从政治上、从道德规范上和从不同阶级利益上予以解说，以至要求在天人关系上等等方面寻求哲理的说明。另一方面，关于国家和政治制度的思想，关于善和恶、正义和非正义的道德标准的思想，以及关于天人关系的思想，也不可避免地涉及到各派思想家对于当时的经济制度和经济问题所表示的支持或反对的态度，从而形成了当时的经济思想。这二者间的作用和反作用的关系，不但存在于古代世界的学说思想，在近代以至当前的学说思想中，亦何尝不存在？古代世界经济思想之附属于哲学、政治、伦理等思想的情形，初看起来似乎是颇为独特的，不过若细究二者间的本质关系，那么这种关系是自古至今都存在的，不过在古代经济学说思想还没有成长起来成为独立学科，也就愈显出其附属性而已。所以在研究古代世界经济思想时，同时研究它所源出的哲学、政治、伦理等基本思想，是非常必要的。这种必要性，由于某一学说思想成为一国传统文化的重要内容，并且这种传统文化对现代经济发展的作用成为一个有待研究的重要问题，就显得更为特殊了。下面以儒、道二家学说思想为例以说明之。

儒家的学说思想，在我国封建社会居于统治地位约达两千年，从其创始人孔子而下所有著名思想家，都是以哲学家、政治思想家、伦理思想家等等而闻名的，包括孔子在内可以说没有一人是以专攻经济问题而著称的。但是这不等于说他们没有关于经济问题的论述。法国近代著名经济学家重农学派创始人魁奈，即对中国儒家的哲学思想和经济思想推崇备至，以至他自己被称为"欧洲的孔夫子"。由此不难想见，孔子以及儒家的经济思想不是由于他们不是著名的经济学家而无足称道，相反，倒是应该根据孔子等所处的时代，着重研究孔子等是根据什么哲学、政治思想，而对经济问题做出论述的，以及这种哲学、政治思想对于论述经济问题的独特意义。最近一二十年来，由于东亚一些地区，如南朝鲜、新加坡、香港，及我国的台湾省，经济发展速度相当快，而这些地区在文化上儒家学说思想都占重要地位，这种情形就提出了中国传统文化，其中主要是儒家学说思想与经济发展究竟存在何种关系，是消极的关系还是积极的关系？如果是积极的关系，其主要作用究竟表现在哪些方面？这个问题初看起来似乎完全是哲学、政治和伦理思想方面的问题，但是传统文化不可能不包涵人们的经济活动及其主导思想，而这些思想正包含在儒家哲学以及政治伦理思想之中。所以要研究这些地区儒家与经济发展的关系，正是要研究儒家的哪些经济思想对现代经济发展能起积极作用，而这些经济思想是以什么哲学、政治、伦理思想为基础的。

总的来说，孔子的哲学、政治、伦理思想表现在他的尊"礼"和重"仁"的学说上。"礼"是当时宗法封建等级制度的概括，孔子一再赞美周礼和谴责僭越礼制，是为了维持宗法封建伦常等级制度，他并提出"义"的概念，凡是合乎各种宗法封建伦常制度的行为，就是合乎道德准则的，就是"义"，否则，就是"不义"。"仁"是尊"礼"取"义"的道德规范体系如孝悌、忠恕、信义等的核心，泛言之，要"爱人"，"己欲立而立人，己欲达而达人"，主张推己及人。孔子这一整套哲学、政治、伦理思想，不能不表现在对一些重大经济问题的论述上。孔子说治国安民要"恭、宽、信、敏、惠。恭则不侮，宽则得众，信则人任焉，敏则有功，惠则足以使人"（《论语·阳货》）。这五种品德都是仁，"宽"、"惠"是对经济问题的指导思想。在这种思想指导之下，孔子说了很多"重民"（"所重：民、食、丧、祭，"《论语·尧曰》）、"利民"（"因民之所利而利之"（《论语·尧曰》））、"足民"（"百姓足，君孰与不足"《论语·颜渊》）、"养民"（"其养民也惠"《论语·公冶长》）、以及"济众"（如有"博施于民而能济众"《论语·雍也》）等的话，都是"惠民"、"宽众"经济思想的发挥。这些思想表现在孔子所主张的经济政策上，有弛禁思想、薄赋敛思想等。孔子仁的思想，以后由孟子在政治思想上发展为民贵君轻的仁政学说，在伦理道德上发展为仁义学说，内容更为丰富和系统化，它在战国时代诸子百家之学中成为有广泛影响的"显学"。到了汉代"独尊儒术"以后，终我国封建社会，它不但为历代统治者所尊崇，在整个文化教育思想中它也居于统治地位。仁的思想之所以具有如此长久存在的意义，是因为它既有适应于各特殊时代要求的个性，如维护宗法封建社会秩序的忠孝节义等"仁"的道德规范，又有适应于各个时代要求的共性，如为使社会能和谐发展的"爱人"以及利民、足民等"仁"的经济思想，其中包含有民主因素。现在人们谈论中国传统文化与现代化经济建设的关系，恐怕不能不包含孔子仁的共性思想及其具有民主性的经济政策观点。如果肯定孔子的学说思想对于现代化经济建设是有积极意义的话，那么就有必要深入研究孔子的"仁"的哲学思想以及由此出发的他的经济思想了。需要辨明，如何理解孔子的利民思想，即孔子的利民思想是否是自由放任思想，朱家桢同志从历史条件的不同和基本思想的不同，指出孔子所主张的是开禁利民政策，与欧洲十八世纪以后资产阶级高唱的自由放任主义，从利己主义出发主张自由竞争是不同的。[①] 这一论述是非常中肯的，把二者加以区分是重要的。也许还可以补充说几句，即孔子的开禁利民思想是以他的仁的思想为基础的。仁固然注重个人修养，但最高目标在于齐家和治国。孔子认为家是社会的细胞，国是家之上的地区政治组织，个人则从属于家和国。家和国都是整体性的，整体自身有其存在的目的和使命，个人是在整体中存在的，是不能与整体分离的。因此，孔子以及儒家的经济政策思想，如"使民以时"、"薄赋敛"等，从来都是从整体的目的出发，为了国家的最高利益，而不是从个体利益的要求出发，以个人利益的满足作为全社会利益的标志。即如孔子认为"废（置）六关"（《左传·文公五年》）为不仁，主张"废山泽之禁"（《孔子家语·五仪解第七》），以及孟子所提倡的"关讥而不征"、"市廛而不征"等，诚然对商旅贸易和农民采薪捕捞可有较多的便利，但这与废除封建制度的人身依附关系和基于利己主义和功利主义实行国内市场的自由竞争的自由放任主义，是完全不同的。用自由放任主义来理解孔子的经济思想，不但导致对孔子经济思想的曲解，并且也会把孔子经济思想与现代化经济发展的关系的讨论引入错误的论断。这也是我们所以强调在研究古代思想家的经济思想时，特别是在研究这种经济思想对当前经济建设的作用时，非同时研究这些经济思想所由以出发的哲学、政治思想不可的原因。

还可以讲一讲道家的哲学思想和它的经济思想的关系，因为它显示了另一方面的意义。道家老庄学派不承认贵贱尊卑的礼制，也反对刑赏禁令的法制。它认为人类社会和自然界一样，同受原

---

① 见《先秦经济思想史》第十章《孔子的经济思想》，第四节。

来的样子的"道"的支配,"道"就是宇宙万物(包括人类)本来的样子("道法自然"《老子·25章》)。个人的活动以至国家的治理,都应该顺应自然。因此,这个学派主张个人应该"少私寡欲"(《老子·19章》)、"不以物害己"(《庄子·秋水》),以求得身心极大的自由与尽年。而就治国来说,则应该"为无为,事无事"(《老子·63章》),"顺物自然而无容私焉"(《庄子·应帝王》),反对任何人为干预,主张完全合乎自然行事,以"小国寡民"为理想社会的模式。道家的全部经济思想,亦不外乎这几点。这些经济思想是以道家的哲学为基础的,关于这一点,唐庆增早已指出,并对道家的经济思想与其哲学根据,作了全面的和较详的论述,[①]这在方法论上是值得称道的。因为道家首先是以哲学著称的,它的政治经济思想是直接从其哲学产生的,如果谈它的经济思想而脱离其由以出发的哲学,不但会认为道家没有多少经济思想,甚至会得出片面性的结论。当然,道家的哲学思想如何理解,古往今来,论述很多,分歧很大,对它不同的理解,也会对道家的经济思想有不同的看法。例如,唐庆增在这方面的论述,说老庄学术思想重过去轻现在等等,现在看来,就很需要重新评断。不过,无论如何,从哲学出发来研究道家的经济思想,是完全必要的,比研究任何其他思想家的经济思想更有必要。英国科学家李约瑟关于道家对"知识"问题的态度有一段论述,[②]很可以作为这个问题的说明。他看出老子和庄子书中,都有很多反对知识、反对仁义、反对技巧、反对学习,以至赞成没有知识、没有欲望的言论,如:

  是以圣人之治,……常使民无知无欲。(《老子·第三章》)

[①] 唐庆增:《中国经济思想史》上卷,1937年版,第四篇第一、四章。
[②] 李约瑟:《中国科学文明史》第二卷(英文本),第86-89页。

绝圣弃智，民利百倍；绝仁弃义，民复孝慈；绝巧弃利、盗贼无有。(《老子·第十九章》)

且有大觉而后知此其大梦也。而愚者自以为觉，窃窃然知之。君乎，牧乎，固哉！(《庄子·齐物论》)

如何理解这些言论呢？道家认为知识有真假之分。俗学所教导的圣智、仁义、技巧等，都不是真知识，这些知识只会教人贪欲，去做盗贼，去辩"君"、"牧"之分这类迂腐的事。真正的知识是"道"的知识、"自然"的知识，要学习这些知识。宗法封建等级观念如仁义礼智等等，都是假的知识，必须抛弃，而后才能学到真的知识。如同庄子所说轮扁斫轮，"不徐不疾，得之于手而应于心"，完全掌握了斫轮之"数"（术）(《天道》)。又如疱丁解牛，他"依乎天理，批大郤，导大窾，因其固然，枝经肯綮之未尝微碍"(《养生主》)，完全掌握了解牛之道。这些根据观察和操作经验学到事物固有之理，才是真知识。这也就是道家"道法自然"的根本思想。理解了道家的这种根本思想，然后才能分辨道家所主张的是什么，所反对的是什么，以及为什么如此主张，为什么如此反对。例如老子主张"无欲"，或"寡欲"，这"欲"是指不应有的、反自然的贪欲而言的。在老子所看到的宗法封建制社会，这种贪欲是社会不安定的主要根源，所以他主张去掉这种贪欲，或尽量减少这种贪欲，努力保持人们自然需要的一种"素"、"朴"生活。老子绝对不是反对符合人们自然需要的欲望。他曾提出圣人之治，要使人们"实其腹"、"强其骨"等等，这是人们健康生活所必要的，此外的欲望，就是反自然的，如庄子所说，就会成为"以物害己"。又如道家所倡"无为"学说，往往被视为消极倒退思想，其实这是根据儒家等学说观点所作的评论。从道家来说，"无为"是非常积极的、非常根本的思想。因为道家所说的"无为"，并非无所作为，而是一切要任其自然，符合于事物的本来态势,不能为了自己的利益,依仗所掌握的权势,违反本来态势,强制作为。如儒家的伦常规范,法家的严刑峻法,道家认为都是不合自然态势的,都是应该反对的。老子不是不谈治国的大事,但他指出"爱民治国"要"生之,富之,生而不有,为而不恃"(《老子·10章》)。"我无事而民自富,我无欲而民自朴"(《57章》)等等。庄子则指出"治人之过",是由于"乱天之经,逆物之情,玄天弗成(自然的状态不能保存);解兽之群,而鸟皆夜鸣;灾及草木,祸及止虫"(《庄子·在宥》)。《庄子·在宥》篇还有一节"广成子答黄帝问",文意与上引文相同。李约瑟在论述这一节文意时说,"要记住,在今天人类知道为什么需要做好水土保持和生态保护这些事,以及如何处理好理论与实用科学之间的适当关系所取得的一切经验时,庄子这段论述似乎同他写过的其他篇章一样深刻和具有预见性"[1]。李约瑟的这一论述,也可以说明道家的"天道自然无为"学说是积极的,是旨在造福人类的。所以从道家的哲学思想来说明道家的经济思想,是有其必要性的。道家是自成一个独立学派,它的经济思想是值得重视和深入探讨的。顺便指出,道家"自然无为"的经济思想,包涵有经济个体主义思想、平等民主思想、自由放任思想。不过这种思想是以"小国寡民"的简单社会交往为前提,目的在于保持社会安宁和个人身心自由。在中国传统的学术思想中,儒道两家影响最大。道家虽不居于主导地位,但具有批判的、平等民主的、自由不受束缚的可贵思想。它对西汉文景时代的政治经济起过积极作用,对历代农民起义思想起过影响作用,对历代许多大思想家的思想的形成起过启迪作用,这些都是值得深思的历史事实。因此,在现在探讨中国传统文化与当前现代化建设的关系时,深入研究道家

---

[1] 李约瑟,前引书,第99页。

的经济思想及其哲学思想，还是有其重要意义的。

关于研究经济思想之不可不研究其哲学根源，就说这些。应当指出，上述这种情形，多为首创一个学派的思想学家所具有，至于各派其他经济思想家大多只是祖述其先师的哲学思想而已。

三

先秦思想家属于士这一阶层，士多以入仕治国为职志。即使道家志在隐退，也非绝口不谈政治。谈政治，议国事，就会涉及到各种经济问题及其对策。特别在春秋战国时期，社会剧烈变动，各种重要经济问题都提到思想家面前，要他们做出解释和提出解决方案。因而在这个时期，涌现出很多著名的思想家，提出各种学说，出现了中国古代百家争鸣，光辉灿烂的学术文化。这些学说思想，其中当然包括经济思想，成为中国二千多年来重要的传统文化，其精华部分，到现在还闪耀着光辉。中国学术思想，源远流长，源头就在先秦。有源才有流，寻流必溯源，所以研究先秦经济思想，如同研究其他领域的学术思想一样，不但有其历史意义，也还有现实意义。先秦学术思想十分丰富，经济思想不但有规范性思想内容，也还有实证性论述。下面我们将举几个突出的例子，说明先秦思想家在这两种经济思想方面所作出的贡献。需要说明，规范性与实证性这两种经济思想，在古代思想家中常常不是截然分开的，而是重叠在一起的，虽然不大便于区分，但也不是不能区分的。另外，在古代，实证性经济论述，要较规范性经济见解和主张少得多，但也不是没有。这些情形都是由于经济科学尚未独立成为一门学科所致，中西方概莫能外。

"食"和"货"是中国较早的两个经济概念，也是中国较早的关于国计民生政策主张的主题，并且在中国经济思想中影响最为长久。这两个概念和政策主张，首见于西周时代《尚书》的《洪范》篇，它记载武王克商后，商朝大臣箕子对武王说，上天赐给了大禹九类治国安民的大法，其先后次序是"三，八政。一曰食，二曰货，……"。就是说，治国安民大法的第三类是八项政策措施，这其中最为重要的是粮食生产，其次重要的是手工业生产。这两个简明的概念，准确地提出了在自然经济统治下农业国家最为重要的两项经济政策。自是以后，中国各代思想家言经济问题者，莫不以这两大政策观念为中心而展开其论述。各代史书，从《汉书》起，都有《食货志》一大卷，记载有关食和货的各种统计和思想家、政治家关于食货政策的意见、主张和立法。直至现在，在我国的经济政策的指导思想中，"一曰食"还是有其重要地位。这是我国约三千年前思想家提出的经济概念和政策主张，而在以后产生如此深远影响的一例。

食货概念和政策主张有一基本含义，就是它属于宏观范畴，是从国家政策出发的。所以以后思想家、政治家论述这方面的问题，亦多承袭这一指导思想。我们不妨来看看春秋战国时期思想家、政治家沿着食货这一纲领性经济思想而大大展开的经济论述。首先来看儒家创始人孔子。孔子也认为"食"是治国的首要之事。他的学生子贡向他问治国之道，他说，"足食"，足兵，民信之矣"（《论语》·颜渊）。可见他是把"足食"视为首要之事。但是孔子还进一步分析这个问题。"足食"是个生产问题，在封建制社会，土地为大小领主或地主所有，领主或地主要通过劳役地租或实物地租分取农民的生产品。所以他指出在"足食"之外，还有一个农民向封建主上交多少地租的问题。而在封建制社会，这个地租额不仅取决于土地的肥力，还有封建主在正常地租之外的横征暴敛，即超经济强制的征取。孔子在季康子要用重赋办法征收军赋时，他对他的学生冉求表示，他主张"敛从其薄"（《左传·哀公

11年》)。这就是说，孔子主张从轻向农民征收租赋，以鼓励农民生产的积极性，这样才能达到全社会"足食"的目标。孔子的这一分析，在鲁哀公和他的学生有若的对话中，表明的更为清楚。哀公想征收远高于通常税率十分之一的租税，有若不赞成，回答说，"百姓足，君孰与不足？百姓不足，君孰与足？"(《论语·颜渊》)这就是说，租税合理，农民生产积极性高，国家的税源就会丰足；反之，竭泽而渔，税源枯竭，国家也不可能征收很多税。孔子的"敛从其薄"或简称"薄赋敛"的学说，也是他的富民思想的重要内容，把"食固第一"的政策思想发展了，深化了：从生产联系到分配，又从分配考察其对生产的反作用，是他对中国早期经济思想的一大贡献，因而这个学说也一直为儒家所继承，在后世经济思想中占有很重要的地位。顺便说一说，唐庆增认为重农学派大师魁奈在《经济表》最初校样上的题词："农民穷困则政府穷困，政府穷困则国君穷困"，是受我国儒家"百姓足，君孰与不足？百姓不足，君孰与足？"之说的影响，[①] 尽管唐氏所说"影响"是一个可以研究的问题，鉴于魁奈对儒家学说思想备致赞美之情，魁奈上述题辞辞意与上述儒家论述辞意的雷同，正好说明魁奈经济思想与儒家经济思想有共同之处。[②]

约与孔子同时的大军事家孙武，曾对一个政权的存亡问题，分析其决定性的经济因素。1973年山东临沂银雀山汉墓出土的一篇《吴问》，记载吴王阖庐问孙武，晋国六卿孰先灭亡。孙武回答说，六卿中之范氏、中行氏亩制较智氏小，而亩税相等，将先亡。智氏亩制又较韩氏、魏氏小，而亩税相等，故智氏将继范氏、中

---

① 唐庆增：《中国经济思想史》卷上，第365页。
② 请参看拙作《中国古代经济思想对法国重农学派经济学说的影响问题的考释》，《中国经济史研究》1989，1。

行氏而亡。韩氏、魏氏亩制又较赵氏小,而亩税反高于赵氏,故韩氏、魏氏将继智氏而亡。独赵氏亩制最大,亩税最轻,故赵氏将为"固国,晋国归焉"[①]。(《吴问》原文对亩制大小及税制都有具体数字)孙武是从农业生产的盛衰来看六卿政权的存亡的。他认为农业生产的盛衰,决定于两个因素,一是亩制大小,二是税率高低,如果六卿辖地亩税税率不变,但各卿辖地亩制不同,如范氏、中行氏辖地以160方步为一亩,韩氏、魏氏以200方步为一亩,赵氏以240方步为一亩,则各卿辖地农民因亩制大小不同,每亩收获亦不相同,纵然每亩税率相同,农民实际负担则大有差别,即亩制小者负担重,亩制大者负担轻,因是而影响农民生产的积极性,结果亩制小的辖地农业必然衰微,而亩制大的辖地农业必然兴盛,因而造成各卿存亡先后的不同。孙武的这个分析、运用了科学抽象方法,是有高度理论意义的:它舍象其他情形,从农业生产盛衰中,找出两个决定性因素,也可以说是两个自变量,把六卿摆在同一的位置上,按照两个自变量的变化情形,或者甲变量固定,乙变量为不同的改变,或者反是,乙变量不变,甲变量为不同的改变,或者两个变量都为不同的改变,以观察六卿农业生产盛衰的不同。亦即在假定问题性质相同的基础上,从两个决定性因素的改变,找出农业生产量的不同。在经验世界中,需要通过生产者对于影响生产的复杂因素的反应,才能总计出实际生产数量。但在这一分析中,它略去其他因素从决定性因素得出具有决定意义的结果。这个分析,包含了"食"为第一的内容,也包含了孔子轻税和百姓足的内容,但却增加了亩制大小这一新的内容。这不但在分析方法上有了极为重要的发展,把问题的说明提到一个非常确定性和有数量依据的高度,完全有理由说,孙

[①] 《孙子兵法·吴问》,银雀山汉墓竹简整理小组编,文物出版社。

武是一位卓越的经济定量分析家,这在古代世界是罕见的。孙武对六卿存亡先后的分析,基本上为历史发展所证实。孙武所提出的赵氏240方步的亩制,成为后来商鞅在秦国变法改变亩制的范本(改秦亩为240方步)。

先秦各思想家以"食"或以"农"为本而展开的经济学说,还有好多,兹不一一列举,单举战国后期儒家荀子的经济学说再谈一谈。荀子是个大思想家,在经济思想方面,他吸收了道家的天道自然说,孔子的薄赋敛说,管仲的相地衰征说,墨子的节用说,孟子的恒产说和分工说,商鞅的重本抑末说等,构造了他的富国理论体系。他在经济学说上的贡献,有下述数端。(1)提出"欲多而物寡"的矛盾,是社会经济问题产生的根本原因。他说"欲多而物寡,寡则必争矣"(《荀子·富国》篇)。欲多物寡这一命题,可以说是西方近现代各家经济学说的出发点和基石,而荀子在两千多年前已经提出这个论点。(2)荀子还提出"求"的概念。认为"欲"是不能自尽的,而"求"是在封建等级差别制度下,可以得到满足的。因为"求"是有"度量分界"的,是由"礼义"规定的。(先王"制礼义以分之,以养人之欲,给人之求。")(3)以封建等级制的体制为根据,提出士农工商分工分职论和务本论,作为增加社会财富和流通社会财物的根本。他对分工分职论较管仲、孟子作了进一步的阐释。荀子在分工论和务本论上的特出论点,是他的"制天命而用之"(《天论》篇)的科学态度。他批评墨子"昭昭然为天下忧不足",说这是墨子的私忧过虑(《富国》篇)。(4)荀子继承各思想家薄赋敛的主张,针对当时法家提出的高度集中国家财富的"富国"论,提出他的"下富则上富"、"上下俱富"的富国论。法家的富国论存在着高度征集,如司马迁所说"严而少恩"的问题。荀子则主张实行"养万民"的税法:"田野什一,关市讥而不征,山林泽梁以时禁发而不税,相地而衰政

(征)"(《王制》篇)。他认为这样才可以提高农工贾的积极性,增加产品的生产,同时国家也有了丰足的税源,能够"上下俱富"。这里荀子提出了两个新的概念,即认为发展生产是"财之本"、"货之源",而库藏税收是"财之末"、"货之流"(《富国》篇)。这是荀子对财政学所作出的贡献,这种理论到现在还是有意义的。

(5)在封建制体制之下,通过分工、发展生产、轻税等政策措施,他认为最初所提出的"欲多物寡"问题,可以得到适当的解决。他说"虽为天子,欲虽不可尽,可以近尽也",欲望可以接近完全满足。"虽为守门,欲虽不可去,求可节也。所欲虽不可尽,求者犹近尽。"(欲望虽不能除去,可以节制需求,欲望虽不能完全满足,需求可以接近满足。《正名》篇)这就是说,在"贵贱有等,长幼有差,贫富轻重皆有称"的封建体制下,各色人等的欲求都可以得到尽可能的满足。这是荀子构造的经济学说体系的完成,也是他的富民富国论的具体内容。先秦各思想家虽然提出各种不同的学说,但论述经济问题的专篇著作尚少,荀子的《富国》篇可以说把经济问题提到一个突出的地位,与之相应的,就有上述的他的有系统的、有分析的经济理论。

以上所述各思想家的经济思想,多属于经世济民的治国思想,亦即从整个国家出发,提出经济政策主张,并分析其主要因素、运行机制以及因果关系。它属于宏观经济思想范畴,儒家、法家、墨家思想都属于这种范畴。就儒家来说,国家乃是家族的扩大,个人或个体是在家庭、国家整体中存在的,国家有其独立的目的和使命,如社会和谐,国家统一等。个人是在实现这些目的中存在的,对于个人的活动不能从个人自身的活动来考察,只能在他和家族、国家整体的关系中去理解。国家整体的目的和存在是不可以分解为个人的目的的。正是在这个基本点上,才有"八政,一曰食,二曰货"以及"上下俱富"等的宏观政策主张的提出,而不能理解为这种政策思想是众多个人独立活动的加总。所以先秦绝大部分的经济思想，都属于宏观思想，即使是"足民"、"富民"思想，它也不是分析个体农民如何通过其自身活动而获得富足，而是在他与国家整体的关系中（具体说，如占用土地、上交租税等等）实现其自身的富足。所以在我们上述的经济学说中，看不到有关个体经济或微观经济的论述。但不能由此得出结论，说在先秦经济思想中，绝无微观经济思想。不过比较来说，为数较少而已。下面我们试举几个例子来说明。

最可以说明的例子，是商业经营。司马迁记述战国初期著名商人白圭经营商业的"趋时"原则。他说，白圭"岁熟取谷，予之丝漆；茧出取帛絮，予之食"。"趋时若猛兽挚鸟之发"。又春秋后期一位由政治家转为大商人的范蠡，他总结商业经营"积著之理"（获取盈利原则）说，要努力保持商品质量，不要积压流动资金，在买卖中不要储存容易腐蚀的物品，不要贪求过高的价格。根据货源的多少，可以知道物价的涨落。当物价高涨的时候，就要把它像粪土一样尽快抛售，当物价便宜的时候，就要把它像珠玉一样尽快收购。应使商品和货币像流水一样尽快地流转。这也属于"趋时"原则。（均见《史记·货殖列传》）越国大夫文种还提出商业经营"待乏"原则，他说，商人"夏则资皮，冬则资缔，旱则资舟，水则资车，以待乏也"（《国语·越语》）。就是说，要准备供应市场紧缺物资，以谋取高利。"趋时"和"待乏"这两个原则，都是一直传之后世的。这是关于商业经营的微观经济思想，包括个别商品上市季节性规律、一般物价涨落规律、商品与货币流转原则等，都是重要理论问题。在农业经营方面，我们已可看到一些点滴微观经济分析。举例如《管子·乘马》篇对于提高小农生产积极性的条件，即有精到的分析。该篇提出"均地分力"论，即农民生产必须纳税合理和分户经营。它说，在这种条件下，"民乃知时日之早晏，日月之不足，饥寒之至于身也。是故夜寝早起，父子兄弟不忘其功，为而不倦，民不惮劳苦。故不均之为恶也，地利不可竭，民力不可殚，不告之以时而民不知，不道之以事而民不为。与之分货，则民知得正矣"。这段文字对小农经济的分析，可以说是非常透彻的，并且一直到现在还是有其意义的。①

*　　　*　　　*　　　*

总之，中国封建社会经济思想是非常丰富的，先秦是其滥觞时期。它除包涵大量的经济哲学和政策见解和主张而外，其中确实也有某些卓越的经济分析。关于这一点，我们在上面举例做了一些说明，对它有必要进行深入的研究。这不仅为弘扬中国固有文化所必须，并且对于丰富古代世界经济思想亦有必要。

---

① 上述各家经济思想，在所编《先秦经济思想史》中有关章节有较详论述。

中国古代经济分析论著述要[*]

一

在经济思想著作中，除了作为经济思想根源和出发点的哲学思想而外，有两个主要方面：一是属于规范思想的，另一是属于分析论证的。前者是对于经济问题提出的见解、主张及政策意见，是在于回答"应当如何"的问题，例如对于工商业采取抑制还是鼓励的政策，对于对外贸易采取保护关税还是自由贸易政策，等等。后者是对于经济问题和现象本身及各种关系进行分析说明，是在于回答"是什么"的问题，例如商品价值和价格理论，土地的级差地租理论，等等。这二者常常是并存于一个经济学说中的，是相辅相成的。一个经济学说之有重要意义，常常是它适应当时政治和经济的需要，而对当时出现的经济问题提出维护性、改良性、或反对性的主张和政策意见；但是为了使所提出的主张和政策意见有根有据和有说服力，这个学说常常对当时出现的问题进

---

[*] 原载《中国社会科学院研究生院学报》1992年第1期。

行深入的分析，说明它的起源、构成、内部和外部的各种关系及其实质等等，使人们能充分而深入地认识这个问题究竟是怎么回事。最好的例子，是亚当·斯密的经济学说，它包含了规范性的经济自由主义政策意见，而从经济理论来说，更为重要的，是它对于主要经济现象如商品生产、交换、分工、市场等作了深入的分析和论证，以此作为它的政策意见的根据。这种例子，可以说在近代经济学说史中俯拾皆是。这也说明对于一个经济学说来说，经济问题的分析论证是一个不可缺少的部分。

但是，分析论证在一个经济学说中的显著地位，是在政治经济学成为一门独立科学以后才逐渐发展起来的，是在16世纪以后随着资本主义商品经济大发展而出现的。在古代，自然经济处于统治地位，男耕女织，自给自足，经济关系比较单纯，关于经济问题的论述，或多或少都是哲学和政治论述的延伸，经济问题还没有作为单独一门学科进行研究。因此，在古代，经济思想著作以规范性论述居多，分析性的经济学说很少，这在西方和中国都是如此。但这不等于说，古代经济思想论著中没有构成理论的经济分析。经济学说史中最常见的例子，是古希腊哲学家亚里士多德在《伦理学》中论述"公平"这一道德范畴时，讨论了商品交换按比例均等的问题，由此而对货币使一切商品可以公约，即对货币成为一切商品的等价物，作出了卓越的分析和论证。再有一个例子，是古罗马法学家和后来中世纪神学家们对于"公平价格"这一问题所作的各种论证，有谓它是平均价格，有谓它是和成本相等的价格，还有谓它不但取决于成本，也取决从物品所得利益的大小，等等。在古代中国经济思想论著中也有不少显著例子。这些例子，主要说明经济科学发展的历史进程和轨迹，说明历史上某一思想家对某一经济问题，通过分析，加深了对它的认识，为以后更为周详的分析论证开辟了道路。但由于中国古代经济思想资料的整理和研究起步较晚，直到本世纪20年代以后，才陆续有先秦经济思想史及以后各个历史时期经济思想史的著作出版，经济学界对它的研究还在逐步深入，特别国外经济学界对它所知更少。因此，西方有的经济学者在论及东西方的经济思想时，误认为东方国家的经济思想多为政策意见和主张，缺乏科学分析内容。如说，"没有一个东方国家有任何东西可以与西方国家中世纪僧侣们所作出的良好开端的经济分析相比拟"[①]。这种论断，说它似乎不无道理，是作者在作出这种论断之时，就中国来说，还没有充分表明这种论断背反事实的著作出版。说它是强不知以为知，是作者在没有研究中国古代经济思想论著之前，就作出这样的论断。我在上述这种论断出现后不久，即指出该作者"信口雌黄"[②]。研究中国经济思想史的学者也都批判这种论断。鉴于批驳这种论断的最好方法，是拿出真凭实据，列举中国古代经济分析论著，指出它在古代经济思想中的特出贡献。本文之作，就是想一方面列举中国古代经济分析论著的一些具体事例来否定上述错误论断，另方面则想为研究中国古代经济分析论著做点初步工作。这个工作对于加深中国经济思想史的研究和弘扬中国文化无疑是必要的，同时也是有现实意义的。下节即列举中国古代经济思想论著中关于经济分析的一些实例。

二

（一）最早而最突出的一个例子，是著名大军事家孙子（武）对农业生产与赋税及土地制度的关系的定量分析

孙子曾对一个政权的存亡问题，分析其决定性的经济因素。

---

① Taylor. H. C.《东方的经济思想》，《美国经济评论》1956年5月号。

② 《中国近代经济思想与经济政策资料选辑·1840—1864》，科学出版社1959年版，第1页。

1973年山东临沂银雀山汉墓出土的汉简中有一篇《吴问》，记载吴王阖庐问孙武，晋国六卿孰先灭亡。孙武回答说，六卿中之范氏、中行氏亩制较智氏小，而亩税相等，将先亡。智氏亩制又较韩氏、魏氏小，而亩税相等，故智氏将继范氏、中行氏而亡。韩氏、魏氏亩制又较赵氏小，而亩税反高于赵氏，故韩氏、魏氏将继智氏而亡。独赵氏亩制最大，亩税最轻，故赵氏将为"固国，晋国归焉"(《孙子兵法·吴问》)。孙武对六卿存亡先后的分析，基本上也为历史发展所证实。孙武所提出的赵氏240方步的亩制，成为后来商鞅在秦国变法改变亩制的范本。孙武是从农业生产的盛衰来看六卿政权的存亡的。他认为农业生产的盛衰，决定于两个因素，一是亩制大小，二是税率高低。如果六卿辖地亩税税率不变，但各卿辖地亩制不同，如范氏、中行氏辖地以160方步为一亩，韩氏、魏氏以200方步为一亩，赵氏以240方步为一亩，则各卿辖地农民因亩制大小不同。每亩收获亦不同，纵然每亩税率相同，农民实际负担则大有差别，即亩制小者负担重，亩制大者负担轻，因是而影响农民生产的积极性。结果亩制小的辖地农业必然衰微，而亩制大的辖地农业必然兴盛，因而造成各卿存亡先后的不同。孙武的这个分析，运用了科学抽象和定量分析方法，是有高度理论意义的。它舍弃了其他因素，从农业生产盛衰中，找出两个决定性因素，也可以说是两个自变量，把六卿摆在同一的位置上，按照两个自变量的变化情形，或者甲变量固定，乙变量为不同的改变；或者反是，乙变量不变，甲变量为不同的改变，或者两个变量都为不同的改变，以考察六卿农业生产盛衰的不同。亦即在假定问题性质相同的基础上，从两个决定性因素的改变，找出农业生产量的不同。在经验世界中，需要通过生产者对于影响生产的复杂因素的反应，才能总计出实际生产效益。但在这一分析中，它略去其他因素，从决定性因素得出具有决定意义的结果。这个分析,包含了"食"为第一的思想,也包含了孔子轻税和百姓足的思想,但却提出了土地制度不同这一新的思想。这在分析方法上有了极为重要的发展,把问题的说明提到一个非常确定和有数量依据的高度。完全有理由说,孙武是一位卓越的经济定量分析家,这在古代世界是罕见的。

(二)租税差等理论

孔子关于"薄赋敛"的论述中,提出征敛赋税的一般原则,对于如何"薄"法,他没有作进一步的论述。但早于孔子一个多世纪的齐国大政治家管仲,却已提出征收租税的具体原则,这就是他的"相地而衰征"的理论。管仲相齐桓公时(公元前685—645年),谈及内政改革。他说"相地而衰征,则民不移"(《国语·齐语》;《管子·小匡篇》)。前一句话意思是,"视土地的美恶及其所生出,以差征赋之轻重也"(韦昭注)。全文的意思是,如果实行按土地美恶分等征税的办法,农民会安心耕作而不想迁移。这是对土地征收租税的一个重要原则。在管仲以后,这个原则,在《荀子·王制篇》中曾再次提出,在《周礼》等古籍中屡有体现,但未见对此原则有何阐述。及至《管子》书出,始见针对此原则作了说明。《管子·乘马数篇》对"相壤定藉,而民不移"阐释说,每一郡县都有若干上地、中地和下地,按不同土地定税,就可以"以上壤之满,补下壤之虚","振贫补不足,下乐上"。此外,《管子·乘马、地员》两篇还对土地的美恶等次以及出产多寡,作了专门的论述,可以视为"衰征"原则提出的根据。管仲的"相地衰征"原则,以后在历代政治家的"均税"方案中多有体现。如在北宋庆历新政时期,欧阳修等曾提倡实行丈量土地,查清民田,均定税等,并曾在个别地区实行。到王安石变法时,把过去推行的均税法更定为法令,规定"分地计量,随陂原平泽而定其地,因赤淤黑垆而辨其色。方量毕,以地及色肥瘠,而分五等,以定税则。"(《宋史·食货志上》)于此可见,此均税法是管仲"相地衰征"理论的具体贯彻。管仲这个理论,是通过分析土地实际情况而得出的,他自己虽然没有进行论证,但是这种情况的继续存在,却不断为这个理论的科学性和正确性作了论证。政治经济学中有一条理论,叫级差地租理论。其意即因土地肥力不同而生产的剩余产品量不同,土地所有者征收的地租也不能不随之而有差别。级差地租理论是一条科学理论,它在各种社会都存在。我们以"相地而衰征"与级差地租理论相对照,即知二者理论完全相同,当然,在表述的形式上,二者是有简朴与周详的不同的。管仲在公元前7世纪时就通过分析如此精辟地提出了这个租税差等理论,这在经济思想史上是应有其地位的。

(三) 富国论

先秦各思想家以"食"或以"农"为本而展开的经济学说,以战国后期儒家荀子的经济学说最具体系性。荀子是个大思想家,在经济思想方面,他吸收了道家的天道自然说,孔子的薄赋敛说,管仲的相地衰征说,墨子的节用说,孟子的恒产说和分工说,商鞅的重本抑末说等,构造了他的富国理论体系。他在经济学说上的贡献,有下述数端。(1)认为"欲多而物寡"的矛盾,是社会经济问题产生的根本原因。他说"欲多而物寡,寡则必争矣"。欲多物寡这一命题,可以说是西方近现代各家经济学说的出发点和基石,而荀子在两千多年前已经提出这个论点。(2)荀子还提出"求"的概念。认为"欲"是不能全部满足的,而"求"是在封建等级差别制度下,可以得到满足的。因为"求"是有"度量分界"的,是由"礼义"规定的。(先王"制礼义以分之,以养人之欲,给人之求。")(3)以封建等级制的体制为根据,提出士农工商分工分职论和务本论,作为增加社会财富和流通社会财物的根本。他对分工分职论较管仲、孟子作了进一步的阐释。荀子在分工论和务本论上的特出论点,是他的"制天命而用之"的科学态度。他批评墨子"昭昭然为天下忧不足",说这是墨子的私忧过虑。(4)荀子继承各思想家薄赋敛的主张,针对当时法家提出的高度集中国家财富的"富国"论,提出他的"下富则上富"、"上下俱富"的富国论。法家的富国论存在着高度征集,如司马迁所说"严而少恩"的问题。荀子则主张实行"养万民"的税法:"田野什一,关市讥而不征,山林泽梁以时禁发而不税,相地而衰政(征)"。他认为这样才可以提高农工贾的积极性,增加产品的生产,同时国家也有了丰足的税源,能够"上下俱富"。这里荀子提出了两个新的概念,即认为发展生产是"财之本"、"货之源",而库藏税收是"财之末"、"货之流"。这是荀子对财政学所作出的贡献,这种理论到现在还是有意义的。(5)在封建制体制之下,通过分工、发展生产、轻税等政策措施,他认为最初所提出的"欲多物寡"问题,可以得到适当的解决。他说"虽为天子,欲虽不可尽,可以近尽也",欲望可以接近完全满足。"虽为守门,欲虽不可去,求可节也。所欲虽不可尽,求者犹近尽。"(以上引文分见《荀子》中的《富国》、《礼论》、《王制》、《正名》等篇。)这就是说,在"贵贱有等,长幼有差,贫富轻重皆有称"的封建体制下,各色人等的欲求都可以得到尽可能的满足。这是荀子构造的经济学说体系的完成,也是他的富民富国论的基本内容。先秦各思想家虽然提出各种不同的学说,但论述经济问题的专篇著作尚少,荀子的《富国篇》可以说把经济问题提到一个突出的地位,与之相应的,就有上述的他的有系统的、有分析的经济理论。

（四）分工和交换理论

自人类社会开始生产起，就逐渐向专业发展，有了专业，自然就有了社会分工，有专业分工的社会存在，思想家就会把这种现象概念化，对它进行分析，论述彼此之间的关系等。管仲在公元前7世纪时曾提出著名的士、农、工、商四民分业说，他认为这四类人从事的业务不同，应当使他们分地居处，专心从事本业，这样父子相传，业务就会娴熟精巧。管仲的四民分业说，以后历代相传，成为家喻户晓的口语。但是管仲所着重论述的，只是各种业务如何保持娴熟的问题，而未论述分业分工的社会关系问题。在这个问题上，孟子加深了分析，展开了论述，揭示了分工的社会意义。首先，孟子指出一个社会有农业与手工业的分工，一个人不能同时又织布，又炼铁。一个人需要很多用品，这些用品不能全由自己来生产，最好是分工生产。分工生产，既可以生产得好，又可以生产得多（"农有余粟，女有余布"）。既然各人生产不同的产品，这些产品又为各人所需要，那末各人就可以自己之所有，去交换自己之所无，这不会有损于自己，而各人都可以得到最大方便和满足最大需要。（"以粟易械器者，不为厉陶冶，陶冶亦以其械器易粟者，岂为厉农夫哉？"）因此，孟子就得出结论，耕农与百工之事，最好由大家分别来做，然后彼此交换产品。孟子把这叫做"通功易事"。社会上有这种交换同没有这种交换的利弊如何呢？孟子说：

子如不通功易事，以羡补不足，则农有余粟，女有余布。

子如通之，则梓、匠、轮、舆皆得食于子。

孟子由农业与手工业的分工之利，进而论述体力劳动与脑力劳动的分工，他说：

有大人之事，有小人之事，……或劳心，或劳力。劳心

者治人,劳力者治于人。治于人者食人,治人者食于人,天下之通义也。(以上引文俱见《孟子·滕文公章》)

孟子把治理国事者称为"大人",把从事生产劳动称为"小人",当然有意识形态上的问题。但他所分析的问题,是脑力劳动与体力劳动的分工问题,则是客观的普遍的社会现象,是在各种社会形态都存在的。所以他说农与百工,脑力劳动与体力劳动的分工,及彼此交换其产品(和劳务)的必要,是"天下之通义也",即普遍的规律。这样说,是完全确当的。孟子生活在公元前四世纪时期,其时商品经济尚处在初期阶段,孟子能洞察和分析那时社会成员分工和交换关系及其必要性,并指出这是普遍规律,这是古代经济思想的一大贡献。

(五) 货币价值与流通速度理论

管子对货币论的贡献,是它着重论述了货币作为商品流通手段的重要性,并提出人君必须掌握货币敛散的权术,以遏制富商大贾并财活动,稳定物价,和加强封建国家的财力。但管子货币论缺乏货币价值论作为货币流通论的前提条件,使得后世封建国家理财者,只知铸币发钞之利应归于人君。为了增加国家财政收入,常常任意滥铸货币,而不知道货币有价值,必须按照价值规律铸造货币,才能保持货币价值的稳定。他们也知道"物多则贱,寡则贵"的道理,劣质货币泛滥,势必导致币轻物重,但他们最多只知道这种情况不应出现,而不知道出现这种情况的根本原因。通过各个朝代长期的困扰,少数思想家终于对这个问题有了正确的认识,并做出了初步的分析。

在公元5世纪时,货币制度紊乱,当时议论多说钱币流通不足,需大量铸造。这时(南齐建元四年〔公元482年〕)有一位闲散官员(《南史》叫"奉朝请")名孔颉者,写了一篇《铸钱均货议》的奏议，提出铸钱"不惜铜爱工"说，可以说触及了货币价值问题。他说：

> 铸钱之弊，在轻重屡变，重钱患难用，而难用为累轻；轻钱弊盗铸，而盗铸为祸深。民所盗铸，严法不禁者，由上铸钱惜铜爱工也。惜铜爱工者，谓钱无用之器，以通交易，务令轻而数多，使省工而易成，不详虑其为患也。
>
> 若官铸已布于民，便严禁剪凿，小轻破缺无周郭者，悉不得行。官钱细小者，称合铢量，销以为大。利贫良之民，塞奸巧之路，钱货既均，远近若一，百姓乐业，市道无争，衣食滋殖矣。（《南齐书·刘悛传》）

上文表明孔颛指出货币是用工料铸造的，它本身是有价值的，若要使铸币成为良币，必须按原定的工料铸造，按他的说法，就是不要"惜铜爱工"。他指出以往铸币的一切弊端，都产生于不遵守这个原则，结果国家滥发轻币，民间盗铸丛生，以致坑害良民，紊乱交易，影响生产。显然，他认为商品是用工料生产的，是有价值的，货币当作商品的一般等价物，当作商品的交换媒介，也必须是用工料制造的，是有价值的。若是官铸货币是足值货币，不惜铜爱工，则"钱货既均"，就是说，货币作为商品交换的一般等价物，与商品同样都是有价值的，那末货币与商品的交换就得其平，不但铸币在全国可以通行，并且农工商也可有发展的良好条件。孔颛关于铸币必须要用一定工料的原则和"钱货既均"的理论，可以说对货币价值理论作出了重要贡献，为人们反对封建国家实行滥铸低值货币政策提供了理论武器，也启发以后思想家对这一理论作进一步的探讨。

15世纪时，明代的丘浚即肯定孔颛"不惜铜，不爱工"为"万世铸钱不易之法"。他从货币"权百物"、"贸易之具"说起，认为要使货币具有此职能，"必物与币两相当值，而无轻重悬绝之偏，然后可以久行而无弊。"丘浚还对物与币之值作了说明，他说，"世间之物生于天地，然必皆资以人力，而后能成其用。其体有大小精粗，其功力有浅深，其价有多少，直（同值）至于千钱，其体非大则精，必非一日之功所能成也"（上引语均见《大学衍义补》）。丘浚明确用等价交换关系来阐明货币工料价值论，这是对孔颛的货币价值论作了进一步的分析与论证。

我国古代货币思想另一重要贡献，是11世纪时北宋科学家沈括对于货币流通速度所做的分析。北宋时期出现钱荒现象，民间钱少，负担加重。甚至王安石新法的反对者，亦尝举新法令民改出役钱，民户不堪负担为理由。宋神宗曾问沈括钱荒之由，沈括当时对钱荒原因作了全面的分析，举出八种原因及其对策，其中对货币流通原因的分析尤为卓越。他提出"钱利于流"的命题，并进而论证说，货币是商品交换流通的工具，它发挥的作用可大可小，这要看它在商品交换中流转次数如何。他举十万钱为例说，如果十万钱藏于一人之家，不再流通，那它只发挥作用一次。如果十万钱由甲到乙，由乙到丙，……流通十次，则十万钱可发挥一百万钱的作用。（《续资治通鉴长编》卷283，熙宁十年六月壬寅，沈括与宋神宗问答。）所以增大货币的流转次数，即流通速度，必将增大货币的实际作用。沈括没有进一步考察在当时商品经济发达程度下，从实际铸币流通量和商品交换量，计算出当时铸币的实际流通速度。但是通过分析，沈括揭示了货币流通速度的理论，作出了前人所未作出的贡献。

（六）侈靡理论

我国古代思想家一般都崇俭而黜奢。孔子的话，"礼，与其奢也，宁俭，"（《论语·八佾》）最有代表性。墨子主张的"节用"，为后世奉为"不可废也"（见《史记·太史公自序》）之道。《管子》

一书关于消费思想，主要也是主俭反奢的，但它有一篇论文名《侈靡》，着重论证豪华消费对于贫者及无业者的有益效果。这在古代思想中是非常奇特的，受到近代章太炎及以后学者的高度重视。[①] 从经济分析来说，这不仅在于它提出关于"侈靡"消费的新的见解，最重要的是在于它论述侈靡消费不局限于消费范围，而联系其他经济活动，论述侈靡消费对于农工商业的作用，这应该说在古代经济理论的发展上是一个突破。篇文对此论述较多，这里摘引其中以厚葬为例的一段，以见作者所作的论证。

> 巨瘗堷（坟穴），所以使贫民也。美垄墓，所以使文萌（画工、雕工等）也。巨棺椁，所以起木工也。多衣衾，所以起女工也。犹不尽，故有次浮（各种祭品），有差樊（各种仪仗）、有瘗藏（各种随葬品），作此相食，然后民相利。（《管子·侈靡篇》）

《管子》此论，在漫长历史时期中未引起思想家的注意，但在政治家的施政中，却不期得到了实际应用。北宋政治家范仲淹任杭州太守时，岁饥，范乃大兴公私土木，"日役千人"。有人奏劾他伤耗民力，他说他之"所以宴游兴造，皆欲以有余之财以惠贫者。"（沈括：《梦溪笔谈》卷11，《皇祐中吴中大饥条》）范仲淹此论，可谓侈靡政策的实际应用。

但《管子》侈靡理论，亦非千古绝唱。陆揖在16世纪明代中后期时，著有《禁奢辩》一文，率直地提出反传统的崇奢黜俭理论。在这篇论文中，他发展了主奢说。他对主俭说直接提出了非议，谓俭只能使一人一家免于贫。而不能使社会、国家富。另外，他用孟子的分工交换理论来论证豪华消费对社会所产生的作用，他说，"先富而后奢"，"市易之利，正起于奢"。由于奢，"耕者、

---

① 参见拙著《管子经济思想研究》，第68—69页。

织者都可以分其利"（陆揖《禁奢辩》）。这些分析论证，是与传统奢俭思想对立的。他没有提到管子著述。他是上海人，很可能是范仲淹在浙、吴政绩 记载及传闻（除沈括外，《续资治通鉴长篇》亦有记载），启发了他写这篇理论性论文。

应该说清楚，以上列举的一些经济分析论著，不能理解为中国古代经济分析论著的全部，本文只是列举若干实例，以证明在中国古代经济思想论著中，确实有不少卓越的至今犹烁发光辉的经济分析。至于对中国古代经济分析论著全面而系统的研究，我想随着中国经济思想史研究的开展和深入，它必将愈来愈明晰地展现在世人之前。

中西古代经济思想比较研究绪论[*]

一　问题的提出

经济思想史如同其他思想史一样，是研究它的产生、发展和演变的。它的研究范围可有不同，可以是研究一个国家的，或者是研究一个文化系统的，也可以是研究全世界的。现在经济思想史的著作，一般都是从西方的希腊、罗马、中世纪往下写的西欧各国和美国经济思想的发展，个别的有一章或两章讲古代希伯来和印度的经济思想，然后再讲希腊、罗马、中世纪和以后的发展。这种著作，从我们来说，只能说是外国或西方的经济思想史，不切合阐发我国学术思想的要求。就世界经济思想史来说，对全面理解人类经济思想的产生和发展，也是不完备的。作为一部完备

---

[*] 本文系为纪念赵逎抟教授从事学术活动56周年而撰。原载邓力群、钱学森等主编《经济理论与经济史论文集》一书（北京大学出版社1982年版）。此文后收入中国社会科学出版社出版的《先秦经济思想史》一书时，作了增删和修改。此系增改后版本。

的经济思想史，应该包括几个有古老文化国家的经济思想，特别是那些文化从古代一直延续到现代的国家，如中东国家、印度和中国。这样的经济思想史，才真正能反映全人类经济思想发展的实际，而其内容必然会更为丰富多彩。但是现在还谈不上。除西方经济思想史著作而外，其他国家或地区的经济思想史的研究著作或者还不多，或者还没有。比较地说，古代中国的经济思想，由于历史的悠久，特别是由于历史文献的丰富，是最有必要和可能把它整理出来的。现在已经有不少学者从事这方面的研究，也有著作陆续出版，预期在将来，至少可以把包括世界两大文化体系的经济思想史提供出来，而不致像现在这样只是西方的经济思想史。本文之作，目的即在于通过中国与西方古代经济思想的比较研究，阐明两个问题：（1）比较研究中国和西方经济思想发展史，是有丰富内容和意义的工作；（2）中国社会与西方社会历史的发展，既有共同性，也有各自的特点，特点是更为重要的。所以比较研究，要重视中国社会与西方社会发展各自的特点。先略说比较问题。

二　对比较的说明

本文所说的古代中国，是指西周至战国（约公元前 11 世纪至公元前 221 年）这一历史时期，古代西方是指古希腊、罗马时代（公元前 12 世纪荷马时代至罗马帝国灭亡的公元 5 世纪）。二者在时期上相差不大，似适合于比较研究。但就社会形态来说，则二者是否相同，尚难说定。因为古希腊、罗马公认是奴隶制社会，没有问题，而古代中国从西周到秦汉，有认为是封建制社会，有认为是奴隶制社会，亦有认为从西周到春秋是奴隶制社会，而从战国以后才是封建制社会。社会形态不确定，则要找出两个社会发展的共同规律和相应意义的比较，无疑是缺乏基础的。但是两个社会历史发展阶段的相同或不同，是客观存在的，是不能改变的。考虑到中国社会历史的发展有它自身的特点，——这特点也从中国史学界对古代社会性质长期争论而未能解决表现出来——古代中国"早熟"，不能与古希腊社会相类比，犹如明清时代"停滞"，不能与近代欧洲社会相类比。即如中国中古时期与欧洲中世纪虽同属封建社会，但各自亦复有很多特点。所以本文对于比较古代中国和古希腊、罗马经济思想所采取的原则是，不求古代中国与古希腊、罗马社会性质的一致，而从两个社会的史实出发，分析研究各自社会的具体特点，弄清楚它们的共同点和不同点。

古代中国和古希腊、罗马都属于前资本主义社会。资本主义以前的奴隶制社会与封建制社会，具有不同的特征，但二者亦具有明显的共同性，如二者都具有严格的等级制度，社会关系中保留着血缘关系，大土地所有制下劳动者本身完全或不完全地不归自己所有等。在其他两种社会形态，例如封建社会与资本主义社会就不存在这种类似的共同性。马克思曾经把奴隶制和农奴制作为同一种类型的生产关系的形态。他在论"资本主义生产以前各种形式"时，常常并提奴隶制和农奴制。例如他说：

> 劳动本身，无论采取的是奴隶的形态，还是农奴的形态，都是作为生产的无机条件与其他自然物同属一类的，是与牲畜并列的，或者是土地的附属物。[①]

但是这种生产关系的共同性，并不是说社会发展各个阶段不各自具有不同的特征。马克思在上面引文中就说，"劳动本身""都是作为生产的无机条件"，但有的"与牲畜并列"，有的"是土地的

[①] 《马克思恩格斯全集》第26卷，第488页。

附属物",就说明了这个道理。马克思还说:

> 奴隶制和农奴制只是这种以部落体为基础的财产继续发展。它们必然改变部落体的一切形式。在亚细亚形式下,它们所能改变的最少。①

这里不讨论"亚细亚社会形态"或"亚细亚生产方式",以及中国古代社会是否属于亚细亚生产方式的问题,因为这是个大疑难问题,应当专题讨论。但根据马克思的论述,无疑古代中国和古希腊、罗马社会既有一些共同点,但更有各自的特点。本文的比较研究,即先分析比较两个社会经济的一些共同点和各自的特异点,然后再分析比较两个社会经济思想的共同点和特异点。

三 古代中国(西周—战国)与古希腊罗马时代社会经济发展的异同

古代中国和古希腊、罗马的社会经济发展,有一些重要共同点和不同点。兹分四个方面简述于下:

(一)自然经济占主导地位,农业是最主要的生产部门,这是古代中国与古希腊、罗马的共同点之一;但在土地关系上,则有很重要的不同处。希腊在几万平方公里的半岛上,有200多个城邦,每个城邦都包括一个城市和周围的村镇农业区。罗马帝国最初也是从小农社会发展起来的。中国《尚书·洪范》说:"八政,一曰食,二曰货",《诗经》有很多农事诗,都表明农业是最重要的生产部门。中国从春秋中期起(公元前5、6世纪),铁制农具已经开始推广应用,②这标志着社会生产力提高到一个新的水平。

---

① 《马克思恩格斯全集》第26卷,第492页。
② 参看《商周考古》,第235—237页。

希腊人使用铁，是从荷马时代（公元前8世纪）开始，时期稍早于中国。这表明在生产力发展上，古代中国与古希腊也颇为相近。但是如同马克思指出的，在以部落体为基础的财产继续发展的奴隶制和农奴制，"古典形式"和"亚细亚形式"可以大不相同。在古希腊、罗马的奴隶制社会，土地是私有的，直接生产劳动者是奴隶，全部生产品为土地所有者所占有。在古代中国，至少在西周至春秋时代（约公元前11世纪—前481年），直接生产者既要到公侯的土地（"公田"）上从事无偿劳动，又在授与的份地（有使用权的"私田"）上进行劳动。(《诗·小雅·大田》："雨我公田，遂及我私"。)公侯占有的土地，除了受封赐的土地而外，还有以后开垦的土地。这样，他们对最高统治者缴纳的赋税，就有前后之不同，先是只接受封土地缴纳贡赋，而后开垦的土地也要纳税了。〔《左传》宣公十五年（公元前594年）"初税亩"，杜注："公田之法，十取其一，今又履其余亩，复十收其一。"〕以后通过战争兼并土地，公侯的封地和私地，都成为他们的私有土地，特别以商鞅变法（公元前359—350年）为标志的土地关系的改革以后，土地私有制就逐渐成为社会的法定财产关系，土地买卖产生，封建租佃关系亦因而逐渐确立。从农业直接劳动者来说，土地所有者对他们剥削的形式，有劳动地租，有实物地租；总的来说，是从劳动地租向实物地租转化。历史上的记载，如春秋时代管仲提出的"相地而衰征"（公元前685—645年），鲁国实行的"初税亩"，秦国实行"初租禾"政策（公元前408年），都是地租形式开始转变的记录。在这种土地关系下，直接生产者有自有农具和小的私有经济。这在很早的文献中就有记载。(如《诗·周颂·臣工》："命我众人，痔乃钱鎛，奄观铚艾"。《诗·豳风·七月》："嗟我归子，曰为改岁，入此室处"。) 这是古代中国与古希腊、罗马的一个很重要的不同点。

（二）商品生产和货币经济都早已产生，但古代中国与古希腊、罗马发达的程度则有不同。《尚书·酒诰》说："肇牵车牛，远服贾"。《诗·卫风·氓》说："氓之蚩蚩，抱布贸丝。"这是商代和西周时关于商业的记载。最早的货币——贝，在商代亦已使用，这从卜辞可以见到。西周亦使用贝。金属铸币至迟在春秋晚期已经出现，这从侯马晋国都城出土的铜币——空首布可得到证明。随后布币在三晋，刀币在齐、燕，郢爰在楚国都逐步开始铸造流通。自秦以后，国家有统一铸币——铢钱。在古希腊，铸币的出现时期在公元前7世纪，比中国古代稍早，这与古希腊工商业的发达有关。古希腊的地理状况，有利于工商业的发达。古希腊重要城邦如雅典、科林斯，都是半岛上的城邦，居民与地中海沿岸地区通航方便，商业很发达。破产农民，常迁徙国外，因而增加了商业联系往来。由于商业的发达，这些城邦的矿冶业、制陶业、造船业等也随之发达起来。以后罗马帝国使地中海成为它的内湖，地中海沿岸地区海运畅通，陆上也修建了许多宽阔大道，交通便利，它以掠夺来的金银进行贸易，从东方各国输入奢侈品。由于这些条件，罗马的国内贸易和对东西方贸易都很发达。

古代中国到了战国时期，工商业也有了很大发展。如大盐业者有猗顿，大冶铁业者有郭纵、赵之卓氏、梁之宛孔氏、鲁之曹邴氏、巴寡妇清之先世等。大商人有范蠡、白圭、吕不韦等。织物业在齐国很发达，司马迁说"齐冠带衣履天下"。① 而齐国的都城临淄，更是当时的一个大的都会，苏秦说有居民7万户，男子不下21万，来往行人客商"车毂击，人肩摩"。② 不过总的来说，

---

① 《史记·货殖列传》。
② 《战国策八·齐策》

古代中国是个内陆国家,并且思想家提倡"重本抑末"政策,因之工商业发展比之古希腊、罗马是有所不同的。

(三)最初政权都操之于土地贵族,但以后在政权构成上有显著的差异。中国在西周时代,政权和土地所有权都为一个宗族所专有。从最高统治者天子以至以下的诸侯卿大夫,大都为属于伯叔或甥舅等宗族关系的贵族。天子把土地人民分封给诸侯卿大夫,诸侯又再把他的土地人民封给下属宗族。这就是所谓宗法制度。在西周,这种宗法制度与政权和土地所有制结成不可分的统一体。在这种政治经济制度下,直接生产者有"国人""野人"和工商业者。"国人"是疏远的宗族或没落宗亲的后裔,是自由民;"野人"是半自由民,是农奴;至于工商业者,则是奴隶。① 不过,尽管"国人"是自由民,他们与"野人"工商业者一样,都是被统治阶级,都无政治权利。所说"礼不下庶人,刑不上大夫"② 即指此。直到春秋后半期,宗法制度与政治经济制度是合一的,宗法上的"亲疏"与政治经济上的"贵贱"是一致的。这种制度以后因兼并战争而逐渐破坏,代之而起的是政治上的绝对君权和官僚制度,在经济上是封建地主制下的小农经济和官营工商业。需要特别指出的是,在这种政治经济制度下,"士"这一阶层,在宗法制度下,本来是贵族的管事,是依附宗法关系而存在,是各级贵族的最下层。但是由于贵族兼并战争的需要,"士"这一阶层遂从旧的宗法关系下解放出来,投奔各贵族统治者,成为统治者的谋士,以后成为封建国家官僚制度的基本构成部分。"士"的自由活动,在古代学术思想的发展上,是非常重要的。另外,工商业从战国

---

① 《国语·晋语》:"庶人食力,工商食官,皂隶食职。"《左传·襄公九年》:"其庶人力于农穑,工商皂隶不知迁业。""庶人"包括"国人"与"野人"。

② 《礼记·曲礼》。

以来虽有较大的发展，但私营工商业没有获得应有的发展，工商业者在政治上也没有法定的参与政治的权利。古代中国的工商业者在社会上没有形成为一个阶级力量，在政治上多依附于贵族或封建统治者而进行活动，从春秋时代的商人弦高、郑贾人，到战国时代的吕不韦，都莫不如此。

在这一方面，古希腊、罗马的发展与古代中国颇为不同。古希腊早在公元前590年，就通过梭仑改革，规定公民按财产等级分为四等，一、二等是大土地贵族奴隶主和大工商业奴隶主，三等是小农、小工商业者，四等是雇工、贫民。公民都享有政治权利，但以前政权是操在大土地贵族奴隶主手中。通过这次改革，一、二两等级都可担任高级军政官职，三等也可以担任低级官职，四等不能担任官职，但有参加公民会议和陪审法庭的政治权利。这个改革大为抑低传统贵族的权势，而为非贵族出身的工商业奴隶主新兴富有阶层取得政治权力开辟了道路。罗马的情况与此近似。在雅曲梭仑改革后不久，出身微贱的罗马国王图里阿（公元前578—534年）也实行了重要改革。这个改革规定，不按血缘部族而按区域性部族，并按这些部族人民财产的多寡，分为五级服军役。各级按规定，组织数目不等的百人队，由这百人队组织全民会议，每队只有一个表决权。除这五个等级外，尚有第六个等级，为无产者贫民，他们只出少数的百人队。通过这个改革，过去的血缘关系，被财产关系代替了，从此一个人的政治地位，主要决定于他的财产，而不是他的氏族出身。以后随着罗马帝国的扩张，兴起了新的富有阶层，称为"骑士"。他们是原来在骑兵中服役的拥有较多财产的人，后来他们就专门在帝国扩张时期猎取财富，如供应给养，承包工程，贩运商品和奴隶等。这些人渐渐成为政治上强大的力量，他们与失去土地的平民结成联盟，与垄断政权的元老贵族相对抗。"骑士"与元老贵族之间的斗争，断断续续进行了几十年，到了凯撒时，终于扩大了罗马政权的基础，使元老、骑士和外省奴隶主联合，把元老院名额增加到九百人，为富有阶层的骑士进入政权机构开辟了道路。此外，罗马各个行省的自由民，也取得了公民权的资格。但是尽管雅典和罗马在政权机构上都进行了改革，特别是工商业富有阶层得以参与政权，但这个政权仍然是奴隶主政权，只是让所有奴隶主阶级的成员尽可能地都直接参加对奴隶的统治。

（四）中国战国时代和古希腊时代同样创造了人类的灿烂文化，其中包括经济思想。毛泽东同志说："在中华民族的开化史上，有素称发达的农业和手工业，有许多伟大的思想家、科学家、发明家、政治家、军事家、文学家和艺术家，有丰富的文化典籍。"① 对于古希腊哲学，恩格斯说："总的来说，希腊人……的无所不包的才能与活动，保证了他们在人类发展史上为其他任何民族所不能要求的地位"。② 罗马在法学方面也有卓越的贡献。这些灿烂的思想文化，各有它产生的历史条件。如在中国春秋后期及战国时代，正当社会大变动之际，"士"的阶层可以自由活动，可以自由地考虑各种问题，提出他们的独立见解。同时统治者为了进行兼并战争和扩大政治影响，也提供了这些士人以物质条件。齐国在宣王时代设立的稷下学官，是最著名的事例。当时各个学派的学者都聚集在那里，如孟轲、邹衍、淳于髡、田骈、接子、慎到、环渊，荀卿等都先后去过，盛时达"数百千人"③。这就形成了中国历史上学术文化发展的高潮。在希腊亦有类似情况，各派学者自由讲学，自由辩论，自由探讨真理，自由传授生徒，这

---

① 《毛泽东选集》，第585页。
② 《自然辩证法》，第26页。
③ 《史记·田齐世家》。

种风气流行的结果，竟使原来是运动场的阿加得米成为柏拉图讲坛的所在，在阿波罗神庙附近的卢基厄姆也成为后来亚里士多德所领导的学派的中心。在这种情形下，经济思想当然也会随之有各家各派的产生。

四 古代中国与古希腊、罗马经济思想的异同

古代经济思想尚未专门化，多与哲学思想、政治思想结合在一起，未形成独立学科。在中国，孔子的经济思想包含在《论语》一书中，墨翟的经济思想包含在《墨子》一书中，其他思想家的经济思想也是如此。在希腊，柏拉图的经济思想包含在他的《理想国》一书中，亚里士多德的经济思想包含在他的《政治学》、《伦理学》著作中等等。也就是说除个别情形外（如希腊色诺芬的《经济论》，中国《管子·轻重篇》等），古代多无专门经济著作，各个思想家的经济思想多包含在他们的哲学著作和政治著作中。

我们既在上节简述了古代中国与古希腊、罗马社会经济情况的异同，现在来看它们经济思想的异同，就可以知道它们经济思想发生异同的缘由。

（一）经济哲学思想

首先，古代中国和古希腊、罗马的经济思想家，本来都是哲学、政治思想家，他们的经济思想都是从他们的哲学、政治思想派生出来的。从根本上说，每个时代思想家的经济思想，无不以哲学、政治思想为其前提和出发点。因此在古代，各个学科尚未分立，一个思想家往往既是哲学、政治思想家，又是经济思想家，经济思想很明显地是与哲学、政治思想相联系的。这种情形，在

古代中国和古希腊、罗马都同样明显地存在；并且作为经济思想基础的哲学、政治思想的自然法思想，同样在古代中国和古希腊、罗马存在。就古代中国两大学派，即道家和儒家的哲学和经济思想来说，道家从自然哲学出发，认为经济活动应顺应自然法则运行，主张清静无为和小国寡民，反对在当时日益发展的封建等级制度的礼制和刑政。这种从哲学发展出来的经济思想，就是道家的"道法自然"论。以后汉代司马迁所提倡的"善者因之"的经济发展论，就是根据道家的这种"自然法"论。儒家学派的天道观，与道家不同，它是以封建宗法伦理思想为基础的。从它的仁学、仁政思想而发展出来的"泛爱众"、"薄赋敛"等利民、富民经济思想，亦终不能逸出封建伦理思想的范围。法国重农学派魁奈所崇奉儒家的自然秩序思想，事实上是儒家的封建伦理哲学。在古希腊、罗马，哲学学派虽与古代中国不同，就自然法思想来说，思想家的经济思想，亦多以此为依据。柏拉图认为，必然存在着正义勇敢这样永恒不变的实在，这些实在可以由哲学家寻找到，因而他主张他的理想国要由哲学家治理，社会分工要按照正义等原则实行。亚里士多德认为根据理性可以发现自然法或正义，所有公民应遵循这种自然法或正义。像高利贷就是违反自然法的，是不正义的，是应受谴责的。斯多亚学派认为，自然状态是一种合乎理性的和谐状态，按照理性生活，就是按照自然生活。理性是包括奴隶在内所有人所共有的，因而自然法是普遍存在的（与中国道家思想相近）。在古罗马时代，万民法适用于各族人民，因而它是自然法在成文法上的体现。以上所述，都是古代中国和古希腊、罗马在经济思想与哲学、政治思想的关系上的相同处，这相同处是基本的。但亦有不同处。即以自然法思想而言，它用以阐述的经济问题，在古代中国与古希腊、罗马即不相同。古代中国道家以之作为主张"小国寡民"的论据，儒家以之作为主张贵贱有别、贫富有等封建经济体制的论据。而在古希腊，柏拉图、亚里士多德以之作为奴隶制分工论，反对高利贷与货殖术的论据，在古罗马，法学家以之作为万民法、财产法制定的论据，等等。但这些不同处，都是由于古代中国与古希腊、罗马社会历史条件不同，因而提出的经济问题不同而产生的，属于具体经济思想的提出和论述，而非哲学、政治思想与作为经济思想根据的关系的不同。

（二）生产思想

古代中国与古希腊、罗马思想家都重视农业生产。在中国，孔子有"足食、足兵"、"使民以时"的思想，孟子有"恒产论"小农经济思想，《商君书》（商鞅）有"农战"思想，荀子有"强本节用"的富国思想，《吕氏春秋》、《礼记》有《月令》关于气候、农事和与之相应的政教措施的记述等，都是关于把农业生产放在第一位的思想。在希腊，如前所述，有色诺芬的《经济论》，这是第一本专讲农业经营管理的著作。在罗马，老嘉图、瓦罗、珂鲁眉拉也都著有《农业论》，西塞罗则译了色诺芬的《经济论》，他们都极言农业的高尚、农业生产的重要，并在其中论述管理奴隶劳动的方法。以后奥古斯丁在他的著作《忏悔录》中，也把农业看作是高于一切的经济部门。从古典经济学家魁奈的著作中，看他推重中国古代政治制度与引用色诺芬的论述，[1] 也可以说明古代中国与古希腊思想家在关于农业问题的思想有其共同处。马克

---

[1] 魁奈在《中国的专制制度》一文中说，"中国的理论""可以作为一切国家的范例"。魁奈并用色诺芬的话作为《经济表》的题词："农业繁荣，其他一切技艺也都兴旺，一旦土地荒废下来，无论从事水上工作或陆地上工作都将处于垂危的境地"。见《魁奈经济著作选集》，第396、308页。

思曾引《罗马史》的作者尼布尔的论述说:"古代人一致认为农业是自由民的本业,是训练士兵的学校。"① 这个论述特别适用于商鞅的经济思想。与此重农思想相联系的,就是蔑视和抑制工商业的思想。中国在春秋前期,"工商食官",对工商业尚无歧视态度,此由史籍所载卫文公（公元前659—635年）"务材训农,通商惠工"（《左传·闵公二年》）可以看出。但到了春秋末期,随着商品经济的发展,儒家对商业活动已有微辞。孔子就对子贡经营商业提出批评,说,"赐,不受命而货殖焉"。以后孟子则对谋求"市利"的商人,名之曰"贱丈夫",但他们尚未对商业提出歧视的主张。以后商鞅开始提出"事本禁末"的主张与政策,《管子》、《荀子》、《韩非子》书中对此思想亦有阐发。②"本"、"末"原指事物的根本和支末,但在中国经济思想史上,本末成为特定范畴,指农与工商的关系,即"本"指耕织农桑,"末"指奢侈品的生产和流通,但亦泛指一般私营工商业。这种思想在古希腊、罗马也并非没有。如色诺芬也鄙视手工业者,说手工业是鄙俗技艺,不能与农业相比。柏拉图则鄙视工商业奴隶主,反对他们参与政治。亚里士多德也认为"货殖"是违反自然的。罗马的上述思想家也都反对以营利为目的的商业,特别是大商业。但西塞罗则有些不同,他赞扬大商业而鄙视小商业,认为罗马帝国需要大商业,奴隶主应从事这种事业。不过古希腊、罗马上述这种轻商思想,大多是出身于贵族的思想家为维护大土地奴隶主利益的思想,它远没有形成为法定政策和统治思想。这是与古代中国不同的地方。

---

① 《马克思恩格斯全集》第46卷（上）,第478页。
② "能事本而禁末者富"（《商君书·壹言》）,"事末利及怠而贫者,举以为收孥"（《史记·商君列传》）。"计凡付ához,务本伤末则富"（《管子·幼官》）。"工商众则国贫"（《荀子·富国》）。"其商工之民修治苦窳之器,聚弗靡之财,蓄积待时而侔农夫之利……国之蠹也。"（《韩非子·五蠹》）。

关于这一点，在下一节还要讨论。下面来说古代中国和古希腊、罗马在农业生产思想上主要不同的地方。

第一，古希腊、罗马思想家都明确地指出，他们论述的农业经济是奴隶经济，他们是为奴隶经济辩护的。色诺芬在《经济论》中就管理财产的问题说，奴隶主的一项主要任务，是组织和监督奴隶劳动。他认为奴隶与牲畜没有什么区别。他说："对于奴隶来说，适用训练野兽的办法也同样是训练他们驯顺的很有效的方法。因为你只要用他们所渴望的食物填满他们的肚子，就能收到很大效果。"① 柏拉图在他为奴隶主贵族统治辩护的《理想国》中说，有些人是天生的能担任统治的人，有些人则是天生的做体力劳动，做奴隶。② 亚里士多德虽然不赞成他的老师柏拉图的"理想"，但也是为奴隶经济作辩护的。他说："世界上有些人天赋有自由的本性，另一些人则自然地成为奴隶。对于后者，奴役既属有益，而且也是正当的。"③ 老嘉图的《农业论》中讲到管理大农庄时，认为要把"老而病的奴隶卖掉。凡是过多的、陈旧的东西，都应卖掉。"④ 看，他们是何等赤裸裸地论述奴隶劳动。与此对比，中国先秦思想家则不见有这些言论。孔子把当时统治阶级称为"君子"，被统治阶级称为"民"或"小人"，说"君子喻于义，小人喻于利"。"樊迟请学稼，……请学为圃。……子曰，小人哉。""道之以政，齐之以刑，民免勉而无耻。（免于刑罚而无所羞愧）道之以德，齐之以礼，有耻且格。"（格，正也。）并说："宽则得众"，"泛爱众"⑤。墨子则主张打破富贵贫贱的界限，说"虽在农

---

① 色诺芬：《经济论》，商务印书馆，第44页。
② 柏拉图：《理想国》，商务印书馆，第2卷，第53页。
③ 亚里士多德：《政治学》，商务印书馆，第16页。
④ 见L. H. 韩讷《经济思想史》附录，1925年英文版，第80页。
⑤ 《论语》，"里仁"、"子路"、"为政"、"阳货"、"学而"。

与工肆之人，有能则举之，……故官无常贵，而民无终贱"①。孟子则把农民称为"野人"，说"无君子莫治野人，无野人莫养君子"②。在从春秋后期到战国时期的思想家的这些言论中，不见有把农业劳动者称为奴隶的言论。这并不是因为中国古籍中没有表达奴隶这种人的文字，事实上，奴隶这个词在古籍中是屡见不鲜的，不过不是用来指西周、春秋、战国时代的农民罢了。如《左传·襄公九年》（公元前564年）说："其庶人力于农穑，商工皂隶不知迁业。"又《左传·哀公二年》（公元前439年）说："克敌者，上大夫受县，下大夫受郡，士田十万，庶人工商遂，人臣隶圉免"。（这时商工地位已不同于前）以上记载都是把农民和奴隶加以区分的。当然，西周、春秋时期奴隶制论者对"民"、"小人"、"野人"等有不同的解释，但无论如何，孔子、墨子等思想家，没有像色诺芬、柏拉图、亚里士多德、老嘉图等人关于农业奴隶劳动的论述，则是十分明确的。经济思想是当时社会经济生活和生产关系与生产力的表述。孔子等人关于农业生产思想既无关于奴隶劳动的论述，那末他们的关于农业劳动者的思想（还有下面所述他们的其他经济思想）所表现的是什么一种社会生产关系呢？在这个问题上，把孔子等经济思想与古希腊、罗马思想家的经济思想加以对比，是颇有启发意义的。

第二，古希腊、罗马思想家的《经济论》或《农业论》，所论的主要是奴隶主对大农庄的管理，也涉及奴隶主对家务的管理，如教导妻子安排好家中财物，以增大其使用价值。因此，色诺芬最先用的"经济"一词，是"家务管理法"的意思。而他们所说的"家务管理法"，主要是大农庄管理法。重点是关于农业生产问

----
① 《墨子·尚贤上》。
② 《孟子·滕文公上》。

题。与此有所不同，中国古代思想家所讲的"重农"，主要讲的是以国家为主体的发展农业生产的政策。例如李悝相魏文侯，"尽地力之教"，中心思想是"善为国者，使民毋伤而农益劝"。商鞅在秦国变法，是实行"僇力本业"、"富国强兵"的政策。《管子·治国》篇的中心思想是"国富"，所以一再说"粟多则国富"。荀子有《富国》篇，他所说的"下富则上富"，"上下俱富"，中心思想也是在富国。韩非则说得更简括："富国以农，距敌恃卒。"所有这些论述，都是在于说明农业对于国家的富强是如何的重要，和国家应该采取什么政策来鼓励农业生产，而不是论述各农业生产单位的经营管理。《管子》有《地员》、《度地》篇，论述土壤、地势、水利与农林种植的关系。《吕氏春秋》有《上农》、《任地》、《辨土》、《审时》篇论述农业政策及土壤、天时、与劳动力对农业生产的重要性，而未从农家生产经营与收益上展开论述。唯一从小农经济组织和收益上论述的，是《管子》《乘马》篇对"均地分力"的论述，它指出"均地分力"，"分货"对农民"知时"、"殚民力""竭地利"、"不忘其功"有极端重要性，不过它亦未进一步加以阐述。

现在我们可以看看古希腊、罗马思想家对农庄管理的一些具体论述。色诺芬在《经济论》中说：

当人们耕种同样土地的时候，有些人弄得挺穷，说是种地害了他们，而另一些人却种得挺好，结果衣食丰足。这是不是财产管理的一部分？

当然是的。

当你已经使一个人知道必须小心谨慎地对待你所交给他的任务以后，……还是必得另外学习一些别的事情，才能有能力吗？

当然。他必须懂得应该做些什么事情，以及在什么时候和用什么方法去完成。

要使他希望你繁荣兴旺，……使他能管理他们的人，使他能按时按季地为你生产大量谷物。

要知道土壤的性能，能种什么作物，如何耕地，如何播种，如何翻土休耕，如何栽种果树等。①

以后罗马老嘉图的《农业论》也讲农庄管理法。他和色诺芬一样，讲农庄主视察农庄时，要查问：

管理人工作完成的情形如何，还有那些未完成，这一季中的工作进行得如何。酿酒和谷物种植的情形如何，各种农工的劳动情况如何，当有风暴时，要考虑下雨时应做的工作，如把罐子洗干净和安放好，把谷子收藏好，把粪肥移在适当的地方，做成粪堆，修理旧的并结好新的绳索，要奴隶们缝补他们自己的破衣服和帽子。当奴隶生病时，日常伙食不应再供给他们。当农庄主查问这些事以后，他应当再布置规定如何完成未完成的工作。他还应当查看管家的账目，包括货币收支，伙食账目，粮食供应，酒、油账目，什么已经出售，什么已经用掉，什么还有余剩，对于这些余剩，准备出售多少。他应把这些安排规定的事都记录下来。他还应查看牲畜，决定出售多少，如果价格合适，把多余的油、酒、粮食卖掉。并卖掉老牛、无用的牲畜、羊毛、皮革、旧车、旧铁器，以及老而病的奴隶。不管什么，只要是不必要的，都应卖掉。"一个农民应该出售，而不要买进，这是原则。"②

以上这些关于农庄管理的论述，是十分实际而具体的，也表明它主要是从奴隶主大农庄的利益出发来提出问题的，与古代中

---

① 《经济论》，商务印书馆版，第10页，第43页，第46页，第48—58页。
② 见 L. H. 韩讷《经济思想史》。

国思想家主要从国家和君主的富强出发来提出问题不同。这一个不同点，贯穿在中国和西方全部经济思想的发展中，值得我们深入研究。

（三）交换思想

商品交换、货币、市场、价格等，在古代中国和希腊都早已存在。但古代中国与古希腊商业发达的程度和工商业者在社会的地位不大相同，因而思想家、政治家在这一方面问题的论述上，亦各有其特点。这主要表现在下述两个问题。

第一，关于通过商品生产和交换以增殖财富的问题。亚里士多德把经济学分为两类，一是关于生产使用价值的经济，主要是农业和小工商业，属于"家务管理法"范围。他认为这种经济是合乎自然的，也是正当的。他并认为这种管理法也适用于政治家对于城邦的管理。他说："农庄主和政治家应该各自熟悉获得财产的这种自然技术"[1]，即用游牧、农作、渔捞、狩猎等手段以获得所必需的各种物品。另一种则是致富术，即"货币增殖术"，或简称"货殖术"。他说这种致富术与家务管理术不同，它"从事在货物交换之间，贩卖致富的方法则以寻求并积储金钱为主。它完全依靠金钱的权威；金钱是交易的要素也是交易的目的。还有另一点差别，由这种方式所获得的财富是没有限度的"[2]。他认为这一种致富术是不合乎自然的，并且是应当受到谴责的。至于高利贷，他认为更可憎。为了论证这种致富术的不自然性，他提出一物两种用途的论点。他说："我们所有的财物，每一种都可以有两种用途。……其一就是按照每一种财物的本分而作正当的使用，另一

---

[1] 亚里士多德，《政治学》商务印书馆版，第24页。

[2] 《政治学》，商务印书馆版，第27—28页。

则是不正当的使用。以鞋为例，同样是使用这双鞋，有的用来穿在脚上，有的则用来交易。"① 这种交易，就是用来增殖货币，它不是物品的固有的属性，因而不是自然的。他还从交换的历史发展，说明货殖术的产生和它的性质。他认为交换从物物交换开始，进而过渡到以货币为媒介的交换。物物交换及小商业属于获得使用价值的范围，仅是为了满足人们的自然欲望，是"家务经济"的扩展。至大商业则是以增殖货币为目的，与"家务经济"就不同了。亚里士多德对于交换经济的这种分析，具有深远的影响。一是它对于交换经济认识的深入，在经济思想史上第一次提出了物品两种用途的理论，成为以后关于商品具有两种不同属性的学说的先驱。二是从伦理观念谴责货殖术，认为"自然的"就是公正的，对欧洲中世纪公平价格学说有重要影响。可以说，亚里士多德关于货币增殖术的学说，既反映了希腊当时交换经济的发展，又对处于凌替中的奴隶制自然经济进行了辩护。但他对货币增殖的责难，并未对当时希腊城邦经济政策产生影响，相反，雅典的商业越来越向前发展，工商业奴隶主在社会中的地位越来越变得强大。这同中国古代重本抑末思想所起的作用是不同的。

　　第二，在交换经济的论述上，亦有各自的特色。中国古代思想家中论述交换经济，主要是后期墨家、孟子和《管子》。一般论定《墨经》是后期墨家的作品，约成于战国中前期。《墨经》中把交换经济中的一些现象，作了定义式的表述，如说"贾（价）宜则雠说在尽"。"贾尽者也，尽去其所以不售也"。② 墨家还对货币与粮食价格的对比，有所论述。他们把货币也看成商品，说"刀

----

① 《政治学》，商务印书馆版，第25页。
② 《墨子·经下·经说下》。

籴相为价,刀轻则籴不贵,刀重则籴不易"。① 就是说,货币和粮食的价格,是互为消长的。币轻,谷价虽高,并非贵。币贵,谷价虽低,并非贱。这是中国古代思想家对货币与商品等价关系所作的最早分析。虽然他们还没有明确货币具有一般等价物的作用,但已理解到用货币这种商品作为交换媒介时,货币本身的贵贱必然反映在反交换的商品价格上。墨家的这种论述,应该说,还是比较深入地表述了简单商品交换的情况的,只是他们对此没有作进一步的阐述。再看孟子关于商品交换的论述。当时思想家许行认为只要物品的长短、轻重、多寡、大小相同(大概也假定它们的质地相同),价格也应当相同。孟子反驳许行,认为他不知道只从外形上和单位数量上论定物品价格的高低,是不合乎交换经济实际的,是会把社会经济搞乱的。孟子说,"夫物之不齐,物之情也,或相倍蓰,或相什佰,或相千万,子比而同之,是乱天下也。巨屦与小屦同价,人岂为之哉?"② 这就是说,物品不但有长短、轻重、大小、多寡单位数量的不同,并且还有精粗美恶的不同。由于精粗美恶的不同,相同单位的物品,它的价格可以大不相同。孟子把这个道理讲得很透彻,虽然没有对"物之情"作进一步的阐述,但他提出了"物之不齐"是"物之情"这个命题,是具有非常发人深思的意义的。再说《管子》有《轻重》16篇,是专论商品、货币经济和政策的。虽然对于这16篇的写作时期,学者间意见不一,有谓写于战国时代,有谓写于西汉时代或甚至王莽时代,但可能各篇写作时期有前后的不同。如《国蓄》等篇可能写于战国后期,《轻重甲》等篇可能写于西汉时代。《国蓄》篇明确

---

① 《墨子·经下·经说下》。

② 《孟子·滕文公上》。(按:根据《孟子》所载,许行只说"屦大小同,则贾相若",并未说"巨屦小屦同贾"。)

地提出了货币具有作为交换媒介、贮藏、世界货币等职能。它说，"黄金刀币者，民之通施也"。它并进一步分析"谷"、"币"、"万物"三者之间的关系，提出了"币重而万物轻，币轻而万物重"，"谷重而万物轻，谷轻而万物重"，以及"谷独贵独贱"的命题。在政策上，它认为封建国家应运用这些关系，使国家经济权力稳操在君主之手，而不致为富商大贾所操纵。这是中国古代经济思想家关于商品货币关系思想的一个很重要的特点。这个特点在《管子·轻重篇》及汉武帝时桑弘羊推行的财政经济政策中，都表现得很突出。① 它对以后封建国家的财经政策，亦有很大的影响。

关于商品货币关系的分析和论述，在古希腊则另具特色。色诺芬认识到货币可以作为贮藏财富的手段，他注意货币问题，其目的在于使奴隶主获得具有使用价值的东西。他说，"当人们拥有足够的供住宅使用的家具时，他们不十分想添置更多的家具；可是谁也不会有多到不希望再多的白银；如果他们拥有的白银太多，他们就把它储藏起来，他们喜欢储藏白银不亚于他们喜欢使用白银。"② 更为著称的，是亚里士多德关于商品的价值交换形式和关于货币作为价值尺度的职能的分析。亚里士多德从商品交换中提出了商品的相等性问题。他说："还没有货币的时候，就已经有交换了。因为用五张床换一间屋，或者换五张床所值的货币，是没有区别的。"③ 这就是马克思在《资本论》中所表述的：

  5 张床＝1 间屋

---

① 关于《管子·经重篇》及桑弘羊的经济思想与政策思想，作者认为是"抑商"的，将另文论述。

② 《经济论》，《雅典的收入》，商务印书馆版，第 71 页。

③ 《伦理学》，见门罗《早期经济思想》，英文版，第 29 页。

无异于

5张床＝若干货币[1]

上式表明了各种商品的相等性，也提出了商品交换的价值形式问题。亚里士多德还进一步分析货币作为一般等价物的职能，说："一切物品都必须有一个价格，这样才会便于交换，因而才会便于交往。因此，货币就像尺度一样，使物品可以通约，从而使它们相等。因为没有交换，就没有交往，而没有相等，就不能有交换，没有可通约性，就没有相等。"[2] 这样，亚里士多德就从商品交换中，观察到商品之间的相等性，并且从货币作为商品交换的媒介作用，观察到货币成为各种商品可以通约的物，亦即作为一般等价物，作为商品的价值尺度。虽然亚里士多德受时代条件的限制，还不可能了解这个可通约物的实体，亦即物的相等性的实体。但这种观察和分析，已经表现了"亚里士多德在商品价值表现中发现了一种均等关系，这是他的天才的闪耀。"[3] 亚里士多德发现各种商品的相等性的学说，事实上是为商品交换的合理性提供论据。上面我们曾说到亚里士多德从伦理观念谴责货殖术，这里他又提出交换关系中的相等性学说，这就表现亚里士多德是一个从奴隶制自然经济向奴隶制商品经济过渡的思想家，他既为商品经济提供理论，而又没有完全摆脱用伦理观念来维护自然经济的传统思想。

（四）其他

除了以上所述关于哲学思想、生产和交换方面经济思想的共

---

[1] 《马克思恩格斯全集》第23卷，第74页。
[2] 《伦理学》，见门罗《早期经济思想》，英文版，第28页。
[3] 《马克思恩格斯全集》第23卷，第75页。

同点和不同点而外，其他方面还有不少既有共同性又有特殊性的思想。例如，在古代中国和古希腊、罗马，思想家一般都鄙视体力劳动，贱视直接生产劳动者，而把统治阶级视为天生具有才智的人。又如古代中国思想家墨子、孟子和古希腊思想家色诺芬、柏拉图都有关于社会分工的论述。又如关于代表被压迫群众和小生产者利益的思想，在中国有墨子的兼爱思想，在罗马有早期的基督教思想。又如反对奢侈、反对追求货币财富的思想，在罗马有西塞罗、塞涅卡等，在中国则有孔、孟等。分析比较这些思想的共同点和殊异点，对于全面地研究各自经济思想的特点，也是十分必要的。不过这里就不去细述了。

五 古代中国所特有的经济思想

古代中国有些经济思想与古希腊、罗马比较，表现得颇为特殊，在古希腊、罗马经济思想中不大见到或甚至见不到。这至少可以进行如下分析。

(一) 封建经济问题的理论分析

先秦思想家在封建经济问题的理论方面，提出了不少的有意义的理论命题和分析方法，虽然大多缺乏进一步的论证，但有一些是有分析、有论证的。在这方面，最值得注意的经济理论，是荀子提出的"欲多而物寡"的命题，并由此出发，对封建经济进行了理论分析。"欲多而物寡"这个命题，可以说是一切经济理论的出发点，属于经济理论的基本命题，它一直到现在还是成立的。荀子探讨社会产生争夺、乱、穷的根源，认为人们天生有很多欲望，而物质产品具有稀缺性，物质产品不能完全满足人们的欲望，（"欲多而物寡"，"物不能赡（欲）"。）于是造成人群间争夺以及乱和穷的问题。荀子还提出区别"欲"和"求"的概念，认为"欲"是不能完全满足的，"求"是可以得到满足的。"求"之所以能得到满足，是因为有封建等级差别制度。按照礼义规定了人群间的"度量分界"（先王"制礼义以分之，以养人之欲，给人之求"）。在这样的制度下，通过社会分工，发展物质生产，社会产品分配、再分配及流通，本来各个阶级的"欲多"，已被规定为有"度量分界"的需求，并且需求还可以加以节制。所以欲望虽不能完全满足，但需求却可以接近完全满足。（"欲虽不可去，求可节也。所欲虽不可尽，求者犹近尽"。）人们的欲望就不至于得不到物的供给，而物也不至于不能满足人们的欲望，欲望（需求）与物可以相互制约，并且可以保持增长。（"欲必不穷乎物，物必不屈于欲，两者相持而长"。）也就是说，供求可以得到平衡，并且随着生产的发展（我们知道，荀子是个生产发展的乐观派），可以提高人们的满足水平。（以上理论，见《荀子》中《性恶》、《礼论》、《正名》、《富国》等篇）从上述可知，荀子本着儒家思想，为古代中国封建等级制社会构造了一种完整的经济理论模式，既提出了根本性命题和用以进行分析的概念，又根据封建社会经济运行机制，结合生产、分配、流通诸方面，用抽象方法逻辑地展开对具体问题的论证，这可以说是古代世界经济理论罕见的高峰，是极可珍视的。

再举另一个经济理论分析的例子。《管子》中有一《侈靡》篇，它不是像一般古代思想家论述奢侈或节俭消费对于一个政权或个人生活所产生的后果，而把侈靡消费置于整个社会经济活动范围内来考察，论述侈靡消费对生产的反作用，以及由此而产生的工商业与农业的相互作用问题。《侈靡》篇的侈靡理论，首先是从社会的"化""变"（发展变化）提出来的。它说：

> 能摩故道新，莫定国家，然后化时乎？（能推陈出新，莫

定国家,才能随客观情况而变化吗?)

它又作了问答:

> 问曰,与时化若何?(答曰),莫善于侈靡。(问:怎样随着客观情况而变化呢?答:最好的办法是讲求侈靡消费。)

为什么讲求侈靡消费是最好的办法呢?它于是作了说明:

> 问:用之若何?(答道),巨瘗培,所以使贫民也。美垄墓,所以使文萌也。巨棺椁,所以起木工也。多衣衾,所以起女工也。故有次浮也,有差樊,有瘗藏,作此相食,然后民相利,守战之备合矣。(问:具体办法如何呢?答道:把坟圹挖得很大,使穷人有工作做。把墓地造得很堂皇,使工匠有工作做。把棺椁做得特别好,使木工有工作做。把殡殓衣被做得特别多,使女工有工作做。不但止此,还要有各种祭祀包裹,各种仪仗,各种埋葬品,用这些办法,贫民就可以有工作做而获得衣食,然后民众乐为上用,那末无论或战或守,都有准备了。)

这是用厚葬具体消费为例,来说明侈靡消费对于贫民就业以及对国家或守或战的作用。《侈靡》篇还进一步形象化地描绘了侈靡消费,并作出一般原则性的论述:

> 饮食者也,侈乐者也,民之所愿也。足其所欲,赡其所愿,则能用之耳。……故尝至味而,罢至乐而。雕卵然后瀹之,雕橑然后爨之……富者靡之,贫者为之,此百姓之怠生,百振而食,非特自为也,为之蓄货。(饮食是老百姓需要的,娱乐是老百姓想往的,满足老百姓的需要和想往,就能使用他们。……所以要吃最好吃的,玩最好玩的。鸡蛋要先画上彩色然后煮,木柴要先雕上花纹然后烧。……富人大量消费,穷人从而得到工作。这是老百姓生活的路子,通过贫富相济

而得食，老百姓不能单独做到，需要在上者蓄积财货。）

以上所说兴办侈靡工程，可以使贫民就业，亦即可以带动振兴工商业。《侈靡》篇还论述了工商业的振兴对于农业的影响，因为《侈靡》篇也是重视农业生产的。它有下面一段论述：

> 国贫而鄙富，美如朝市，国富而鄙贫，尽如暮市。市也者，劝也。劝者，所以起本事。而末事起，不（丕）侈，本事不得立。（城市无余藏，而乡村甚富足，则经济繁荣，犹如朝市那样熙熙攘攘。城市甚富足，而乡村无盖藏，则经济萧条，犹如暮市那样冷冷落落。市场的作用是促进，所谓促进，就是发展农业生产。但如果工商业发展起来，过度奢侈，农业生产就不能发展。）

以上所述可知，《侈靡》篇作者以侈靡消费为例，来论证"与时化变"这一重要命题，对侈靡消费如何能导致贫民就业和工商业振兴，以及工商业振兴对农业生产所起的促进作用，作了高度概括，并联系具体经济问题作了理论分析和说明，使人不能不联想到当代著名的凯恩斯就业学说。早在二千多年前的古代中国以粗线条形式出现，这无论如何也是古代经济理论方面的一朵奇葩。

我们还可以对经济分析方法举出一例。约与孔子同时的大军事家孙子（武），曾对晋国六卿政权存亡问题，分析其决定性的经济因素。在1973年山东临沂银雀山汉墓出土的孙子一篇《吴问》中，记载孙子回答吴王阖庐问晋国六卿孰先灭亡事。孙子说，他们孰存孰亡，将取决于两个因素，一个是亩制大小，一个是税率高低。六卿之中的范氏、中行氏亩制较智氏小，而亩税相等，将先亡。智氏亩制又较韩氏、魏氏小，而亩税相等，故智氏将继范氏、中行氏而亡。韩氏、魏氏亩制又较赵氏小，而亩税反高于赵氏，故韩氏、魏氏将继智氏而亡。独赵氏亩制最大，亩税最轻，故赵氏将为"固国，晋国归焉"。① 孙子是从农业生产的盛衰来看六卿政权的存亡。他认为农业生产的盛衰，决定于亩制大小与税率高低两个因素。如果六卿辖地亩税税率不变，而亩制不同，如范氏、中行氏辖地以 160 方步为一亩，韩氏、魏氏以 200 方步为一亩，赵氏以 240 方步为一亩，则各卿辖地农民因亩制大小不同，每亩收获亦不相同，纵然每亩税率相同，农民实际负担则大有差别，因而影响农民生产的积极性，结果亩制小的辖地的农业必然衰微，而亩制大的辖地的农业必然兴盛，以致造成各卿存亡先后的不同。孙子这个分析，运用了科学抽象方法，从农业生产盛衰中，舍去其他影响，找出两个决定性因素，也可以说是两个自变量，把六卿摆在同一位置上，按照两个自变量的变化情形，甲变量固定，乙变量为不同的改变，或者反是，或者两个自变量都为不同的改变，以考察六卿农业生产盛衰的不同。这个分析，是在假定其他条件相同的基础上，从决定性因素的改变，找出数量上的不同，把问题的说明提到一个非常确定和有数量依据的高度。这是一种经济定量分析方法，在古代世界思想家对问题的论证中是颇为罕见的。孙子对六卿存亡先后的分析和论断，基本上为历史发展所证实。孙子所提出的赵氏 240 方步的亩制，也成为后来商鞅在秦国变法改变亩制的范本（改秦亩为 240 方步）。

关于古代中国思想家在对封建经济问题理论分析方面所表现的特出之点，就提出以上几个例子以为说明。

（二）功利思想

一说起功利思想，人们知道西方有边沁的功利主义，那是 18 世纪资本主义社会的产物，所以可叫做资产阶级功利主义或功利

---

① 《孙子兵法·吴问》，银雀山汉墓竹简整理小组编，文物出版社出版。

思想。在西方，功利思想要往上溯，也可以追溯到古希腊的思想家伊壁鸠鲁（公元前324—前271年）。但伊壁鸠鲁的思想，是追求在口腹快乐之上的心灵上的恬静（与古代中国扬朱思想相近），与边沁的功利主义思想并不相同。边沁是把个人快乐与痛苦看做人类道德行为的主要动机，认为凡有利于个人的，就有利于社会。所谓善，便是快乐，所谓恶，便是痛苦。每个人总是追求他所认为的对自己的幸福，而立法者的职责则在于实现"最大多数人的最大幸福"。古代中国的功利思想，与伊壁鸠鲁的快乐主义和边沁的功利主义都不同。在古代中国，"利"指人们在生产和交换中谋取物质利益的活动，但也包括士人谋取官禄的活动。"功"指一种具体活动的成效和劳绩，"功利"则指在某一具体活动中所取得的功效和利益。这一思想，在西周和春秋时代，主要是受伦理规范"义"制约的。例如晋献公时（公元前676—前656年）大夫丕郑说："义以生利，利以丰民"。[①] 孔子说："不义而富且贵，于我如浮云"。[②] 孟子对梁惠王说："何必曰利，亦有仁义而已矣"[③]。这都说明，在春秋时代及儒家思想中，都非常重视伦理规范，要求人们的谋利活动不能违反伦理规范。亚里士多德的正义思想与此颇相近。但是到春秋战国之交，这种思想已经出现了对立面。墨家首先起而提倡"兼相爱，交相利"（有余力余财的人应该分助贫乏之人），把义与利的关系重新作了规定，说，"义，利也"[④]。到了战国时代，"利"的思想有了新的发展。首先商鞅，继而荀子，都认为求利是人的本性。商鞅说，"民之于利也，若水之于下

---

① 《国语·晋语》。
② 《论语·述而》。
③ 《孟子·梁惠王上》。
④ 《墨子·经上》。

也"①。荀子说,"今人之性,生而好利焉"②。根据这种认识,他们提出封建君主治理国家的办法。商鞅说:"明君之使其民也,使必尽力以规(通"窥")其功,。功立而富贵随之"。③ 意谓君主使用臣民的办法,是使臣民一定要能发挥自己的才力,由此以论定功绩,建立了功绩的人就能得到富贵。这是商鞅以战功大小和产粟多少作为赐爵授官准则的功利观念。这是中国经济思想史上最早提出的功利观念。以后荀子对这种观念有所阐述。如他说:"量地而立国,计利而畜民,度人力而授事,使民必胜事,事必出利"。④ 但商鞅和荀子都还没有把"功"和"利"结合起来成为一个概念。以后韩非不但提出了"功利"或"功用"这一概念,并且阐发了这一概念,可以说已经把它形成为一种学说——封建主义的功利学说。韩非对于人们的"自为"⑤ 和"计算之心"⑥,作了大量的论述,从一般的交换关系讲到父子关系和君民关系。他举的一些例子是很著名的,如他说田主为佣工备酒饭和付工钱,不是对佣工有何厚爱,而是希望他努力从事耕耘。佣工努力从事耕耘,亦非有爱于田主,而是希望得到美食和工钱。⑦ 这种"计算之心"应用于君臣、君民关系,则是"主卖官爵,臣卖智力","人主之听言也,不以功用为的,则说者多棘刺白马之说"。⑧ "民

① 《商君书·君臣》。
② 《荀子·性恶》。
③ 《商君书·错法》。
④ 《荀子·富国》。
⑤ 《韩非子·外储说左上》。
⑥ 同上《六反》。
⑦ 《韩非子·外储说左上》
⑧ 同上《难一》。

知诛罚之起于身也,故疾功利于业,而不受赐于君"①。韩非对父子关系中的"计算之心",还作了充分论述:

> 且父母之于子也,产男则相贺,产女则杀之。此俱出父母之怀衽,然男子受贺,女子杀之者,虑其后便,计之长利也。故父母之于子也,犹用计算之心以相待也,而况无父子之泽乎?②

如果把这一段言论孤立起来理解,好像韩非的思想已经突破了封建主义温情脉脉的伦理关系,而十分近乎资本主义金钱计算的关系。其实不然。商鞅、韩非的功利思想的实质,是君主要农民为封建国家生产、打仗,要官吏为君主效忠、立功。通过这种途径,人民和官吏可免得诛罚,并进而取得功利富贵。这是"用计算之心以相待"的根本出发点和归趋,其主体是封建国家和专制君主。这完全是专制主义的封建国家为巩固封建地主阶级政权的统治思想。这种思想事实上是一种奴役人民的思想,是封建主义超经济强制关系的表现。古代中国已经出现了强大的专制主义的封建国家,与之相应的,就有封建主义的功利思想以及富国思想和租赋思想。

(三) 租赋思想

"租"、"赋"、"税"三词,在我国春秋时代即已出现,并且三词常通用。《说文》:"税,租也","租,田赋也","赋,敛也"。最早,赋是臣属对最高统治者的贡纳,称贡赋,或指徭役的征发。《左传·昭公二十九年》(公元前513年)载:"遂赋晋国一鼓铁",这里的"赋"是指贡纳。《尚书·禹贡》说:"庶土交正(征),底

---

① 《韩非子·外储说左上》《难三》。
② 同上《六反》。

慎财赋，咸则三壤，成赋中邦"。这里的"赋"是指田赋。在春秋后期，赋已开始专作军赋解，并以"田"为征发军役和军需对象。所以在鲁哀公十一年（公元前484年）"季孙欲以田赋"时，孔子反对说："若子季孙欲其法也，则有周公之藉矣。"（韦注：藉田之法，周公所制也。）① 由于赋已演变而以"田"为征发对象，与租税的征收对象合而为一，所以到了战国时代，税与赋亦遂混同，称租赋，亦称赋税。同时，租税的形式亦经历了历史的发展。在西周以至春秋中叶时代，农民无偿地在贵族的土地上劳动，这种土地称为"公田"，农民这种劳动称为"藉"或"助"，"公田"的产品完全归贵族所有，这是农民对贵族所偿付的劳动地租。上面所说臣属对最高统治者缴纳贡赋，当然都是来自于农民在"公田"上的无偿劳动。以后"公田"消失了，农民完全在贵族授与的份地劳动，缴纳实物地租，于是有租税的名词出现。（《管子·大匡篇》）说："赋禄以粟，案田而税。二岁而税一，上年什取三，中年什取二，下年什取一，岁饥不税，岁饥驰而税。"《小匡篇》说："相地而衰征。"② 《左传·宣公十五年》说："初税亩"。这些都是关于农民由偿付劳动地租变为偿付实物地租的记载。再以后土地私有制不仅限于贵族，而扩及于一般地主，于是就产生了农民佃种地主土地，地租与地税判分为二的现象。这种租税，不管是通过耕种贵族所授的份地缴付，还是通过佃种地主的土地缴付，是以强制性为特征的。它不仅来源于直接生产者的剩余产品，并且常常侵及直接生产者的必要产品。这种租税是封建社会生产关系的表现，也是封建国家进行统治的物质基础。这种租税，当然只能在封建社会产生和发展。因为在奴隶社会，所有生产品全归奴隶

---

① 《国语·鲁语》；《左传·哀公十一年》。
② 同见《国语·齐语》。

主所有，不可能产生按产品征收几成的租税制度。也就是这个原因，在古希腊、罗马上述的思想家中，看不到他们有关于租赋问题的论述。而在古代中国则不同，可以说没有一个思想家在论述经济问题时而不论述租赋问题。《尚书·禹贡》有成书年代问题，我们可以从管仲说起。管仲治齐的政策之一，是"相地而衰征"。"征"就是征收租赋。既然要按土地肥瘠的不同而征收不同的租额，可知是征收产品的一部分，而非对产品的全部占有。不然，又何须作"衰征"的规定，全部占有已经解决了问题。这是春秋早期的思想。到了春秋晚期，老子、孔子、墨子亦有关于租赋的论述。《老子》说："民之饥，以其上食税之多"。① 孔子针对鲁国实行"以田赋"政策说："先王制土，藉田以力，而砥其远迩，赋里以入，而量其有无，任力以夫，而议其老幼。"他说，这里"周公之籍"，或"周公之典"，主张"敛从其薄"。② 这里可以注意的是，"籍田"、"任力"都是劳动地租和徭役的称谓，而"敛从其薄"则说明敛有厚薄的不同，孔子是主张"从薄"的。这里既有关于当时土地关系的反映，也有对于直接生产者的态度的表露。上引老子语，亦有同样思想。稍后，墨子对直接生产者缴纳地租的形式，已经有不同于孔子的反映，而他对直接生产者抱同情的态度更为明显。他说："以其常正（征），收其租税，则民费而不病。"③ 再到战国初期，李悝说："一夫挟五口，治田百亩，岁收亩一石半，为粟百五十石，除什一之税十五石，余百三十五石。"④ 在战国中期，孟子说："夏后氏五十而贡，殷人七十而助，周人百

---

① 《老子》75 章。
② 《国语·鲁语》，《左传·哀公十一年》。
③ 《墨子·辞过篇》。
④ 《汉书·食货志》。

亩而彻，其实皆什一也。""野九一而助，国中什一使自赋"。所说"助"，是劳动地租，"彻"则是实物地租。孟子又说："易其田畴，薄其税敛，民可使富也。"① 战国后期的荀子，则说："王者之法，……田野什一，……相地而衰征。"② 以上这些思想家的论述，可归纳为两点，其一，都提出了"征"、"赋"、"税"、"租"等的地租形式，其二，都强调了租税率的轻重问题。还值得特别提出的是，古代中国这种关于租税率轻重问题的思想，即薄税敛的思想，一直对后世产生很大的影响。与古希腊、罗马的经济思想比较，这不能不说是一种十分特出的思想。这种思想表明了什么问题呢？这只能是封建社会农民与封建主的土地关系的表述，而不是奴隶制生产关系的反映。如果说西周和春秋前期是奴隶制社会，则孔子所说的"周公之藉"、管仲所说的"相地而衰征"，就难以解释。这是古代中国经济思想与古希腊、罗马相比较的特出不同点，这个不同点也可以供研究古代中国社会问题的学者参考。

（四）富国思想

古希腊、罗马思想家论述财富的生产和增殖问题，主要是就大农庄和工商业者而言。色诺芬的《雅典的收入》一文，主要讨论增加雅典公民和城邦收入的方法，除土地资源而外，强调吸引外国商人，增加对外贸易和开采银矿的利益，"引导我们国家达到更为繁荣和更为富庶的境地"。③ 色诺芬所说也是一种富国思想，但其重点显然是在于富民。与此相比，古代中国的富国思想则以加强中央集权的封建国家财力为其特点。这种富国思想突出地表

---

① 《孟子·滕文公上·尽心上》。
② 《荀子·王制》。
③ 《经济论》，《雅典的收入》，商务印书馆版，第80页。

现在战国中期商鞅提出的"富国强兵"主张上,稍后荀子则写出了《富国》篇的专题著作。以后这种富国思想在思想界始终占有重要地位。其实,中国古代这种富国思想可以追溯得更早。《尚书·洪范》所说"八政,一曰食,二曰货",实际上就是这种富国思想的内容。《洪范》很可能是战国时期的作品,但其思想产生于周初。孔子曾提出"足食足兵"的主张。有若对哀公所说"百姓足,君孰与不足,百姓不足,君孰与足",当然也是孔子的思想。①稍后墨子也说:"今者王公大人为政于国家者,皆欲国家之富,人民之众,刑政之治。"②可见在春秋后期,思想家已提出富国问题。虽然这些富国思想尚未像后来形成一个政治纲领,但重点已表现为君国之富,与色诺芬所说有所不同。以后到了战国时代,中央集权的封建国家已在形成和发展中,因而商鞅、韩非提出了适应这种形势和需要的富国思想。他们所强调的是封建国家君主之富,这是最终目的,富民变成了富国的手段。所以商鞅说:"故治国者,其搏(专)力也,以富国强兵。"又说:"民不逃粟,野无荒草,则国富。"③韩非说:"富国以农,距敌恃卒。"④商、韩的富国论都是强调富国强兵的首要性,而为实现这个首要任务,他们提出了发展农业生产和抑制工商业的"重本抑末"政策。"重本"政策并不是重在富农,而是要农民生产更多粟帛,可以供应封建国家对内加强统治和对外进行战争的需要。"抑末"则在于牢牢地束缚农民于土地上,巩固封建土地关系。对于农民,商鞅明确地提出封建国家要实行"富者贫,贫者富"的政策,以及"赀粟而

---

① 《论语·颜渊》;《论语·子路》。
② 《墨子·尚贤》上、下;《墨子·尚同》中。
③ 《商君书·壹言》;《商君书·农战》。
④ 《韩非子·五蠹》。

税","出粟任官爵"①的政策。这些政策思想最足以说明商鞅、韩非的富国思想的实质,即这种富国思想的重点,在于加强封建国家君主的经济实力,而不是重在增殖农民自有的财富。

但商鞅毕竟是一个政治家,他虽然提出了富国强兵的政治纲领,还没有对富国问题作专题论述。是稍后的荀子,把富国理论化,写出专题《富国》篇,成为我国最早的专论经济问题著作之一。荀子《富国》篇的特点是:第一,兼取孔子与商鞅的富国思想而加以发展,即以孔子的"敛从其薄"的富民思想为基础,而以实现加强封建国家君主经济实力的富国为目的。第二,提出以"计利"为原则的财富生产。他说:"量地而立国,计利而畜民,度人力而受事,使民必胜事,事必出利,利足以生民,皆使衣食百用出入相掩,必时藏余,谓之称数。""使民夏不宛暍(暍 yè,宛暍,谓受暴热。),冬不冻寒,急不伤力,缓不后时,事成功立,上下俱富"。又说:"轻田野之税,……罕兴力役,无夺民时,如是则国富矣。"荀子也是主张发展农业生产和抑制工商业的。他说:"工商众则国贫",②但他提出了"计利而畜民","下上俱富"的原则,这是他的富国思想的特点。第三,封建国家的富国政策,不外采取课税方法,亦即封建国家财政政策。在这个问题上,《富国》篇有下面一段著名论述:

下贫则上贫,下富则上富。故田野县鄙者,财之本也,垣窌仓廪者,财之末也。百姓时和,事业得叙者,货之源也,等赋府库者,货之流也。故明主必谨养其和,节其流,开其源,而时斟酌焉,潢然使天下必有余,而上不忧不足,则上

---

① 《商君书·去彊》;《商君书·垦令》;《靳令》。《管子·国蓄》篇也有"故予之在君,夺之在君,贫之在君,富之在君"的论述。

② 《荀子·富国》

下俱富，交无所藏之，是知国计之极也。

这里所说的财富的"本"、"末"、"源"、"流"，后来成为封建国家财政政策的指导思想，也是荀子富国思想具有长远影响的方面。以先秦的《富国》政策与色诺芬的《雅典的收入》相比较，在"收入"本源上，也显然存在显著的差异。

古代中国的富国思想的特点，不但与古希腊、罗马经济思想比较而显示出来，若与自由资本主义时代的富国思想比较，则更为显著。后者是以个人的财富总和的增大为其立论依据，而古代中国的富国思想，如上所述，则以封建国家和君主为主体，以通过课征租税以及官营工商业方法所能蓄积财物多少为立论根据。

1980年2月完稿
1990年1月增改

中国古代经济思想对法国重农学派经济学说的影响问题的考释[*]

一 引言

近代史上法国重农学派经济学说与中国古代经济思想的关系一事，无疑是中外文化交流的一件大事，从研究经济思想史的角度来说，更值得重视。关于此事，中外文献多有记述。除重农学派自己的著述外，从本世纪 30 年代以来，比较系统的著作有李肇义著的《古代中国经济思想的四大学派及其对于重农学派学说形成的影响》一书①，有美国学者马弗列克著的《中国学术思想对于重农学派的影响》一文②，有唐庆增所著《中国经济思想史》中

---

* 原载《中国经济史研究》1989 年第 1 期，此文是作者在 1988 年 10 月 9 日华东地区外国经济学说研究会青岛年会上就此题的讲演。

① Ly Siou‐y, Les Grands Courants de la pensee economique chnoise dans L'Antiquite et leur Influence sur la Formation de la Doctrine physiocratique. 1936 年巴黎版。

② Maverick, L.A., Chinese Influence upon physiocrates, Economic History, vol. 3 no. 13. 1938。

《中国上古经济思想在西洋各国所产生的影响》一章③。但另一方面，很多老的或新的著名的经济学史著作在论述重农学派学说时，几乎无一语涉及此事。最早的法国布朗基（Blanqui, J.A.）所著《欧洲政治经济学史》（1837），以后法国基德与列士特（Gide, C.et Rist, C）合著的《经济学说史》（初版 1915，改订版 1948）。此书仅在《国家的职能》一节中，有"恐怕中国皇帝是重农学派理想的君主的最好代表"一语），美国韩讷（Haney, L.H.）所著的《经济思想史》（初版于 1911，改订版 1920），英国罗尔（Roll, E.）所著的《经济思想史》（初版于 1942，改订版 1974），以及国内出版的《经济学说史》或《经济思想史》都是如此。大概只有德国经济学家翁肯是个例外，他在所著《国民经济学史》中论述重农学派与中国学术思想的关系较多。④ 翁肯是《魁奈经济学及哲学著作集》的编者，大概他受魁奈思想的影响较深。为什么出现在论述重农学派经济学说上这种不协调的现象呢？这与理解重农学派学说的根源有关系，与理解重农学派接受中国学术思想的动机、目的和层次等有关系，也可能与史家所谓主题意识各有不同有关系。经济思想史也是一门历史，史家也会有不同的主题意识。不管如何，我觉得这是一个问题。这个问题就我所知，直到现在还没有正面的解说。我要说，中国古代学术思想在 17、18 世纪在法国的传播和它对法国重农学派经济学说产生某些影响是一个客观事实，有他们自己的著述可以复按。既然如此，就有必要究明中国古代经济思想如何和为何对法国重农学派经济学说产生影响。究明这些问题对于正确地理解中国古代经济思想有好处，对于全

---

③ 唐庆增，1936 年商务印书馆版。

④ Oncken, A., Geschichte der National Oekonomie, 第一卷，《亚当·斯密以前的时代》1920 年初版。

面地理解重农学派经济学说也有必要。本文之作，就是想在这些方面就所能查考的资料，做一点微薄的努力。

要清楚地说明这个问题，似应从两个方面来探讨，一是重农学派经济学说产生的国内根源，即当时法国政治经济的发展情况和欧洲学术思想的发展对于重农学派的影响；二是重农学派经济学说的产生所受国外思想的影响，即17、18世纪中国古代学术思想在法国的传播对它的影响。恐怕要从这两方面探讨清楚，才能全面地说明重农学派经济学说的产生和形成，由此才能论断中国古代经济思想对重农学派经济思想的影响是在哪些方面及属于何种性质和层次。我感到前人论述，对这两个方面每有畸轻畸重之处。例如上举唐庆增、李肇义及马弗列克论著中所述，几乎完全按照重农学派对中国古代文化以及政治经济制度极其赞美的态度来论述的，而未考察重农学派固有的学术思想，即未考察重农学派在接触中国学术思想之外，它所受本国社会历史文化的传统和发展的影响。另一方面，上举很多经济思想史论著，也有忽视中国古代学术思想对重农学派产生的影响的不足之处。这样，对于重农学派经济学说的论述，在其与中国古代经济思想的关系的问题上，就各有所偏。重农学派经济学说主要包括以下三个部分：（一）自然秩序思想，（二）重农观点，（三）经济分析。我们将按这几个部分来考察中国古代经济思想和它的关系，并先对中国古代学术思想在17、18世纪在法国的传播情况作一介绍，即说明重农学派接受的中国古代经济思想是什么。

二 中国学术思想在法国的传播

中国儒家思想早在公元 2 世纪时，就在古罗马有传说，[1] 不过这种传说究竟是点滴性的，以后长时期中没有在西方有何继续和影响。直到 13 世纪后期马可·波罗因游历史国，并以《旅行记》传世，欧洲人乃得知中国物产文化之盛[2]。但仿佛天外奇谈，大多半信半疑。以后中断了两百多年。到 16 世纪，随着葡萄牙、西班牙、荷兰殖民势力的东来，葡萄牙、意大利、西班牙等国的耶稣会教士陆续来到中国传教并输入欧洲文明，他们同时也学习中国经籍和了解物产资源向欧洲传播。法国传教士来中国晚于意、葡等国传教士，但他们在介绍中国历史文化方面做了更多的工作，改变了欧洲人过去对中国的怀疑态度，并对法国的学术思想产生了显著的影响。在这中间清朝皇帝康熙、乾隆从教士学习科学，法皇路易十四与路易十五爱好中国文物，中法帝王彼此相互赠送书籍及器物，亦起了重要作用。法国和中国的交往在 17 世纪下半叶才开始。在 1687 年，即康熙二十六年，法皇路易十四派了卫方济（Francious noel）、白晋（Bouvet）、刘应（Visdelou）等六名懂天文、数学的耶稣会传教士到中国。这些教士在中国一方面传授数学、天文、测算等西方知识，另一方面则学习中文，中国历史，地理，并到各地旅行，调查各地文物，写成大量日记、报告，寄

---

[1] 参看李约瑟：《中国科学文明史》第一卷（中译本）第三分册、第 341 页（"文明"原译"技术"）。

[2] 马可波罗在中国期间是 1275—1292 年，在此之前，1253 年，法王路易九世曾派遣修士吉尧姆·卢布鲁克（Gwilaume de Rubrouck）来华，住了四个多月，他写有旅行记传世，不过他的著作被埋没了三百多年，未产生任何影响。见张芝联：《中法文化交流》，载周一良主编《中外文化交流史》一书。

回法国。另外还翻译古代经籍以及文学作品。这些著述和翻译，大都先后在法国出版，在18世纪法国思想界掀起了一股崇尚中国文化的热潮。这些出版物中具有很大影响的，有从1702年至1776年陆续出版的《耶稣会海外教士书信集》，共34卷，其中第16卷至26卷是关于中国的；有《中国纪事》16卷（1776—1814年陆续出版），这些是根据传教士在北京记录的材料汇编而成的。关于中国古代经籍的译述，有传教士殷铎泽（Prosper Intercetta）和郭纳爵（Ignatius de Costa）在1662年及稍后译的《大学》、《中庸》和《论语》，柏应理（Philippus Couplet）在1687年著的《中国哲学家孔子》一书，此书在巴黎出版，内附殷、郭译《大学》、《中庸》和《论语》。至1711年，卫方济又在布拉格刊印所译《四书》、《孝经》译本及所著《中国哲学》一书（后在1783—1786在法国刊行）。此外，白晋在1706年著有《古今敬天鉴》一书，以中国经籍论证教理，并著有《易经大意》稿本。刘应著有《易经概况》，并译了《书经》和《礼记·郊特牲、祭法、祭义、祭统》。马若瑟（Jos—maria de Premare）对《书经》和《诗经》做了节译，并研究诗词文学，译了元曲《赵氏孤儿》，后来成为伏尔泰所撰《中国孤儿》一剧本的素材。雷孝思（Jean B. Regis）著《经籍概况》，并译了《易经》。宋君荣（Antonio Goubil）所译《书经》（1739），备受当时汉学家称道。此外他还译了《诗经》、《易经》。孙璋（P. de la Charme）亦系精通汉学者，他也译了《诗经》（1733），附有注解，为后代汉学家所称许。他还译《礼记》，著《性理真铨》一书。以上这些中国古籍的介绍，为西方人士打开了研究中国学术思想之门。但对当时法国思想界影响最大的，是杜赫德（Jeen du Halde）所编的《中华帝国志》一书，共6卷（1739年巴黎出版），内中包括历史、地理、物产，以及摘录上述卫方济、马若瑟、雷孝思等所译的经籍和著述。这部书和上述《耶稣会海外传教士书信集》以及《中国纪事》,一道成为18世纪西方有关中国知识最重要的材料,也是法国启蒙运动思想家们向往中国文明所依据的材料[①]。

上述中国学术思想在17、18世纪在法国的传播,可以说耶稣会教士是传播的主要媒介。虽然传教士的许多报告和译著由于宗教偏见及研究不够充分等原因,有时有简单化、粗略和失真的地方,但许多基本事实还是可以从这些报告的一致上得到确认。就传播中国学术思想来说,传教士只是起到传送的作用,至于传送以后所产生的影响,则要看中国文化对当时法国的政治经济状况和社会思潮起了什么作用。

在英国实行了政治制度革命(1649年)以后多年的时间里,法国仍然保持其封建专制统治。在政治和经济上居于支配地位的,仍然是僧侣和贵族。他们占有了绝大部分的土地和财产,也掌握了国家的政权。国王路易十四、路易十五则是他们的总头目。他们穷奢极侈,恣意行乐,对内肆意榨取,对外进行战争,造成民穷财尽,不断爆发农民和城市平民起义。这就导致了思想界反宗教蒙昧主义和反封建专制主义运动的兴起,这就是我们所熟知的法国启蒙运动。这里值得一述的,是约翰·劳建议"发行纸币致富"的政策,得到路易十五的采纳,结果不到四年于1720年彻底失败,引起国内大规模经济震荡,造成财富的重新分配,一些负债的贵族得以贬值的纸币清偿其债务,而众多的工商业者却因此受到很大的损失。至于地产所有者不但安然无损,地价反而大为

[①] 上述传教士译述中国经籍的记载,主要参考方豪著《十七、十八世纪来华西人对我国经籍之研究》一文,载《方豪文录》,1948年版;Ly Siou-y,上引书,下篇第一章《中国与西方的关系》;何兆武:《清代中学西渐及其思想影响》(打印稿),及《中国儒学思想与西欧的启蒙运动》,《文史知识》,1988年第6期;张芝联,上引文。

上升。人们改变了过去认为货币是财富的观念，认为土地是真正的财富，土地的产品是真正可靠的收入。这个巨大的冲击，在经济学说方面，直接导致了重农学派的产生。

17、18世纪法国的启蒙运动，是反抗中世纪社会制度和思想的延续，也是在思想和行动领域里人类理性的伸张。它在更广泛领域内传播新思想。那是一个自由和独立思考的时代。他们认为人类社会应有"正常的"、"自然的"、"合理的"秩序，而当时法国社会是与此径庭的。在这个运动中，思想家虽然有温和派和激进派的不同，但有一共同点，就是他们都是反对宗教蒙昧主义和封建专制主义，为第三等级登上历史舞台开辟道路。当时激进的思想家如卢梭，从原始社会人人平等、自由、没有私有财产论述开始，主张建立一个人人自由、平等的社会。狄德罗反对宗教和旧制度，号召对国王进行革命。伏尔泰也反对教权主义和专制制度，但他却主张开明专制。孟德斯鸠也反对宗教迷信，反对封建专制制度，却主张立宪政体。至于重农学派创始人魁奈，他虽是法王宫廷人物（他是法国路易十五和其宠姬庞巴多的御医），但他也参加狄德罗主编的《百科全书》出版活动，发表文章，主张开明专制，主张改革。在这种激流澎湃的新思潮运动中，对于忽然传来的外国文化，尤其是一个有悠久历史的文物昌盛的大帝国的文化，如同上面所说的传教士纷纷传回来的中华帝国的学术思想以及风俗物产等等，思想家无不对它产生浓厚的兴趣，无不按他们原来的思想体系作出反应。具体地说，当时法国思想家对传入的中国社会制度和学术思想，反应并不完全相同。例如卢梭和孟德斯鸠，都反对中华帝国的专制制度。而伏尔泰则大为赞美中华帝国的圣君贤相和道德观念，他说他的剧本《中国孤儿》就是"五幕儒家道德剧"。狄德罗和霍尔巴哈等，则常引用中国的道德和理性观念。至于魁奈，下面我们还要着重叙述，几乎全盘肯定中华帝国的文化，他被他的门徒波多神父誉为"欧洲的孔夫子"。还有当时久住巴黎的德国哲学家莱布尼茨，它论证了宋儒理学和基督教的神学并行不悖，主张欧洲文化与中国传统文化这两种伟大文化的结合，以促进整个人类的进步。这些事实，都说明中国古代学术思想对于当时法国思想界的巨大影响。这种影响作用是多方面的，本文只在考察它对于重农学派经济学说的影响作用。下面我们要略述重农学派的产生以及中国学术思想和它的关系。

重农学派的创始人魁奈，本来以医学为专业，他开始研究经济问题约在1753—1756年之间。约翰·劳纸币政策的垮台，直接激发他提出新的见解和政策主张①。他在狄德罗主编的《百科全书》上发表了《谷物论》和《农民论》（一译《租地农场主论》）两篇文章（1756—1757），次年发表了他的著名的著作《经济表》，旨在论证财富是由农业生产的，国家要鼓励农业的自由经营和农产品的自由流通，并主张国家实行单一的地租税。他主张开明专制，把中华帝国作为他在政治上和经济上倡导改革的范本。在《经济表》发表的九年之后，他又在《市民日志》上发表了题为《中国的专制制度》的论文。结合中华帝国的伦理观念和政治制度，全面地论述他的基本思想与政治经济学说。魁奈的周围有一批门徒和追随者，如老米拉波（Marquis de Mirabeau）、杜邦·德·奈穆尔（Dupont de Nemours）、利维埃（Mercier de la Riviere）、波多（Alli Baudeau）、特朗（le Trosne）等人，信奉魁奈的学术思想，并为其学说鼓吹。当时他们自称为"经济学家"，由此而形成一个地地道道的学派——一个共同的大师，一个团体，一个共同的哲学思想，一个共同的经济理论，一个共同的政治经济主张。

---

① 参看布朗基：《欧洲政治经济学史》，第32章。

"重农主义"（原意为"自然界的统治"）这一名词，即由其门徒杜邦·德·奈穆尔在所著书名《重农主义，或对人类最有利的政府组织要义》(1768)中首先提出。（当时他们并不喜欢重农主义这个名称，差不多废而不用，改用"经济学家"这个名称。只是后人认为"经济学家"不适于作为一个学派的名称，乃仍采用"重农主义"的名称。）这个学派还有一个重要人物叫杜尔哥，他的基本思想和政策主张与魁奈是一致的，并在任利莫日州（Limoges）州长和财政大臣时，极力制定和推行重农学派的经济政策。所不同的是，他没有参加这一派的团体活动，在经济理论方面，他也不受魁奈学说的拘束，而注意发展重农学派的理论。在他的著名著作《关于财富的形成和分配的考察》中，他抛弃了封建主义的外观，并提出了资本利息、工商业是生产者等的经济理论。对于这本著作，还可以说一说它与他重视中国文化的关系。在杜邦所编的《杜尔哥文集》中，此书有关于研究中国的 52 个问题的一节，其中属于人口、土地、农工商业、财富分配等共 30 个问题，属于造纸术、印刷术、纺织术有 15 个问题，属于自然史和其他方面的有 7 个问题。这些问题都提给两个中国青年人，要他们回国后进行调查，向法国政府提出报告。杜尔哥这本理论著作是这些问题的绪言，是为这两个青年人调查研究汇报这些问题提供基本概念和理论而作的[1]。这些问题和这本著作都是 1766 年他任利莫日州州长时写的，后来这本理论著作于 1776 年单独刊行。《杜尔哥文集》原注说，"这两个中国人，高与杨（Ko et Yang）是虔诚的修

---

[1] 参看李永霖：《经济学者杜尔克与中国两青年学者之关系》，《北京大学社会科学季刊》一卷一期，(1922)，这篇论文考证这两位青年在法国留学及回国后情形最详；陈岱孙主编：《政治经济学史》上册第 39 页注；Schumpeter, J. A. History of Ecouomic Analysis, P. 247. 关于这 52 个问题，已有中译本，见黎国彬等选择：《世界史资料丛刊初集——十七、十八世纪的欧洲大陆诸国》，商务印书馆版。

士，受耶稣会资送赴法进修，他们返回广州时，法国国王给他们一笔补助金，要他们经常报告有关中国学术和科学方面情况。杜尔哥给他们书籍和指示，《关于财富的形成和分配的考察》一书就是结合给他们的指示而写的"。① 此语与杜尔哥自己对此事的叙述相同。杜尔哥在 1774 年 5 月 5 日致其友开依阿德（Caillard）的信中说：我写这本书"原不是为了出版的目的，而是对于两个中国人提出的有关中国经济组织等问题所作的绪言，它是为他们回答这些问题具备一些基本概念而写的"②。于此，可见杜尔哥对中国文明是有浓厚兴趣的。

顺便说一说杜尔哥所说这"两个中国人"的情形。因为这是研究这一段中西文化交流史的人都很注意的。有关这两人的记载虽然不少，但一般都很简略，并不一致。如李肇义和马弗列克都仅说杜尔哥的《考察》一书是为指导两个中国青年人高和杨（Ko et Yang）了解问题而作，唐庆增则说："其时有华人二，从之讨论经济学。"③ 这些记载都是根据《杜尔哥文集》的附注，没有超出附注及上引杜尔哥信札所述。记载比较详细的，要数上引李永霖文及方豪所著《同治前欧洲留学史略》一文④。对于这两人的全名及生卒年一般文献均无记载，方文及李文则说这两人是杨德望（Etienne Yang 1733—1798）和高类思（Louis Ko（Kao）1733—1780）⑤。这两文都说，他们系受北京耶稣会派遣赴法学习，于乾隆 16 年（1751）成行，时年才 18 岁。他们起初在 La Fleche 公学

---

① 引自黎国彬等选译资料。参看上引李永霖文。
② 原载瑞宾努（Rebineau, L.）编《杜尔哥的经济理论与政绩》一书，转见李肇义，上引书。李永霖文亦引此信。
③ 俱见上引李肇义、马弗列克，唐庆增书文。
④ 此文初稿成于 1936 年，1948 年修订，见《方豪文录》，上智编辑馆版。
⑤ 中文名及生卒年，见方文、法文名见李文。

学法文、拉丁文、及初等科学知识。1759年入耶稣会受洗。后至大路易学院学神学。他们的学习成绩受到政府官员的赏识（两文所说官员姓名不一致，且不录），请政府给彼等年金继续在法研究化学与物理学，且作实验。他们于1765年回国[①]，计留法共14年。二文都未谈到他们曾从杜尔哥学经济学，但李文说他们回国时，"尚有杜尔哥所赠之《问题集》及《考察》多种书籍及什物"，估计彼等在法国后期，特别是在归国前一年，曾多次求教于杜尔哥。李文及方文还说，他们回国时曾受法国国王赠与的年金，要求他们时常通信，对于中国文学及科学予以解释。杜尔哥写的关于研究中国的52个问题及《考察》交给他们带回，也是想藉这两青年之力，对于中国经济状况得到有系统的报告。此外，法国耶稣会也对他们提出要求，责令他们对于中国历史、政治、军事、财政、法律、宗教、风俗习惯、人民生活等情况，经常寄回报告。根据李文所述，他们回国后，曾按耶稣会的要求，写了不少报告寄到法国，有的曾经发表，但两文无一语提到两人回国后如何传播杜尔哥的经济理论。据载，高早死，杨活到18世纪末[②]。从中法文化交流来看，这两人未起多少作用。一因他们都是青年，对中国古代学术思想还不是有素养的学者。二因他们与耶稣会有密切关系，后来成为耶稣教士，要为法国耶稣会和法国政府效劳。他们虽在法国学到了一些科学知识，也未能在国内起到传播西方科学知识的作用，连杜尔哥为他们写的经济理论，似乎也未受到他们的重视，更不用说在国内传播了。就我来看，如果要说这两

---

① 1765年回国说恐有误，因杜尔哥为他们回国调查所写的《问题》和《考察》是在1766年，他们回国期不能早于1766年。

② 说法不同。李文说高死于1780年，杨死于1787年，而方文则说高死于1790年，杨死于1798年。而黎国彬等译资料附注则云："杨早死，郭（高）一直活到19世纪初叶。"

位青年在当时起过什么作用的话，那就是在他们行将回国之际，促使杜尔哥想更进一步和更系统地了解中华帝国的经济和科技状况，因而拟定了好多问题，要他们调查报告，同时为了指导他们进行调查和撰写报告所需要具备的理论知识，特意写了一篇专文，即后来单独出版的《关于财富的形成和分配的考察》一书，成为经济学说发展史上的一本著名著作。这本书的经济理论虽然与中国学术思想无何关系，但可以说，它在1766年的写成，显然与他希望多了解中国经济情况和教导两个中国青年有关。对于这两位青年所能说的，根据现有材料，大概就是这么多了。

三 自然秩序论与天道论

魁奈本是一位有名的外科医生，他研究过化学、生理学、医学，并发表过有名的生理学论文《放血效果的观察》和《动物结构的物理论》，而蜚声于医学界。他专心研究经济问题和理论，约在他六十岁时。欧洲从16世纪以后，自然科学从神学中解放出来，以无畏的精神和巨大的步伐，在天体、物理、数学、化学、生物等各个领域，探索其运动规律，做出了很多伟大的成就。魁奈是生物科学的研究者，他对自然界的运动规律当然有深切的了解。另外，欧洲从古希腊，古罗马和中世纪以来，有一种自然法的观念，即认为人类在"人为法"之外有应遵守的共有权利和正义的规则，尽管在理解上随着时代而有所不同，在思想界一直占有重要地位，特别自17、18世纪以来，随着社会革命运动的澎湃发展，自然法的思想，经过哲学家霍布士、洛克、卢梭等崭新理论的传布，越来越成为当时反宗教蒙昧主义和反封建专制主义的主要思潮。作为法国启蒙运动的参加者和致志研究法国农村凋敝原因的魁奈，自然法的思想（重农主义者一般称为"自然秩序"）

就成为他的政治哲学，也成为重农主义整个学说的基础。他在1758年发表他的著名的经济分析的著作《经济表》以后，于1765年发表了《自然权利》一文，专门论述自然法的思想。二年后，他的门徒利维埃也出版了名为《自然秩序与政治社会要义》一书，而杜邦则在1768年所著《重农主义》一书中给"重农主义"一词下的定义为"自然秩序的科学"。由此亦可知自然法或自然秩序在重农主义理论体系中的地位。那么，自然法或自然秩序，就魁奈来说，究竟其意义如何呢？它与重农学派的经济学说是怎样的关系呢？对于第一个问题，我们最好引魁奈自己的著述来说明。魁奈在《自然权利》一文中说：

> 为了认识时间和空间的规律性，控制航海，保证贸易，必须正确地观察和计算天体运动的规律。同样，为了认识结合成社会的人的自然权利的范围，必须尽可能以作为最好统治基础的自然法为依据。这个人们必须服从的统治，对于结合成社会的人说，是最有利的自然秩序，同时也是实定法的秩序。
>
> 自然法可以是物理的，也可以是道德的。
>
> 这里所说的物理的规律，可以理解为明显地从对人类最有利的自然秩序所产生的一切物理事件的运行规则。
>
> 这里所说的道德的规律，可以理解为明显地适应对人类最有利的物理秩序所产生的一切人类道德行为的规律。
>
> 上面这两个规律结合在一起，就是所谓自然法(Loi Naturelle)。所有的人，以及一切人类的权力，都必须遵守这个由神所制定的最高规律。这些规律是坚定不移的，不可破坏的，而且一般说来是最优良的。[①]

[①] 引自吴斐丹、张草纫：《魁奈经济著作选集》，第304页。

魁奈关于自然法亦即自然秩序的上述论述,在他于1767年所著的《中国专制制度》一书第八章第一节《社会的基本规律》中,又差不多一字未变地重复了一遍①,认为中华帝国的政治制度和道德制度是基于这个基本规律而发展起来的,亦足见他对于这一理论的重视。

由上所述,可知魁奈认为人类社会同自然界一样,同样存在着永恒的客观规律,人类社会之必须遵从自然法或自然秩序,正如自然界之必须遵从自然规律一样。魁奈做过"动物结构"和血液循环的研究,他早熟悉自然规律的存在,对他来说,社会结构和动物结构一样可以从生理学的角度来看待。基德说:"从生理学跨到重农主义,这一步并不太大。无论如何,重农主义者对于社会各阶级相互依存以及他们最终依存于自然的观念,已经成功地表明了它的突出意义。我们差不多可以说,这个改变等同于一种道德科学改变为一种自然科学。"②不过重农主义者还认为自然法有它的特点,他们虽说自然法是不变的,永久的,但他们也说它"是自由遵守的,没有任何的强制性"③。如何遵守呢?这由人类理性所显示的人类本性来决定。魁奈认为,"自由"和财产所有权都是合乎人类理性的,也是自然秩序最为重要的内涵。他说,"人的本性是自由的,而且是有理性的"④。"人还必须依靠理性获得自己所必须的知识,并运用这些知识来正确地行动,和获得自己所必要的财货"。⑤魁奈一方面强调人们依靠理性、知识和自由选择各人认为对他最有利的事业的这种自然秩序,另一方面,主张废除

① 引自吴斐丹、张草纫:《魁奈经济著作选集》,第396页。
② 基德与列士特:《经济学说史》,1948年英文版,第27页。
③ 同上书,第402页。
④ 同上书,第299页。
⑤ 《魁奈经济著作选集》,第306页。

政府对工商业所施加的一切限制干涉,这是对过去法国柯尔培尔重商主义政策的声讨,事实上,是不自觉地提出了发展资本主义企业的要求。魁奈尚未从神权主义下解放出来,他说自然秩序是造物主制定的,人类理性体现了神的意志。魁奈也是封建贵族大地产利益的辩护者,他主张封建君主开明专制,认为这种君主制定的法律可以接近于自然法的要求。但这些只是他学说的外观,他的学说的实质是与启蒙运动高举理性主义的大旗一致的。可是"魁奈本人和他的最亲近的门生,都相信他们的封建招牌。"① 他们对中国儒家学说和中国专制制度抱有那么大的热忱和信念,也同样表明他们学说的封建主义外观。但是他们为什么要加上这另一层的封建外观呢?这不是出于魁奈对中华帝国简单的喜爱,或在学说上藉此来哗众取宠,而是由于在学术思想上对中国儒家天道和道德学说的理解。下面我们就来说明这个问题。

魁奈及其门徒都非汉学家,也没有到过中国,但他们对于16、17世纪耶稣会教士及旅行家从中国翻译过来的古代经籍以及关于中国历史地理文物的记载,非常感兴趣。特别是魁奈,他是以科学的眼光,来鉴别各种报告和记载的。他在《中国的专制制度》一书一开头就说:"在本书中我们完全遵循那些历史家和旅行家的叙述,他们大多数是亲闻目见的,并且由于他们的意见都一致,所以是完全可以相信的。"《中国的专制制度》一书内容共有八章:第一章,绪言(包括中国的起源、疆域和富饶、军事实力、及社会各阶级);第二章,中国的基本法(包括自然法、经书、教育、科举、财产所有权、农业、商业);第三章,实定法;第四章,租税;第五章,关于权力;第六章,行政、官吏、刑法;第七章,中国统治上的缺点;第八章,中国的法律同作为

---

① 《马克思恩格斯全集》第24卷,第399页。

一个繁荣政府的基础的自然原则相比较。由此可以看出他对中华帝国的了解是下过一番功夫的。例如他在第一章"中国的起源"一节中，就有力地批驳了有的东方学者认为中国的文字来源于古埃及之说。但就魁奈对中华帝国的认识来说，除了他受当时历史条件的限制（如受文献资料和传教士解释中国古代学术思想的限制）以外，魁奈本人崇奉神权和封建专制的政治哲学思想是起了决定作用的。我们现在先来谈谈他对中国古代儒家哲学思想的理解。

魁奈当时所接触到的文献，完全限于传教士翻译摘录的儒家经籍，如《书经》、《诗经》、《易经》、《大学》、《中庸》、《论语》、《孟子》、部分《礼记》，像《道德经》等道家著作，在魁奈生年尚未有译本。所以魁奈所接触到的中国哲学，可以说主要是以西周以来以孔子为中心的古代的儒家哲学。不过传教士所传播的儒学，是宋儒的理学，理学中已吸收了道家关于天道自然的学说，所以也不能排除魁奈所接受的儒家学说中有道家学说的成分。

中国经书《书经》、《诗经》、《礼记》中所表现的天命论哲学思想，都很突出，即如孔、孟的《四书》也包含有天命论思想。在这些经籍中，都认为"天"、"上帝"是有人格、有意志的神，是宇宙万物和人类的最高主宰。一切政治、经济制度和道德规范，都是"天"或"上帝"所制定的。"天子"是"天"或"上帝"命令他来根据上天所定的制度和规范来治理人民和教化人民的。上天所定的政治经济制度是什么呢？简括讲来，就是以血缘关系为纽带的等级制、分封制和世袭制。上天所定的人们行为规则和人生最高理想是什么呢？那就是关于上述道德规范的五伦（君臣有义，父子有亲，夫妇有别，长幼有序，朋友有信），统称之谓"礼"。天子或君主为了治理好他的臣民，照这些经书说，要"敬天保民"，或"敬德裕民"，就是要以"知、仁、勇"的德行，按照上天所制定的制度和规范行事，使民命能确保，民生能富裕。又天子或君主为了使人民知晓上天所制定的制度和规范（知"道"），使民遵从，在各层组织和地区设立学校、教育人民。中国经书所述这些天命论和德治论，颇与魁奈的政治哲学相吻合。即他认为中国哲学所述的"天"、"上帝"，就是他所说的造物主，而中国哲学中的"道"、"礼"、"道德"，就是他所说的自然法或自然秩序。而实际统治之所以有效，就是由于它符合并严格服从这些自然法。魁奈说："中国人崇拜的首要对象就是上帝，他们赞美它是万物的根源，在上帝的名字下，他们或说君主、或皇帝、或说天，意思是相同的"。[1] 他还说："中华帝国建立在科学和自然规则上的政治制度和道德制度，这种制度也就是科学和自然规律的发展结果。"魁奈也非常赞美中国古代的教育制度、荐贤制度和监察制度。他说："政府的第一个实际行动，应该是设立学校来学习这些方面的知识，除中国而外，所有的国家都没有重视这种作为统治工作基础的设施的必要性。""那里（中国）在学问的帮助之下，形成了国家的第一阶层，这些学问非常适合于通过理智的光辉来领导人民，使政府完全服从于那些确立社会制度基础的自然的和颠扑不破的规律。""依靠自由的检举——一个稳定而自信的政府的重要条件，政府的活动经常得到检查。"他最后总结说："这个服从自然秩序的疆土辽阔的帝国，不就是一个稳定而持久不变的政府的范例吗？"[2]

---

[1]　《中国的专制制度》第二章，第一节《自然法》，转引自李肇义，前引书第80页。

[2]　吴斐丹、张草纫：《魁奈经济著作选集》，第395—396，400，419—420，420页。

对于魁奈关于中国历史和专制制度的上述论述,到了现在,即使是儒家学派的信徒,恐怕也不会表示赞同。但是有一点值得指出,就是魁奈对中国历史的研究是极其严肃的,他企图找出这个帝国年代长久而繁荣不息的终极原因和规律。在魁奈生活的18世纪时,中华帝国的繁荣富强,还是居世界各国前列。魁奈大概认为他所指出的上天制定的自然秩序,以及以儒家学说为指导的统治者和人民遵守自然秩序所做的努力,会使中华帝国继续在全世界领先向前发展。魁奈企图找出导致中华帝国长久繁荣不息的规律,但历史条件的限制和他对封建专制主义的信仰,使他看不到深藏在中国封建政治制度和道德制度里面那些限制个人自由,扼杀创新活动,以及抑制工商业发展等阻碍社会发展的因素。魁奈在《中国的专制制度》这本书中很着重地说:"上帝的法制是通过由教育和对自然的研究而获得的智慧之光向人们显示出来的,除了由智慧自由发挥作用以外,自然界不容许有别的规律。"[1]魁奈这些话显然是说中国封建专制制度容许由智慧自由之光发挥其作用,但实际情形正好相反。魁奈所美称的中华帝国的长久繁荣稳定,不正是现在历史学家所从事探讨的中国封建社会的长期停滞的问题吗?我们不能责备魁奈,因为他提出由智慧自由发挥作用,即由理性选择所表明的自然秩序是人类社会所遵守的最好秩序,是18世纪欧洲大陆继英国以后反教权主义和反专制主义的强大思想武器,法国在此思想指导之下,获得了革命的胜利,跨进了一个新的时代,而中华帝国则未能并驾齐驱。这是由于中华帝国的宗法封建官僚制度束缚过重,智慧自由之光难以冲破所致,这大概也是魁奈所未预料到的。

---

[1] 吴斐丹、张草纫:《魁奈经济著作选集》,第404页。

四 重农观点和重农学派经济学说新体系

欧洲思想家的重视农业,不自重农学派始。古希腊、古罗马,中世纪都有不少重农的思想家,如色诺芬,西赛罗、瓦罗,中世纪神学家等都是。重农学派的特异之处,在于(一)它是在重商主义发展之后,又提出了重农观点;(二)它以古代中国的重农思想相标榜。现在要究明的问题是,重农学派的重农观点与古代中国的重农思想有哪些相同之处,中国重农思想对重农学派重农观点的形成起了何种作用,以及如何看待重农学派提出的新的经济科学体系。

显然,从魁奈著作中可以看到有些基本论点是与中国古代经济思想相同的。第一,关于财富的本源和性质问题,中国的古籍多番提出农业是财富的本源,如《书经》说:"八政、一曰食"。孔子对子贡问政的答复说,首先要"足食"。《大学》说:"有土此有财,有财此有用。"(这些古籍是魁奈当时能够见得到的译本。传教士可能还介绍其他古籍中关于农业的论述,如《国语》中虢文公谏周宣王说:"夫民之大事在农,上帝之粢盛于是乎出,民之蕃庶于是乎生,事之供给于是乎在,和协辑睦于是乎兴,财用蕃殖于是乎始,敦庞纯固于是乎成",以及《商君书》的农战论等,他也可能读到。)这些简略的文句,已经说明了中国古代思想家认为农业是财富生产的唯一来源,并且他们对于财富内容的理解,主要是食物及衣着原料,其性质,则是使用价值。在这一点上,魁奈有相同的观点。他在《农业国经济统治的一般准则·第三准则》中说:"土地是财富的唯一源泉,只有农业能够增加财富。"[①]

[①] 《魁奈经济著作选集》,第333页。

在《赋税论》中说:"只有土地的产品才是原始的,纯粹得到的,经常在更新的财富,人们可以用它来支付他们购买的一切物品。"① 在《中国的专制制度》中说:"只有农业才是满足人们需要的财富来源,只有农业才能创立保卫财富所必要的武装力量。"② 魁奈关于财富的来源以及其使用价值的论述,可以说与中国古代经济思想完全相同,而上面最后引文"农业才能创立保卫财富必要的武装力量",则颇符合商鞅的"农战"和"富国强兵"思想。其次,关于农业是"足民""富国"的保证问题,魁奈观点与中国古代经济思想亦是一致的。《书经》说,"若农服田力穑,乃亦有秋。"《大学》说:"生财有大道,生之者众,食之者寡,为之者疾,用之者舒,则财恒足矣。"《论语》中记载孔子弟子有若说:"百姓足,君孰与不足?百姓不足,君孰与足?"后一论述,学者们往往以之与魁奈在其著名的《经济表》上的题词:"农民穷困则政府穷困,政府穷困则国君穷困"③ 相比拟。另外,魁奈在《一般准则》中的《准则第一》中还说:"农业国的管理秩序能使所有私人利益都集中在一个主要目的上,就是必须使作为国家和所有人民的一切财富的源泉的农业繁荣起来。"④ 在《中国的专制制度》中说:"农业的成就愈大,就能保证君主和土地所有者的收入愈多。"⑤ 这些引文充分表明魁奈和中国古代经济思想都一致认为人民和君国的富足只有靠发展农业。从上述论点必然得出另一个论点,就是构成国家收入的租税,只应向生产财富的农业征收,或用魁奈的

---

① 《魁奈经济著作选集》,第 177 页。
② 同上书,第 408 页。
③ 布朗基说,这个题词是写在凡尔赛宫印制的《经济表》最初校样上的。见所著《欧洲政治经济学史》(英译本)第 356 页。现今的多版《经济表》未见此语。
④ 《魁奈经济著作选集》,第 332 页。
⑤ 同上书,第 414 页。

用语说得更明确些，只应向土地所有者的收入征收，只应向农业生产的"纯产品"征收，而不应向不生产财富的工商业征收。在这个问题上，中国古代经济思想与魁奈的论点，在原始的意义上也是相同的。我们说在原始的意义上，是因为魁奈对这个意义还有进一步的科学分析。中国古籍《书经·禹贡》说："任土作贡"，是说按土地的肥瘠制定贡赋的差等。《周礼》规定，"以九赋敛财贿"，是按不同地带制定不同的赋税。《国语·齐语》载管仲制定"相地而衰征"的政策，即按土地的肥瘠等次征课租税。孔子、孟子都主张九分之一的劳役地租（"先王制土，籍田以力"，"野九一而助"，"治地莫善于助"），和十分之一的实物地租（"盍彻乎"，"国中什一使自赋"），并都主张薄赋敛（"敛从其薄，""薄其税敛"）。对于工商税，孟子则明白主张不征税（"关，讥而不征"，"市，廛而不征"）。与此相对照，魁奈在《赋税论》中说："从土地取得的盈利扣除了一切支出以后，所余的产品就是构成国家收入的每年创造的财富"，"税是从这些财富中征取的。"他并提出"应当把整个征税制度建立在对土地征税的基础上"①。他又在《一般准则·准则第五》中说："租税应该对土地的纯产品征课。租税不应过重到破坏的程度，应当和国民收入的数额保持均衡，必须随收入的增加而增加。"② 他在《中国的专制制度》中说得更为完整透彻，他说，"国家所需的赋税总额不可能是别的，只不过是它从土地所有者的土地的年产品中分得的一个部分，赋税也不可能是别的，只不过是土地所有者的土地产品的一个部分，扣除花在作物上的劳动支出以及其他支出而剩余的产品的一个部分，从收获的产量中除去这些支出所得的多余产品，就是纯产品，它构成

---

① 《魁奈经济著作选集》，第176—177页，第185页。
② 同上书，第333页。

国家的收入和土地所有者的收入。"① 魁奈从以上分析，认为不应当对工商业征税。他说："应当把从土地上生产财富的人们的劳动同在工厂里制造各种制造品的工人的劳动加以区别。""前者能生产盈利，后者生产的制造品，其价值仅能与所花的支出相等。"②他说："不论商人还是手工业者都不应纳税，只有土地所有者才纳税。"③ 魁奈认为工商业劳动不创造价值，而只起对原先创造的财富的加工和流通作用之说，使他又提出一个新的论点，即工商业者是不生产的阶级。他并把全社会成员分成三个阶级，一是从事农业的资本家和工人，是生产阶级；二是取得农业纯产品的土地所有者阶级，包括地主、国君、教会、官吏等；三是从事工商业的资本家和工人，是不生产阶级。魁奈对全社会成员的这种分析，与中国古代的贱工商和抑工商思想有某些类同之处。中国先秦时期工商业不发达，思想家认为社会只有两大阶级，即"君子"与"小人"，或"劳心者"与"劳力者"；"君子"或"劳心者"，是指国君、领主、官吏靠租税生活的统治阶级，"小人"或"劳力者"，主要指"力于农穑"的农民阶级。对于工商，则视同"皂隶"（《左传·襄公九年》称"商工皂隶"），或认为他们"功庸（用）少"和"无大绩（功绩）于民"，（《国语·晋语八》）。后来韩非对工商的作用作了较为具体的说明，他说："其商工之民，修治苦窳之器（谓粗恶之器），聚弗靡之财，蓄积待时，而侔农夫之利。"（《五蠹篇》）总之，在先秦以至在整个中国封建社会的统治思想，认为工商业者远不若男耕女织的重要，认为他们主要是耕织产品的消耗者。不能说工商业者没有通财制器的作用，但因自然经济

---

① 《魁奈经济著作选择集》，第 411 页。
② 同上书，第 189—190 页，第 177 页。
③ 同上书，第 184 页，注①。

处于主要地位，认为他们的作用是微末的，他们的社会地位是微贱的。魁奈处于18世纪的法国，当时工商业的发达程度，远非中国先秦时代可比，因之，他对于工商业阶级"不生产"的分析，也和中国古代思想家不同，他肯定工商业对农产品原料加工以及农产品与工业品流通的必要性，只是否定工商业阶级如同从事农业的阶级之能生产"纯产品"。他主张对商品流通予以一切便利，取消各种限制，并不对工商业者征税。他在《一般准则·准则第十七》中说："要修复道路，畅通运河和江海的航行，以便利产品和手工业品的贩卖和运送。"这是他从表面上贬低工商阶级、说它是不生产的，而事实上则为它大开方便之门，鼓励它活动，与中国古代经济思想从表及里都贯彻限制压抑工商业的发展是不同的。

上面我们列举了魁奈重农学派的重农观点与中国古代重农思想相同之处，也在对工商业阶级观点上，指出二者有相同处和不同处，而相同处只是表相，实质上是不同的。在这里我们要指出，不但在对工商业阶级的观点是如此，上面所述重农学派整个重农观点与中国古代重农思想的相同，也都只是表面的，从思想理论的体系和实质来说，二者是不同的。根本不同之处，在于魁奈的理论体系是基于商品经济和资本家生产方式，而中国古代经济思想是基于自然经济和纯封建制度的生产方式。魁奈的重农观点，虽然具有封建主义的外观，但正如马克思所指出："在实际上，重农主义体系是对资本主义生产的第一个系统的理解"。[1] 它所说的农场经营，是按资本主义生产方式经营，耕作者是雇佣工人，租地经营者是农业资本家，"纯产品"是扣除不变资本与可变资本消耗后的剩余产品。农业生产经营的动机是为了获取更多的剩余产品。农业被视为唯一生产剩余产品的部门。这剩余产品为土地所

---

[1] 《马克思恩格斯全集》第24卷，第399页，人民出版社版。

有者所占有。但土地所有者也需要工业品，他们用一部分农业剩余产品与工业品相交换，而农业经营者如更新再生产所必须的固定设备，也需要工业品，他们以所生产的原料与工业产品相交换。这样，农业生产阶级除以其产品留作自己的生活资料而外，以所生产的"纯产品"交纳地租，这纯产品成为养活地主阶级的生活资料，而手工业者则用农业阶级所生产的原料加工成为工业品，以其半数与地主阶级所取得的半数纯产品生活资料相交换，以其他半数与农业阶级所生产的原料相交换，这部分工业品就成为农业再生产的生产资料，交换所取得的原料就成为手工业加工为工业品的原料。魁奈就是从上述理论体系，作出了著名的《经济表》，成为对于全社会产品生产及其在各个阶级之间分配、流通和再生产过程的最早而具有数学形式的理论分析。需要指出的是，魁奈虽说工商业者是不生产剩余产品的阶级，是依靠农产品工业原料加工的阶级，并且是依靠以工业品换得农业品生活资料为生的阶级，但他们通过原料加工，一方面供应地主阶级等所需要的工业品，另方面则供应农业再生产的固定生产资料，同时完成了对剩余农产品、工业原料及工业品的流通的职能。显然，魁奈是在论述交换经济，工商业者在魁奈的再生产理论体系中是一个不可缺少的阶级。这个阶级，后来在杜尔哥的理论体系里，也同样被赋予了生产剩余产品的职能，这就完全揭开了这个理论体系资本主义生产方式的面纱。由此可见，以魁奈的这一理论体系与中国古代重农思想相对照，则相同处仅仅是财富源泉及租税征课对象（有多余的农产品可供征课，但没有"剩余生产品"的概念和理论）两点，至于这财富的生产方式、剩余产品生产的分析、工业原料和工业品的流通，以及全社会产品周而复始的再生产的一系列的理论分析，则因中国古代经济思想是在根本不存在租地资本家及商品经济背景下产生的，所以都付缺如。不过话又说回来，魁奈对农业社会再生产的理论分析，恰恰可以有助于揭示自然经济条件下中国重农多粟思想的更多内涵。

五 影响问题

在弄清了中国古代文化在法国的传播和中国古代政治哲学及重农思想与重农学派学说思想的关系之后，关于中国古代文化中重农思想对于法国重农学派经济学说影响的问题，就比较容易讨论了。

显然，法国重农学派创始人魁奈的自然秩序思想和重农观点形成的渊源，应溯自古希腊经过中世纪以来发展的欧洲学术思想而绝非主要由于接受中国古代学术思想的结果。自然法的思想，在欧洲有长远传统，古希腊的斯多噶学派、古罗马的法学者、欧洲中世纪的神学家和欧洲近代哲学家都有此学说，魁奈的带有神学思想的自然秩序思想，有谓其直接来自中世纪神学家阿奎那的自然法学说[①]，不能说没有道理。所以他仅是借中国古代天道论来论证和宣扬他的自然秩序论，而不是他的自然秩序论源自中国的天道论。又如重农观点，在整个欧洲古代和中世纪，农业生产也是受到重视的，在魁奈生活的时代，法国的农业仍然是国民经济的主要部门。魁奈在《经济表的分析》一文文前题词，即用古希腊色诺芬所引苏格拉底关于农业的一段话："农业繁荣，其他一切技艺也都兴旺，一旦土地荒芜下来，无论从事水上工作或陆地上工作都将处于垂危的境地。"[②] 魁奈有一文题为《苏理氏王国经济精华》，他的《农业国经济统治的一般准则》是以苏理氏献给国王

---

① 熊彼特：《经济分析史》（英文版）第228页。
② 《魁奈经济著作选集》，第308页。

的准则为典范写成的。① 这所说的"苏理氏"（Sully, Maximilien de Bethune, Duc de），原是十五世纪末至十六世纪初法国国王亨利第四时期的重要理财大臣，他是重视农业的，他有一句名言，"耕作和畜牧是国家的乳房"（亦即财富的源泉）（"Tillage and Pasturage are the breast of the state"）。从这两件事来看，可知魁奈的重农观点有它自己的形成过程，它也非源自中国古代的重农观点，而是认为中国的重农观点与他的观点颇为契合。此外，关于从生产过程对"纯产品"（剩余产品）的分析和对社会总产品流通与对再生产过程的分析，不但中国古代经济思想没有涉及，并且在欧洲经济学说史上也是匠心独具，对"真正的现代经济科学"的开创作出重大的科学贡献。

那么，中国古代学术思想对重农学派学说思想究竟具有什么影响呢？从上面所说可知，它的影响应从重农学派固有的学术思想与外来的学术思想的融合去理解。重农学派经济学说虽然产生于中国古代学术思想在法国广泛传播以后，并且自魁奈以下的重农主义者对中国古代学说思想都极为推崇，但不能因此就得出重农学派经济学说是受中国学说思想的影响而产生的结论，其理由已具述如上。但也不能由此得结论，说中国古代学术思想对法国重农学派经济学说的形成毫无影响。学术思想传播的影响，有不同类型，有不同层次，这是一个专门问题，不属于本文讨论的范围。② 就本文所讨论的影响问题来说，恐怕属于外观相同而实质相异的两种思想的汇合而产生的一种激发作用。谁也不能否认魁奈对于古代中国学术思想和政治经济制度的赞美，不能否认由于古

---

① 《魁奈经济著作选集》，第331页注。

② Kroeber, A. L., Chatley, H. 等学者对文化传播的不同类型有专门研究，参看李约瑟《中国科学文明史》第一卷，第七章（8）"激发传播"节。

代中国学术思想和政治经济制度同魁奈的基本思想有某些相同之处，因而对他的学说思想产生了某种推动力量，为他的学说思想提供了有力的论证，尽管他对于古代中国学术思想和政治经济制度所作的论述、至少对于近代文明来说，完全是幻想性的。魁奈自己所倡导的封建君主开明专制主义，是与法国当时反对封建专制主义的时代精神相悖的。他所高举的重农主义的旗帜，已为当时法国工商业的发展和他自己所主张的商品流通与自由放任主义理论体系所否定。事实上，"重农主义"（Physiocracy）一词，在1750年以前尚不存在。由于魁奈与法王路易十五宫廷的关系，从1750年到1770年期间，差不多整个巴黎都在谈论它，尤其凡尔赛宫是如此。但到了1780年（法王路易十五与魁奈俱于1774年逝世）时，除了职业经济学家而外，实际上已无人再谈论它了[1]。由此亦可知，魁奈所赞美的古代中国宗法封建官僚制度下的学术思想，以及他自己所信奉的开明专制主义和农业是财富唯一源泉的思想，都是违反近代文明潮流的昙花一现的思想，随着第三等级的兴起，自由、平等、博爱学说取得决定性的胜利，魁奈的学说很快被抛弃了。这就是古代中国学术思想与重农学派学说关系的结局。儒家经济思想是农业社会自然经济和宗法封建官僚制度的产物，它不同于商品经济和自由民主制度的思想体系。它同魁奈的理论实质无何联系。魁奈赞美的儒家思想，恰恰与他的理论体系的外观相符合，而他的理论体系的外观已早被历史的进步所抛弃了。

1988年8月17日完稿，10月31日定稿

---

[1] 熊彼特：《经济分析史》（英文版），第228页。

我国先秦时代租赋思想的探讨[*]

一　导言

租赋思想是我国古代最重要和最特出的经济思想之一。不论是最早的和最重要的典籍，如《尚书》、《周礼》、《左传》、《管子》等，无一无关于租赋问题的论述。并且，不但在先秦时代如此，在以后整个封建社会各个历史时代，它在经济思想中也无不占有重要的地位。要问为什么它占有如此重要而特出的地位，回答是很清楚的，就是在古代，农业是最重要的生产部门，土地是农业生产的基本生产资料，在有国家组织和土地为贵族领主私有的条件下，就产生了地租和赋税的问题，并且成为古代社会生产和分配头等重要的问题。存在决定意识。既然租赋问题是古代社会生产和分配头等重要的问题，它成为那个时代的特出的经济思想，也就毫不奇怪。我们看一看所有中国经济思想史的著作，其中都

---

[*] 原载《中国经济思想史论》，中国社会科学院经济研究所中国经济思想史组编，人民出版社1985年。

有关于租赋思想的章节，也就说明了这个问题。最早一部中国经济思想史的著作是陈焕章的《孔子及儒家的经济学说》①（1911年），其中有关于土地制度——井田制及租税制度与思想的论述。日人田崎仁义著的《中国古代经济思想及制度》②（1924年），对于《禹贡》和《周礼》的田制和税制也有论述。以后甘乃光的《先秦经济思想史》（1926年）有关于孟子从井田制和保民政策到租税思想及关于管子财政原理的论述。再以后唐庆增的《中国经济思想史》卷上（1936年），有关于《周礼》、孔子、孟子、荀子、管仲、商君的财政思想的论述。新中国成立以后，胡寄窗同志所著的《中国经济思想史》上（1962年），对《周礼》、《禹贡》、《管子》与孔子、墨子、孟轲、商鞅、荀况、韩非的财政思想、政策以及井田制作了论述。最近陈绍闻、叶世昌同志等在所著《中国经济思想简史》上册（1978年）亦对孟轲的赋税论、《管子》的正地论和薄税敛论、荀况的开源节流论作了论述。此外，史学家在讨论中国古代社会经济关系的发展变化时，很着重分析和论述土地关系的社会性质和租赋的形式。例如范文澜认为西周的"助"法，是借民之力以治"公田"，是劳役地租形式，而"彻"法或"税"，是实物地租形式③。郭沫若主编的《中国史稿》，则认为"公田就是周王分赐给诸侯和百官的井田"，井田"是借助（强迫）民力耕耘，所以称为藉田"④。按这种论述，在"藉田"制之下，当然就不存在地租。除此而外，最近还发表了不少关于我

---

① 此是英文本：Chen Huen-Chang, Economic Principles of Confucius and his School（有译为《孔门理财学》）。

② 此书有王学文的中文译本，商务印书馆，1936年。

③ 《中国通史简编》第一编第45页。

④ 《中国史稿》第一册，第245、247页。

国古代租赋问题的专题研究文章①。从以上这些论述可以看到，一方面租赋思想确是非常重要的经济思想，另一方面这些论述也提出了对我国古代租赋思想如何进行研究的问题。可以认为我国古代租赋思想的研究，总的是要研究它的产生和发展，分言之，是要研究古代思想家如何提出和分析各种租赋问题，他们在分析中提出了哪些新的概念和理论，他们提出了哪些政策主张，这些理论分析和政策主张具有什么社会意义，它们对于后世有什么影响，以及它们在世界经济思想发展史中具有什么特点和地位等等。但除此而外，还有以下几个基本问题需要先予明确，作为我们研究的出发点。

首先，租赋思想是对于由土地制度产生的租赋制度的各种意见、理论和主张，它与田制和税制有必然的联系。对于近代甚至中古时代的土地制度和租赋制度，基本上不存在有什么不同的认识，因而可以在比较认识一致的基础上进行租赋思想的研究。但是对于上古时代则不然。由于材料较少，对田制和税制，难以得出公认的结论，这势必影响对于该时代租赋思想的理解。但是为了较好地理解该时代的租赋思想，也无法避免不对该时代的田制和税制做出论断。上述许多中国古代经济思想史的著作，在论述租赋思想时，很多都对"井田制"有所论述，也说明论证二者之间的关系的必然性。这是一个难题，但不能避开此难题。因为脱离了田制和税制来谈租赋思想，租赋思想就脱离了它的根据了。

其次，需要明确租赋的涵义。我们称租赋思想，而不称赋税

---

① 举例如，李根蟠：《春秋赋税制度及其演变初探》，《中国史研究》1979年，第3期；韩连琪：《周代的军赋及其演变》，《文史哲》1980年，第3期；赵俪生：《有关井田制的一些辨析》，《历史研究》1980年，第4期。

思想，是因为在我国古代，租和税是同义的。《说文》说："租，田赋也。""税，租也"。《急就篇》颜注："敛谷曰税，田税曰租"。租税亦常连用。《管子·国蓄篇》说："租税者所虑而请也"，尹注："在农曰租税"。《史记·廉颇蔺相如传》记赵国田部吏赵奢"收租税而平原君家不肯出"。又《史记·孝文帝纪》说："其除田之租税"。"税"的用语有时兼指关市之征。如《左传·文公十一年》载："宋公于是以门赏耏班，使食其征"。杜注："征，税也"。《汉书·食货志上》说："税谓公田什一及工商衡虞之入也"。从春秋时代一直到唐代，田税常用"租"来表述。对于唐代赋税制度，陆贽就说："有田则有租，有家则有调，有身则有庸"[1]。因为到唐代还有大量官地存在。租与税二者严格的分立，"租"指地主收取的地租，"税"指国家课征的各种税收，是在唐代实行"两税法"（公元780年）以后逐渐形成的。为什么在我国古代租与税同义？这唯有从土地制度上找答案。我国先秦时代，至少是在西周和春秋时代以至战国中期，土地这一最重要的生产资料为大大小小的贵族领主所垄断和私有，他们以各种形式占有直接生产者的剩余劳动或剩余产品。从大小贵族领主征取农民的产品来说，象是后世国家征收的赋税，但他们既是统治者，又是土地所有者，这些征课，如马克思所说，既是地租，又是赋税。马克思曾指出："象亚洲那样，国家既作为土地所有者，同时又作为主权者而同直接生产者相对立，那末地租和赋税就会合为一体，或者不如说，不会再有什么同这个地租形式不同的赋税"[2]。这一段著名的论述，可以用来说明我国先秦时代租赋的性质。

第三，理解先秦时代大小贵族领主以各种形式征取农民的剩

---

[1] 《陆宣公奏议全集》第4卷。
[2] 《马克思恩格斯全集》第25卷，第891页。

余产品，是地租性质，或是租赋合一性质，对于我们探讨先秦时代的租赋思想有根本性的意义。政治经济学告诉我们，在奴隶制度下，根本不存在地租这一经济范畴。在资本主义社会，地租只是剩余价值扣除平均利润以后的余额。但在封建社会，"地租是剩余劳动的正常的、吞并一切的、可说是合法的形式，而远不是超过利润的余额"①。封建地租既表现土地——最重要的生产资料的封建所有制形式，又表现产品分配和再分配的各种形式。从封建地租范畴去探讨古代的租赋思想，可以提示思想家对于封建主从直接生产者榨取无酬剩余劳动的各种经济形式的观点，可以表明思想家对于产品分配和再分配及各社会等级的经济地位和相互关系的认识，更不用说还可以探讨思想家对于租赋课征原则的意见和分析。对所有这些问题的探讨，应该是研究古代租赋思想的重要课题，其范围远较单从财政学来论述为广。本文即试图从以上这些基本论点对我国先秦时代的租赋思想作一些探讨。

最后，略述"赋"、"贡"与"租"、"税"的区别。赋的出现早于税。赋本指国家对徭役和财物的征发，包括的范围较为广泛，从西周末年到春秋时期，赋成为军役和军用品征发的总称，即军赋。《说文》："赋，敛也"。《周礼·小司徒》郑注："赋谓出车徒给繇役也"。大小臣属对上级封建领主都有负担军赋义务，但最终，负担还是落在直接生产者身上，还是属于地租的一种形式。入战国以后，赋与税逐渐混合，因为课征的对象已都集中到农民从事生产的土地上②。"贡"，《说文》："献功也"；《广雅》："贡，献也"；谓下级贵族领主对上级的贡奉。如封国以及番国对天子的贡奉，主要为珍宝等特产。贡赋有时连称。

---

① 《马克思恩格斯全集》第 25 卷，第 893 页。
② 参看李剑农：《先秦两汉经济史稿》，第 98—101 页。

二 从铜器铭文"實"字谈起——我国可能最早提出"租"的概念

西周铜器铭文中出现"實",即贮字,有好几起。兹据郭沫若《两周金文辞大系图录考释》所载,按时代先后将各器"實"字铭文及郭沫若释文摘录于下。

昭王时代（公元前1000年—前988年）

沈子毁　"敨狃實禹"

郭云：　"贮者赋也,租也"。"颂鼎、格伯毁、毛公鼎、兮甲盘中的"實"字,均其例"。"敨、狃地名","禹,委积"。

恭王时代（公元前921年—前909年）

颂鼎　　"令（命）女（汝）官嗣（司）成周實廿家,监嗣新寤（造）,實用宫御"。

格柏毁　"格白（伯）受良马乘于佣生,毕（厥）實卅田"

郭云：　"實读为租。言格伯付良马四匹于佣生,其租为三十田"。

宣王时代（公元前827—前781年）

毛公鼎　"實,毋敢龏橐"

郭云：　"贮有赋意。龏橐殆犹言中饱"。

兮甲盘　淮夷"其进入,其實,毋敢不即鯀（次）即苓（市）"

郭云：　"其贮者,关市之征也"。

以上为郭沫若对"實"字的解释。但学者间亦有不同解释。如王国维释《颂鼎》之"實"云;"贮、予古同部字,贮廿家犹云锡廿家也。贮用宫御犹云锡用宫御也"①。郭对此解亦赞同，云"甚是"。但在《沈子毁》释文中，则释《颂鼎》之"賈"为租赋。又如杨树达则释《格伯毁》的"賈"为"贾"，谓"即价值之价，谓其价值三十田也"②。

1975年2月陕西省岐山县董家村又出土一批西周铜器，其中卫盉及卫鼎（甲）二器铭文中皆有"賈"字，并与田连用。其文如下③。

卫盉 "……矩白（伯）庶人取堇（瑾）章（璋）于裘卫，才（财）八十朋，毕（厥）賈（贾），其舍田十田；矩或（又）取赤虎（琥）两、麀韐（韨）两、韐（贲）鞈一，才（财）廿朋，其舍田三田。裘卫迺（乃）彘（矢）告于白（伯）邑父、炎（荣）伯、定白（伯）、……罕（逮）受田。……"

卫鼎（甲）"……卫吕（以）邦君厉告于井（邢）白（伯）、白（伯）邑父、定白（伯）、……曰厉曰……'余舍女（汝）田五田。'正迺（乃）譴（讯）厉曰，'女（汝）賈田不（否）？'厉賈（乃）许，曰：余害（审）賈田五田。……吏（使）厉誓。……帅履（履）裘卫厉田亖（四）田。……邦君厉罕（逮）付裘卫田。……"

对于以上铭文"賈"字，学者间也有不同解释。如《发掘简报》作者采取杨树达的解释。认为卫盉"毕賈，其舍田十田"是说"用买卖

---

① 王国维：《观堂别集》补遗，《颂壶跋》。
② 杨树达：《积微居金文说》卷1，《格柏毁跋》。
③ 《陕西省岐山县董家村西周铜器窖穴发掘简报》，《文物》1976年，第5期。

的方法,可以给土地十田"。但作者在注中也说:"有同志认为应读为'租',是说'用租田的方法,可以给土地十田',亦通"。卫鼎(甲)的"寏",《发掘简报》作者认为仍读商贾的"贾","汝寏田否"?是说"你交易土地否?"①唐兰则采取郭沫若的解释,认为郭的解释"是对的"。唐兰还补充说:"贮与租音近通用","格伯殷与卫盉的贮是租田。铭文译文当为"……矩伯庶人在裘卫那里取了朝觐用的玉璋,作价贝八十串,这租田,可以给田一千亩。……作价二十串,可以给田三百亩"。卫鼎(甲)有关文句的译文是:"执政们讯问厉说:'你租田吗'?厉承认说:'我确实要租给人田五百亩'。……要厉立了誓。……带领着踏勘给裘卫的厉的田四百亩"②。但有的同志则认为卫盉的铭文"寏","是表示玉璋的价格",而卫鼎(甲)的铭文"寏","在这里应读作租"③。有的同志认为"贮字当是赎的假借字。贮、赎两字声纽相近,韵可旁转"。格伯殷、卫殷、卫鼎(甲)"三器所记,是耕地的抵押、典当关系"④。还有同志认为,"'贮'、'予'古音同在鱼部,可以互通","贮田也就是给予田地之意"⑤。后说亦即上面所述王国维说的发挥。本文作者倾向于认为铭文"贮"字可能就是"租"字的借用。《说文》说:"租,田赋也"。在封建社会,租是对于农业劳动者剩余劳动或剩余产品的占有。卫盉铭文的有关文句可译

---

① 《陕西省岐山县董家村西周铜器窖穴发掘简报》,《文物》1976年,第5期。

② 唐兰:《陕西省岐山县董家村新出西周重要铜器铭辞的译文和注释》,《文物》1976年,第5期。

③ 林甘泉:《对西周土地关系的几点新认识——读岐山董家村出土铜器铭文》,《文物》1976年,第5期。

④ 张传玺:《论中国古代土地私有制形成的三个阶段》,《北京大学学报》1978年,第2期。

⑤ 黄盛璋:《卫盉·鼎中"贮"与"贮田"及其牵涉的西周田制问题》,《文物》1981年,第9期。

为:"……玉璋,作价贝八十串,用地租偿付,矩伯给裘卫田十田"。不是矩伯把土地租给裘卫,而是把土地给予裘卫,让他收取地租,卫盉铭文中没有说地租的形式和租率,只说给予"贝八十串"相等的"賨"。但与贝八十串相等的"賨"只能是租,只能是通过占有土地而占有农业劳动者剩余劳动或剩余产品。如果不能通过占有土地占有剩余产品——租,土地就失去了同玉璋相交换的基本条件。用地租偿付玉璋之价,当然要取得占有地租的权利,所以矩伯要给裘卫田十田。如果把卫盉的"賨"释为价,即用田十田作为代价和玉璋相交换,也可通,但不如释"賨"为租在意义上更为明确。因为古代社会土地的地价,虽说不完全取决于经济因素,但能生产剩余产品的多少仍然是决定地价的主要因素。所以释"賨"为价,即玉璋之价等于土田十田,其经济意义是玉璋之价等于土田十田所能生产剩余产品的多少。铭文记述有一点可以注意,即矩伯给裘卫田十田,并没有明确说是田十田所有权的转移,还是暂时给予裘卫田十田,在一定时期后,矩伯可以收回此十田。张传玺同志说"賨"有抵押、典当的意思,应该就是后一种情形。因为所谓抵押、典当,亦即在一定时期内以十田之租让与裘卫以换玉璋。

卫鼎(甲)铭文所记"賨"的当事人的相互关系,需要研究。从上所述,可知卫盉所记"賨"是归裘卫所有。但上述解释有认为卫鼎(甲)所记是:恭王给邦君厉田五田,五田的占有权属于邦君厉。大臣们问邦君厉:"你出租田否?"邦君厉回答说:"我确实要出租田五田"。以后经过勘定田界,邦君厉到场付给裘卫田四田①。这样,邦君厉就成了恭王"锡田"的田主,他出租土田,而裘卫则成为租地者,要付"賨"给邦君厉,"賨"归邦君厉所有。这里有一个问题,即邦君厉为什么要"租田"给裘卫,或裘卫为

---

① 《陕西省岐山县董家村西周铜器窖穴发掘简报》。

什么要租种邦君厉的田，铭文没有明白说。但按照铭文的上述解释，显然是不合情理的。裘卫这个人，从卫盉铭文来看，是一个收藏珍宝玉器的人，从卫鼎（乙）铭文来看，则是一个据有车和马以及帛的人，从卫簋铭文来看，则是一个见到周王并受到周王赏赐围裙、带子、车铃的人①。他如果不是贵族兼巨贾，一定也是一个很富有的贵族。准此以论，他就不可能是一个租种邦君厉田的人。黄盛璋同志的解释大概是为了说通这个问题，他认为铭文未提到周王，它所讲的是邦君厉与裘卫之间的事："看来邦君厉在昭太室东北经营某种工程，要围绕占用二川之地是属于裘卫经营掌管的，所以厉才提出要舍他五田"②，我们认为还有一种可能的解释是：邦君厉"租田"给裘卫，犹如西周天子贵族间层层封赐，邦君厉给予裘卫田，使裘卫能收取田的剩余产品，但裘卫也把部分剩余产品上交邦君厉作为贡献。这样，邦君厉的"租田"，就是上下级贵族领主间的关系，而不是地主与租地者间的关系。还可能有一种解释，即卫鼎（甲）铭文略去邦君厉在裘卫那里取了什么器物一事，所记大臣们问邦君厉"你租田否？"其意为"你是否以田租的形式偿付？"而邦君厉的回答："余审租田五田"，意为"余确实愿意以五田的田租形式偿付"。以后邦君厉付给了裘卫四田。这样解释，裘卫在不同场合都是一个收取土地剩余产品的贵族，而不是有时是田租收取者，有时像是佃农身份或租地者身份的田租偿付者。

但不管按照那种解释，卫盉与卫鼎（甲）的"賈"，都没有分清是地租，还是赋税。这是因为全部土地至少在名义上是为周天子所有，因而地租和赋税就自然合在一起，所以"賈"有双重意

---

① 《陕西省岐山县董家村西周铜器窖穴发掘简报》。
② 黄盛璋：《卫盉·鼎中"貯"与"貯田"及其牵涉的西周田制问题》。

义，它既是地租，又是贡赋。如裘卫在矩伯和邦君厉付给他土地之后，他所收取的是地租，但他还要以地租的一部分上交邦君厉或其他上一层贵族领主，这一部分就是贡赋。这里当然涉及田制问题。黄盛璋同志认为"'贾田'通过作价，等于私有，'租田'同样接近于私有"，"'贮田'属于田地交换，只是占有权的转移"，因而"贮田就是由（土地）占有到私有的一种过渡形式"①。对当时田制的这种理解，是可以和铭文所说的"贮田"统一起来的。但有"交换"就必然有作价的含义，也必然有土地生产品多少的含义。若说在这种过渡形式下，"贮田"就不具有"租田"的含义，也不一定。一下子就出现后来土地私有制下的租田，当然不可能。但在土地可以转移的情形下，已经表现出一种土地私有和让与剩余产品的初期形式，如上述之"贮"。这种"贮田"也可以说是后来租田的萌芽状态。又铭文中的"贮田"，完全没有涉及井田制这个问题。②

裘卫四器——卫簋、卫盉、卫鼎（甲）、卫鼎（乙），都是裘卫用以记述自己的显赫行事，以垂后世的。各器最后都写明"卫子子孙孙永远宝用"，或"卫一万年永远宝用"。足见裘卫对其中所记事迹的重视。如果我们肯定了上述卫盉和卫鼎（甲）二器铭

---

① 黄盛璋：《卫盉·鼎中"贮"与"贮田"及其牵涉的西周田制问题》。

② 卫鼎（甲）铭文记述官员们勘定了邦君厉给与裘卫四田的田界，写明该四田北至厉田，东至散田，南至散田和政父田，西至厉田。这个器物所述，证明在西周至少在邦君厉占有的土地并非井田。邦君厉给与裘卫的田，是他的广大土地与散和政父田接壤的东南部分。他分出自己土地的一部分，而把分出的部分新立田界。以后在厉王时代（公元前857—前841年）的散氏盘铭文中，也记载着矢王用眉田和井邑田向散国赔偿时，有双方官员参加验明两个田的疆界标志，然后移交，也没有说到井田的问题。（转见郭沫若：《十批判书》第44页）郭说这足以"证明井田之渐被否定"。现知在厉王前半个多世纪，也没有看到井田的存在。

文"賞"的解释，那也就至少肯定了土地转移和占有地租事实的出现，这种事实用铭文记载下来，就表明了地租概念的产生。还值得我们注意的是，卫盉记载的年代是西周恭王3年（公元前918年），卫鼎（甲）的年代是西周恭王5年（公元前916年），都是在公元前10世纪。这也就是说，根据这两件铜器铭文，土地转移和占有地租的历史过程，甚至早于该时已经产生。因为铭文关于出租土地和占有地租的记述，乃是官方对于这种历史事实的确认。这种确认，一般是在经过一段演变过程之后。像邦君厉这种人，他拥有土地占有和转移权，并通过让渡土地使对方占有地租，这种事实就表明了他和对方实际上已经拥有土地所有权，而成为不同等级的封建领主了。就地租概念的产生和形成来说，铭文所记办理租田的事和人，不仅有当事人裘卫和他的对方，并且还有不少大臣和参与其事的官员。因此，集中表现直接生产者与贵族领主之间以及各级贵族领主之间经济关系的"賞"的概念，已经不是个别人的思想，而已经成为当时官方通行的合法的思想。虽然铭文所记很简单，既未涉及地租形式，也没有涉及租率。但如果"賞"可以作"租"来解释的话，"賞"这个概念的形成和提出，在地租思想的产生和形成史上，即使从世界经济思想史来说，也是很值得注意的。

还应该提到，在卫盉铭文出现后93年，即在周厉王32年（公元前825年）还出现一件铜器，叫做鬲攸从鼎，其铭文正式写有租字。铭文如下。

……鬲从以攸卫牧告于王曰，女覓我田牧，弗能许飙从。王令眚（省）史南以即虢旅，虢旅迺吏（使）攸卫牧誓曰，我弗具付鬲从其且（租）射（谢），分田邑，则殊（诛），攸卫牧则誓。

这是鬲从对周王告发攸卫牧不付田租的铭文。杨树达说："且当读为租。《说文》云:'租,田赋也,从禾,且声',射当读为谢,谓钱财也"①。此铭文载明攸卫牧发誓说,如果他再不付田租货财,据有田邑,他甘愿受诛杀的处分。由此可知,由"賨"到"且",租的概念已逐渐形成,并且田租作为土地所有的权益,已合法化。这从上述铭文是看得十分清楚的。

关于"赋"字的最早出现,在出土铜器铭文中亦可见到。如毛公鼎有"埶小大楚赋"之语,据吴大澂解释,埶,古埶字,埶与蓺同。蓺,治也②。孙诒让云,此语谓小大赋税当以常法制之。《尚书大传》有"越惟有胥赋小大多正"之语。楚疑与胥通,楚胥并从疋得声。胥疑当读为糈,糈,粮也③。这里所述的"楚赋"和"胥赋",虽然没有和土地联系起来讲,但事实上,这些"赋"都是出自耕种"公田"的农民和产品。孙诒让对"胥"的解释,就是从土地生产品着眼的。因此,可以说,毛公鼎的"楚赋"一词,在标志租赋概念的产生上,可以说与"贮田"一词相互辉映。

三 管仲和《管子》的租赋思想

春秋时期,大政治家管仲(?——公元前645年)相齐桓公(?——公元前643年),实行重大政治经济改革,"作内政而寓军令"。作内政的主要一项,是租赋制度的改革。此事载于《国语·齐语》和《管子·小匡》篇。《荀子·王制》篇言赋税时,亦曾提到。这是我国政治家最早对于租赋问题的论述,很值得我们

---

① 杨树达:《积微居金文说》卷1,《醽攸从鼎》。
② 吴大澂:《愙斋集古录》第4册。
③ 孙诒让:《籀庼述林》卷上。

重视。

《齐语》和《小匡》篇所载管仲对租赋问题的论述，较简略，但以祖述管仲功业为主旨的《管子》一书，内有专文阐发管仲的租赋思想。所以我们在这一节一并论述《管子》的租赋思想。

(一)《齐语》及《小匡》篇的论述

管仲的租赋思想见于《齐语》以下一段记述，《小匡》篇的记述，除个别文字外，与之完全相同。

> 桓公曰：伍鄙若何？管子对曰：相地而衰征，则民不移。政不旅旧，则民不偷。山泽各致其时，则民不苟。陵阜陆墐井田畴均，则民不憾。无夺民时，则百姓富。牺牲不略，则牛羊遂。

上文"相地而衰（音崔）征，则民不移"两语，是管仲租赋思想的纲。"相地"，韦昭注："视地之美恶"，即区分土地的肥瘠或好坏。"征"就是征收赋税。《广雅·释诂》说："征，税也"。孙诒让在《周礼正义》中说："凡经（《周礼》）文赋税，通谓之征"。"衰征"是分等征收赋税。这两句话的意思很清楚，即管仲认为如果实行按土地好坏分等征税的办法，农民会安心耕作而不思迁徙。大概当时课征办法是不分土地好坏，在所有耕地上按亩征同等税额。如果是这样，"这是最不均等的税"①。管仲改变这种征税办法，当然会使农民安心耕作。这里应该指出，不管是按亩征同等税额，或按土地好坏分等征税，既然是征税，就是按所有耕地征收一定税额，是实物地租形式，而不是按土地分为"公田"和"私田"办法，农民把耕种"公田"及其产品作为租税缴纳，后者

---

① 李嘉图：《政治经济学及赋税原则》（中译本），第153页。

是劳役地租形式。实行后一种形式的租税,是按划定多少"公田"要农民耕种和上交产品,"公田"的好坏是既定的,这里只有"公田"与"私田"的比率,而无按亩征税的税率,或按土地好坏征税的税率。所以管仲的"相地而衰征"的税制,必然是以取消"公田"与"私田"的划分办法为前提的[①]。取消"公田"与"私田"的划分而代之以统一的土地耕作制度,农民劳动就不必因为有为"公田"劳动和为"私田"劳动之分,而在时间上和空间上分开,可以自由支配自己的全部劳动时间,这对农业生产的发展是必要的,对农民和封建主也都是有利的。显然,管仲的"相地而衰征",是在新的土地制度上实行的一种有利于生产发展和切合农民利益的新的税制。可以认为,这种新的租税形式,即由劳役地租变为实物地租,是在同一社会形态下产生的,即封建领主制未变。欧洲中世纪封建制时期,也有过这种改变。但这种新的租税形式的产生,必然以取消"公田"与"私田"的划分办法为依据,则是没有疑义的。管仲没有谈这个问题,但这是他关于税制论述的应有之义,我们以后在说明孔、孟租赋思想时将回到这个问题,这里就不多谈了。

再者,我们认为"相地而衰征"的"衰征",可以作两种解释,一是按生产量多少征税,即税的高低与土地生产量多少成比例,一是按剩余产品或地租多少征税,即税的高低与剩余产品或地租多少成比例。管仲没有说明"衰征"是属于那一种征税。如果属于前一种,这种"衰征"对于生产量很少的土地也要征税,是不合理的,不过还是比一刀齐按亩数征同等税额为合理。如果属于后一种,那么它的理论意义就更值得注意了。因为封建制下的地租,是指封建主征取农民的全部剩余劳动或剩余产品,并且

[①] 关于"公田"制的不能维持下去,参看上引李根蟠文。

有时还侵及农民的必要劳动或必要产品。而剩余产品产量的多少，是与土地肥力好坏有关的。因土地肥力的不同而生产不同量的剩余产品，政治经济学叫它为级差地租。级差地租在资本主义社会存在，在封建社会也存在。它不是随社会形态的改变而改变的。马克思曾指出："级差地租的条件不过是土地等级的不同"[①]。马克思还说，在小块土地所有制情形下，"即使这个形式是出现在一般市场价格根本还没有发展的社会状态内，这个级差地租也还存在，这时，它表现为超额剩余产品"[②]。列宁对这个问题讲得也非常清楚。列宁说："级差地租的形成问题，同有没有土地私有制毫无关系。因为在资本主义农业中级差地租是不可避免的，即使在村社的、国家的、无主的土地上经营也是如此"[③]。据此，管仲提出的"衰征"原则，如果是按剩余产品的多少征税，那么他提出的这个原则，显然具有级差地租的性质和意义。亚当·斯密和李嘉图都认为土地税按地租高低征税，最合于公平原则[④]。虽然管仲没有阐明地租理论，但他所提出的"相地而衰征"这一征税原则，意义十分丰富，不但包含租税负担的公平原则，还包含租税来自于级差剩余产品的原理。考虑这些原则原理的提出，是早在公元前7世纪，那就更值得注意了。另外，《小匡》篇在上面问答引文之后，还有桓公问"爱民之道奈何"？管仲答话中有"省刑罚，薄赋敛，则民富矣"数语。这数语也可以作为"相地而衰征，则民不移"的注解，即"相地而衰征"的政策，旨在薄赋敛，是"使民富"的政策。

---

① 《马克思恩格斯全集》第25卷，第743页。
② 同上书，第907页。
③ 《列宁全集》第5卷，第99页。
④ 亚当·斯密：《国民财富的性质和原因的研究》（郭、王译本）下册，第384页；李嘉图，《政治经济学及赋税原理》，第146页。

(二)《管子·乘马》等篇的论述

《管子》一书中集中阐发管仲土地关系和租赋思想的,是《乘马》篇及《臣乘马》、《乘马数》两篇,后两篇可以视为前一篇的解说或补遗。《乘马》篇名,有不同解释,作者曾提出《乘马》可作土地赋役制度解释,其根据是《司马法》名军赋为"乘马之法"[①]。《乘马》篇未提"相地而衰征",但《乘马数》篇,有以下一段文字:

> 公曰,贱(贱字衍文)筴乘马之数奈何?管子对曰,郡县上臾之壤守之若干,间壤守之若干,下壤守之若干。故相壤定籍,而民不移。振贫补不足,下乐上。故以上壤之满,补下壤之虚("虚"原作"豪",依俞樾校改),章四时,守诸开阖,民之不移也"。

上文"故相壤定籍,而民不移",与《齐语》所不同者,一曰"衰征",一曰"定籍",但注家多认为"定籍犹衰征矣"[②],不涉及文义有何实质上的殊异。上文又说,"以上壤之满,补下壤之虚",即以说明"衰征"之义。本篇还有以下一段:

> 管子对曰,有一人耕而五人食者,有一人耕而四人食者,有一人耕而三人食者,有一人耕而二人食者,此齐力而功(功,读为攻)地,田筴相圆,此国筴之时守也"。

这一段文也是说明地之肥力有不同,一人耕而食人之数不同,即有上壤、间壤、下壤之分。郭沫若解释"田筴相圆(宋本作员)"

---

① 参看拙作:《〈管子·乘马篇〉经济思想研究》,北京师范大学经济学集刊第2辑,1982年。

② 郭沫若等:《管子集校》下册,第1031页。

说："员犹运也"，"谓以土田与农业政策相辅而行"①。因此，在《乘马数》篇对"相地"作了"上壤、间壤、下壤"或一人耕而食人之数不同的解释，对"衰征"作了"上壤之满与下壤之虚"的解释，并指出土田耕作必须辅以恰当的租赋政策，这样，"相地而衰征，则民不移"的政策措施，在《齐语》及《小匡》篇未作申述，在《乘马数》篇可以说得到较为明确的说明了。

《乘马》篇所论述的，是一些更进一步的问题，如租赋问题的重要性如何认识，"相地"与"衰征"如何实行，这种政策对于发展农业生产的效果如何，可以说，《乘马》篇是对管仲的"相地而衰征"税制所作的最为全面而深入的阐发。在古籍中，阐发管仲这一政策思想的也只有这一篇。《管子》一书非一人之笔，亦非一时之书，各篇写作时代有不同，但《乘马》篇则公认写作时代较早，反映管仲思想亦较直接。此从司马迁所说"余读管氏牧民、山高、乘马、轻重、九府，详哉其言之也"②，即不难想象。现在我们先看看《乘马》篇如何论述租赋问题的重要性。《乘马》篇说：

地者政之本也。是故地可以正政也。地不平均和调，则政不可正也。政不正，则事不可理也。

正地者，其实必正，长亦正，短亦正，小亦正，大亦正，长短大小尽正。正不正，则官不理。官不理，则事不治。事不治，则货不多。

这段文字是《管子》关于租赋的基本理论，非常重要。但要理解这段文字的意义，还得把其中几个用词解释清楚。首先，一般解释文中的"政"字为政事或政治，当然也可通，但古文"政"与

---

① 郭沫若等：《管子集校》下册，第1029页。
② 《史记·管晏列传》。

"征"通,《荀子·王制》篇即写成"相地而衰政",《周礼》中政读为征有好多处①。所以文中"政"字可读为"征"字。其次,"平均和调"一般作"均平和调"②,谓指土地分配而言。但《方言》说:"平均,赋也。燕之北鄙,东齐北郊,凡相赋敛,谓之平均"。因此,原文以不颠倒并释作赋敛为是。我认为上段文字的中心思想是"正地"、"正征"。"征不正,则事不可理也"。"正征"必须先"正地"。所说"长短大小尽正",亦即管仲所说"相地"之意。所以上段文字虽然没有提出"相地而衰征"文句,但说的完全是管仲的"相地而衰征"的租赋思想,并对这种租赋政策的重要性加以发挥。"正不正,则官不理。官不理,则事不治。事不治,则货不多。"这几句话译成现代话就是:土地赋税该整顿的而不整顿,官府便治理失当。官府治理失当,生产便搞不好。生产搞不好,财货便不能增加。这是把"相地而衰征"这一政策重要性,提到政治是否得当和生产能否增多的高度。应该说,在农业是古代社会的决定性生产部门的条件下,这种论述对于管仲租赋思想的阐发,是值得重视的。一般论述《乘马》篇多未与管仲的租赋思想联系起来,作者认为如把二者联系起来理解,则对管仲的租赋思想和《乘马》篇的思想都可以收到豁然贯通之效③。

其次,《乘马》篇对于"正地"和"正征"的具体措施,也作了阐释,其文如下。

地之不可食者,山之无木者,百而当一。涧泽,百而当一。地之无草木者,百而当一。樊棘杂处,民不得入焉,百

---

① 如《遂人》职,"以土均平政",《均人》职,"均人掌均地政,……均人民牛马车辇之力政",《土均》职,"土均掌平土地之政","政"均同"征"。
② 《管子集校》上册,第65页。
③ 拙作《〈乘马篇〉经济思想研究》有较详论述。

而当一。薮镰缦（缦原作瀀，依各校家校改）得入焉，九而当一。蔓山，其木可以为材，可以为轴，斤斧得入焉，九而当一。汎山，其木中以为棺，可以为车，斤斧得入焉，十而当一。流水，网罟得入焉，五而当一。林，其木可以为棺，可以为车，斤斧得入焉，五而当一。泽，网罟得入焉，五而当一。命之曰，地均，以实数。

上文按照山林水泽等土地的出产情形，以"可食"（即可种谷物）之地为标准，折合成耕地面积，《乘马》篇把这叫做"地均"，可以说是"相地而衰征"的具体化。除山林水泽等土地出产情形不同而外，还有旱地与涝地的不同。对此，《乘马》篇在论述时，并提出"衰征"办法。其文如下。

一仞见水不大潦（"一"原作"十"，依俞樾校改。仞，周制八尺），五尺见水不大旱。一仞见水轻征，十分去一。二则去二，三则去三（原作"十一仞见水轻征，十分去二三，二则去三四"，依王引之校改），四则去四，五则去半，比之于山。五尺见水，十分去一。四则去二，三则去三，二则去四。一尺而见水，比之于泽。（原作"四则去三，三则去二，二则去一，三尺而见水，比之于泽"，依俞樾校改。）

上文是说：旱地，一仞见水之地，轻征十分之一，地愈高，减征愈多；涝地，五尺见水之地，也轻征十分之一，地愈低，减征愈多。"比之于山"和"比之于泽"，意为按上述山林水泽等地折合"可食"之地来征收赋税。这些规定把"相地而衰征"的原理更为具体化了。

《管子》关于土地等级的论述，不止于此。在《地员》篇还专门论述了土地分类和植物的生长情形。它除了划分土地为"渎田"（大平原之田）、丘陵、山地三类，并按地势高低、水泉深浅、谷木草出产种类，再分为二十五种而外，还把上土、中土、下土各分为三十种，总共有九十种之多。这些不同的土壤，生产量当然各自不同。以种植果木为例说，上土中的"隐土"（隐，盛也）所产果木，较上土中的"粟土"要少十分之二，中土要较"粟土"少十分之三至十分之四，下土则较"粟土"少十分之五至十分之七。《地员》篇这些分析，反映我国古代农业科学达到很高成就，它也为管仲"相地而衰征"理论提供了农学上的论证。注释家对《地员》篇各有不同的解释，有谓员与均同义，《地员》即《乘马》篇的"地均"[①]。看来，若说《地员》篇与《乘马》篇同样贯穿了管仲的"相地而衰征"的思想，则是可以深信的。

最后，《乘马》篇还有一段文字阐发了管仲租赋政策的中心思想。它说：

> 道曰，均地分力，使民知时也。民乃知时日之蚤晏，日月之不足，饥寒之至于身也，是故夜寝蚤起，父子兄弟不忘其功，为而不倦，民不惮劳苦。故不均之为恶也，地利不可竭，民力不可殚，不告之以时，而民不知，不道之以事，而民不为。与之分货，则民知得正（郭沫若云："得正"与"德政"同）矣，审其分，则民尽力矣。是故不使而父子兄弟不忘其功。

这是说"均地分力"的政策效果。什么叫均地分力呢？均地就是按土地等级征收租赋，分力就是授田制下一家一户的小农经济。《乘马》篇认为在这样的政策下，农民就能主动地掌握季节，起早摸黑，不惮劳苦，从事耕种。为什么农民会这样呢？《乘马》篇认为关键在于"分货"。按土地等级征税，一则税负固定，二则税负合理，农民把劳动生产品的一部分作为赋税缴纳以后，即可享有其余的部分。缴纳的赋税是固定的，自己享有其余部分可以随

---

① 《管子集校》，第900页。

"尽力"生产的增加而增加。因而农民不需鞭策，即可"父子兄弟不忘其功"。完全可以说，这是取消了"公田"与"私田"划分办法以后的一种新的土地关系的结果，它不是为"公田"劳动的劳役地租形式，而是把"公田"分授于农民以后的实物地租形式。农民"为自己的劳动和他为土地所有者的劳动，在时间上和空间上已不再明显地分开"[①]，他的私有经济已经由于有了较大的活动余地而有可能保有较多的产品。《乘马》篇这篇论文，很值得我们注意，因为它提出了一系列新的经济概念，如均地、分力、时、功、分货等，并且论述了各范畴之间的相互关系，它非常精到地表明了新的生产关系对发展社会生产力所起的积极作用。这在先秦古籍中都是仅见的，恐怕它在世界经济思想史的文献上，也是有其独特地位的。

四 《禹贡》和《周礼》的租赋思想

《禹贡》是《尚书》中的一篇，传说为夏禹所作，不可信，近人多认为是战国时书。《周礼》传说为周公旦所作，亦不可信，近人亦认为是战国时著作。《禹贡》讲"任土作贡"，《周礼》讲政府组织，田制税制是其重点，所以两书都讲租赋制度。并且正因为两书是战国时人著作，其所述者，不是或不尽是夏代及西周的制度，而多是著作家的计划和理想，所以其思想性更值得注意。我们论述此二书，亦主要从这一角度出发。以下分别论之。

---

① 《马克思恩格斯全集》第25卷，第897页。

(一)《禹贡》和租赋思想

对于《禹贡》篇,我国研究《尚书》专家顾颉刚曾作了扼要的介绍。他说,《禹贡》"是战国之世走向统一前夕的总结性的地理记载,把当时七国所达到的疆域算做'天下',而根据地理来划分区域,希望统治者对于各州的土地都能好好地利用和整治,各地把特有的物产进贡到中央。田赋则根据各州土地的肥瘠来决定等次。在两千多年前,对亚洲东部地理能有这样的科学性的观察和认识,真可以誉为科学史上的杰构"[①]这一很好的概括和介绍,对我们进一步研究它的租赋思想很有帮助。

《禹贡》篇开宗明义就说:禹别九州,随山浚川,任土作贡。孔安国注:"任土作贡,即任其土地所有,定其贡赋之差"。孔颖达疏谓:"郑玄云:'任土谓定其肥硗之所生',是用肥瘠多少为差也"。孔疏并说:"不言作赋而言作贡者,取下供上之义也"[②]。(贡者,自下献上之称;赋者,自上税下之名。)

可知"任土作贡"的根本意义,是按照土地肥瘠以定贡赋差等,与管仲的"相地而衰征"之义一脉相承。但是《禹贡》篇有其特异之点,就是它具体地分别九州土壤种类,田地等级,赋税高下,地方特产,贡物品种,表明作者根据历史的发展而把管仲的租赋政策思想又加以发展了。下表是篇中所列九州土田和赋税等级以及贡物品种。

---

① 顾颉刚:《尚书》,《百科知识》1979 年,第 3 期。
② 《尚书注疏》。

	土壤种类	田地等级	赋税高下	贡物品种
冀州	白壤①	中中	上上错①	("帝都",入谷不贡)
兖州	黑坟②	中下	下下	漆丝等
青州	白坟	上下	中上	盐絺等
徐州	赤埴坟③	上中	中中	五色土等
扬州	涂泥④	下下	下上,上错④	金三品等
荆州	涂泥	下中	上下	羽毛齿革等
豫州	壤、坟垆⑤	中上	错上中⑤	漆枲絺纻等
梁州	青黎⑥	下上	下中三错⑥	璆铁银镂砮磬等
雍州	黄壤	上上	中下	球琳琅玕等

对于上表所说的土田和贡赋,有几个问题需要说明一下。首先,上表田地等级不专指田地肥瘠,还指九州治水先后次序及地势高下和运输便利等。司马迁曾指出:"禹乃行相地宜所有以贡,

---

① 无块曰壤。少者为错,即有时为上中。
② 色黑而坟起。
③ 土黏曰埴。
④ 地泉湿。上错,即有时为中下。
⑤ 黑刚土曰垆。错上中,即有时为上上。
⑥ 色青黑而壤沃。三错,即有时为下上、下中、下下。

及山川之便利"①。孔颖达说:"冀州帝都,于九州近北。……自兖以下,毕準地之形势,从下向高"。"雍地最高,故在后也"②。其次,冀州与其他州不同,有赋无贡。这是由于冀州是"帝都",属于王畿范围③。冀州纳谷类实物,按远近分五个地带,缴纳办法各有不同,当在下面叙述。其他八州属于公侯等封地,封地内征税办法与王畿相同,而公侯等则向天子纳贡,即表中所载各州贡物。《禹贡》对八州所纳贡物数量没有规定,但经解家有用《周礼》职文来作解释。如陈焕章说,大的侯国贡纳封地税收的一半,中等侯国贡纳封地税收三分之一,小的侯国贡纳税收四分之一。侯国按照总数贡纳特产给天子。这种贡纳,虽然叫做"贡",事实上是各州赋税的一部分④。日人田崎仁义的解释则与此不同。他说:"其他八州之诸侯,首依田赋等级之定率,算出其负担额,然后以相当于其价额之土产为贡篚而上纳之"⑤。对于这些不同说法,我们只能存疑。上表中还有一个问题,即各州赋税高下的差等,并不与土地的差等一致。除扬州、梁州二州大致相等而外,如冀州土地是中等的,而赋税则是最高的,雍州土地是上等的,而赋税则是中等的,荆州土地是下等的,而赋税则是最高的,兖州土地是中等的,而赋税则是最低的。对于这种不一致的情形,孔颖达谓:"孟子称说十一为正,……则此时亦十一税。俱十一而得为九

---

① 《史记·夏本纪》。
② 《尚书注疏》。
③ 传说尧都于冀。
④ 陈焕章,上引书,第640页。《周礼·大司徒》职文:"诸公之地,封疆方五百里,其食者半。诸侯之地,封疆方四百里,其食者叁之一,……诸子之地,封疆方二百里,其食者四之一"。"其食者半"、"三之一"、"四之一",有二说。郑众谓皆自食,其余并入天子,郑玄谓"其食者"为天子。陈焕章是从郑玄说。
⑤ 田崎仁义:《中国古代经济思想及制度》(王学文译),第164页。

等差者，人功有强弱，收获有多少。《传》以荆州田第八，赋第三，为人功修也。雍州田第一，赋第六，为人功少也"[1]。以后宋人夏僎更加以补充说："夫田之高下既分九等，则赋亦当称是，今乃有异同者，盖田有高下，地有广狭，民有多少，则其赋税之总数自有不同，不可以田之高下准之"[2]。陈焕章亦谓各州赋税等级的高下，是由于各州疆土广狭和人口多寡的不同[3]。这些说法有它的共同点，即认为《禹贡》所说九州赋税等级的高下，是赋税总额的不同。这个总额的等次，可以由于各州劳动力多寡和土地开垦多少的不同而异，不必同于土地肥瘠的等次。但研究《禹贡》赋税思想的学者，也有作其他解释。如日人田崎仁义就以运输便利与否来解释九州赋税等级。他说："冀州田五等，赋一等及二等，豫州田四等，赋二等及一等，以距帝都最近，运输甚便也。雍州田虽一等，但以地远，运送不便，故赋为六等"[4]。

总观《禹贡》本文及各家对文中田地与赋税等级的解释，有两个理论问题值得注意。一即上述赋税总额的多少，决定于农业劳动力多少和生产量多少。如果土地肥沃情形相同，而投入治田人力多少不同，生产的剩余产品就会不同。因而赋税的总额也可以不同。这一含义，就与级差地租（Ⅱ）原理相同。《禹贡》篇虽然对此未作解说，但以后注家已提出此义，甚可注意。另一理论问题，即距离远近与贡赋品类问题。关于这个问题，篇文有专门论述。篇文说：

五百里甸服。百里赋纳总，二百里纳铚，三百里纳秸服，

---

[1] 《尚书注疏》。
[2] 夏僎：《尚书详解》。
[3] 陈焕章，上引书，第638页。
[4] 田崎仁义，上引书，第162页。

四百里粟，五百里米。

"甸服"是为天子治田，是王畿所在，生产者直接输纳谷物于天子。天子居王城，王城四面各五百里。"纳总"是纳禾的全部，包括穗和茎秆。"纳铚"是仅纳禾穗。"纳秸服"一般解释是纳茎秆兼服役。至于粟和米，则是谷之较精者。上述区别，都是按道路远近以定贡纳实物的品类。较近的生产者输纳未加工的谷物，包括茎秆等，其所耗费的劳动，约与较远的生产者输送已加工的贡物所耗费的劳动相等。（较远的直接生产者保留了茎秆等，但耗费了加工劳动。）这是关于级差地租的位置远近理论。我们以后讲孔子的租赋思想时，知道孔子已经提出纳税位置远近问题，而《禹贡》篇可以说是孔子这一思想的具体阐述。

在我国的古籍中，专题论述租赋问题的，《禹贡》最早。可以说，《禹贡》是管仲租赋思想的发展，它的思想体系与管仲租赋思想有明显的联系。第一，《禹贡》虽以贡名篇，但篇中有贡有赋，实则贡与赋都出自直接生产者，租与赋是合一的。这与管仲论述租赋是相同的。第二，管仲在论租赋时，未提到公田与私田问题①。所说的"征"，就是征收实物，是实物地租形式，而不是劳役地租形式，因为劳役地租根本不用"相地而衰征"。在这一点上，《禹贡》篇与管仲论述又是相同的。第三，管仲的租赋思想，主要在于租赋负担合理化，激发直接生产者的生产积极性。在这一点上，《禹贡》篇不但基本思想与管仲相同，并且在论述贡赋问题的广度和深度上，显然较管仲有大的发展，这当然也是时代的发展使然。《禹贡》篇在区分九州田地等次与赋税高下等以后总结说："庶土交正（征），厎慎财赋，咸则三壤，成赋中邦"。（经解家一般多解"庶土交正"为"众土俱得其正"。正与征通，疑此文

---

① 《乘马》篇有"正月，令农始作，服于公田农耕"，这可能是"公田"的残余。

当作征解。这几句文字可译为:对于征收各种土地财货贡赋,要非常慎重,要区分土地为上中下三等,以制定国家的赋税制度。)这就更清楚地表明了《禹贡》篇的上述思想。孟子曾说,"治地莫善于助,莫不善于贡"[①]。他所说的贡法显然不是《禹贡》篇中所说的税法。

(二)《周礼》的租赋思想

《周礼》原名《周官》,自汉刘歆以后,始称《周礼》。此书在西汉景帝时始出。旧说为周公所作,当然非是,但何人所作,成于何时,说者不一,甚至有疑刘歆为王莽改制而作的伪作。晚近学者多认为是战国时代著作。顾颉刚在长篇论证之后,说它"原是一部战国时的法家著作"[②],我们同意这一见解。这书是四万五千多字的大著作,它的内容是政治、军事、经济、文教各种官制。但这些官制不是一个国家和一个时代的官制实录,而是采集重要国家如周、鲁、宋等国官制[③],经过学者汇总编撰而成。这种编撰当然就表现了这书作者的见解和理想,所以这书既有先秦时代各种制度的资料,也有作者所表现的政治经济等方面的思想。

《周礼》共分天官、地官、春官、夏官、秋官、冬官(冬官亡佚,后以"考工记"补入。)六部,其中天官、地官部分记述了土地制度和租赋制度,可以说,在先秦古籍中,它提供了关于土地和租赋问题最为丰富的资料。上面我们说过管仲和《禹贡》的租赋思想,我们不难看出,《周礼》的租赋思想又较上述思想大大发

---

① 《孟子·滕文公上》。

② 顾颉刚:《"周公制礼"的传说和〈周官〉一书的出现》,《文史》第六辑,第40页。

③ 范文澜:《中国通史简编》,第215页。

展了。下面是《周礼》中有关租赋问题的记述。

天官·大宰　以九职任万民。一曰三农生九谷，二曰园圃毓草木，三曰虞衡作山泽之材，四曰薮牧养蕃鸟兽，五曰百工饬化八材，六曰商贾阜通财货，七曰嫔妇化治丝枲，八曰臣妾聚敛疏材，九曰闲民无常职，转移执事。（此系力征，如"三农生九谷"，即谓任农贡九谷。）

天官·大宰　以九赋敛财贿。一曰邦中之赋，二曰四郊之赋，三曰邦甸之赋，四曰家削之赋，五曰邦县之赋，六曰邦都之赋，七曰关市之赋，八曰山泽之赋，九曰币余之赋。（除七、九而外，其他皆为地税。"邦中"距王城最近，"邦都"最远，但俱在王畿之内。）

天官·大宰　以九贡致邦国之用。一曰祀贡，二曰嫔贡，三曰器贡，四曰币贡，五曰材贡，六曰货贡，七曰服贡，八曰斿贡，九曰物贡。（此系诸侯对天子的贡纳）

地官·大司徒　以土均之法，辨五物九等，制天下之地征，以作民职，以令地贡，以敛财赋，以均齐天下之政。（"五物"谓山林、川泽、丘陵、坟衍、原隰五地所生之物。"九等"谓骍刚，赤缇等九类土壤。"民职"谓"九职"《力征》。"地贡"谓"九贡"。"财赋"谓田赋、军赋、关征。）

地官·载师　凡任地，国宅无征，园廛二十而一，近郊十一，远郊二十而三。甸稍县鄙皆无过十二，唯其漆林之征二十而五。凡宅不毛者有里布，凡田不耕者出屋粟，凡民无职事者出夫、家之征。（"国宅"，城中住宅。"甸稍县鄙"，距城二百里至五百里之地。"布"钱。"屋粟"，三家税粟。"夫、家之征"，百亩之税与士徒车辇徭役。）

地官·均人　均人掌均地政（征），均地守，均地职，均人民牛马车辇之力政（征）。（"地守"谓虞衡之属。"地职"

谓"九职"。)

　　地官·土均　　土均掌平土地之政（征），以均地守，以均地事，以均地贡。（注家谓"土均"掌邦国都鄙贡赋之事，与"均人"掌乡遂公邑租赋之事有别。）

　　夏官·大司马　　凡令赋，以地与民制之。上地食者叁之二，其民可用者家三人。中地食者半，其民可用者二家五人。下地食者叁之一，其民可用者家二人。

　　（"赋"谓军赋。"叁之二"谓耕地叁之二，休耕地叁之一。"可用"谓丁强可任力役之事。）

从以上《周礼》对于租赋问题的论述，有几点可以引起我们的注意。第一，《周礼》同样认为制定赋税制度，必须辨明土地等次及物产状况，即所说："以土均之法，辨五物九等，制天下之地征"。此与管仲的"相地而衰征"，《乘马数》篇所说的上壤、间壤、下壤，楚国司马蒍掩"书土田"为九等①，《禹贡》定九州之田为九等，原理完全相同。所不同的，是《周礼》对土地等次及物产状况，更为重视。它所记述，远不止上文所录。例如对于五物九等，专有职文规定。《大司徒》职文，有"以土会之法，辨五地之物"，"以土宜之法，辨十有二土之名物"。《草人》职文有"掌土化之法，以物地相其宜，而为之种"。对于"土均"之重要，除有《均人》、《土均》二职专司其事而外，《遂人》职文还说："凡治野，以下剂（即下田）致甿（氓），以田里安甿，……以土均平政（征）"。可知《周礼》对"土均"法之重视。我们在前面论述管仲租赋思想时，曾引《乘马》篇所说的"地均"一说，以阐明均齐各种土地之法。《周礼》所说的"土均"，恐即"地均"的异名。此意惠士奇曾提出过，他说："土均、均人皆掌均土地之政

---

① 《左传》襄公二十五年。

令,……其在春秋则谓之地均,《管子·乘马》篇所谓'地均'以实数者也,"①。还应指出,《周礼》所说的"土均"之法,不仅考虑到土地好坏的因素,还考虑到劳动力多寡的因素。前在阐述《禹贡》九州租赋等级时,我们看到《禹贡》篇文并未提到各州劳动力多寡这个因素,但在《周礼》中即有明文。如上引《大司马》职文说:"凡令赋,以地与民制之。上地食者叁之二,其民可用者家三人。……"又《小司徒》职文说:"乃均土地,以稽其人民而周知其数。上地家七人,可任也者家三人,中地家六人,可任也者二家五人,下地家五人,可任也者家二人"。这两职所讲的虽然都是力役之事,但力役也是古代农民被征发的租赋之一种。郑玄注《大司马》职文即说:"赋给军用者也。令邦国之赋,亦以地之美恶、民之众寡为制,如六遂矣"②。《周礼》把劳动力强弱多寡与土地肥瘠一并提出来作为规定土地上中下等级的因素,因而作为规定赋役制度的准则,这是很可注意的。第二,《周礼》关于赋税的制定,也考虑到了土地位置远近的因素,如上引《载师》职文规定,"国宅无征,园廛二十而一,近郊十一,远郊二十而三,甸稍县鄙皆无过十二"即是。但按照这个规定的地税,就变成了轻近而重远,而非轻远而重近了。这个问题,早已受到注意。据郑玄说:"周税轻近而重远,近者多役也"③。按照这一说法,土地位置远近也是构成《周礼》制定赋税轻重的一个因素。

第三,对于税率问题,《周礼》论述较详,此亦为其特点。在《管子·大匡》篇中有记载说"桓公践位十九年,……赋禄以粟,案田而税,二岁而税一,上年什取三,中年什取二,下年什取一,

---

① 转见孙诒让:《周礼正义》,《土均》职疏。
② 《周礼正义》,《大司马》职注。
③ 《周礼正义》,《载师》职注。

岁饥不税,岁饥弛而税"。就各年平均而论,岁税约为什一。另外《治国》篇有"府库之征,粟什一",与《大匡》篇基本相同。但《幼官》篇则谓"田租百取五",与上述有异。总之,对于税率问题,最多只能说,管仲会对此有所主张,实际上会因时因地而异。至于《禹贡》,则完全没有提出这个问题。《周礼》则不然,在上引《载师》职文中,就按地之远近规定了不同税率,不但有低于一般所说什一之税的税率,并且还有高于什一之税的税率。不言而喻,在每一地区,税率虽同,但土地等级不同,各等土地交纳的赋税是不同的。《周礼》所定税率是与孟子的主张相违的。孟子说:"轻于十一是大貉小貉,重于十一是大桀小桀"[1]。但可以说,《周礼》所定税率是有理论根据的,它是管仲"相地而衰征"原理的进一步具体化,也是适应战国时代大国富国强兵的要求。

在田税税率上,《周礼》说的是定额租,还是分成租,从上面所引职文,是看不出来的。但《周礼》还有《司稼》一职,其职文说:"巡野观稼,以年之上下出敛法"。孙诒让以此职文与《载师》职文联系起来解释,可谓得其肯要。孙疏说:"载师任地之法,……此以地之远近为税法之差也。司稼以年之上下出敛法,此又以年之丰歉为税法之差也。二官盖互相备依"[2]但年之丰歉是作为税法之差,正常的税法究竟如何,是按通常年收成十分之几定额交纳(定额制),还是按每年收获量交纳十分之几(分成制),还没有说清楚。就《司稼》职文来推测,恐怕是定额制而以年之丰歉为增减以调济之[3]。否则,如按分成制,也就没有增减调济的必要了。这也是《周礼》"以土均平征"的进一步运用。

---

[1] 《孟子·告子下》。
[2] 《周礼正义》,《司稼》职疏。
[3] 参看田崎仁义:《中国古代经济思想及制度》,第327—328页。

最后，我们可以讲一讲《周礼》以及管仲、《管子》、《禹贡》关于田制的思想。"地租的占有是土地所有权借以实现的经济形式"①。租赋之与田制，是如影之随形。《周礼》与管仲、《管子》、《禹贡》既如此着重论述租赋问题，对于田制自必有其见解。这就是说，这些政治家和著作家在提出租赋原则和政策措施时，他们一定是以某种土地制度为根据的。由此，人们很自然地就会提出《周礼》等书对于井田制及"公田"制的思想如何的问题。因为一般认为先秦古籍中论述井田的只有《孟子》、《司马法》和《周礼》三书。《国语·齐语》和《管子·小匡》篇记管仲言论虽然也有"陵阜陆墐井田畴均，则民不憾"（《齐语》）或"陵陆丘井田畴均，则民不惑"（《小匡》）之语，《管子·侈靡》篇还有"断方井田之数，乘马甸之众"之语，但这些记述很难作为管仲对于井田制的观点来看待，因为这些记述作为分授田地来讲，还更为合理。至于《周礼》关于井田的记述，诚有两处，一为《地官·小司徒》职文："乃经土地而井牧其田野，九夫为井，四井为邑，四邑为丘，四丘为甸，……以任地事，而令贡赋，凡税敛之事"。一为《考工记·匠人》职文："匠人为沟洫，……九夫为井，井间广四尺，深四尺，谓之沟，方十里为成"。但此"九夫为井"之说，是否即是孟子所言之井田制，从汉代以来经解家即有不同意见。如汉郑众解《小司徒》职文说："井牧者，《春秋·传》所谓井衍沃、牧隰皋者也"，则井牧也是规划土田的意思。但郑玄则认为《小司徒》及《匠人》所说的，是有"公田"的采地井田制，而《遂人》所说的"凡治野，夫间有遂，遂上有径，十夫有沟，沟上有畛，……"是王畿内所行的没有"公田"的沟洫法。其实"井"的本意是汲水的井。《说文》云："八家共一井"，《周易·井卦》云："改邑不改

---

① 《马克思恩格斯全集》第25卷，第714页。

井"，并不一定指田制。井以后发展为水利灌溉系统和授田办法及征收赋税的单位，不必就一定如孟子所说是正方形九百亩一块的井田①。特别是，孟子所说的井田制，是有"公田"和"私田"的（"井九百亩，其中为公田，八家皆私百亩，同养公田"），这是与赋税制度直接有关系的田制。但《周礼》全书则无一处说到"公田"，因而也无八家"同养公田"的税法。从这里也就可以说，《周礼》赋税制度所根据的田制，是没有"公田"的田制。"公田"制的存在，意味着劳役地租的存在，其消失亦意味着劳役地租的消失。所以《周礼》所说的田税，直接生产者贡纳所耕土地上的一部分生产品，而不是贡纳一部分土地上的全部生产品。《周礼》中也有军赋与力役之征，但这些征敛也是按实物地租原则规定的，而不是按劳役地租原则规定的。《周礼》以及管仲、《管子》、《禹贡》都用"征"、"税"、"赋"、"贡"等词来表示租赋的征收和贡纳，而不用"藉"、"助"等词来表示，表明了这些政治家和著作家们所说的租赋，是"相地而衰征"的租赋，而不是"同养公田"的租赋。"相地而衰征"与"同养公田"是不同的，是两种土地制度，两种地租形式。既然"同养公田"，就无必要"相地而衰征"。同样，既然"相地而衰征"，就不存在"同养公田"的地租形式。所以从管仲的"相地而衰征"到《禹贡》的"咸则三壤"，再到《周礼》的"以土均平征"，贯穿着一种新的租赋思想和制度，这就是以实物租制代替劳役租制，而这种租赋制度和思想的产生和发展，又是以土地制度的变革为依据的。需要指出，"公田"制的存在与井田制毫不相涉。封建领主用"公田"制的形式来剥削农民，历史上是有明确记载的，但并不因为有"公田"，就一定有井

---

① 参见谷春帆：《井田释疑》，《经济科学》1980年第3期，此文对此问题作了系统的说明。

田制。把二者结合成一种田制,这是孟子的发明。因此,我们认为《周礼》赋税制度所根据的田制,是消失了"公田"与"私田"之分的田制,同井田制存在与否没有关系。

清代有一位杨椿,著《周礼考》,说《周礼》"疑其先出于文种、吴起、申不害之徒,务在富国强兵,以攻伐聚敛为贤"[①]。杨向奎同志认为:"《周礼》和《管子》是有着深厚的渊源的",《周礼》"应当是齐国人的作品"[②]。顾颉刚在前引文中也说:"《周官》,我敢断定是齐国人所作,但今本《周官》是否即是齐国的原本,我却不敢断定"。他还说:"《管子》书的中心问题是'作内政而寓军令',《周官》的中心问题也是这样"[③]。明确了《周礼》的成书时代及《周礼》与齐国和《管子》书的关系,就上述租赋思想而论,我们可以完全有理由认为《周礼》和管仲、《管子》以及《禹贡》的租赋思想,属于一个体系,而《周礼》则是这一租赋思想的高峰,成为后代封建社会尊奉的经典。

五 孔子和墨子的租赋思想

孔子和墨子在学术思想上不属于同一学派,但在租赋思想上有共同之处,并且二人生活的时代比较接近,所以合在一节讨论。先说孔子。

(一) 孔子

孔子的租赋思想,集中表现在以下三处的论述。一载于《春

---

① 转见顾颉刚前引文。
② 杨向奎:《中国古代社会与古代思想》上册,第353、357页。
③ 顾颉刚前引文。

秋经》：

　　　　初税亩①

《春秋》是鲁国史书，是孔子所整理的，《经》文所说，当然表达了孔子的思想。《春秋经》有三《传》，即《左传》、《公羊传》、《谷梁传》，对"初税亩"一语都作了解释，一并录之于下：

　　《左传》：初税亩，非礼也。谷出不过藉，以丰财也。

　　《公羊传》：初税亩。初者何？始也。税亩者何？履亩而税也。初税亩何以书？讥。

　　《谷梁传》初税亩。初者始也。古者什一，藉而不税。初税亩，非正也。

二载于《国语》、《左传》。《国语·鲁语》说：

　　季康子欲以田赋，使冉有访诸仲尼。仲尼不对，私于冉有曰，求，来。女不闻乎？先王制土，藉田以力，而砥其远迩；赋里以入，而量其有无；任力以夫，而议其老幼。于是乎有鳏寡孤疾，有军旅之出，则征之，无则已。其岁收田一井出稷禾、秉刍、缶米，不是过也。先王以为足。若子季孙欲其法也，则有周公之藉矣。若欲犯法，则苟而赋之，又何访焉②。（韦注："制土"，制其肥硗以为差也。"砥"，平也。平远迩所差也。"里"，壓也，谓商贾所居之区域也。"以入"计其利入多少而量其财业有无以为差也。"力"谓繇役，以夫家为数。）

三载于《论语·颜渊》章：

---

① 《左传》宣公十五年。
② 同见《左传》哀公十一年，但表述略有不同，如"仲尼不对"下，《左传》说："而私于冉有曰，君子之行也，度于礼，施取其厚，事举其中，敛从其薄，如是，则以丘亦足矣"。

> 哀公问于有若曰:'年饥,用不足,如之何?'有若对曰:'盍彻乎?'曰:'二,吾犹不足,如之何其彻也?'对曰:'百姓足,君孰与不足?百姓不足,君孰与足?'

这一段记载虽然是有若的对答,但有若受业于孔子,并且其言论记载于《论语》一书中,所以上述答语可以视为孔子的思想。

总观上述三处孔子对于租赋问题的论述,表明,孔子对于以下一些问题所持的见解。(一)对于"藉"和"税",即劳役地租和实物地租形式的观点。这个问题是和"公田"、"私田"问题紧密联系的,但管仲、《禹贡》、《周礼》都未提出此问题,因此很值得我们注意。(二)征收租赋所应奉行的原则。(三)租赋比率的高低。下面依次讨论。

"税亩"谓履亩而税,改变旧制,即不分公田私田,按亩征税。一般对这一解释无争论。至于"藉"、"藉田"作如何解释,从古到今,学者间意见不一。"藉田"之说,非始自上引《鲁语》。《诗·周颂》中有"载芟,春藉田而祈社稷也",又《诗·韩奕》中有"实墉实壑,实亩实藉",《国语·周语》有"宣王即位,不藉千亩"诸语。注家有谓"藉,耕也";有谓"藉,借也";有谓"藉,税也"。至于"藉田",则有谓"田税",有谓"今官田"[1],故友谷春帆则谓"藉田"(耤、藉同)为"普天之下,莫非王土"的土田[2]。这里不准备对此问题进行讨论。但我如同很多同志一样,认为下解较当,即"藉之言借也。借民力治之,故谓之藉田"[3]。藉

---

[1] 注家各说起自汉代至清代,见于《诗经》、《国语》、《左传》、《说文》等注解,不一一详引原文。

[2] 谷春帆:《藉田制的发展》,北京师范大学经济学集刊第2辑,1981年。

[3] 段玉裁:《说文解字注》。

田就是"公田"。"公田"在古籍中是有记载的。如《诗·大田》："雨我公田,遂及我私",《夏小正》："农及雪泽(释),初服于公田",《礼记·王制》："古者公田藉而不税"[①]。有"公田"当然要"借民力"耕种。这一解释与天子"躬耕"说不违,因为天子躬耕原来是做做样子的,目的是在于召唤劳动者来耕种。这一解释也与"田税"说相合,因为借民力治田也是一种田税形式。根据这一解释,我们可以说,藉田制同税亩制是属于两个时代,两种田制,两种税制。藉田制是劳动者在份地之外有"公田",他们耕种"公田"以其产品全部上交,此亦即劳役地租形式。税亩制则消除了公田私田之分,劳动者按耕种亩数生产品的一定数额作为租赋上交,是即实物地租形式。就时代说,当然藉田制在税亩制之前,同样,劳役地租形式亦在实物地租形式之前。弄清楚上列史实,孔子的租赋思想也就好理解了。

《春秋》三传都说,"初税亩""非礼也","非正也","讥履亩而税也",就是说,孔子对于鲁国实行税亩制一事,是表示异议的。这一异议,如果再看孔子对于藉田制一段议论就更清楚。孔子不是说吗,"先王制土,藉田以力,而砥其远迩;赋里以入,而量其有无;任力以夫,而议其老幼"。这是孔子对藉田制的赞美。赞美藉田制,反对税亩制;赞美"公田"劳役地租形式,反对公私田合一的实物地租形式,这是孔子租赋思想最本质的部分,也是孔子经济思想偏于保守的表现。西周末期以至春秋时代,是土地制度和租赋制度剧烈改变的时期,此从以下历史事件的发生可以知道。

公元前 827 年周宣王不藉千亩。

公元前 685—前 645 年齐国管仲推行"相地而衰征"政策。

---

① 注意上面这些古籍讲到"公田"之处,无一提到井田制。

公元前643年晋"作爰田"。

公元前594年鲁"初税亩"。

公元前590年鲁"作丘甲"。

公元前548年楚"书土田"。

公元前538年郑"作丘赋"。

公元前537年鲁"四分公室"("而尽征之")(前562年鲁"三分公室")。

公元前483年鲁"用田赋"。

公元前408年秦"初租禾"。

除了秦国"初租禾"而外,上述大事都发生在孔子生活的时代(孔子,公元前551—前479年)和孔子以前的时代。而孔子在论及租赋问题时,仍在赞美"先王"时代的藉田制,岂不是违背时代潮流吗?由此我们也不难理解孔子在肯定管仲功绩的同时,为什么说"管仲之器小哉!"[①]的原因。由此,我们还可以说,在田制和税制学术思想上,在春秋时期,存在着两个学派,一个是以管仲为首的改革派,另一个是以孔子为首的保守派。这两个学派在春秋时期以至战国时期,都一直存在着。孔子学派的继承者为孟子、荀子等儒家,但荀子是不同于孟子的,而管仲学派的继承者则为孙武、李悝、商鞅等法家。我们将在以后分别讨论。

关于征收租赋的原则,韦昭解释"制土",谓"制其肥硗以为差也",似以管仲的"相地而衰征"的"相地"来作解释,疑非是,应解为制定赋税制度。因为孔子在讲"先王制土"之后,是讲耕种"公田"的劳役地租,讲征收劳役地租要使远近能得其平,等等。由于"公田"生产品要输送,远地用于耕种"公田"和输

---

① 《论语·八佾》。

送生产品的劳役，与近者不相同。这是"藉田以力"与"衰征"在田制和地租形式上的不同。不过应该指出，孔子提出"砥其远迩"，还是吸取了管仲以"相地"作为制定租赋的原则的，同时还提出征收商税要"量其有无"，征发徭役要"议其老幼"的原则。这些原则，都可以说是孔子在主张公田制之下对征收租赋所提出的"公平"原则。

关于租赋比率的高低，孔子是非常重视的。他一则主张"敛从其薄"，再则强调"百姓足"。可以说，孔子的租赋思想的一大特点是重视"薄赋敛"。这一思想为孟子和荀子所继承，并成为后世儒家的重要的租赋思想。孔子对于租赋比率高低的论述，显然分为两种情况。一是在公田制之下，孔子认为应当按照劳动力和远近情况出租赋，并按照劳动力健壮情况服徭役，原则上"敛从其薄"。这种赋敛的"薄"或"不薄"，要看划分"公田"与"私田"的比例如何。"公田"比例高，用于"公田"的劳动就多，因而劳动者负担就重。反之负担就较轻。关于这一点，孔子除说"藉田以力"和"敛从其薄"而外，没有作进一步的阐述。但孔子曾提出只在有军事的年头，征收军赋，税率为"岁收田一井出稯禾、秉刍、缶米[①]，不是过也"的旧有规定。显然当时的军赋，要较孔子所说的旧有规定为高。另外一种情况，就是在鲁国实行税亩制情况下，按有若答哀公问"盍彻乎？"的意思，孔子认为应该实行"彻"的税法。但彻法究竟是怎样的一种税法，孔子没有说，有若也没有说。后来孟子说"周人百亩而彻"，是"什一"税[②]。由于孟子讲的是井田制，按公田一百亩与私田八百亩的划分计算，以后经解家就纠缠于公田与私田的比数。有说是九一，有说是十

[①] "稯禾"谓10筐稻禾，"秉刍"谓一捆（？）畜草，"缶米"谓16斗米。
[②] 《孟子·滕文公上》。

一，有说是"通其率以什一为正"①，都难说通，因为井田制本身就存在问题。我们认为说彻是周代的什一税，可以说得通。如《管子·大匡篇》被认为是齐国的档案记录，其中即记有"二岁而税一。上年什取三，中年什取二，下年什取一"，平均为岁取什一。《周礼·载师》则有近郊什一的记述。但若按井田制之"公田"、"私田"划分计算，则很难成立。一因税亩制本身已泯除"公田"与"私田"的界限而一律征税，二因井田制是否存在尚属问题。所以我们可以认为彻是按亩征税的什一税，更明确地说，是按耕地产量的十分之一征税。问题是在于哀公说的"二"是如何解释。历来经解家谓"二"是什二，即哀公意在加税。以有若不喻其旨。郭沫若则认为"二"是季孙等贵族按过去"公田"对公室的贡纳，有若则告以这种什二贡纳不若按亩什一征税更能增加公室收入②。我们认为《论语》这一段文章，重在主张发展生产，反对加税。有若以"彻"法来反对哀公的"二"，即认为如果生产发展了，税源增长了，十分之一税率的收入，会高于生产凋敝情形下十分之二税率的收入。这样解释可以与孔子的"敛从其薄"的旨意相通。法国重农学派有一句格言说："农民穷困，则国家穷困，国家穷困，则国君穷困"③。唐庆增说《论语》所说"百

---

① 《周礼·匠人》郑玄注。

② 郭沫若说："有若的彻是叫他撤去公私之分，不管公田私田，而一律的十分取一"。但他也说："初税亩"是"泯邻公私而一律取税"，这除了假定宣公与哀公之间产生"复古"之事，哀公所说的"二"，很难说是由"公田"十分取二的。郭说三分公室，四分公室是季孙等贵族把"公田"攫取过来"而贡于公"，这"贡"在哀公时已是十分之二。但《左传》所说的"而贡于公"，亦很难说是按原来"公田"而纳贡赋，更不用说取十分之二了。杜预注："而贡于公"谓"三家随时献公而已"。郭说见《十批判书》，第47页至49页。

③ 转见L. H. 韩讷：《经济思想史》，1925年英文版，第168页。

姓足,君孰与不足,百姓不足,君孰与足",对魁奈思想及泰西各国"曾产生相当之影响"'①。

还要说明,为什么孔子主张"敛从其薄"及有若教哀公实行彻法?在"公田"制劳役地租情形下和在税亩制实物地租情形下,所谓什一之税,只是各级贵族领主对上级领主的贡纳。事实上,贵族领主对于直接生产者的课征,远不止于作为贡纳的什一之税。"四分公室",明言"皆尽征之,而贡于公",即谓"征"与"贡"不是一回事,"贡"只是"征"的一部分,直接生产者实际所交纳的租赋,在贡纳的什一税之外,还有田税②。直接生产者交纳的租赋究为多少,文献没有记载,但春秋末期齐国晏婴与晋国叔向的一段对话,可以充分说明当时直接生产者租赋负担的苛重。晏婴说:"民参其力;二入于公,而衣食其一"。这就是说,齐国农民生产品的三分之二,都被各级贵族领主征收去了,自己只能留下三分之一作为衣食。这当然不是什一税,而是在什一税之外,还有什之五点七的课征。如果说这是不正常的苛税,那么正常的税率也不会低到什一。叔向说的不如晏婴说的具体,但也指出了晋国存在着同样情形。他说:"庶民罢敝,而公室滋侈。道殣相望,而女富溢尤。民闻公命,如逃寇雠"③。庶民罢敝与公室滋侈的对照,也说明了晏婴所说的情形的存在。孔子生当其时,虽然他在田制和税制上思想保守,但他在税率上还是主张"敛从其薄",并主张"彻"法,而反对哀公的"二"。郭沫若说:"大体上他是站

---

① 唐庆增;《中国经济思想史》上卷,第365页。韩讷引语,说是重农学派的"格言",唐庆增说是魁奈所说。待查。

② 陈焕章亦说:"孔子及其门徒没有提出地租学说,……土地税实际上取代了地租。"见上引书,第469页。

③ 《左传》昭公三年。

在代表人民利益的方面的"①，在税率上可以说确是如此。这种思想是为统治阶级长远利益着想，与他在田制和税制上的保守思想是不矛盾的。

（二）墨子

墨子书未论田制，他关于租赋的论述，是从节用观点出发，所以其论述亦只有一条，兹录之于下。

> 役（毕沅云，当作"以其常役"），修其城郭，则民劳而不伤。以其常正（征），收其租税，则民费而不病。民所苦者非此也，苦于厚作敛于百姓。

此文载于《墨子·辞过》篇。在这一篇中，墨子一连指出当时君主为宫室、为衣服、为美食、为舟车四个"厚作敛于百姓，暴夺民衣服之财"。意思很明显，墨子主张正常课税，反对苛重租税。但如何谓之常正，除说"民劳而不伤"、"民费而不病"，没有更多阐述。

当墨子说"以其常正，收其租税"，而无一语言及"藉田"，可以看出，公田制的劳役地租形式已经成为历史。墨子在《贵义篇》还说过："今农夫入其税于大人"。墨子所说的税、征、租税，都应该作税亩制的实物地租解释。若然，则墨子对于封建地租形式的思想，实比孔子前进一步。

由于租赋思想在墨子思想不占重要地位，因而后墨对此亦无何发挥。

---

① 《十批判书》，第 84 页。

六 孙武、李悝、商鞅的租赋思想

我们在前面说过,由管仲开始的一派租赋思想,其出发点是"作内政而寄军令"。作内政的重要组成部分,是在改变田制的基础上改变租赋制度。管仲以后,孙武,李悝、商鞅等军事家和政治家,虽然与管仲无直接师承关系,但他们的中心思想恰是相同的。《汉书·刑法志》说:"先王之礼没于淫乐中矣,雄桀之士因势辅时。……吴有孙武,齐有孙膑,魏有吴起,秦有商鞅,皆禽敌立胜,重著篇籍",说的就是这个意思。以下分别论述他们的租赋思想。

(一) 孙武

孙武即《孙子兵法》的作者,是我国古代的大军事学家,他的生卒年月不详,约与孔子同时。一个大军事学家,尤其是像孙武那样处在社会经济大变革的时期,他的著作是不可能不涉及当时一些经济问题的。过去只能从《孙子兵法》发掘他的一些经济思想,但从1972年4月山东临沂银雀山西汉墓葬中出土了《孙子兵法》、《孙膑兵法》一大批竹简,其中有孙武与吴王阖庐的问对《吴问》,计有255字,内容是孙武关于晋国末期六卿田制和税制的论述,为孙武的经济思想,尤其是租赋思想,提供了非常珍贵的新的材料。兹抄录《吴问》一文于下。

吴王问孙子曰:"六将军分守晋国之地,孰先亡?孰固成?"孙子曰:"范、中行是(氏)先亡。""孰为之次?""智是(氏)为次。""孰为之次?""韩、巍(魏)为次。赵毋失其故法,晋国归焉"。吴王曰:"其说可得闻乎?"孙子曰:"可。范、中行是(氏)制田,以八十步为婉(畹,相当于半亩），以百六十步为畹（亩），而伍税之。其□田陕（狭），置士多，伍税之，公家富。公家富，置士多。主乔（骄）臣奢，冀功数战，故曰先（亡）。……公家富，置士多，主乔（骄）臣奢，冀功数战，故为范、中行是（氏）次。韩、魏（魏）制田，以百步为畹（畹），以二百步为畛（亩），而伍税（之），其□田陕（狭），其置士多。伍税之，公家富。公家富，置士多，主乔（骄）臣奢，冀功数战，故为智是（氏）次。赵是（氏）制田，以百廿步为畹（畹）以二百卌步为畛（亩），公无税焉。公家贫，其置士少，主金（敛）臣收，以御富民，故曰固国。晋国归焉。"吴王曰："善。王者之道，□□厚爱其民者也"①。（□是竹简残缺字，或不能辨认字。）

吴王所问的是晋国六卿孰先灭亡，孙武不以地形、实虚等等作答，而答以成为六卿存亡根本因素的田制和税制的不同，这是春秋战国大军事学家、大政治家讲求"作内政而寄军令"或"富国强兵"的思想的共同特点。范氏、中行氏亩制较智氏小，而亩税相等②，故先亡。智氏亩制又较韩氏、魏氏小，而亩税相等③，故智氏次于范氏、中行氏亡。韩氏、魏氏亩制又较赵氏小，而亩税则高于赵氏，故韩氏、魏氏次于智氏亡。独赵氏亩制最大，税最轻，所以孙武说赵国是"固国，晋国归焉"。虽然后来的历史发展，是韩、赵、魏分晋并立，与孙武所说不尽相合，但孙武提出的论据，是具有根本意义的。这里有一个重要问题，需要说明，即文中"伍税之"和"公无税焉"，学者间解释尚不一致。有谓"伍税之"是"五分抽一"，"鲁国（哀公）十分抽二，也是推行这一税率"。"无

---

① 银雀山汉墓竹简：《孙子兵法》，第94—95页。
② 文中智氏文缺，此系据文意解释。
③ 同上。

税,就是免除征收田亩税"①。有谓"伍税之"是"伍为基层行政单位,按伍收税","公无税焉","无同元,即原的意思。亩大,仍收原来的税"②。二说究以何说为是,尚难肯定,但"公无税焉",恐应为"三分公室","季氏尽征之",杜注谓:"无所入于公"③ 之意。但就租赋思想而言,《吴问》一文的意义,在于表明了孙武极其重视亩制和税制改变的重要性。从《吴问》一文可以看到,晋国在六卿争并之时(公元前490—前453年),已经毫无"公田"和"私田"的踪影,税亩制已经成了通常的制度,六卿已对土地据有可以处置的私有权。六卿为了鼓励农民耕种的积极性,争取农民的拥护,各卿不但大小不同地扩大了亩制面积,打破了儒家所说的"六尺为步,步百为亩,亩百为夫"④ 的经界,并且有的还改变了税率。这样,如果对农民授田亩数相同,农民负担会随亩制扩大而减轻,如果同时税率又减低,农民负担当更减轻。这里可以插说一句,即秦国后来的亩制,是采取孙武所说赵国所行的以240步为亩的亩制。显然,孙武是完全赞成这种对亩制和税制的改革的。《吴问》文中吴王所说"厚爱民者也",事实上就是孙武的租赋思想。这一思想对孙武来说是一贯的。在《孙子兵法·作战篇》,他曾说:"远输则百姓贫","财竭则急于丘役","百姓之费,十去其七"⑤,可知他是反对苛重的赋役的。但他的轻税思想与孔子的反对改变田制和税制是不同的,而与管仲的"作内政而寄军令"的思想却是一致的。

---

① 银雀山汉墓竹简:《孙子兵法》,第151至152页。

② 同上书,第5至6页。林甘泉说略同,见《从出土文物看春秋战国间的社会变革》,《文物》1981年,第5期。

③ 《左传》昭公五年。

④ 《汉书·食货志》。

⑤ 这与晏婴所说"民叁其力,二入于公",完全一致。

(二) 李悝

李悝是战国初期人，为魏文侯相，《汉书·艺文志》说有《李子》32篇，但均亡佚。司马迁仅在《史记·孟荀列传》说："魏有李悝，尽地力之教"，没有给他立传，似乎也未看到《李子》一书。关于李悝的经济思想，只在《汉书·食货志》中有一段记载。这段记载，对于战国初期的田制、粮价、农民生活的叙述，非常有条理，都有数字，并且其中亦记有"十一之税"。如果这个记载是录之《李子》一书，恐怕这是思想家把"十一之税"明确地视为正常农业税的最早记载。这段记载，以后成为我国古代经济史和思想史的重要史料。但是尽管这段记载的主要思想，如"治田勤谨，则亩益三斗"，"籴甚贵伤民，甚贱伤农"，"不幸疾病死伤之费及上赋敛，又未与此，此农夫所以常困，有不劝耕之心"，"是故善平籴者必谨观岁"，是当时非常卓越的发展生产和惠民政策，并且《汉书·食货志》也说，这些政策"行之魏国，国以富强"。不过作为史料来用，这段记载中的一些数字，恐怕属于传闻或属于班固的想象，未必出于李悝所著书。对于这一问题，胡寄窗同志曾指出其中"有许多不合理之处"①，甚是。例如，关于租赋问题，胡寄窗同志说："除什一之税外，'上赋敛'似乎是可缴可不缴的微不足道的开支项目，这显然不符合客观事实"②。我想就这段记载对于租赋问题的论述来说，恐也不符合作为改革家李悝的思想。儒家讳言改革田制和税制，但主张薄赋敛，管仲以后的改革家则主张改变田制和税制，而《食货志》对于李悝论述田制和税制的记载，则只有一点点薄赋敛的主张，这就不能不使人

---

① 胡寄窗：《中国经济思想史》上，第273至277页。
② 同上书，第275页。

怀疑这是班固所加之于李悝的，这只要看看《食货志》关于田制和税制的基调属于儒家思想体系，就可以知道了。

(三) 商鞅

商鞅是战国中期秦国政治经济改革纲领的制订者和实行者，习称商鞅变法。他的改革纲领，可以说是总结了管仲以后春秋战国时代各国政治经济改革的经验，并加以发展。这里不谈他的政治改革纲领。就他的经济改革纲领而言，最重要的有两项，一为改变田制和税制，一为发展农业生产和抑制工商业。前一项是改变生产关系，后一项是调整农商关系和发展生产力。按司马迁的记载，这两项纲领是：

> 为田，开阡陌封疆，而赋税平。
>
> 僇力本业，耕织致粟帛多者复其身，事末利及怠而贫者，举以为收孥。①

第一项无疑是根本性的，既关于田制，又涉及税制。但关于这一项的解释，自古迄今，都存在分歧，不可以不说清楚。最重要是关于"开阡陌封疆"的解释。最早作出解释的是董仲舒。他说：

> 至秦则不然，用商鞅之法，改帝王之制，除井田，民得卖买②。

经他一说，学者信井田制者，则谓商鞅在田制上的变法，是废除井田制，承认所有的土地可以私有和买卖③。但不信井田制者，则谓开阡陌封疆是废除田间的车路和疆界，承认各人新辟土地的所

---

① 《史记·商君列传》。
② 《汉书·食货志上》。
③ 郭沫若：《中国史稿》第二册，第15页。

有权①。另外，对于开阡陌封疆的"开"，还有"置立"或"废除"的不同解释。如《汉书·地理志下》说："孝公用商君，制辕田，开阡陌"，张晏注："周制三年一易，以同美恶，商鞅始割列田地，开立阡陌，令民各有常制"。杜佑《通典·食货典序》说，商君"隳经界，立阡陌"。这都是置立阡陌的说法。学者有从后说，谓开阡陌是把田地分割为百亩一块，千亩一块，在百亩、千亩的周围，筑起长期的田界②。或谓把原来"步百为亩"的阡陌和每一顷田的封疆，统统废除，一亩开拓为240步，重新设置阡陌和封疆③。各说不同，我倾向"开立阡陌"之说，兹略申己见。

秦国在商鞅改革田制和税制之前，如《史记》记载，曾实行"初租禾"④。那是在秦简公7年（公元前408年），即在鲁国"初税亩"一百八十六年之后，约在孙武答吴王问（《吴问》）一百一、二十年之后和李悝在魏国"尽地力之教"三十多年之后。那时秦国政治经济远较紧邻的魏国等国落后，是鲁国、赵国、魏国等的田制和税制改革促使秦国实行了"初租禾"。"初租禾"就是破除"公田"与"私田"的划分，如"初税亩"一样，废除劳役地租制，按亩一律征收实物租税。这时，对农民是实行授田制，并且由于秦国地广人寡，耕种之地可以时常变换，农民亦无定处。上引《汉书·地理志》张晏注说："商鞅始割列田地，开立阡陌，令民各有常制"，就是说，在商鞅变法以前，农民耕种田地，尚是三年一换，并不固定。这种对田地使用的不固定，会影响农民的"治田勤谨"。同时，孙武所说赵氏以240步为亩的大亩制，对于

---

① 范文澜：《中国通史简编》第一册，第236页。
② 裘锡圭：《战国时代社会性质试探》，《中国古史论集》，第27页。
③ 杨宽：《战国史》（新版），第189页。
④ 《史记·六国年表》。

鼓励农民积极生产显然起很大作用。商鞅生长于魏国，且在魏国做过掌管公族的官，对于魏国、赵国等国经济改革和经济发展，当然十分清楚。因此会把它们的成功经验，作为在秦国变法的根据。商鞅下令"开阡陌封疆"（公元前350年），是在下令废除无军功的贵族领主的名位，重新按军功规定等级占有田宅①。（公元前359年）之后，是进一步发展土地私有制，很可能吸取了孙武所说的赵氏的成功经验（赵氏最后未能取胜，当然有其他很多因素），把秦国的亩制改为240步一亩，并使农民"自爱其处"②（即使农民使用土地固定化）。《说文》云："六尺为步，步百为畮（亩），秦田二百四十步为畮"③。另外，杜佑云："按周制，步百为亩，亩百给一夫，商鞅佐秦，以一夫力余，地利不尽，于是改制二百四十步为亩"④。商鞅改秦国亩制为240步，当然要重新划定田界。阡陌是田界，封疆是在界上聚土以表识疆境。既然要重新划定田界，识别疆境，所以就要"开阡陌封疆"。"开"是"开立"，重新划定的意思，而不是"废除"的意思，这是十分清楚的。亩制既然改订，税制自然会随之而变。关于商鞅变法"而赋税平"的内容，无更多记载，一般讨论也不多。唐庆增说是"指人民纳税之负担而言，负担公平则人民实力亦均"⑤。胡寄窗同志说，"平"字有两种意义，一是全国租税负担"无此轻彼重之弊"，"二是意味着租税负担暂时减低"⑥。我们认为如果上述对"开阡陌

---

① 《史记·商君列传》："宗室非有军功论，不得为属籍。明尊卑爵秩等级，各以差次名田宅，臣妾衣服以家次"。
② 《汉书·食货志上》，《汉书·地理志下》孟康曰："爰自在其田，不复易居"。
③ 《说文》，徐锴本有此语。
④ 杜佑：《通典·州郡典雍州风俗》。
⑤ 唐庆增：《中国经济思想史》卷上，第275页。
⑥ 胡寄窗：《中国经济思想史》上，第403页。

封疆"的解释能够成立，那么因亩制加大，在每亩税率不变情形下，农民负担一定会减轻。因此，"赋税平"就是租税负担减轻。这样的解释，是合乎商鞅发展农业生产的农战思想的。因为租税负担减轻，农民进行生产就会受到鼓励。商鞅的田制和税制思想是富于革命性的，它不同于孔孟向往旧的"公田"制和仅仅反对加重赋税的薄赋敛，而是沿着管仲的道路，在改变田制的基础上改变税制，使租税负担减轻。

商鞅关于租税高低标准问题，史书完全没有谈到。但是对于课税原则，对于用课征或免征政策作为发展农业生产的手段，以及对于用输粟赐爵政策作为加强封建国家经济实力的手段，在后人辑录的《商君书》各篇中颇多论述。关于课税原则，商鞅主张"不烦"、"不多"。《垦令篇》说："征不烦，民不劳，则农多日，……则草必垦矣"。反之，"禄重而税多，食口（谓游说之士）者众，败农者也"。这意思与上述"而赋税平"是一致的，毋庸解释。需要提出讨论的是，在《垦令篇》中有"訾粟而税，则上壹而民平"两语，对此有不同解释。大多数解释都说，"訾粟而税"，谓"朝廷按农民收入粮谷多少征收地税"，"上壹而民平"谓"国君的地税制度就统一了，农民负担的地税就公平了"[1]。但按照此说，农民生产粮谷多，就要多纳税，可能有不合上述税不多的课税原则之处，也可能有不合下述用征免政策奖励生产政策之处。按粮谷生产量多少征税的说法，颇与《周礼·司稼》职文"巡野视稼，以年之上下出敛法"相同，不过注家有认为《司稼》职文所说敛法，是与《载师》所规定的"近郊十一"等税法相辅而行[2]，而按照上说的"訾粟而税"，除了意味着多生产多纳税和少生产少

---

[1] 高亨：《商君书注译》，第20页。其他一些注译本，与此同，不具引。
[2] 孙诒让：《周礼正义》。

纳税而外，没有更多的意义。朱师辙著《商君书解诂》注说："訾粟而税，言收税皆用粟为訾（訾，资财），不纳钱，是以贵农重粟也"。我认为此解颇可取，因为此解与商鞅重本抑末之义一贯。用此解与《商君书·去强篇》文"国好生金于竟内，则金粟两死。……国好生粟于竟内，则金粟两生"对看，则两文文义相合。訾粟而税，是强调用粟纳税的重要性。如不用粟而用金纳税，农民以粟易金，负担显然要加重。至于"上壹而民平"，这"平"字可能也与前述"而赋税平"的"平"字意义相同。因为多生产，税率不变，赋税就会减轻。（垦令篇）接着说："民平则慎，慎则难变"，实即管仲所说"则民不移"之义。按照这样解释，商鞅的租税思想与他的基本经济政策一致，也与他提出的课税原则协调。

商鞅变法令的记载中有"初为赋"一条。《史记·索隐》引谯周云："初为军赋也"[1]。这军赋不是如鲁国的"以田赋"，按田亩征收军赋，而是按户口征收[2]，这也是租赋史上一大变革。这里我们要谈的是商鞅的租赋政策与发展农业生产的关系。按商鞅变法令还有两条，一是"民有二男以上不分异者，倍其赋"，一是"力本业，耕织致粟帛多者复其身"[3]。前者鼓励农民独立进行生产，否则，就加倍课征口赋。后者也是鼓励农业生产，生产超过一般产量的，就免除徭役。在《商君书·徕民篇》中，对于三晋之民西来者，还提出给予田宅，免除徭役三代的政策。口赋与徭役，对农民来说，都属于劳役地租。商鞅的这种一个"倍"一个"复"的赋役政策，是完全为了发展农业生产和加强封建国家经济实力，

---

[1] 《史记·秦本纪》。
[2] 董悦：《七国考·秦食货》。
[3] 《史记·商君列传》。

这是商鞅租赋思想最富有特点的地方。

最后,《商君书》中一再提出的"粟爵粟任"政策①（谓以输粟多寡，锡爵任官），虽然对象是民富粟多的人，目的在于使"富者贫"，具有很大的政治作用。但从经济的意义来说，这种输粟是贡赋的一种形式，实质上是加重对实物地租的课征，以加强封建专制国家的经济实力。商鞅的这种租赋政策，对以后我国封建专制的强化有很大影响。

七 孟轲、荀况的租赋思想

孟轲、荀况同奉孔子为宗师，但思想学术趋向不同，对田制和税制的论述亦异。此即韩非所说："儒分为八"，"……有孟氏之儒，……有孙氏之儒，……取舍相反，不同"②。兹分别述之。

（一）孟轲

孟轲（公元前372—前289年）生活在战国中期，稍在商鞅之后。那时七国争雄，内务变法，外事征战，百家之说，风起云涌。孟轲宗师孔子学说，激于时势，力倡仁政，而仁政中的经济内容，就是他所提倡的田制和税制。成为两千多年来学术界争论不决的井田制，即首先出自孟轲。我们讲他的田制和税制思想时，亦无法避开这个问题。

孟轲的田制思想，可以说是渊源于孔子的"藉田"思想，并

---

① 见《去疆》、《说民》、《靳令》等篇。
② 《非子·显学篇》："取舍相反，不同"，主要是儒墨，但亦指儒墨各派，"孙氏，有谓即孙卿，荀况亦名孙卿"。

大力加以发挥以至于造出他的井田制。孟轲的田制思想可以分为两部分来讲，一是井田制，一是"助法"。关于这两个问题的论述，都在《孟子·滕文公上》中。关于井田制，他说：

> 方里而井，井九百亩，其中为公田，八家皆私百亩，同养公田，公事毕，然后敢治私事，所以别野人也。

> 使毕战问井地。孟子曰："……夫仁政必自经界始。经界不正，井地不钧，谷禄不平。是故暴君污吏必慢其经界。经界既正，分田制禄，可坐而定也"。

《周礼》中有关于"井"的说法。《小司徒》职文说："乃经土地而井牧其田野，九夫为井，四井为邑，四邑为丘，……以任地事，而令贡赋"。《匠人》职文说："匠人为沟洫，……九夫为井，井间广四尺，深四尺，谓之沟。……"这两条职文讲"九夫为井"，都不如孟轲所说的具体。《小司徒》职文是讲贡赋征敛的组织，《匠人》职文是讲治理沟洫的方案，很难说就是孟轲所说的井田制。此外，《司马法》亦有一段记载说："六尺为步，步百为亩，亩百为夫，夫三为屋，屋三为井，井十为通，通为匹马，三十家士一人，徒二人，……"。这也可以说是讲贡赋征敛的组织。到了西汉初，韩婴袭孟轲之说而进一步具体化，于是儒家多以井田制来解释《周礼》，井田制就成为煞有其事的古代田制。兹录韩婴之说如下：

> 古者八家而井，田方里为一井，广三百步，长三百步为一里，其田九百亩。广一步，长百步，为一亩。广百步，长百步，为百亩。八家为邻，家得百亩。余夫各得二十五亩。家为公田十（亩），余二十亩共为庐舍，各得二亩半[①]。

这把井田制构造得更为具体了。但正因其十分具体，也就更表明

---

① 《韩诗外传》卷4。

其不合乎历史实际。不说别的理由，单就人口增加来说，这种制度就无法实行①。

孟轲关于"耕者九一"的助法，是建立在井田制上的。孟轲说：

> 夏后氏五十而贡，殷人七十而助，周人百亩而彻，其实皆什一也。彻者彻也，助者藉也。

> 龙子曰，治地莫善于助。……诗云，雨我公田，遂及我私。惟助为有公田……请野九一而助，国中什一使自赋②。

助法就是藉法。藉同借。经解家认为助法、藉法就是借民之力以耕公田。按孟轲说法，公田在井田当中，为一百亩，八家同耕公田，以其收获作为租税。这种租税形式显然是劳役地租，与孔子所主张的"藉田以力"相同。孟轲认为助法是最好的税法，并且他是最主张什一之税的（详下）。但照他的私田800与公田100亩之比和八家同耕公田100亩计算，税率不是什一，而什一点二五。因为他的井田制不是殷人的"七十而助"和周人的"百亩而彻"，而是900亩税100亩，即他说的"耕者九一"，这显然与他说的什一之税矛盾。所以他又特别把"野"与"国中"区别开来，说城郊地区行什一税制，郊外地区行"九一"制的助法。但韩婴为了使助法成为普遍的什一税法，把八家共耕公田规定为80亩，余20亩作为各家庐舍，这样不论各家分耕十亩，或八家共耕80亩，就都是什一之税了。可是这样的规定，不是把公田100亩减成80亩了吗？应该指出，孟轲和韩婴所举的这些数目字都是虚拟的，在现实中是不存在的，我们很可不必跟着它打转转。我们讲孟轲提

---

① 东汉荀悦就提出"井田，非今也"之说，见《申鉴》卷2。关于井田制问题，参看谷春帆：《井田释疑》，《经济科学》1980年，第3期。

② 《孟子·滕文公上》。

倡的井田制和助法，是在于弄清楚他关于田制和税制的基本思想。虽然孟轲不得不承认"国中什一使自赋"（即税亩制）的存在，但他是竭力在提倡"耕者九一"的田制和税制的。事实上，"公田"制和劳役地租形式的助法，已经从管仲时代以来在崩坏和消灭，孔子虽想保存而犹未能，孟轲在商鞅变法后的新时代，竟想花样翻新来为旧的"公田"制和助法辩护，这正如司马迁所说，当时国王们说他"迂远而阔于事情"[①]（不识时务）。和孟轲同属儒家的荀况，也对孟轲大加批评，说他"略法先王而不知其统，犹然而材剧志大，闻见杂博"等等[②]，很难说这批评当中不包涵他所提倡的"公田"制和助法。

虽然如此，孟轲在租税的课征上，与孔子相同，也是力主薄敛的，并且由于历史的发展，他在这方面的论述比孔子为充分。儒家的薄税敛思想，在后世封建社会中影响很大，就是依据孔孟的论述。所以孟轲对于薄税敛的思想是值得注意的。首先，孟轲一再提出薄税敛的主张作为施行仁政的一个重要内容。他说：

省刑罚，薄税敛，深耕易耨（《梁惠王上》）。

易其田畴，薄其税敛，民可使富也（《尽心上》）。

是故贤君必恭俭，礼下，取于民有制（《滕文公上》）。

怎样的税敛才算薄呢？怎样才算取民有制呢？孟轲还是遵守孔子所主张的"彻"法，或什一税制，不过对此却作了一些阐述。孟轲对于征税重于什一税的情形，认为它是非义之事，要求立即回到什一税。宋国有个大夫名叫戴盈之问孟轲，说："什一，去关市之征，今兹未能，请轻之，以待来年然后已，何如？"孟子曰：

[①] 《史记·孟荀列传》。

[②] 《荀子·非十二子》。

"……如知其非义，斯速已矣，何待来年？"①但孟轲也不赞成税法比什一税还轻。有个周人名叫白圭问孟轲，说："吾欲二十而取一，何如？"孟子曰：

> 子之道，貉道也。……夫貉，五谷不生，惟黍生之。无城郭宫室宗庙祭祀之礼，无诸侯币帛饔飧，无百官有司，故二十取一而足也。今居中国，去人伦，无君子，如之何其可也？……欲轻之于尧舜之道者，大貉小貉也。欲重之于尧舜之道者，大桀小桀也②。

孟轲把轻于什一税的税法，视为外夷之道，把重于什一税的税法，叫做暴君之道。以后儒家把这个说法奉为经典。例如《春秋公羊传》在解说"初税亩"时说："什一者，天下之中正也。多乎什一，大桀小桀，寡乎什一，大貉小貉。什一者，天下之中正也，什一行，而颂声作矣"③。这就是因袭孟轲的说法。

在孔子时代以前，不但有劳役地租（"藉田以力"），还有里税（"赋里以入"）和力征（"任力以夫"）。孟轲说："有布缕之征，粟米之征，力役之征"。前节说商鞅变法令中有一条，"耕织致粟帛多者复其身"，这一法令中有"粟"、"帛"、"复"三事，也说明这三种租赋以不同形式而存在。孟轲反对同时征收三种租赋。他说：

> 有布缕之征，粟米之征，力役之征。君子用其一，缓其二，用其二，而民有殍。用其三，而父子离④。

这也就是说，孟轲认为最好的税制是单一的粟米什一税制。

---

① 《孟子·滕文公下》。
② 《孟子·告子下》。
③ 《公羊传》宣公十五年。
④ 《孟子·尽心下》。

为什么什一税制是最好的税制？孟轲以及后来儒家的解说，还是回到井田制。《公羊传》所谓"古者什一而藉"，即一夫受田百亩，"公田"十亩，是谓十一而税。但是我们说过，井田制是一种虚拟的田制和税制，在孟轲时代，"公田"制的劳役地租形式早已废除，那么什一税制的合理性如何理解呢？对此，孟轲以及其他思想家除了说这是"尧舜之道"的"古制"，这是轻的税法，别无解释。由于中国古代有什一税制的说法，欧洲中古时代也有教会征的什一税，所以亚当·斯密以及后来李嘉图对于什一税都作了理论上的剖析，在这里有必要来看看他们的论点。亚当·斯密在论述赋税问题时，曾区分土地税为两种，一为与地租成比例，一为与土地生产物成比例。李嘉图把前者叫做地租税，后者叫做农产品税。他们都认为前者是公平的，后者是不公平的。因为按地租量征税，地租多，多征税，地租少，少征税，是"按照各自收入的比例纳税"的。而按土地生产物的比例的赋税，则是按不同收入交纳相同比例的赋税。举一个假定的例子说，两块土地生产不同数量生产物，一块土地的地租高，一块土地的地租低，一块土地的地租是零，如果按地租高低征税，则一块土地要多征税，一块土地只能征少量的税，一块土地不征税。但如按生产物的比例征税，则不生产地租的土地也要按生产物征税，这当然是不公平的。亚当·斯密说，什一税就是"不与地租成比例而与土地生产物成比例的土地税"。他并且说："中国帝王的主要收入，由帝国一切土地生产物十分之一构成"[①]。李嘉图没有提到中国古代的什一税，他仅就一般什一税说："什一税是课加在土地总产品上的税"，"最劣等的土地和最上等的土地都要支付什一税，并且恰好与它们

[①]《国民财富的性质和原因和研究》（郭大力、王亚南译本）1974年，第395至396页。

所生产的产量成比例","什一税是土地总产品的十分之一,而不是净产品的十分之一,所以在社会增加财富时,什一税在总产品中所占的份额虽然不变,但在净产品中所占份额却必然日益增大"①。所以什一税不是公平的税。不过我们要注意,亚当·斯密和李嘉图都是根据资本主义社会土地私有制情形来说的。在孔、孟的时代,农民的土地是授与的,"地租和赋税就会合为一体"②。在这种情形下,如果是实行"公田"制的劳役地租,八家或"同养公田",或分耕"分田"③,而以"公田"之所获作为租赋,亚当·斯密和李嘉图所说什一税的不"公平"处,就不存在。或者,如果每一农户同受田一百亩,土地肥力大致相同,所生产的产品数量大致相同,按此数量交纳什一税,亚当·斯密和李嘉图所说的不"公平"处,也不显著④。问题是在于各个农户所受的土地质量是否相同。《周礼·小司徒》、《大司马》都有上地、中地、下地之分。《礼记·王制》则说:"百亩之分,上农夫食九人,其次食八人,其次食七人,其次食六人,下农夫食五人"。《孟子·万章下》亦云:"一夫百亩,百亩之粪,上农夫食九人,上次食八人,中食七人,中次食六人,下食五人"。既然农户所受土地质量不同,而规定下地与上地同按什一税制纳税,则不能说"什一者,天下之中正也",或如孟轲所说是"尧舜之道"。

最后,说一说孟轲主张薄税敛的时代意义。在七国争雄,战争频仍的时代,租赋徭役都是非常繁重的,薄赋敛的主张当然有合乎人民要求的一面,这是薄赋敛这个主张在中国封建社会一直

---

① 李嘉图:《政治经济学及赋税原理》(郭大力、王亚南译本),第149、151页。
② 《马克思恩格斯全集》第25卷,第891页。
③ 我们在前面说过,"公田"制与井田制是两回事。这里所说的"公田"制,是一种划分土地为"公田"与份地的田制,而不是孟轲井田制下的公田制。
④ Chen Huan-Chang:《孔子及儒家的经济学说》(英文本),第648页。

成为政治家和思想家所高举的一面旗帜的原因。但我们也不要忘记另一面,即孟轲的这个主张,如孔子一样,是旨在反对聚敛的贵族大夫和称霸的诸侯国君。孔子曾痛责学生冉求为季氏"聚敛而附益之",说他"非吾徒也,小子鸣鼓而攻之可也"①。孟轲则引此故事,说"求也为季氏宰,无能改于其德,而赋粟倍他日。孔子曰,求,非吾徒也。……由此观之,君不行仁政而富,皆弃于孔子者也"②。孟轲比孔子进一步,由责难贵族大夫之致富而责难诸侯国君之致富了。这还是比较温和的责难。孟轲还有比较尖锐的责难。他说:

> 今之事君者曰,我能为君辟土地,充府库。今之所谓良臣,古之所谓民贼也。君不乡道,不志于仁,而求富之,是富桀也③。

所说"辟土地,充府库",就是管仲、孙武、李悝、商鞅等所讲求改变田制和税制的富国政策。孟轲反对这种政策是十分清楚的。事实上,"辟土地,充府库"的富国政策是可以与薄税敛并行不悖的。

(二) 荀况

荀况,战国末期人。他所处的时代是,七国争雄,强弱之势已见,诸子立说,是非各有不同,但争雄与争鸣都可以说已达到高潮。荀况在百家荟萃的稷下,曾三为祭酒,而又在齐,适楚,归赵,聘秦,议论政事,七国中亲观其四,对于当时社会经济问题可谓了然于胸中,对于各家学说的长短亦复进行批判、继承而

---

① 《论语·先进》。
② 《孟子·离娄上》。
③ 《孟子·告子下》。

加以发展。有谓荀况是先秦各家经济思想的集大成者[1]，可谓颇中旨要。

在战国末期，在政治和经济思想上成为最有影响的学派，是儒家和法家。荀况继承孔子的学术思想，而又吸取管仲以来的法家学术思想。他倡导隆礼重法，而又认为礼高于法，这就表现了他基本上是儒家，但又吸取了法家的学说，而发展了孔子的儒家学说。我们可以录他对于孔子及管仲的论述，借以表明他的思想主流。荀况对于孔子的称誉，可谓无以复加。在《荀子》各篇中，一再称他为大儒，为圣人，为"德与周公齐、名与三王并"[2]等等。对于管仲，则一再称他是霸主的功臣，"民亲之、士信之、上忠乎君、下爱百姓而不倦"[3]。这与孟轲对管仲的评价是不同的。孟轲是从"五霸者，三王之罪人也"[4]的观点出发来评论管仲，这就与荀况所说"义立而王，信立而霸"[5]的出发点显然不同。明白了荀况经济思想的主流，可以接着谈荀况的田制与税制思想。

荀况关于田制和税制的论述不多，然而语简意赅，很值得仔细分析。下面两段是他比较集中的论述。

王者之法，等赋、政事（一说当为"等赋政"，"事"字衍），财（裁）万物，所以养万民也。田野什一，关市几而不征，山林泽梁以时禁发而不税。相地而衰政，理道之远近而

---

[1] 俞敏声：《论荀子的经济思想》，载《中国经济思想史论》。
[2] 《荀子·解蔽》。
[3] 《荀子·臣道》。其他篇如《仲尼》、《王制》亦有称道之语。《大略》篇说"管仲之为人，力功不力义，力知不力仁，野人也，不可为天子大夫"。一般认为此篇为荀况后人所作。不过上语与荀况基本思想也相合。
[4] 《孟子·告子下》。
[5] 《荀子·王霸》。

致贡，通流财物粟米，无有滞留，使相归移也。①

轻田野之税，平关市之征，省商贾之数，罕兴力役，无夺农时，如是则国富矣。夫是之谓以政裕民。②

这两段论述，既有孔子以后儒家的租税思想，也有管仲以后法家的租税思想。"田野什一，关市几而不征，山林泽梁以时禁发而不税"、"理道之远近而致贡"、"罕兴力役"，都是儒家的租税思想。"等赋"、"相地而衰政"、"省商贾之数"，都是法家的租税思想。特别值得注意的是，管仲的"相地而衰征"思想，在管仲以后，除《管子》一书再提出以外，各思想家中明确地再提出此主张的，仅荀况一人。我们在前面说过，管仲及以后法家，就田税而论，也主张轻税。但他们都不同于荀况和其他儒家那样明确地提出"田野什一"。荀况没有同孟轲那样提出井田制作为"什一"劳役地租的根据，他没有明确地提出他的田制主张，但《荀子》一书也有言及田制地方。如

百亩一守③。

故家，五亩宅，百亩田，受其业而勿夺其时，所以富之也④。

下段与《孟子》中说的"五亩之宅，……百亩之田"，完全相同。前面说过，《大略》篇不是荀况所作，但"百亩田"是荀况所认为"农分田而耕"⑤的亩数，则是无可怀疑的。荀况没有更多地论述田制和税制，大概因为在商鞅变法之后，各国的田制改革已经完成，他只是就当时田制而着重提出儒家和管仲的税制主张。至于

① 《荀子·王制》。
② 《荀子·富国》。
③ 《荀子·王霸》。
④ 《荀子·大略》。
⑤ 《荀子·王霸》。

为什么他主张这些税制,大概他认为前人言之甚悉,无庸再为之阐述了。

荀况对于租税来源的思想,除了继承孔子的"足民"思想而外,还提出了租税的"源"和"流"的崭新概念,一直为后世言财政者所遵循。荀况说:

> 下贫则上贫,下富则上富。故田野县鄙者,财之本也。垣窌仓廪者,财之末也。百姓时和,事业得叙者,货之源也。等赋府库者,货之流也。故明主必谨养其和,节其流,开其源,而时斟酌焉。潢然使天下必有余,而上不忧不足。如是,则上下俱富,交无所藏之,是知国计之极也。①。

> 故王者富民,霸者富士,仅存之国富大夫,亡国富筐箧,实府库。筐箧已富,府库已实,而百姓贫,夫是之谓上溢而下漏。②

荀况是赞成法家的发展农业生产和富国思想的,但他特别着重提出儒家富民的原则。他把孔子的"百姓足,君孰与不足"的命题,分析为财货的生产与分配。生产要靠发展农业,这是财货的本源。通过征收赋税充实国家仓库,这是财货的分配和流转。显然,没有财货的生产,就谈不上有财货的流转。另外,在先秦文献中,本与末最先是指德行与货利,到战国时则指农业与工商业。荀况也用本末来说农业与工商业,但在《富国》篇中又发挥本与末的概念,说农业生产是财货之本,而国家粮仓收藏是财货之末。荀况这种关于本末源流的分析,显然是从整个国民经济的观点来分析租税问题。租税按先秦时代"地租与赋税合一"的情况来说,兼有分配与再分配性质。分配决定于生产,这是政治经济学的通

---

① 《荀子·富国》。
② 《荀子·王制》。

则。荀况所说的农业生产是本，是源，租税的府库的收藏是末，是流，这些正是关于生产决定分配的分析。在先秦经济思想发展史上，荀况所写的《富国》篇具有里程碑的意义，而他的关于本末源流的分析，不仅"开源节流"为后世奉为不可移易的财政原则，并且他从整个国民经济观点来分析租税问题，在经济问题的分析上，实具有十分重要的意义。

八 余论

人们会提出这样的问题，研究中国古代租赋思想究竟有什么意义？在这篇文章的最后，我们想谈谈这个问题。我们想谈以下两点，一是与西欧古代经济思想比较，中国古代租赋思想的特点；二是研究中国古代租赋思想对于研究中国古代历史的意义。以下分别论之。

（一）与西欧古代经济思想比较，中国古代租赋思想的特点

本文所讨论的中国古代租赋思想的历史时期，是从公元前10世纪至公元前3世纪。在如此早的时期，已经表现出了它的丰富内容，而与西欧古代经济思想比较，也表现了中国古代租赋思想发展的特点。我们知道，古希腊和罗马，对于农业也很重视，有不少很著名的论农业的著作。可以举出的，最早有色诺芬（公元前440—前355年）的《经济论》。这是古希腊思想家专讲农业经营管理的一本著作。其次则有柏拉图（公元前427—前347年）的《理想国》，他认为农业应该是"理想国"的经济基础。在罗马，著有《论农业》的著作家有老嘉图（公元前234—前149年）、瓦罗（公元前116—前27年）、科洛美拉（公元前60年前后）等人，这些著作也都着重讲大农庄果园及各种谷物的生产和对于奴隶的

管理。另外，西塞罗（公元前106—前43年）也很重视农业，他曾把色诺芬的《经济论》译成拉丁文，介绍到罗马。奥古斯丁（公元353—430年）在《忏悔录》中也把农业看作是高于一切生产事业。从我们所读到这些著作或从经济思想史著作对这些著作所作的介绍，其中很少有关于地租的论述，这是什么原因呢？原因是古希腊和罗马是奴隶制社会，土地和劳动者为奴隶主所有，所有生产品全归奴隶主，劳动者——奴隶只是能说话的工具，没有私有经济。在这种生产方式下，自然就不会有地租问题的出现。当然在古希腊和罗马的奴隶制社会，也不是没有自耕农和租种地主土地的隶农。隶农要交地租给地主。不过这种土地关系不是社会的主要部分，所以地租问题不成为社会的主要经济问题，因而思想家也不去论述这个问题。但是自耕农和小地主向国家交纳土地税有时很沉重，并且征收制度不合理。例如罗马在戴克里先皇帝时（公元280—305年），曾对土地税进行改革。因为过去不问土地的肥瘠，耕种的难易，或位置的远近情况，一律按土地的面积课税。这显然是不合理的。因此戴克里先曾进行了赋税改革，编制了一种新土地清丈册，并建立了一种新的课税估价法[①]。这种改革显然具有重要理论意义。但由于这种改革已处于罗马末期，并且这种改革虽然其时曾付诸实行，亦曾受到大土地所有者的反对，因此罗马著作家对这种改革的理论意义亦少加以阐述。在这里还应指出，在古希腊和罗马时代的土地所有制概念是个人私有制，而非国家所有制。所以史家说："在罗马，土地税是由土地所有者阶级来交纳的。地主阶级可以把加在他们身上的赋税，或以增加地租的形式转移到他们的佃户方面去，或增加对农奴和奴隶

---

① 见汤普逊：《中世纪社会经济史》上册，商务印书馆版，第48—49页。

的剥削"①。这也就是说，在概念上这是国家对土地所有者征收的土地税，而非国家以土地所有者名义向直接生产者征收的地租。因此，在理论意义上，中国先秦时代的租赋思想不但远较古希腊、罗马为丰富，并且在基本概念上也不相同。我们认为这就是中国古代租赋思想的特点，这一特点在世界经济思想的发展史上是有它的特有地位的。历史学家曾说："在埃及，国王是国家的人格化，同时也是地上神祇的代表。所以国王才是土地的主人。除了少数例外，人民所保有的土地，都假定是由国家得来的，而这就使得他们要负担几种义务，其中最主要的是各种形态的土地税"②。这种情形，同中国先秦时代颇相似。然而我们也还没有看到对古代埃及"土地税"（事实上是"地租与赋的合一"）有何类似中国先秦时代思想家那样丰富的论述。

欧洲中世纪时的封建主，他在领地内的政治统治权与土地所有权是合而为一的。在领地内，有"公田"，有份地，"公田"收成全归封建主，份地收成则归农奴所有。当然农奴还要负担其他劳役以及教会的什一税。到13世纪以后，把"公田"分与农奴耕种，实行实物租。"在12和13世纪，统治者的领地就好像是私人财产一样。他的收入，得之于他的地产和某些特权，并且那时没有现代意义上的赋税制度"③。这也颇与先秦时代的政治和土地制度相同。但是由于欧洲中世纪时思想界在教会主宰之下，神学以及被神学所接受的传统伦理思想，成为各种社会经济制度的权威解释，因而也就出现不了思想家对当时地租问题的论述。虽然我们也可以找出意大利思想家如帕尔密尔里（M. Palmieri, 1405—

---

① 见汤普逊：《中世纪社会经济史》上册，商务印书馆版，第47页。
② 杜丹：《古代世界经济生活》，商务印书馆版，第111页。
③ 韩讷：《经济思想史》（英文本），第96页。

1475），克拉法（P. Carafa，1406—1487）等。他们曾对国家课税问题，进行了理论分析[①]，但是他们所论述的赋税问题确实属于近代意义上的课税，而非封建土地制度下的地租形式和租率等问题。所以他们的赋税学说并不是对于欧洲中世纪封建地租问题的分析，因而其含意与中国先秦时代的租赋思想是不同的。

（二）研究中国古代租赋思想对于研究中国古代历史的意义

上述我国古代租赋思想所表现的，是我国古代封建制生产关系和分配关系，这应该是没有疑问的。但是学术界对于象"相地而衰征"、"藉田以力"、"惟助为有公田"等思想的意义和性质，至今还没有得到充分的讨论。其实，"相地而衰征"、"地均"、"土均"等思想，都是封建制下的产物，而不是奴隶制下的产物。在奴隶制下，根本不会有什么"借民力以治公田"，或有什么"什一"之征，或视地之美恶而分别征税等事。因为生产资料——土地和劳动者——奴隶都为奴隶主所占有，随之全部产品也为奴隶主所占有，根本不用"征"和"衰征"，也用不着区分"公田"和"私田"（份地）。"藉田以力"、"助"、"征"、"税"等，都是在封建制代替了奴隶制之后，在各个时期不同土地关系下产生的不同租赋形式、课征原则、租率高低等主张和理论。否则的话，如何解释这些思想学术的产生呢？经济思想还不同于宗教、哲学、政治思想，后者——宗教等思想是经济制度和经济生活不同层次的折光和间接反映，而前者——经济思想则是直接为当时经济制度作解释和论证，或提出不同主张和意见的。所以当出现了例如"藉田以力"、"相地而衰征"等思想，很难说没有存在过"公田"制和劳役地租形式，很难说没有取消了"公田"制和把"公田"

---

① 熊彼特：《经济分析史》（英文本），第 162、163 页。

授与农民耕种,改征实物地租。"初税亩"也是如此。"初税亩"不仅是使贵族新开垦私田一律征税,也不仅是国家税种的变更,更基本的是"公田"制与劳役地租的落后性突出起来了,因而退出历史舞台,改把"公田"分与农民耕种,改征实物地租,使农民的生产劳动在空间上和时间上都能灵活安排,发挥其生产积极性,对土地所有者和农民都有利。"初税亩"如同"相地而衰征"等一样,如果脱离了它所产生的土地关系的变动去理解,就变成单纯的国家税收问题,变成国家一道命令的推行问题,它的关于土地关系变革意义和收入分配以及发展生产意义,就都被舍弃掉了。因而难以在管仲的"作内政而寓军令"的重大改革中找到经济内容,难以解释《春秋》三传对"初税亩"提出"非礼也"、"非正也"、"讥履亩而税也"的严厉责难的意义。社会历史的发展,是由多种因素造成的,但社会生产力的发展和生产关系的变革,是社会发展的基本因素。思想史必须根据历史唯物主义来探讨各个时期学术思想的发展和演变,经济思想史以及本文所探讨的租赋思想发展史也是如此。租赋思想的变化,是以土地关系的变化为依据的,不联系土地关系的变化是无从说明租赋思想的变化,及其意义的。以此为前提,从种种租赋思想,例如关于地租形式的观点等,理应可以找出它的论述的依据。这就是我们所认为研究经济思想,在本文是租赋思想,对于研究历史的意义。

1981年12月17日

《管子》的封建社会国家经济论[①]

引　言

　　我已写了若干篇关于《管子》经济思想的专题论文，这一篇是在于总述《管子》经济思想的全貌，一方面可以把《管子》经济思想的主要方面突出起来，同时也可以把专题论文所未涉及的方面包括进来。当然，这篇所述难免与专题论文所述有某些重复的地方，但是这篇与专题所论述的角度不同，把二者合起来看，有时对于所论述的问题可以互相补充。

　　《管子》一书是一部著述汇编，它所论述的经济问题甚为广泛，凡是我国封建社会早期出现的经济问题，它几乎无不涉及。可以说，终我国封建社会时期，这是一部论述封建国家经济问题最为全面和最为丰富的著作。由于《管子》论述经济问题是从封建国家经济出发，它的论述几乎全部是宏观的，即对某一经济问

---

　　① 本文为《管子经济思想研究》总论部分，中国社会科学出版社1989年出版，标题为原题目的副标题。

题的见解、分析、主张和政策，都是按封建国家的范围和要求作为出发点和落脚点的，很少有就社会经济活动中的个体，如农户、手工业作坊、家庭消费的范围进行论述和分析。后一种论述和分析，也不是完全没有，但即使有，也是论述宏观经济对于个体生产的影响和作用，而不是专从个体单位分析它的经济活动的。如它也有对于个人欲求，以及"民富"、"百姓富"的论述，但论述这些问题，都是从加强封建国家经济的要求出发的。所以《管子》的经济论述，十分清楚地表明它是一种关于封建国家经济论述的性质。这并不是《管子》经济思想专有的特点，可以说，中国封建社会所有思想家的经济思想都具有宏观思想的特点。我国最早的经典，如《尚书》、《周礼》，关于政治经济问题的论述，都是以君国为主体。不过如上所述，《管子》关于封建国家经济的论述较为全面，它对中国古代宏观经济思想作出了重要的贡献。

　　《管子》的封建社会国家经济论有没有确定的体系呢？从《管子》一书非一人之笔，亦非一时之书来看，显然它的论述不可能有确定的体系。《管子》一书除《轻重》诸篇比较集中论述商品货币经济问题而外，其他论述经济问题的篇章，多兼论哲学、政治及军事等问题。很难从《管子》各篇论述经济问题的次序和逻辑，找出《管子》有一粗具体系的经济论述。不过，如果我们整理一下《管子》各篇所论述的各种经济问题，未尝不能从中找出有关于生产、交换、分配、消费的各个方面的问题的论述，这些论述虽然散见于各篇，并且各篇非出自一人，但这些篇文的作者同是管仲功业和思想的歌颂者，同属于管仲学派，因而他们对于各个方面问题的论述，会有共同的思想贯穿其间。从这个方面来考察，就可以从《管子》对于各个方面经济问题的论述，找出彼此之间的逻辑关系。本文在概述《管子》经济思想全貌时，力求探讨《管子》经济思想各个方面的相互关系和基本论点，从而找出《管子》经济思想的特点及其对于古代经济思想的贡献。我也想按生产、交换、分配、消费几个方面来整理《管子》各篇的经济论述，但为了避免先定框框的毛病，现在还是根据《管子》所提出的论述来进行整理和分析。虽然古代思想家的经济论述也离不开生产、交换等方面的问题，但例如近代意义的利润和工资，在古代是不存在的，因而以近代分配论来考察古代分配思想就不恰当。按《管子》实际所提出的经济论述来整理它的思想材料，可以避免套用近代经济理论的毛病。

一 《管子》一书的特点和所属学派

这本书讲的是《管子》经济思想，但《管子》一书并非全部是经济思想。按郭沫若的说法，"《管子》一书乃战国、秦、汉文字总汇"。[①] 既是战国、秦、汉文字总汇，它所包含的就不是一个时期和一家和一个方面的思想，而是不同时期和多家、多方面的思想。这是《管子》一书的最大特点。了解这个特点，对于研究《管子》一书的经济思想，是非常重要的。为此，我想在讲《管子》的经济思想之前，先对此书作一鸟瞰，简述构成此书特点的主要内容。其次，《管子》这部书内容既丰富，其中不少篇章文字又有错乱，难以通读，因此我国自唐代迄今，即不断有学者对此书进行校勘、注释和研究，日本和西方亦从十八世纪以后，有学者不断进行研究，而至本世纪五十年代以来，中外都有更多注释和研究著作涌现，其中包括经济思想的研究。对于这种研究发展状况，将在本书各篇中有时提到，在此不作系统介绍。

《管子》原有八十六篇，以后在流传中遗失了十篇，现存七十

---

① 郭沫若：《管子集校》，《校毕书后》。

六篇。这七十六篇中绝大多数属于政治和经济思想著作,但也有一些篇很明显地是哲学著作,以及军事学、农学,和论述自然现象的著作。所有这些著作,汉代编者刘向托名于管仲,其中有些篇虽然有管仲的遗教及政教思想影响,但显然不可能是管仲的著作,并且也不是管仲以后某一人的著作,而是成于许多人之手的著作,在著作的时代上,随之也有先有后。《管子》一书的这种独特情况,已为研究者所公认,无庸重述。现在所要说明的,是这一著作在学术思想上有何特点,彼此有何联系,以及它对后世的影响如何。管仲被认为是法家的前驱;《管子》一书中很多篇被认为是法家著作,因而从《隋书·经籍志》起,改变了过去《汉书·艺文志》列《管子》为道家的说法,以后即把《管子》定为法家。固然《管子》一书中的政治思想,与商鞅、韩非的法家有很多共同之处,如重君、重令、重农抑商等,但也有不同之处,如《管子》同时重民、重礼义、重视宗族制度等。这从"仓廪实而知礼节,衣食足而知荣辱"两句名言中,特别提出"礼节",提出"衣食足",已经多少表示出来。所以最近一些学者,如冯友兰认为《管子》的哲学、政治思想属于不同于三晋法家的齐法家,[①] 余敦康认为《管子》的哲学、政治思想特点可以构成为管仲学派。[②] 美国学者李克(W.A.Rickett)近著《管子》一书,亦赞同上说,但认为如果名《管子》为"实在论者"(Realist)或较合适。[③] 总之,《管子》的政治思想或全书的思想,既不应以道家思想概括(不可否认它有道家思想,下详),亦不应以商、申、韩法家思想来概

---

① 冯友兰:《中国哲学史新编》。
② 余敦康:《论管仲学派》、《中国哲学》第二辑。
③ Rickett, W.A. Guanzi, political, Economic, and philosophical Essays from early china, A Study and Translation, vol.one.1984.

括，它是在传授和阐发管仲思想并且是在齐国的具体社会背景下产生和发展起来的。

但是，《汉书·艺文志》列《管子》为道家，不是没有根据的。《管子》中有很突出的几篇哲学论文：《心术》（上、下）、《白心》、《内心》、《枢言》，郭沫若说是宋钘、尹文的遗著，是道家黄老学派的著作，[①] 但有人如冯友兰等则说是稷下唯物派著作，"是道家思想向法家过渡"，并说不一定就是宋钘、尹文所著。[②] 不管这几篇是否为宋钘、尹文所著，这几篇属于哲学著作，属于黄老学派的著作，则是为学者们所公认的。这几篇著作由于它专门论述哲理，看起来似乎与其他篇文不大协调，是《管子》书中独立的一个部分。不过放大来看，这几篇的哲学思想与《管子》的政治经济思想不是毫无联系的。相反，这几篇正是《管子》政治经济思想的最高概括。这几篇强调道家的"无为"、"虚静"，但同时也强调"法"，强调"权"。《心术上》说，"故事督乎法，法出乎权，权出乎道"。《管子》这几篇哲学思想的核心，是在于强化封建君主专制权力，与《管子》政治经济的中心思想是完全一致的。

再说，《管子》中还有几篇阴阳五行家的著作：《幼官》、《四时》、《五行》、《轻重己》。这几篇著作也自成体系，在《管子》书中象哲学几篇著作一样，也颇突出。对于这几篇著作的理解，首先要区别先秦原始科学的阴阳五行学术思想与汉代谶纬迷信的阴阳五行说不同。先秦时期的阴阳五行学说，是古代思想家对于自然界现象的探索和理解，简括地说，即用阴阳观念来解释自然现

[①] 《宋钘尹文遗著考》，载《青铜时代》。
[②] 冯友兰：《中国哲学新编》。参看萧萐父等编，《中国哲学史》。

象的变异，如说地震是由于"阳伏"和"阴迫"之故。① 而"五行"，是说自然界各物的运行，是由金、木、水、火、土五种要素在起作用的。如宋于罕对宋君说，"天生五材（金、木、水、火、土），民并用之，废一不可"。鲁大夫展禽说，"地之五行，所以生殖也"。② 这些说法，都是古代思想家对于自然界物质运动所作的解释，具有原始科学的意义。上述《管子》四篇阴阳五行家著作，就是在这种学术思想基础上联系农业生产及政教措施而所作的论述。如《四时篇》说，"春赢育，夏养长，秋聚收，冬闭藏"，是阐明农业生产活动的规律。"刑德合于时，则生福，诡则生祸"，是阐明政教措施要符合春、夏、秋、冬四时的物质运动。这些论述初看起来，好像与《管子》政治思想不相属，细加追究，则它从自然现象的活动和变异，来论述农业生产和政教措施的客观要求，实在是《管子》重农、重君、重民等政治经济思想从自然现象方面所作的论证，它们之间是有密切联系的。刘向为什么要把这些篇文编入《管子》一书，道理恐怕在此。

另外，《管子》还有两篇农学论文，一是《地员》，一是《度地》，前者是讲土壤与植物生长的关系，后者主要讲水流的整治与灌溉工程。二者虽然都是科学技术性质，但它对发展农业生产力很重要，并且就战国时代来说，它的科学思想还是源于阴阳五行家和道家的学说。所以《管子》中有这两篇科技论文，也不为无因的。至于军事学论文，如《七法》、《兵法》、《地图》、《参患》、《制分》等篇之在《管子》书内，则道理更为显然。因为如司马迁所说，管仲相齐的功业，是"通货积财"和"富国强兵"，管书作

---

① 参看《国语·周语》。
② 《左传》，襄公二十七年；《国语·鲁语》。关于古代阴阳五行说，请参看庞朴，《阴阳五行探源》一文，《中国社会科学》1984 年 3 月。

者当然不会离开"强兵"这个主题。

至于经济思想，本是《管子》主要内容，但论者亦有谓《轻重》十六篇（原为十九篇，佚三篇）是汉人所增，而"与《管子》其它各篇不是一个思想体系"。① 对于此说，我有专文驳其非（载本书），不在此重复了。

《管子》在先秦诸子中，思想内容最为丰富，但亦最欠条理。上文是就各篇思想内容而言，若就原书各篇划分为"经言"、"外言"、"内言"、"短语"、"区言"、"杂篇"、"管子解"、"轻重"八大组别来说，除"轻言"、"管子解"、"轻重"三组篇文性质较为一贯外，② 其他各组分组的意义实在不大清楚。如"短语"一组篇文，包括主要哲学及军事学各篇，其中《侈靡》篇是《管子》中最长篇文。所谓短语，真不知编者之意何指。再如《管子》在《汉书·艺文志》只说86篇，不言多少卷，从宋以后都分为24卷，但《隋书》、《新唐书》则说是19卷，如何由19卷变成24卷的过程，现在还不清楚。而各卷之分，亦缺乏原则。如《牧民解》与《地员》等篇合为一卷，《立政九败解》与《轻重》头三篇合为一卷，看来这种分卷并非根据一定原则。那么，它的分卷原则为何？很难解答。这些问题虽然不是实质性的，但也说明《管子》一书有待研究的问题是很多的。

二 《管子》经济思想的产生

《管子》经济思想的产生有二大来源，一是管仲的治国功业和政策思想，二是春秋战国时代社会经济变革中所产生的

---

① 马非百：《管子轻重篇新诠》上册，《论管子轻重上》。
② 《轻重》16篇中的《轻重己》一篇所论重点，亦与其他15篇有异。

思潮。

如前所述,《管子》一书是学者所崇奉大政治家管仲治国功业和政策思想而著述的论文汇编,而它的经济思想则是对管仲经济思想和政策的阐明和发扬。因此《管子》经济思想的产生,应从管仲的经济观点和政策说起。根据《国语·齐语》、《管子·大匡·小匡》、《史记·齐太公本纪》、《管晏列传》等历史记载,管仲相齐桓公时的政策纲领是"作内政而寄军令"。所谓"作内政",就是制定安民富国政策,"寄军令"或"寓军令",就是治国政策当中的强兵措施。以后商鞅在秦国变法提出的"富国强兵"的农战政策,应即渊源于管仲。司马迁说管仲在齐国所行的政策是"通货积财,富国强兵",把"作内政而寄军令"的涵义明白地揭示了出来。关于"作内政"和"通货积财"的具体经济内容,上述材料还有记载。其一是管仲对于物质财富生产的基本认识。《史记》称"仓廪实而知礼节,衣食足而知荣辱"这两句话是管仲所说。《管子》首篇《牧民》也记载了这两句话,一般对于《史记》这一记载都无异议。这两句话表述了物质生产对于精神和观念的作用和发展社会物质生产的重要性,非常精辟,不但为后来《管子》作者们所传诵,并且在长期封建社会中成为政治家和思想家奉行的格言。其二是提出"四民"分业说。管仲说,"士农工商四民者,国之石民也。不可使杂处,杂处则其言咙(máng,忙,言语杂乱),其事乱"(《小匡》。《齐语》同。)管仲说这是"定民之居,成民之事"的政策。按"四民分业"说是继农业与手工业分工之后,由于商品交换的发展而出现的商人活动的反映。管仲相齐时是在公元前七世纪春秋初期,一般来说,私人商业在社会经济活动中尚属偶然现象,不过齐国地处海滨,人民有经商传统,管仲敏锐地观察到手工业和商业在社会经济活动中的重要性,突破了过去"君子"与"小人"、统治者与生产者的社会分职论,而主要从社会经济活动来论述四民分业的重要性,这在中国经济思想史上是最早提出的农工商经济活动分工论,① 以后一直为《管子》作者所遵引,如在《乘马》、《治国》二篇中,都明确地提到四民分业。《管子》在《轻重》各篇对商人活动还有更多论述。其三是关于租赋改革。《大匡》篇载,"桓公践位十九年,弛关市之征,五十而取一,赋禄以粟,案田而税。二岁而取一,上年什取三,中年什取二,下年什取一"。所谓"案田而税",实即按亩征税,征收实物地租,废除劳役地租。桓公十九年早于鲁宣公十五年"初税亩"八十一年,是齐国的"税亩"早于鲁国的"税亩"八十多年。"税亩"是春秋时代废除"公田"和劳役地租的一项重大改革,应成为管仲"作内政"的中心内容,它对于激励农民生产积极性和发展农业生产力有重大作用。可惜留下史料很少,并且此"案田而税"的重要记录,常为史家所忽略。此外,管仲还进一步提出"相地而衰(音崔)征"的政策措施,即按土地的肥瘠征收不同租税,而不是不问土地好坏征收同等租税。这项措施,不言而喻,是在"税亩"基础上进一步的改革。没有"税亩"的改革,不可能有"相地衰征"的改革。管仲是十分重视"相地而衰征"的改革的,他说,"相地而衰征,则民不移"(《齐语》、《小匡》)。他明确地说出了这一改革措施对于激发生产者积极性的作用。管仲这一在封建社会具有中心意义的租赋政策思想,后来在《管子》书中亦被继承而加以阐发。其四是管仲重视工商业和货币的作用,即《史记·平准书》所说,"齐桓公用管仲之谋,通轻重之权,徼

---

① 《周礼·考工记》对全社会分业提出"王公"、"士大夫"、"百工"、"商旅"、"农夫"、"归功"六职之说,除"王公"、"士大夫"二职属于政治范围,其他四职与管仲的工农商相同。《考工记》成书年代,其说不一。大致从周初之后,农工商分业之说已逐渐出现。

山海之业，以朝诸侯"。《管子》有《轻重》十九篇（亡佚三篇，今存十六篇），除《轻重己》篇而外，多论商品流通和货币价格问题，其渊源于管仲的思想，甚为显然。以上所述管仲的经济思想和政策实践的成就，很自然地成为以后学者议论各种经济问题的思想材料，特别是在社会经济变革的战国时代，各种新出现的经济问题都摆在人们面前，要求人们重新思考。

《管子》经济思想产生的又一来源，是时代的各种变革。这是《管子》经济思想产生的动力。从春秋诸侯争霸到战国七国争雄这一时期，各国相率变法，进行不同程度的政治经济改革，社会经济都有很大的发展。其中著名的，在魏国有李悝的变法，实行"尽地力之教"，以发展农业生产，并实行"平籴法"以稳定粮食价格。在楚国，楚悼王起用吴起，实行对封君子孙"三世而收爵禄"，以裁汰"不急之官"，并实行令"贵人往实广虚之地"，以开发荒芜地区。在齐国，齐威王任用邹忌为相，实行"修法律而督奸吏"的政策，奖励"田野辟，民人给"的即墨大夫，惩治"田野不辟，民贫苦"的阿大夫，由此而"齐国大治"。在秦国，则有著名的商鞅变法，实行奖励军功、重农抑工商、变革田制（"开阡陌封疆"）和军赋制度（按户按人口征收军赋）、设置郡县行政制度等，为秦国奠定以后统一六国的基业。此外，赵国亦实行"任官使能"和"节财俭用"的政策，韩国起用申不害为相，主张实行中央集权的君主专制体制，认为国君要用"术"治，使"君操其柄，臣事其常"。以上这些变法改革，都为《管子》作者们提出了崭新的思考课题。

随着社会经济的发展和政治上的改革，原为贵族下层而身通"六艺"的"士"越来越受到各国国君的重视，他们常常招徕和敬重贤士，以进行改革工作。因而在战国初期，就出现了布衣卿相之事和"礼贤下士"之风。由于"士"的作用的增加，"士"这个阶层空前地活跃起来。在春秋晚期，孔子已经聚徒讲学，有"弟子盖三千焉，身通六艺者七十有二人"（《史记·孔子世家》）。随后墨翟也聚徒讲学，发展成为一个独立的学派。此外尚有老庄的道家学说，申、商的法治学说，以及名家、阴阳五行家的学说。各家学说纷纷出现，逐渐形成了诸子百家争鸣的局面。齐国在国都临淄设立稷下宫，招徕各国学士，给以优厚待遇，使其著书立说。《史记·田敬仲完世家》说，"宣王喜文学游说之士，自如驺衍、淳于髡、田骈、接予、慎到、环渊之徒七十六人，皆赐列第，为上大夫，不治而议论，是以齐稷下学士复盛，且数百千人"。这些学士来自各国，其中有道家、阴阳家、法家，稍后来稷下的还有驺奭、荀卿（见《史记·孟子荀卿列传》），荀卿则为著名儒家。战国时期的百家争鸣、学术昌盛局面，在齐国稷下表现得最为特出。既然各家学说都在稷下研讨议论，可以设想，以管仲思想与功业之隆，亦必受到当时学士们的极大重视，而思图加以阐发。《管子》书佚作者名，现存《管子》虽系汉代刘向编，但在韩非之时，已见有《管》书流传（《韩非子·五蠹》，篇说，"藏商管之法者家有之"），则韩非所说的《管》书必作于战国时，而最大可能性是成于稷下学士们之手。因此后代研究《管子》各篇作者及时代问题，虽然存在重大争议，大多学者都认为是稷下学士所作。

三 务本论和富国论

在一切经济活动中，生产是最为重要的。分配决定于生产，交换和消费也以生产为条件。在古代社会，农业是社会生产最主要的部门，所以古代思想家的生产论，以农业生产为主要对象。《管子》也不例外，它的"务本"论，所论也主要是农业生产。同时，《管子》和其他法家一样，它的"务本"是和"富国"密切联系的。务本是手段，富国是目的。韩非所说，"富国以农"（《五蠹》篇），也是《管子》经济思想的一条主线。当然，《管子》所论有它自己的特点。兹从以下各要点论之。

(1) 财富观

管仲的"仓廪实而知礼节，衣食足而知荣辱"这两句名言，是《管子》各篇的指导思想。《管子》第一篇《牧民》，即提出这两句话并加以阐述。稍加分析，即可知道，这两句话的前半句，是说国家要有充足的粮食储备，人民要有足够的衣食供应；这两句话的后半句，是说物质财富的生产是政治教化的基础。从这两句话，可以知道《管子》对于衣食等物质财富的生产是何等的重视。

《管子》重视物质财富生产的立足点，是发展农业生产，这是一切古代思想家的共同思想，但法家则赋予它在政治上更为重要的意义。《管子》重视物质财富生产和发展农业生产的论点，有与其他法家相同处，也有《管子》独自提出的论述。试与《商君书》对照，在论"多粟"的重要性上，《管子》《权修》篇和《治国》篇所论述的，与《商君书》基本上一致，特别《权修》篇的"壹民"说，与《商君书》的语言也完全相同。其次，《管子》《牧民》、《重令》诸篇不单重视五谷的生产，还特别提出桑麻的种植和六畜的繁殖。这也与商鞅法令"耕织多者复其身"之意相合。但《管子》在财富以至富国问题的论述上比其他法家都全面而具体得多。此可于《立政》篇的论述见之。

> 君之所务者五。……山泽救于火，草木殖成，国之富也。沟渎遂于隘，障水安其藏，国之富也。桑麻殖于野，五谷宜其地，国之富也。六畜育于家，瓜瓠荤菜百果备具，国之富也。工事无刻镂，女事无文章，国之富也。

上文列举了"国之富也"的农、林、畜、果菜、水利工程、工事、女事六个方面，实包括了古代社会的全部物质生产。这里特别值得提出的是，《管子》除五谷而外，非常重视水利工程、六畜、果菜和手工业制造的必需品。在《管子》以前，尚无思想家论水利工程与富国关系。而《管子》则提出修筑水利工程，使田地既收沟渎灌溉之利，而又无洪水泛滥之患（"沟渎遂于隘，障水安其藏）"，这对发展农业生产显然具有头等重要作用。这个问题，以后我们还要再述。关于瓜瓠荤菜百果六畜对于人民生活的重要性，《管子》是给以充分注意的，在《禁藏》篇中，它估计这些食物约占人民食物总量的30%。所以它也把这些产品列为国家的重要物质财富。再次，这里明确地提出非"刻镂"、非"文章"的"工事"和"女事"的手工业产品，都是国家物质财富的构成部分，也有其重要意义。因为商、韩的"事本禁末"，没有把奢侈工业品与生活和生产必需工业品区别开来，常使人把他们的"禁末"理解为"禁止一切工商业"，而《管子》的表述则避免了这种毛病。所以《管子》对于财富的观念，虽然重在农业生产的衣食，但它并不忽视其他物质财富的生产。而就它所列举的古代社会的物质财富生产而言，实与现代国家全国物质财富生产总值的概念基本相同，不过《管子》没有对财富生产总值进行统计而已。就此而论，说《管子》是现代国民财富论（物质财富生产的重要性和包括范围）的先驱，恐不为过。

　　《管子》的《立政》、《治国》等篇，都有"富国"的论述，这是它从封建国家经济出发在财富观上的合乎逻辑的发展。但《管子》的富国论与商、韩的强调富国而忽视富民有所不同。它在《五辅》、《侈靡》、《治国》、《禁藏》等篇，都有关于富民的论述。不过话又说回来，《管子》虽然重视富民，它也是以富民作为富国的手段，这一点在《治国》篇表明得最为清楚。这篇开宗明义就说，"凡治国之道，必先富民，民富则易治也"。为什么呢？它又说"民富则安乡重家,安乡重家则敬上畏罪。"换句话说,《管子》的富民,在于把农民固着于土地上,安心从事生产,这是封建国家所最需要的,事实上,这也是封建地主经济的基础。荀子有《富国》篇,提出"下富则上富"、"上下俱富"的理论,《管子》的"富上而足下"带有富民思想的观点,可以说是吸收了儒家的学说。不过细加考察,《管子》的富国思想,实介于商、韩法家与儒家之间,而略近于商、韩。

关于《管子》的财富观,还有一点必须指出,就是他对物质财富的认识,还停留在产品的使用价值上。它虽然在《轻重》诸篇,非常重视商品交换和货币流通,虽然认识到货币流通有取得更多货币的作用,即兼并财利的作用,但它对于货币如何增殖更多货币,即累积货币财富,还缺乏分析,因而它对于商人阶级通过国内外贸易累积货币财富的作用,亦缺乏论述。这一点也充分表明它的财富观是封建主义的,而不是重商主义的。

(2) 欲利论

在发展社会的物质财富生产的问题中,包含着为什么重视财富的问题,这也是古代思想家常常提出的如何看待人们欲望和谋取财富的问题,总的来说,儒家认为人们的欲望和求利活动,要以道德礼义为规范,就是要"先义后利";商、韩则反对儒家的仁义之说,认为功利本身就是义。《管子》的观点虽然接近于法家,但兼取儒家礼义之说,对欲利有更充分的分析。《管子》首篇《牧民》篇,就提出了民有四欲(欲佚乐、欲富贵、欲存安、欲生育)与四恶(恶忧劳、恶贫贱、恶危坠、恶灭绝),说为政者要"从其四欲"而不要"行其四恶"。在《五辅》篇中讲圣王治国得人之道,说首先要求实行德治,其中包涵厚生、输财、遗利、宽政、匡急、振穷六个方面,都是关于满足人们欲利的要求。并且明确地说,"六者既布,则民之所欲无不得矣。夫民必得其所欲,然后听上。听上，然后政可善为也"。还接着说，"民知德矣，而未知义，然后明行以导之义"等待。此外，在《侈靡》篇亦指出，"饮食者也，侈乐者也，民之所愿也。足其所欲，瞻其所愿，则能用之耳。令使衣皮而冠角，食野草，饮野水，孰能用之"。这些论述，都是从治国安民或用人的角度来讲的，但它提出了一个与儒家"先义后利"颇为相反的观点，即认为先要满足人们欲利的要求，而后才能讲求礼义道德。应该说，这是《管子》继承管仲"仓廪实而知礼节、衣食足而知荣辱"的唯物主义学说，并批判和吸收儒家和法家关于义利观点以后所提出的理论。这种理论是符合社会经济发展要求的。

随着欲利问题的提出，在战国时代，思想家对于欲利产生的本源进行了颇为深入的探讨。一般都把欲利归结为人之本性。如告子说"食色性也"（《孟子·告子》）。《商君书》说"民之性，饥而求食，劳而求佚，苦则索乐，辱则求荣"（《算地》）。又说"民之于利也，若水之于下也，四旁无择焉"（《君臣》）。荀子对这个问题作了更为比较细致的分析。他说目好色，耳好声，口好味，心好利，都是人的情性，都是与生俱来的（《荀子·性恶篇》）。所以荀子认为物质欲望和好利，都是天生的，无分贤愚，人人如此。荀子主张"道（导）欲"，反对寡欲，主张积极发展生产，反对"昭昭然为天下忧不足"（《荀子·富国篇》），这是和他对欲利所作的唯物主义分析相一致的。《管子》对这个问题虽然不如荀子的细致，但主要论点与荀子相同。《禁藏》篇有两段论述非常透彻，兹录于下。

> 凡人之情，得所欲则乐，逢所恶则忧，此贵贱之所同有也。近之不能勿欲，远之不能勿忘，人情皆然，而好恶不同，各行所欲，而安危异焉，然后贤不肖之形见也。

> 夫凡人之情，见利莫能勿就，见害莫能勿避。其商人通

贾，倍道兼行，夜以续日，千里而不远者，利在前也。渔人之入海，海深万仞，就彼逆流，乘危百里，宿夜不出者，利在水也。故利之所在，虽千仞之山，无所不上，深源之下，无所不入焉。故善者势利之在（"在"，疑读在"任"），而民自美安。

这里有两点顺便可以提出，一是法家如商鞅、韩非也认为欲利是人的情性，实行农战要利用人这种情性，但他们采取的手段是严刑峻法，而《管子》则主张刑赏与教化并用，即所谓"势利之任（在），而民自美安"。二是《管子》对于欲利的论述近乎荀子，甚至有些文字表述亦与荀文相同，如《八观》、《禁藏》等篇中的有些文字表述与《荀子》的《王制篇》、《富国篇》中文句相同，亦可见《管子》有很多篇确为齐稷下学士所作，因为荀子曾在稷下"三为祭酒"。

（3）"务本饬末"论

关于"重本"，商、韩法家常将"抑末"与"重本"并提。他们认为要发展农业生产，就要有足够的劳动力，就要使农民固着于土地，心无二志。因此，需要抑制甚至处罚经营工商业者，免使劳动力分散和农民心志不定。商鞅有"僇力本业，耕织致粟帛多者复其身。事末利及怠而贫者，举以为收孥"（《史记·商君列传》）的法令，即其例。对于法家所说的"禁末"、或"末利"的"末"究竟是指工商业还是仅指商业，或是仅指奢侈品的生产和销售，还是指一般手工业产品的生产和运销，理解上有时不尽相同。但这个问题在《管子》书中是说得很清楚的。《管子》是把"末产"或"末作"与"文巧"并称的。所谓末产、文巧，就是"雕文刻镂"的工事和"锦绣纂组"的女织。《治国》篇说"凡为国之急者，必先禁末作文巧，末作文巧禁，则民无所游食，民无所游食，则必农"。《重令》篇说，"菽粟不足，末生不禁，民必有饥饿之色，而工以雕文刻镂相稚（稚，骄也。）也，谓之逆。布帛不足，衣服无度，民必有冻寒之伤，而女以美衣锦绣綦组相稚也，谓之逆"。《管子》各篇关于"末产"或"末作"的涵义是明确的，并且是一致的，就是认为末产是属于文巧、玩好的生产，是陷国家人民于贫困的生产，是以不可不禁。反之，"工事无刻镂，女事无文章，国之富也"（《立政》）。《管子》各篇凡提"末产"，皆指文巧玩好的工事，其意盖谓如果没有文巧玩好品的生产，自然也就没有这篇类产品的商贾。《管子》虽然也说"禁末作文巧"，但在《幼官》篇中，它提出"务本饬末，则富"的说法，是深可玩味的。"饬"是整顿，与禁止的意思是不同的。

这里需要特别指出的，《管子》重本，并主张禁末产，去无用（《五辅》篇说"明王之务，在于强本事，去无用，然后民可使富"），但这并不意味着《管子》不重视生产工具和民生用品的制造。相反，《管子》在主张禁末产的同时，极其重视百工的作用。《管子》重视械器的制造，由于当时强兵的需要，当然首先表现在关于军事的论述上。《七法》篇说，"为兵之数，存乎聚财，而财无敌。存乎论工，而工无敌。存乎制器，而器无敌"。《小问》篇说，"选天下之豪杰，致天下之精材，来天下之良工，则有战胜之器矣"。为了"强兵"，强调论工和制器的重要，这是合乎逻辑的。其他法家没有这样论述，未必意味着其他法家对于论工和制器的忽视。不过《管子》如此重视兵器的制造，从生产的角度来看，其意义也就不仅在于兵器的生产。制造兵器的技术与制造生产工具的技术，有共同处，也有可以相互发明处。精锐兵器的生产技术，必然能导致先进生产工具和新的生产方法的引用。我们只要看一看《周礼·考工记》所记载的各种工艺规程，例如内中既有兵车，又有田车，既有剑矢，又有钱镈（田器），即可了然。事实上，管仲已经说过"美金以铸戈剑矛戟，试诸狗马，恶金以铸斤斧钼夷锯欘，试诸木土"（《小匡》、《齐语》），这是以兵器与农与工的生产工具的生产并提。《管子》发展了管仲的政策思想，提出了"务本"和重视兵器制造之说，但对于一般农工生产工具与民生用品的生产，未尝忽视。《幼官》篇说"毋乏耕织之器"，《五辅》篇说"今工以巧矣，而民不足于备用者，其悦在玩好"。又说"缮农具，当器械，……推引铫耨以当剑戟"。这些论述，明白地指出"耕织之器"和"备民用"工事的重要性，从《管子》思想体系看，应该说不是偶然的。而在论述务本、去无用这一点上，又明白地提出制造兵器与耕织之器的重要，正是《管子》重视社会物质生产的具体表现，也是和其他法家重本抑末论有所不同的地方。这是一个值得注意的问题。

（4）分民说

社会经济是伴随着社会分工的发展而发展的。战国时期，由于社会经济的发展，社会分工现象亦必较过去更为显著，因而春秋时管仲的四民分业论，在战国时期亦有了发展。最著名的是孟子的"通工易事"、"以羡补不足"的论述，认为分工和交换对农民和工人都是必要的（见《孟子·滕文公下》）。关于这个问题，《管子》则提出了"分民"说。表面上来看，这不过是管仲"四民分业"论的照搬，但实际上，《管子》的"分民"说反映了时代的发展，它所论述的较"四民分业"论有新的内容。

首先，《管子》把"分民"的重要性，提到圣人治国要求的高度。这在《乘马》篇中论述得最为充分。它说，"圣人之所以为圣人者，善分民也。圣人不能分民，则犹百姓也"。所谓"分民"，就是按照社会经济发展的需要，使人民分别从事农、工、商各业。在管仲之时，农民是授田而耕，工商是"食官"，属于官府工商业。但在战国时期，农民有中小地主和自耕农，工商业亦出现了私人经营，所以《乘马》篇明确地指出了社会上除了"官工"、

"官贾"而外，还有"不为官贾"的"贾"和"不为官工"的"工"，并且提出了"非诚贾不得食于贾"，"非诚工不得食于工"，"非诚农不得食于农"。什么叫"诚农"、"诚贾"、"诚工"呢？我想除说明这些农、工、贾是私有者而外，恐难有他说。此外，《乘马》篇还对工商业者的经营活动有所论述，它指出"贾知贾（价）之贵贱，日至于市"，"工治容貌功能，日至于市"，这种"贾"和"工"的智者，巧者，都可以"教民"，即带徒弟，并且"可以为大功"，即扩大工商事业的经营。这也就表明了《乘马》篇作者对于封建社会工商业中新出现的生产关系的肯定和重视，并且也指出这种新出现的私人工商业，是在封建官府管理下活动的，他们不是官工官贾，但必须是"诚工"、"诚贾"。指明这一点很重要，因为先秦古籍和思想家著作中很少论述工商业的生产关系问题，《管子》这段论述，是很宝贵的史料，一方面表明了《管子》对封建社会新出现的私人工商业和自由农民的肯定与支持，另方面也表明了《管子》的"分民"说，已意味着分工不止于农、工、商业，三业之内还可以再分专业。这在《宙合》篇有明确论述。它说"天不一时，地不一利，人不一事，是以著业不得不多"。为什么"人不一事"呢？它解释说"乡有俗，国有法，食饮不同味，衣服异采，世用器械，规矩绳准，称量数度，品有所成，故曰，人不一事"。它并且连同天下一时，地不一利说"此各事之仪，其详不可尽也"。从这里可以看到，《管子》的分民说，是因地区、因风俗、因好尚、因各种日用器具生产工具及兵器等不同需要，而有不同的分业。这种分业，事实上非常众多，难以一一列举。战国时代的经济活动，虽然是以自然经济为主，但经济发展的要求，各种专业已经开始在发展。《管子》的分民说，展示了一幅多样化专业的图景，也为多样化专业的发展提出了论据。《乘马》篇与《宙合》篇一般认为是战国早期的作品，较此篇为后的一篇作品《轻重乙》篇，则对于封建官府工矿业持否定态度，而主张发展私人工矿业。该篇有以下论述，颇值得注意。

（桓公）请以令断山木，鼓山铁，是可以毋籍而用足。管子对曰，今发徒隶而作之，则逃亡而不守。发民，则下疾怨上，边竟有兵，则怀宿怨而不战，未见山铁之利，而内败矣。故善者不如与民量其重，计其赢，民得其十，君得其三。

这一段论述的思想很明显，既不主张官府用罪犯和奴隶来伐木制铁，也不主张征发民工来经营这种生产，而主张由私人经营和官府征税的办法，既可发展这种生产，官府也可取得财政收入。这是社会经济发展的要求，也是《管子》作者思想对于社会经济发展的相应反映。

(5) 关于土地制度的思想

土地制度是古代社会的一个基本问题，但《管子》书中所作的论述很零散简略，有些论述初看还不大清楚。兹就个见所及述之。

《国语·齐语》有"陆、阜、陵、墐、井、田、畴均，民则不憾"之语。《小匡》篇则说，"陵、陆、丘、井、田、畴均，则民不惑"。个别文字虽有歧异，但语义显然相同。关键的文字是"井田"二字。对这两句话，学者间有不同解释。如《齐语》，韦昭注谓"九夫为井，井上有沟"，"谷地曰田"，"麻地曰畴"。对于《小匡》篇所说，丁士涵云"'井'当为'阜'字，《地图》篇有'陵陆丘阜之所在'之语"。张佩纶则谓，"丘下夺'阜'字"（见《管子集校》）。总的来说，可以认为这两句话都是就土地区划而言。土地有丘陵平原之不同，亦有宜谷宜麻的差别，要使这些土地分授均匀，即不要都是丘陵地，也不要都是平原地；不要全是种谷地，也不要都是种麻地。土地按"井"法区划，九夫为井，井九百亩，每夫百亩。这里有一个问题，如果按照上说，在平原地区或丘附地区区划上地，分授农民，就很难实现"均"的要求。不过应该理解，"均"是一个原则，无论在平原地区或丘附地区区划土地，分授农民，都要本诸均匀原则，不能有的井，有的户全是好地，有的全是坏地。这里所说的土地制度，是占有土地的封君等贵族，授与农民以份地。这里没有"公田"制度，劳役地租已逐渐消亡，农民只耕种份地，交纳实物地租。因为既然强调区划土地要"均"，说实现"均"的原则以后，"则民不憾"，如果不实行授田制度，怎么会提出"均"的问题呢？另外，《侈靡》篇还有"断方井田之数，乘马甸之众，制之"之语，这也只能解释为关于土地区划和军赋规定。这种区划土地和对农民授与份地制度，联系当时所实行的"案田而税"制度（下详），可以理解为就是当时的先进的土地制度，而管仲是肯定这种制度的。

贵族世卿世禄这种占有土地与授地制度，到了战国时代，已呈现瓦解。而代之以战功封赐土地与私有土地制度。不过残存的世卿世禄制度也还没有完全绝迹。《管子》作者对这种新的土地制度是赞同的，同时对残存的旧的土地制度也没有提出革命性的措施。《管子》书中对此无正面的系统的论述，但我们从《问》篇和《乘马》篇可以找出作者对于这个问题的主张。《问》篇是为调查了解社会经济状况而提出的一系列的问题。它的调查宗旨，在篇首作了交代"爵授有德，则大臣兴义，禄予有功，则士轻死节。……授事以事，则人尚功。……无乱社稷宗庙，则有所宗"。接着还说"然后问事，事先大功，政自小始"。由此可以知道作者对于"有德"、"有功"、"有能"等之重视，而这是和土地的占有相联系的。我们看问题中有"问国之有功大者，何官之吏也"？"群臣有位而未有田者几何人"？"问死事之孤其未有田宅者几何人"？"问死事之寡其饩廪何如"？这些问题都表明功大者有官位，有封赐的土地，而这种人死后的孤寡，仍得享有田宅和赡养。但上列问题也表明有官位而没有土地的情形。另外，下列问题则表明了功臣世家陵替衰败情形："国子弟之无上事，衣食不节，率子弟不田，弋猎者几何人"？"问国之弃人，何族之子弟也"？"问乡之贫人，何族之别也"？"问宗子之收昆弟者，以贫从昆弟者几何家"？上述问题表明了有的官家子弟没有官职，有的子弟终日无所事事，并且宗族也出现了罪人和贫人，而作者是主张官家子弟能为人率，宗族应收养贫人和应预防罪人的出现的。

除上述群臣和世族是土地占有者外，"士"本来是贵族底层，可以食田。但在战国之时，"士"已起了大的分化。有些平民上升为士，有的士则下降为平民。《问》篇有一些问题反映这种变化，而作者也表示赞同这种变化。如问"士之有田而不使者（不使谓不仕）几何人？吏恶何事"（谓何可使之不仕？），"士之有田而不耕者几何人？身何事"？"士之身耕者几何家"？"问士之有田宅，身在陈列者几何人"？孟子曾指出士没有祭田（"惟士无田"，《滕文公下》）的情况，不过还没有提出士自己从事耕种。由此可知，《问》篇所述的土地制度，已经出现了"有田不耕"和"身耕"的"士"的同时存在。

群臣和世族占有的土地，只有授与农民去耕种，有的士也是如此，这些土地都是已垦熟地。《问》篇作者还关心农业劳动生产力，除提出了"问一民有几年之食也"而外，非常重视土地的开垦。它问"人之开田而耕者几何家"？"问理园圃而食者，几何家"？"外人之来徙而未有田宅者几何家"？"问执官都者其滋事几何年矣？所辟草莱有益于家邑者几何矣"？这些问题都表现了作者重视农业生产的发展，重视土地的开辟和土地的利用。而这些"开田而耕者"、"理园圃而食者"、"外人来徙而未有田宅者"，可以视为自耕农，或可以世代享有土地使用权的农民。这种土地制度，是在授田制度下分户经营的小农制度的进一步发展，它对整个土地制度的变化起了促进作用，对于农业生产的发展更是起了积极作用。《乘成》篇对于"均地分力"有一段精辟的论述。这里的"均地"，可以解释为按"均"的原则征收租赋，"分力"则是分户经营的小农制度。《乘马》篇说，

> 道曰，均地分力，使民知时也。民乃知时日之早晏，日月之不足，饥寒之至于身也，是故夜寝早起，父子兄弟不忘其功，为而不倦，民不惮劳苦。故不均之为恶地，地利不可竭，民力不可殚，不告之以时，而民不知，不道之以事，而民不为。与之分货，而民知得正（"得正"读为"德政"）矣，审其分，则民尽力矣。

综合以上材料，似乎可以看到这样的理解，即《管子》所主张的土地制度，是以新兴地主和小农占有土地代替旧的贵族领主封地的制度，在这种制度下，世族和地主授与农民以份地，实行实物地租制度，自耕农则向国家交纳租税，而《管子》认为在这种土地制度下，实行"均地分力"，可以发挥很大的生产力。在《管子》全书中，没有一处有买卖土地的论述。即如《轻重》篇所述的"并兼"，也是指富商大贾并兼财物，而非指兼并土地。我认为对《管子》所主张的土地制度作这样的理解，同它其他各方面的经济思想比较一致。

（6）关于发展农业生产力的思想

战国时期是各国变法图新时期，政治家和思想家大都重视发展生产，这就必然把发展社会生产力的问题提到极为重要的地位，不谈发展生产力，发展生产就变成一句空话。从墨翟的"赖其力者生，不赖其力者不生"，这"力"当然是说的劳动。李悝的"尽地力之教"，更进一步把"治田勤谨"的问题提了出来。孟轲所说的"民可贵，社稷次之"。从经济角度说，这"民"也说的是劳动力。此外，商鞅所主张的"辟地"、"徕民"，更明显地把发展农业

生产力的两个重要要素劳动力和土地视为首要目标。至于《管子》，则把发展生产力提到一个更高的水平，比较全面地也较有系统地对各生产要素和其结合的作用作了论述。更为突出的是，它还从农学上研究水利灌溉及各种土壤与农作物和果木生长关系的问题。这些都是在学术思想上的新发展，值得注意。

古代农业生产，以天时和四委节令最为重要，其次，土地和劳动力则是农业生产的基本要素。生产工具对手工业生产是必不可少的，但对原始农业生产的重要性，则居很次要地位。因此，先秦绝大多数思想家论述发展农业生产，多着重天时、土地、和劳动力，很少涉及农具的作用。但《管子》则不但对天时、土地、劳动力与农业生产的关系有更为充分和精辟的论述，并且对"精工"、"械器"和农具的重要性，亦很强调。兹分述之。

①时　《管子》首篇《牧民》第一句即指出，"凡有地牧民者，务在四时"，篇中并说，"不务天时，则财不生"。这些论述，已经较《尚书·尧典》所述"敬授人时"，《论语》中孔子所说，"使民以时"，进了一步。但是《管子》的《幼官》、《五行》和《四时》篇，对"时"还作了更多的论述。《幼官》、《五行》两篇是以阴阳五行说为经，连带说到春夏秋冬四季有关农业生产的政事。而《四时》篇则以春夏秋冬四季时节为经，着重地论述天时与五谷生长的关系，提出各个季节应当进行那些重要农业生产活动，以及知时对于为政的重要。《四时》篇头几句即强调说，"唯圣人知四时。不知四时，乃失国之基；不知五谷之故，国家乃路"（路，同露，败也），极言知四时的重要性。《四时》篇也有阴阳五行内容，但对春夏秋冬四季农政则有具体明白的列举。如在春季，要依时"发政"："冻解，修沟渎，复亡人"；"端险阻，修封疆，正千伯"；"毋杀麑夭，无蹇华绝芋"。在夏季"发政"，要"求有功，发劳力者而举之"；"开久坟，发故屋，辟故窌铸"。在秋季

"发政"，要"慎旅农，趣（趋）聚收"；"补缺塞坏"；"修墙垣，周门闾"。在冬季"发政"，要"论孤独，恤长老"等。以上列举的农政，都是按照天时季节制定的，它的实行，对农业生产是非常重要的。显然把"不违农时"或"使民以时"的原则性的要求具体化了。以后《吕氏春秋》有《十二纪》之作，对于每月所应从事的农业活动，都有规定，比《四时》篇又进了一步。但我们如果将《十二纪》与《四时》篇对照细看，不难发觉《四时》篇所列举诸农政，在《十二纪》中都可看到，因此，可以说，《四时》篇至少是《吕氏春秋十二纪》以及《礼记·月令》所根据的思想资料之一，《四时》篇在论述天时因素与农业生产的关系上，除《夏小正》外，是最早的和较详的论述。它清楚地表明了思想家对于农业生产发展中的天时节令因素的重视。

《管子》对于"时"的论述，还不仅限于农业生产，它还把这个对于生产的重要因素推及于工商业。《管子·乘马》篇在论述士农工商分业之后，特别提出"失时"的问题。它说，"时之处事精矣，不可藏而舍也（尹注，时至则为之，不可藏而舍息也）。故曰，今日不为，明日忘（亡，失也）货：昔之日已往而不来矣"。显然，这一段论述，不完全指天时与农业生产的关系，而是说时间对于各种生产和事业都是重要的因素。所谓时间不等人，如果今天不生产，明天就没有生产品。农业生产如此，其他工商各业也如此。在社会生产力很低的条件下，《管子》还不可能提出节约时间等问题，但它已经提出充分利用时间以尽民力的问题。这是与提高劳动生产力有关的问题。如此论述时间因素与生产的关系，在先秦著述中还是仅见的。

②地　　既然农业是古代社会最重要的生产部门，所以作为农业生产的基本生产因素的土地，就一直受到政治家、思想家的重视。不仅战国时代的《孟子》、《商君书》都有重视土地的论述，

即如更早的古籍《禹贡》、《周礼》也已经有关于土地广狭、肥瘠等论述。但《管子》关于土地的论述则更有发展。总括起来，它的论述有三个方面，一是强调土地利用的重要，二是指出水利与土地利用的关系，三是分析各种土壤的等级与产量的关系。《牧民》篇首先就提出"辟地"的重要性，说"地辟举，则民留处"。《霸言》篇提出"夫无土而欲富者，忧"。并指出"地大而不耕，非其地也"。"地大而不为，命（名）曰土满"。这是在于说明"无土"固然不能富，但"有土"而不耕，也等于"无土"。《管子》关于"辟地"的重要性，在很多篇中都有论述，兹不一一列举。其次，《管子》关于水利的重要，亦在不少篇中论述。前面曾提到，《立政》篇中说"沟渎遂于隘，障水安其藏，国之富也"。相反，"沟渎不遂于隘，障水不安其藏，国之贫也"。在《度地》篇，它更述"五害"（水、旱、风雾雹霜、厉、虫）之中，"水最为大"。历述水有大小，"因其利而往之可也，因而扼之可也"。并提出设官治水种种措施。这是通过水利问题而指出"地形"及其富饶的重要性。管仲曾提出"相地而衰征"的政策措施。所谓"相地"，即分别土地肥瘠和其收获量的不同。管仲提出此问题，是针对征税而言的，但它本身就是关系农业生产的问题，对农民授田要考虑上田、中田、下田的不同（《周礼》等古籍俱有记载），为国者也要考虑据有各类土地的多少。这后一点在《管子》中是有论述的。如《乘马》篇以耕地为标准，区分各类土地，如"山之无木者"，"地之无草木者"，"汎山，其木可以为棺，可以为车"等等，"命之曰地均，以实数"。更为明显的论述，见于《乘马数》篇。其中说，"公曰，贱笑乘马之数奈何？管子对曰，郡县上臾之壤守之若干，间壤（即间壤）守之若干，下壤守之若干，故相壤定籍，而民不移。振贫补不足，下乐上"。这就是说，为国者要能掌握各种土壤之数及其收获量，然后才能制定相应的赋税政策和经济政策。这是把土地作为生产的重要因素与其他问题联系起来论述了。

③力 "力"就是劳动力。劳动是生产的基本要素,凡说到生产,就不能不说到劳动力,凡说到农业生产,就不能不说到土地和劳动力。土地没有劳动者从事耕种,就不能生产农作物。"辟地"一词本身,就表明了劳动力与土地这两个重要生产要素的结合。早于《管子》的许多古籍,凡说到农业生产,都已经提出了"力"的概念。《尚书·盘庚上》篇说"若农服田力穑,乃亦有秋"。《多方》篇说"力畋尔田"。《国语·晋语》说,"庶人食力"。《左传》说"小人农力以事其上"。从这些简略论述中,可以看到早期思想家已经认识到"力"和农业生产的关系。到了战国时期,由于社会经济的发展,政治家、思想家更多地阐述了"力"的要素的作用。墨翟曾指出"民力尽于无用"是七患之一,主张"地不可不力也"(《墨子·七患》)。他还指出有目的的劳动是人类和禽兽的根本区别,"说今人赖其力者生,不赖其力者不生"(《非乐上》)。他针对当时战争伤亡和地广人稀的情形,提出早婚、节葬、非攻等保护和增加劳动力的主张(见《节用》、《节葬》、《非攻》等篇)。商鞅则从他的"农战"、"富国"主张出发,强调"多力"、"抟力"、"尽力"的重要性(见《商君书·农战,说民,徕民,算地,壹言》等篇)。但《管子》各篇对于劳动力的作用和使用等,则有更多和更为精辟的论述。《管子》明确地提出"力"是创造财富的主要因素之一。《八观》篇说,"谷非地不生,地非民不动,民非作力毋以致财。天财之所生,生于用力。用力之所生,生于劳身。是故主上用财毋已,是民用力毋休也"。这与近代经济学家所说,"土地为财富之母,而劳动则为财富之父和能动要素"[①],颇

---

① 威廉·配第:《赋税论》,商务版,1968年,第74页。

为相同。又这里所说，"用力"、"劳身"，明确地说明物质财富的生产要运用人们身体的自然力，体力当然是最主要的，但也包括智力的运用在内。这可以说是现代所用"劳动力"一词含义的最早说明。在劳动力的使用上，《管子》很重视保护劳动力和发挥劳动者的积极性。《牧民》篇说"量民力则事无不成"。《版法》篇说"用力不可以苦"，"用力苦则劳"，"民苦殃，令不行"。《版法解》篇并对"用力苦则劳"作了解释说"用力苦则事不工，事不工而数复之，故曰劳矣"。这里的"劳"，是厌烦劳苦之意，而不是指一般的劳动。上面这些论述，都是针对当时统治者滥征民力，从事各种劳役而言的，指出无限度地使用民力，人民就感到劳苦，就会反抗，事情就不会做好。除了"量民力"而外，《管子》认为改善分配关系和生产经营方法，可以提高劳动者的生产积极性。上面所引《乘马》篇的"均地分力"说是其证。这一段论述，可以说是古代关于改善生产关系以提高生产积极性的仅见的卓越论述，值得特别指出。此外，还值得一提的是，古代思想家提出过农业劳动的生产率问题，如孟子说"耕者之所获，一夫百亩，百亩之粪，上农夫食九人，上次食八人，中食七人，中次食六人，下食五人"(《孟子·万章下》)。《管子》对此思想也有所发展。它不止提到上中下耕农，还提到上中下女工，并且还进一步对生产效果与生产耕费的关系作了论述。《揆度》篇说"上农挟（挟，给也）五，中农挟四，下农挟三。上女衣五，中女衣四，下女衣三。农有常业，女有常事"。还说"事再其本，民无囷（原文无此字，按郭校，"无"当有重文）檀者卖其子，三其本，若为食，四其本，则乡里给，五其本，则远近通"。这里所说的"事"，当指收获量，"本"主要指劳动，当然还有其他耗费。由此可以看到，《管子》分析劳动与生产的关系，在先秦诸子中是比较深入的。最后，《管子》在《小问》篇还把"力"、"地"、"时"三个关于农业生产的重要因素联系起来论述,说"力地而动于时,则国必富矣"。这一论述表明了战国时期思想家不但对于农业生产要素有明确的认识,并且对于发展农业生产力也提出了新的课题。

④器 "器"或"械器",在《管子》书中指生产工具和兵器二者。管仲对金属械器已经给予很大注意。《国语·齐语》记载管仲说"美金以铸戈剑矛戟,试诸狗马,恶金以铸斤斧钼夷锯欘,试诸木土"即其证。《管子·小匡》篇亦有相同记载。"美金"是铜,"恶金"是铁。我们知道,铁制生产工具的出现,标志着社会生产力的发展进入一个新的时代。上文记载管仲对于铁制手工业斧锯和农业钩、镰、锄、镢诸生产工具的注意,亦即表明管仲对发展社会生产力的重视。《管子》一书继承管仲的思想,对"械器"的作用和重要性,作了进一步的论述,这些论述在先秦著述中也是很突出的。首先,《管子》对于作为生产工具的"器",说的很具体,包括农具、手工工具,舟车交通工具等。《海王》篇说"一女必有一铖一刀","耕者必有一耒一耜一铫","行服连轺辇者必有一斤一锯一锥一凿"。《轻重乙》篇亦说"一农之事,必有一耜一铫一镰一耨一椎一铚,然后成为农。一车必有一斤一锯一釭一钻一凿一銶一轲,然后成为车。一女必有一刀一锥一箴一铢,然后成为女"。此外,其他篇也有一些概括论述,如《幼官》篇"毋乏耕织之器",《小匡》篇说"今夫农群萃而州处,审其四时,权节其用,备其械器",《国准》篇说"立械器以使万物,天下皆利"。凡此都可以看出《管子》对于生产工具的重视,这也就是对于提高劳动生产率和发展社会生产力的重视。但我们也要指出,《管子》一书写于各国强兵争雄时代,对于兵器尤为注重。在《七法》篇它提出"治民有器","形势器械未具,犹之不治也"。并且更具体地说"为兵之数,存乎聚财而财无敌;存乎论工而工无敌;存乎制器而器无敌"。因此它十分重视锐利兵器的制造,主张"聚

天下之精财（材），论百工之锐器，春秋角试，以练精锐为右，成器不课不用，不试不藏"（《幼官》、《小问》篇也有相同论述）。《管子》书中重视兵器制造，甚至超过对于生产工具制造的重视，这是可以理解的。这里需要指出的是，兵器的制造与生产工具的制造有密切的关系。古代戈剑矛戟的制造，显然也需要刀斧锯凿等工具，并且制造兵器的方法，有的可以适用于制造手工业产品，有的用于制造战争舟车的方法，同样可用于制造民用舟车。从这点来看，《管子》关于"器"的论述就不应认为仅限于军器了。

既然重视"械器"必然重视械器制造的技能和产品的精良。上面引文已经提到"锐器"，在这方面，《管子》还有很多论述。《小匡》篇先有"论比计，制断器，尚完利"等语（《国语·齐语》所述相同）。另外《立政》篇也有"论百工，审时事，辩功苦，上（尚）完利"的论述。对于百工的技能，则强调"巧"和"功"。《小匡》篇所说"相语以事，相示以功，相陈以巧，相高以知（智）事"，《问》篇调查国中"男女有巧使能，利备用者几何人"，"工之巧，出员以利军伍，处可以修城郭、补守备者几何人"，都表明《管子》作者是很重视生产经验、知识、技术和生产的功效的。《乘马》篇所说，"工治容貌功能"，"智者知之，愚者不知"，"巧者能之，拙者不能"，都是同样的意思。应当指出，《管子》严格区别"巧"、"功"与"刻镂"、"文章"即与"文巧"、"邪巧"用语意义之不同，前者是指技能，后者是指玩好产品。凡说后者，都不单独用"巧"或"技能"词语，而用"巧"和"技能"词语"都和"工事"、"械器"连用。这种用法和含义，同样见于《荀子》一书。

⑤ 讲求农业科学技术　《管子》有《度地》篇和《地员》篇，前者专论水利灌溉工程，后者专论地势高下，土质肥瘠，水

泉深浅与农作物及果木生长的关系，是先秦农业科学技术的卓越著作。这里且略述《地员》篇对发展农业生产力的贡献。科学技术是生产力。《地员》篇分析各种土地与各种物产的结合，关系到生产效果的好坏，是发展农业生产最需要讲求的一个方面。它表明了战国时期思想家不但从治国方针上提出重视发展农业生产的理论和政策，并且从农业生产实践上广泛地调查、记录和总结不同土地与不同物种生长的关系，从而为在不同土地条件下发展不同作物和果木的生产提出具有科学性的论据，这当然对发展农业生产政策具有重要意义。因此，对于《管子·地员》篇，我们也可以从发展生产力的角度来研究它，把它看做战国时代政治家、思想家重视农业生产力发展的一个极其重要的组成部分。以下简要地分析《地员》篇对于不同土地与不同物种生产的结合的论述。

《地员》篇首先就地势高低和水泉深浅，分别探究适宜于何种农作物和草木的种植。它分土地为"渎田"（即江淮河济四水间大平原之田）、丘陵、山地三类。渎田地下七尺至三十五尺，有水泉。丘陵则自四十二尺至四十尺，始达于泉。山地是较丘陵为高的土地。大平原渎田有五种土壤：息土，即粟土，或叫冲积土，适宜生长五谷和草木；赤垆，即赤而黑之粟土，适宜生长五谷、麻和草木；黄唐，有谓即涂泥，适宜生长黍秫和草木；斥埴，即碱质粘土，适宜生长大菽、麦和草木；黑殖，即黑色粘土，适宜生长稻麦和草木。渎田都是比较肥沃的土壤，主要种植粮食作物。所说土壤之名有与《禹贡》所说相同者，如所说"赤垆"，《禹贡》则有"坟垆"；所说"黑植"即《禹贡》所说的"黑坟"。有水泉的山地，亦适宜生长草木，它说，"或高或下，各有草土"，"凡彼草物，有十二衰"，并举出适宜于山地高下生长的十二种草木；（自下而上）有叶、藋、茪、蒲、苇、雚、蒌、荓、萧、薛、萑、茅。以上记述，非经过详实调查和整理分析是难以写出的。《地员》篇除就地势高下和水泉深浅来分别探究适宜生长的农作物和草木而外，还从地域上，即从"九州之土"来考察各种土壤与相应生长的各种谷物和果木。所说"九州之土"，盖即《禹贡》所说的冀州、兖州、青州、徐州、扬州、荆州、豫州、梁州、雍州之土。《地员》篇没有如《禹贡》那样分别说明各州的土壤，而是以土壤为经，概说"九州山陵坟衍等地共有18种土壤，生长36种物产。18种土壤分上中下三类，各类各有6种。例如上土中有粟土、沃土、位土、隰土、壤土、浮土、中土、下土亦各有六种。各种土壤都载明适宜生产的各种物产。例如"粟土"，"其种，大重细重，白茎白秀"。"群木蕃滋数大，条直以长，其泽则多鱼，牧则宜牛羊"。对于其地各种土壤，亦列述各种物产。特别值得指出的，即《地员》篇不仅考察各种土壤与各种物产的结合，还探究各种土壤的生产力。它以上土中之粟土、沃土和位土三种土壤的生产力为准，究明上土中的其他三土生产谷物和果木的效益，较粟土等三土要低十分之二，而中土中六种土壤生产谷物和果木低十分之三至十分之四。下土中六种土壤生产谷物和果木，则要低十分之五至十分之七。显然，这种研究在科学技术上和在发展农业生产上，都有极其重要的意义，而这种研究成果，就上述各点来说，都是古籍中最早和仅见的。《管子·地员》篇对于发展农业生产力的贡献是应该特别予以重视的。

四　赋税论

《管子》一书无专章专节论分配，不过在不少章节中可以找到关于赋税的论述，赋税是一种分配形式。

分配决定于生产。这一命题有两层意思，一是劳动者与生产资料所有者的关系一旦确定之后,分配关系即随之而定。在依附农与封建地主的关系下的分配,当然和在奴隶制下的分配不同。另一是生产力的情况。在当时生产力水平的情形下,只有生产者除了生产必要产品而外,还能生产剩余产品时,生产资料所有者才有可能占有剩余产品,才有产品分配以及再分配可言。关于前一层意思,我们在前面讲"土地关系"时,已讲过了《管子》是主张发展新兴地主土地所有制经济的,但当时贵族世家封地制仍有残余存在。这是《管子》分配论的前提,也是占有必要产品和剩余产品的根据,不可不在这里再提一提。以下分题来说《管子》的分配思想。

(1) 租与税合一的思想

贡、赋、租、税,都是早期封建社会的分配与再分配形式。孟子曾经指出夏、商、周的租税形式是贡、助、彻。这三种形式不再见称于《管子》。贡是下献上之通称,孟子用来指传说中夏代的田赋制度,到了战国时代已失其意义。助是借民之力以耕公田,公田制度消亡,助法亦不再见称。唯独彻法是指周人百亩什一之税,纵然以后税率不尽一致,按百亩征税法仍旧沿用,其不再见称之故,恐怕是为赋税或租税等通用名词所代替了。我们可以把《管子》书中关于赋税或租税的记述摘录如下。

田租百取五,市赋百取二,关赋百取一。(《幼官》篇)

桓公践位十九年,弛关市之征,五十而取一。赋(授)禄以粟,案田而税,二岁而税一,上年什取三,中年什取二,下年什取一,岁饥不税。(《大匡》篇)

相地而衰其征,则民不移矣。(《小匡》篇)

使税者百一钟,孤幼不刑,泽梁时纵,关讥而不征,市书而不赋。(《霸形》篇)

相壤定籍,而民不移。(《乘马数》篇)

租籍者，所以强求也。租税者，所虑而请也（《国蓄》篇）（尹注："在工商曰租籍，在农曰租税"）。

然后君立三等之租于山，曰，握以下者为柴楂，把以上者为室奉，三围以上为棺椁之奉，柴楂之租若干，室奉之租若干，棺椁之租若干。（《山国轨》篇）

上面引文中的"赋"，在战国以前，多指兵赋，即"共（供）车马兵甲士徒之役"。春秋后期，兵赋亦按田亩征发，赋亦成田地税，故赋税连用，赋并应用于工商税。所说"市赋"、"关赋"，亦即市税、关税之意。此外，"征"、"籍"也与税同义。这里需要着重说明的，是"租"与"税"含义的异同。我们已见到上面引文中《管子》有时用"田租"、"山租"，有时用"田税"（"案田而税"），有时"租税"连用。至少可以说，由于《幼官》篇和《大匡》篇是时代大致相同或相距不远的著作。"田租"和"田税"这两种说法，不是因时代不同而异。那么为什么有两种不同用法呢？

一般来说，"租"是地租，在封建社会是土地所有者所占有劳动者的剩余劳动，它或为地主所占有，或为封建国家所占有，依该时代的土地所有制而定。而"税"则是指国家对个人或财产的征课，它与地租不同的地方，首先在于它总是由国家征收的，不论是在封建社会或资本主义社会都是如此。其次，在封建社会，就田地税而言，它依照田地为地主所有或为国家所有而在分配上有所不同。如田地为地主所有，国家所征的田地税，是属于剩余产品再归属的性质，即分取地主所得自劳动者的剩余劳动，如田地为国家所有，则国家直接向劳动者征收剩余劳动，其性质与地租没有不同。根据这一理解，我们就可以理解为什么《管子》对租与税没有在概念上区别开来。我们在前面曾指出，《管子》是拥护当时新兴的地主土地所有制的，同时对于残存的贵族世家的封地制也还容许其存在，在这样的土地关系下，新兴的地主就能凭借土地所有权并经济外强制，无偿地占有农民的剩余劳动，残存的贵族世家更是凭借其特权如此占有农民的剩余劳动。这是产品初次分配。继此者，地主和封建贵族还要向君主国家纳税，这些税也还是来自农民的剩余劳动，这是产品的再分配。一般记载的"什一之税"，多是封建国家对土地占有者的征课，其实还是土地占有者对农民剩余劳动的占有。土地所有者对封建国家的纳税，是来自对农民剩余劳动的占有。所以地租和国税（田地税）同出于农民剩余劳动一个来源。在封建地主和国家凭借经济外强制，对农民苛征重课时，这种分配就会侵及农民的必要劳动。《管子》书上记载农民逃亡鬻子等情形，很多是由此造成。有时封建国采取轻税措施，但地主所收农民的租额不变，则得利者为地主而非农民。或者封建国家采取苛税措施，地主随之亦苛征地租，受害者仍是农民而非地主。从这里我们清楚地看到，在封建专制中央集权的国家中，国家所课征的田地税，是农民剩余劳动的再分配，它本身属于地租的性质，而不是不同于地租的田地税。这与资本主义制度下国家征收田地税的性质不同。资本主义制度下国家征收的田地税，也是以地租为对象，但资本主义制度下的地租是剩余价值减除平均利润的余额，它无法任意增加，所以国家课征的田地税，地主不能转嫁于农场主。马克思曾指出，如果"国家既作为土地所有者，同时又作为主权者而同直接生产者相对立，那末，地租和赋税就会合为一体，或者不如说，不会再有什么同这个地租形式不同的赋税"①。马克思所说的，符合《管子》论述的租税的时代，也最精辟地说明了《管子》为什么租与税通用。论者有时纠缠于马克思所说"国家既作为土地所有者"一语，说这

---

① 《马克思恩格斯全集》第 25 卷，第 891 页。

说的是"土地国有制",而在战国时代不存在土地国有制,因此马克思的租税合一的说法也不能用来解释战国时代的租与税。事实上,如果从封建专制国家和地主对农民的经济外强制来说(如"苛政猛于虎"《礼记·檀弓下》),"民三其力,二入于公"(春秋时晏婴语),"或耕豪民之田,见税什五"(董仲舒说秦时)等,以及国家田地税最后由直接生产者农民负担来说,那么实质上田地税是和地租合为一体的,封建专制国家实质上也是作为土地所有者来征田地税的。在中国封建地主土地所有制之下,可以说封建专制国家和封建地主是共同征收地租的,国家田地税是地主得自农民地租(剩余产品)的一部分,是由于经济外强制,地主可以把向国家交纳的田地税以提高地租额的手段,而令农民交纳更多的地租。这样,地租就与地租实体上是合一了。

以上是从理论上及中国封建土地关系上说明《管子》所以不加区分"租"与"税"的原因。我们还可以引证史籍,说明这种对"租"与"税"的不加区分,是春秋战国时代的通行用法。前述齐桓公时有"案田而税"之语(《管子·大匡》篇),稍后鲁国实行"初税亩"(《左传》宣公十五年),再后秦国实行"初租禾"(《史记·六国年表》,秦简公七年),这所说"税亩"、"租禾"都是同义语,说的都是实物地租。以后字书如《说文》,即解"租,田赋也",《广雅释诂》解"租,税也",说明租和税二字一义,《急就篇》(史游著)颜注,敛谷曰税,田税曰租",虽然对租和税加以区分,但实质上还都是实物地租之义。这些文字上的用法和解释,不能视为表面文章,而是真实地表示了春秋战国时代农业生产的分配情况,同时也说明了《管子》对于当时农业生产分配和再分配的基本论点。

(2) 租税课征的原则

封建社会的租税是土地所有者无偿占有剩余劳动的主要分配

形式。封建地主和封建国家可以凭借土地所有权和经济外强制对直接生产者农民暴征虐夺——这种情事,史不绝书。为了封建社会的长治久安,也为了保障直接生产者的生存和鼓励直接生产者对生产的积极性,具有远见的政治家和思想家都不断地提出一些原则,作为课征租税的准绳。从孔子提出"敛从其薄"(《左传》哀公十一年)后,"薄赋敛"成了政治家和思想家所提出的课征租税的最重要的原则。《管子》各篇也多次提到这个原则,如《五辅》篇、《大匡》篇、《中匡》篇等。但这究竟是一个极其一般的原则,各家对于如何"薄"法,还各自有说。早于孔子的管仲以及以后的《管子》一书,都对租税的课征提到过一些具体的原则。在这方面,应当特别提出的是管仲提出的著名的"相地而衰征"的租税政策。《国语·齐语》有如下一段记述(《小匡》篇亦有相同的记述,仅有个别文字的差异)。

桓公曰,伍鄙若何?管子对曰,相地而衰征,则民不移。政不旅旧,则民不偷,山泽各致其时,则民不苟,陆、阜、陵、墐、井、田、畴均,则民不憾;无夺民时,则百姓富;牺牲不略,则牛羊遂。

上文"相地而衰征",韦昭注"相,视也。衰(音崔),差也。视土地之美恶及所生出,以差征赋之轻重出"。这就是说,管仲认为实行按土地好坏分等征税的办法,是征课田税的最好办法。如果实行这种办法,农民会安心耕作而不想迁徙。大概当时征课田税办法,是不分土地好坏,对所耕地一律按亩数征同等税额。征课租税,要讲均等,不分土地等差而征同等的税额,就成为最不均等的税。① 管仲提出改变这种最不均等的征税办法,当然会使农民

---

① 李嘉图说:"这是最不均等的税"。见《政治经济学及赋税原理》(中译本,商务版,第153页)。

安心耕种，使农业生产得以发展。这里应当指出，管仲提出的这个政策，在当时从理论上和实践上来说，都具有划时代的意义。首先，管仲相齐桓公是在公元前685—645年，提出此政策亦必在这一时期。较鲁国实行"初税亩"（公元前594年）至少早半个世纪。治中国古代史者都知道"初税亩"是废公田为私田和改劳役租为实物租在土地关系上的一次重大变革。但是这一重大变革，应当上溯到管仲提出的上述政策之时。因为管仲提出的按土地好坏等差征税办法，在使租税负担公平合理化当中，已经包含了变劳役租为实物租这个前提。按土地好坏等差征税，就是按所有耕地分等征税，只有土地好坏之分，而无"公田"、"私田"之别。《大匡》篇所说桓公践位19年（公元前667年）时，"赋（授）禄以粟，案田而税"，可以说是对"相地而衰征"政策的田制和租制内容最好的说明。因此，管仲的这个政策，在使不均等的政策变为均等的政策当中，还包含了改变落后的劳役租制为进步的实物租制这个内容。

其次，等差征税之所以均等合理，无非因为土地生产力有不同，生产的剩余产品有高低。如果"衰征"是按生产的剩余产品多少而分等征税，也就是按地租的多少征税，那么不但是对土地所有者公平合理，并且从理论上说，不生产剩余产品的劣等地，应免予征税，这种征税办法也免使必要产品受到侵犯，保护了直接生产者的利益。在政治经济学中有一条理论，叫级差地租，其意即因土地肥力的不同而生产的剩余产品量不同，因而土地所有者征收的地租也不能不有差别。这种级差地租存在的条件，是土地等级的不同。凡是土地存在不同等级的肥力，级差地租也就存在。它在资本主义社会存在，在封建社会也存在，在原始公社也存在，它与土地私有制的存在与否没有关系，当然它的占有形式是随土地所有制的不同而不同的。① 古典经济学家亚当·斯密和李嘉图都认为按地租高低征收土地税,最合乎公正原则。② 按照上述理论,管仲的"相地而衰征"这一征税原则,不但包含租税负担公平的原则,并且还包含级差地租的原理。考虑到早在公元前七世纪时这些原则和原理就被提出,纵然它是很概括的和缺乏详细论证的,但在思想史上也是应当大书特书的。

管仲以后,"相地而衰征"征税原则的完整提法,在古籍及诸子论述中,仅再见于《荀子·王制篇》一次,因此似乎这个原则不大受到以后政治家和思想家的重视。事实不然,这个征税原则的精神实质,都在孔子、《周礼》等论述中有所体现,更不用说在《管子》一书中得到更多的阐述。③ 兹略述《管子》书中关于这个征税原则的阐述。

《管子》书中阐述"相地而衰征"这个原则的有《乘马》篇、《乘马数》篇、《地员》篇等。从租税政策上说明这个原则的,有《乘马数》篇,其文云:

> 公曰,贱(贱字衍文)笑乘马之数奈何?管子对曰,郡县上臾之壤守之若干,间壤守之若干,下壤守之若干。故相壤定籍,而民不移。振贫补不足,下乐土。故以上壤之满,补下壤之虚(虚原作众,依俞樾校改),章四时,守诸开阖,民之不移也。

---

① 参看《马克思恩格斯全集》第25卷,第743、907页;《列宁全集》第5卷,第99页。

② 亚当·斯密:《国民财富的性质和原因的研究》(郭、王译本)下册,第384页;李嘉图,前引书,第146页。

③ 参看拙作《我国先秦时代租赋思想的探讨》,载《中国经济思想史论》人民出版社。

上文"故相壤定籍，而民不移"，注家多认为"定籍犹衰征矣"，[①] 所以与《齐语》"相地而衰征"，在文义上没有实质的不同。文中所说"以上壤之满，补下壤之虚"，"振贫补不足，下乐上"，即从国家财政收入上和从直接生产者必要劳动的免受侵夺上说明这一租税原则的可行性。《乘马数》篇还有一段文字是说明土地肥力的不同，是具体地说明上壤、间壤、下壤的区分的。

> 有一人耕而五人食者，有一人耕而四人食者，有一人耕而三人食者，有一人耕而二人食者，此齐力而功（读为攻）地，田筴相圆，此国筴之时守也。

郭沫若解释"田筴相圆（员）"说，"员犹运也"，"谓以土田与农业政策相辅而行"。因此，可以说，《乘马数》篇对"相地"作了"上壤、间壤、下壤"及一个耕而食人之数不同的解释；对"衰征"作了"上壤之满与下壤之虚"的解释，并指出土田耕作必须辅以恰当的租税政策。这样，管仲的"相地而衰征"的政策原则，在《齐语》及《小匡》篇未得到申述，在《乘马数》篇可以说有了进一步的说明了。

《管子》书中更着重阐明的是土地美恶的不同，这是"衰征"的根据。这个问题，在《乘马》篇和《地员》篇得到了颇为详细的论述。《乘马》篇按照山林、水泽等土地的出产情形，以"可食"（即可种谷物）之地为标准，折成耕地面积，叫做"地均"，这可以说过"相地，问题作了具体的解决。其文如下。

> 地之不食者，山之无木者，百而当一。涸泽，百而当一。地之无草木者，百而当一。樊棘杂处，民不得入焉，百而当一。薮镰缏（缏原作缠，依各家校改）得入焉，九而当一。蔓山，其木可以为材，可以为轴，斤斧得入焉，九而当一。

[①] 郭沫若：《管子集校》下册，第1031页。

汛山，其木可以为棺，可以为车，斤斧得入焉，十而当一。流水，网罟得入焉，五而当一。林，其木可以为棺，可以为车，斤斧得入焉，五而当一。泽，网罟得入焉，五而当一。命（名）之曰，地均，以实数。

《乘马》篇除以下文说明山林水泽等地出产情形不同，还指出旱地与涝地的不同，并提出"衰征"办法。其文如下。

一仞见水不大潦（"一"原作"十"，依俞樾校改。仞，周制八尺），五尺见水不大旱。一仞见水轻征，十分去一。二则去二，三则去三（原作'十一仞见水轻征，十分去二三，二则去三四'，依王引之校改），四则去四，五则去半，比之于山。五尺见水，十分去一。四则去二，三则去三，二则去四。一尺而见水，比之于泽（原作'四则去三，三则去二，二则去一。三尺而见水，比之于泽'，依俞樾校改）。

上文是说，旱地，一仞见水之地，轻征十分之一，地愈高，减征愈多；涝地，五尺见水之地，也轻征十分之一，地愈低，减征愈多。"比之于山"和"比之于泽"，即按上述山林水泽等地折合"可食"之地征税。这些规定把"相地而衰征"的原理原则更为具体地作了阐述。

《管子》对于土地分类，在《地员》篇还有更专门的论述。《地员》篇是一篇研究土地与植物生长关系的科学论文。它除了按地势高低，水泉深浅，谷木草生长种类划分土地为"渎田"（大平原之田）、丘陵、山地三类，还就宜于生长谷物果木的"九州之土"，按其美恶色质的不同，分为上土、中土、下土三大类，各类又分为三十种，总共有九十种不同色质的土壤。它并指出，各种土壤的生产力不同。如上土中的"隐土"，它说所产谷物果木，较上土中的"粟土"要少十分之二，中土所产要较"粟土"少十分之三至十分之四，下土则较"粟土"要少十分之五至十分之七。

《地员》篇这些分析，是我国古代农业科学的卓越成就，它也为管仲的"相地而衰征"理论和政策提供了科学论据。夏玮瑛在所著《管子地员篇注释》一书中说，"《齐语》中有管子'相地而衰征'之议，《地员》篇的内容，就是从地势、土壤、水泉、植物等方面以考察'土地之美恶及其所生出以差征赋之轻重也'吧！所以《地员》篇的作者，托于管子，一开始就说，'夫管仲之匡天下也，其施七尺，其立名而责实'，这就是立其美恶之名，而责其征赋之实，全篇主旨，即在于此"。[①] 我同意这一说法，与我所说可谓不约而同。

(3) "富上而足下"的原则

从春秋战国以来，诸子已屡次提出贫富问题及其解决意见，就中以《管子》所论较为充分，问题变提得鲜明。下文是它的一些论述。

　　贫富无度则失。(《五辅》篇)
　　甚富不可使，甚贫不知耻。(《侈靡》篇)
　　民贫则难治也。(《治国》篇)

这里提出了："甚贫"与"甚富"的问题已经存在，并且思想家已经认识到这是很严重的社会问题；与封建等级制度相适应，认为应有贫富之分，但认为贫富之分应适度，如果"贫富无度"，国家就会乱，"民贫则难治"。这把贫富失度问题提得很尖锐。关于贫富问题的形成，《管子》以及其他思想家多认识到它有生产方面的原因和分配方面的原因，前者主要是生产资料土地的有无问题，后者则是封建国家和地主收取土地租税的轻重问题。关于前者，

---

① 夏氏之说，首先见于此书1958年版。我以前未见到他的这一论点。今春（1985年）写《管子两篇农学论文的经济思想和农学思想》一文时，参考其书始见及，颇钦佩其卓见。

前面已经讨论过，不重复。这里专述《管子》从分配方面对于贫富失度问题的论述。

《管子》之论分配与贫富不齐的关系，除在主张"薄赋敛，轻征赋"；"养长老，恤孤寡"（《五辅》篇）上，与儒家等有共同之处外，还对此有进一步的论述。这表现在它提出的两个论点，一是关于"薄赋敛，轻征赋"的原则，即"富上而足下"的原则，一是关于确定"贫"的限度。先说前一论点。《管子·小问》篇有一段论述很值得注意，其文如下：

> 收民者，厚收善藏，以充仓廪，……其收之也，不夺民财，其施之也（在凶年时发仓廪山林薮泽，以共其材），不失有德。富上而足下，此圣王之至事也。

在阶级社会，"富上"是最高的分配原则。在奴隶制社会，根本提不出"足下"的问题。到封建制社会，农民在交纳租税和其他经济外强制的苛征之后，除了保留必要产品而外，还有可能得到辛勤劳动的余下部分。《管子》提出的"其收之地，不夺民财"，就是说在规定租税及某些苛征之外，不应侵夺直接生产者必要产品及额外劳动多得的财物。这样的规定，就给"薄赋敛，轻征赋"一个明确的界限。就是说，赋敛不但是为了"富上"，还应兼顾到"足下"。"薄"、"轻"的概念，都是相对的，没有确实的标准。《管子》这里提出"不夺民财"，"富上而足下"，给"薄赋敛"，以一个确定的下限，可以说对封建主义的分配论提出了一个重要原则。这个原则与生产论的多粟富国富民原则是相辅相成的。没有分配论的"足下"原则，多粟富民就成为一句空话。《管子》提出"富上而足下"这一重要原则，实有很深刻的意义。

其次，所谓"贫富失度"，其实是"甚贫"或贫穷超过了能够生存限度的问题，亦即达到了贫穷线的问题。关于这个问题，《管子》提出了直接生产者对生产品保有的比率，可以说道前人之所未道。《禁藏》篇说。

夫民之所生，衣与食也。食之所生，水与土也。所以富民有要，食民有率，率三十亩而足于卒岁。岁兼美恶，亩取一石，则人有三十石，果蓏素食当十石，糠秕六畜当十石，则人有五十石，布帛麻丝旁入奇利，未在其中也。故国有余藏，民有余食。

这是一段非常重要的文字。《汉书·食货志》记述战国初期李悝有关一夫治田百亩一年的收支账目——"岁收亩一石半，为粟百五十石，除十一之税十五石，余百三十五石。食人月一石半，五人终岁为粟九十石，余有四十五石。石三十，为钱千三百五十。除社闾尝新春秋之祠，用钱三百，余千零五十。衣，人率用钱三百，五人终岁用千五百，不足四百五十，不幸疾病死丧之费及上赋敛，又未与此。此农夫之所以常困，有不劝耕之心，而令籴至于甚贵者也"。学者们常用这个材料来说明战国时期的小农经济情况。如郭沫若即说，"在这儿把战国初年的农民生活、田制、物价等，都叙述得非常明白"。[①] 但是这个材料纵然项目较详，其所述数字是有疑问的。胡寄窗同志曾指出，"他对农民家计中的某几项费用也可能估计过高"，（如衣用五十石）"当时农民所缴纳的捐税，实际绝不止十分之一"。[②] 这里想对"十一之税"再说几句。我认为古代思想家所说的十一之税是反映生产者以及土地所有者对租税征课的一种要求，因为许多史实记载都远非十一之税。不用举其他材料，单就《管子》一书所述，除《幼官》篇所说"田租百取五"，《大匡》篇所说桓公践位十九年，"二岁而税一，……中年什取二"，《霸形》篇所说"使税者百一钟"，或为租税政策的

---

① 郭沫若：《十批判书》，第 313 页。
② 胡寄窗：《中国经济思想史》上，第 272 页。

最高理想，或为齐桓公希图实行的霸政政策而外，其他如《治国》篇所说"上征暴急无时，则民倍贷以给上之征矣"，《臣乘马》篇说，"君之衡（横）籍而无止，民食什伍之谷，则君已籍九矣"，以及上面所引《禁藏》篇所说（百亩之夫）"率三十亩而足于卒岁"，都说明农民租税负担远远超过"什一"。正因此故，所以《管子》鉴于"贫富失度"的危机，而提出"富上而足下"的主张。从《管子》所述情况，除横征暴敛而外，在正常情形下，是"民食什五之谷"。《禁藏》篇所说"食民有率，率三十亩而足于卒岁"，是民食什三之谷，不过它也深知"什三"不足以维持生活，所以又说连同果蓏六畜等，民有五十石，此外还有布帛麻丝收入，则实际上大致是民什五之谷，与《臣乘马》篇所述基本相同，我们认为《禁藏》篇所提出的"食民有率，率三十亩而足于卒岁"，一方面提出了租税征课的最高限度，应不超过小农一家百亩收获的十分之七（此与晏婴所说"民参其力，二入于公"情形大致相同。较上述《臣乘马》篇"则君已籍九矣"为少，也较《治国》篇所说"以一民养四主"为少），同时也提出了农民耕种百亩之田所应保有必要产品的最低限度，亦即五口之家，保有三十亩的产品。《禁藏》篇所说"亩取一石，则人（家）有三十石"，为数偏低。按《治国》篇说"常山之乐，河汝之间"，"中年亩二石"，则亩产较《禁藏》篇所说高一倍。而《汉书·食货志》载李悝说"岁收亩一石半"。每亩产量的不同，当然会影响农民所保有的必要产品量。李悝说"食人，月一石半，五人终岁为粟九十石"，是较《禁藏》篇合计其他果蓏等产品多四十石。看来《禁藏》篇所说"亩取一石"是就最低产量而言，而非实际产量。总之，《禁藏》篇提出的"食民有率，率三十亩而足于卒岁"，既不是"什一之税"，也还不是"民食什五之谷"，而是民食什三之谷，是直接生产者农民所必需保有产品的最低比率。《管子》提出的这个比率，亦就是它所说的"足下"原则，是偏低的，但也恐怕是切合当时实际农民生产品的分配情况的。这里应该说明，从分配思想来说，《管子》的卓越处，是在于它提出"富上足下"这个原则和"食民有率"的最低限度的比率。

五　商品货币关系论

《管子》有《轻重》十六篇（本有十九篇，亡佚三篇）除《轻重己》重在论述四时节令而外，都专门论述商品货币关系。在《轻重》篇之外，其他篇文也有论述商人活动和商品交换的文字。《管子》以如此多的篇幅论述商品货币关系问题，不但是先秦其他古籍所无，并且也未见于以后各家著作。这是《管子》书的一个特点，因此《管子》亦以轻重学说著称。我曾对《轻重》各篇所论商品货币关系问题的一些方面，分为五题作了专门讨论（见本书）这里尽量避免重复，述其主要学说思想为次。

(1) 基本思想

《管子》重视商品货币关系不是偶然的，而是对于管仲"贵轻重、慎权衡"、"通货积财、富国强兵"（《史记·管晏列传》），"通轻重之权，徼山海之业"（《史记·平准书》）政策思想的继承和发扬。在财富思想上，管仲是以重视物质财富生产和发展农业著称的，而《管子》在这个问题上则不仅重视财富的生产，并且十分重视财富的流通。它既重视产品在诸侯国间的流通，防止本国产品外流，还重视国内产品流通，免为富商大贾所屯积。既然如此重视产品流通问题，当然要研究产品流通中所包含的货币和商品价格问题，以及需要采取的政策措施。此其一，其次，《管子》的重视流通问题，还不是与其他问题等量齐观的重视，而是把流通问题提到"御天下之道"的高度。这种论述，屡见于各篇，下面是最为强调的两段。

> 凡将为国，不通于轻重，不可为笼以守民，不能调通民利，不可以语制为大治（《国蓄》篇）。

> 桓公问于管子曰，吾欲富本而丰五谷可乎？管子对曰，不可。夫本富而财物众不能守，则税于天下。五谷兴丰，巨钱（当为"吾贱"之误）而天下贵，则税于天下，然则，吾民常为天下虏矣。夫善用本者，若以身（舟）济于大海，观风之所起，天下高则高，天下下则下。天下高我下，则财利税于天下矣（《地数》篇）。

这是说，掌握财货流通，是治国利民的大计。纵然五谷丰产，如不善于掌握流通，财物产将不能为我所用。据此，虽然不能说流通重于生产，但《管子》确实已经提出了单单重视发展农业生产不是富国利民的充分条件的命题。把流通问题提到如此重要的地位，是《管子》在古代经济思想方面所作出的特出贡献。在这个问题上，《管子》也不仅提出上述原则，它还对构成流通问题的商品货币关系的理论问题作了论述，并提出了贯彻上述原则的若干具体政策措施。关于它的商品货币关系学说，将在下面说明，这里概说它提出的主要"轻重"政策措施。

具体政策之一，是"官山海"，即由官府掌管重要物资盐铁，办法是通过盐铁专卖，提高售价，以取得财政收入（见《海王》篇、《轻重乙》篇）。《管子》这项政策，其目的在于防止盐铁重要物资为富商大贾所操纵，并通过加价可以保证取得大量财政收入。但从其论述中，对于小民承受这种产品加价的负担，未得到应有的考虑。

具体政策之二，是制定货币和谷物价格政策，由官府收集或吐放货币，在谷物布帛收成或青黄不接之际，进行收购或抛售，其目的一在于平物价，二在于制止富商大贾操纵市场和积聚大量财富，三在于使官府控制货币流通和贮存谷物，增强封建国家财力。这项政策是《管子》"轻重论"的核心，它甚至提出要用这项政策取得的财政收入代替其他各种赋税的课征。关于这项政策，下面还将稍加申述。

具体政策之三，为了活跃诸侯国间贸易往来，一方面为外来商人提供便利条件，如设置旅舍，供应草料（《轻重乙》篇），另方面则密切注意诸侯国间物价变动情况，毋使"天下高我下"，造成本国物资大量外流恶果。

《管子》这种重视流通的思想，是否是维护商人利益的一种重商主义思想呢？我认为非是。商品流通是商人由以产生的根源，重视和发展商品流通，当然是符合商人利益的。但由此却带来了瓦解封建自然经济和富商大贾日益增加的财富势力对封建君主权势的威胁。《管子》从加强封建专制国家的财力出发，根据当时商品货币经济已有相当程度的发达，富商大贾已在商品流通领域发生相当大的作用，如它所说，如果单纯重视农业生产而不重视商品价格变动和国内国外流通情况，国家经济必为富商大贾所操纵和左右，封建君主在财政经济方面势必听命于富商大贾而失其主动性。但是如果要使封建君主在财政经济方面处于主动地位，自然非研究货币流通和商品价格情况，积极制定货币和价格政策，干预商品市场和流通不可。所以《管子》的重视商品和货币流通，实在是为了巩固和加强封建君主的财力和抑制富商大贾左右市场的地位，即以富商大贾致富之道，来打击和抑制富商大贾。而重商主义思想的特点，在于代表商人阶级（包括富商大贾在内）的利益，满足商人阶级增殖货币财富的要求，其逻辑是商富即国富。所以一切政策措施都服从于强化商品流通，扩大出口贸易，增殖金银财富的要求。以此思想与《管子》重视流通思想相比较，纵然在对货币和物价本身的论述上具有某些共同点，但在政策思想和目的要求上是彼此径庭的。

(2) 市场论

有商品交换，就有市场。《管子》很强调市场的重要作用。这在它较早的几篇著作中就已经提出。《乘马》篇说"聚者有市（"聚"是方一百五十里的居民行政单位），无市则民乏"。《问》篇说"市者，天地之财具也，而万人之所和而利也"。这些论述，已经说明当时商品经济已有相当程度的发展，市场成为"天地之财"集聚的地方，人民生活在某些用品上依赖于交换，没有市场就不能满足人民的某些需要。《权修》篇说"市不成肆，家用足也"，同样表明市场与家用的关系。《侈靡》篇还说"市也者，劝也。劝者，所以起本事"。这是从生产上来说明市场的作用，就是说，商品交换有促进农业生产的作用。这是一个很重要的命题，先秦诸子从来没有提出这个问题。例如，荀子曾说"通流财物粟米，无有滞留"（《荀子·王制篇》），仅说到财物粟米流通的必要，而没有提出流通对生产的促进作用。

以上是《管子》较早篇章中关于市场与生产和消费的关系的论述。除此而外，《乘马》篇还有一节"务市事"，对于市场交换本身的性质和作用，作了深入的论述。其文如下。

> 市者，货之准也。是故百货贱，则百利不得，百利不得，则百事治，百事治，则百用节矣。是故事者生于虑，成于务，失于傲。不虑则不生，不务则不成，不傲则不失。故曰，市者，可以知治乱，可以知多寡，而不能为多寡。为之有道。

这一节有两个重要论点，一是市场是百货聚集和决定商品价格的场所。它接着说"百货贱"及其种种效益，但未说明百货如何可得而贱的机制。这个问题，《管子》在晚期著作的《轻重》诸篇才作了阐述。但这里关于"百货贱"及其产生的效果，似有略加阐释的必要。根据下面所说，从市场交易情况，可以知道各种产品上市的多少，（市者，可以知多寡）那么"百货贱"，显然是说各种产品上市较多，商人不能抬价，价格较贱，因而商人不能获得厚利。《乘马》篇作者认为这种情形对于各种事业都有利，对于各种财用也适宜。根据这个解释，可以认为《管子》早期著作主张发展商品流通和发挥市场竞争作用，使商人不能操纵市场。这个主张与《乘马》篇在另一节所提出的"诚贾"、"诚工"的旨意是符合的。"非诚贾不得食于贾"，"非诚工不得食于工"（《乘马》篇），无非是说商贾不得随意抬价，工匠不得制造窳陋之器，以保护生产者和消费者的利益。《管子》上述论点，在《轻重》各篇中有进一步的论述。我们在下节将作较详细的叙述。

这一节还有一个重要论点，即《乘马》篇明确地指出，交换不同于生产。交换只能知道流通商品量的多少，不能使少量的流通商品变多。商品流通的多少，是由生产决定的，而不是由市场交换决定的。《乘马》篇指出生产与流通是经济活动中两个重要的环节，虽然没有说明二者的决定与反作用的关系，但是指出这二者是根本不同的经济活动，还是极其可贵的。以后《轻重》各篇关于商品货币关系的论述，应该看作是上述《管子》早期关于商品交换和市场的思想的发展。《轻重甲》篇所说的"三准同笑"论，最可以说明这种思想的发展。其文如下。

> 夫好心（'好心'谓正确的轻重政策）则万物通，万物通则万物运，万物运则万物贱，万物贱则万物可因。知万物之可因而不因者，夺于天下。

这里就不拘泥于市场的意义的论述，而明白地提出商品流通、商品运输和商品贵贱的直接关系，并最后归结到政策的得失问题。

(3) 货币学说

在先秦诸子中，《管子》是唯一把货币作为一个单独问题提出来论述的。它论述的重点，是货币作为流通手段的职能和作用。这也是很自然的，随着商品交换和商品流通的日益发达，货币作为交换媒介和流通手段的作用就愈来愈显著，《管子》就是在这种背景下对货币的问题展开论述的。它有一段论述，在《轻重》篇几次提出，可以看出它对货币问题的主要论点。《国蓄》篇之文如下。

　　五谷食米，民之司命也，黄金刀币，民之通施也（《轻重乙》篇作'黄金刀布者，民之通货也'；《揆度》篇作'刀布者，沟渎也'）故善者执其通施（《轻重乙》篇作'先王善制其通货'）以御其司命，故民力可得而尽也。

这一段论述，可以说是《管子》货币学说的总纲。它包含三个主要论点：货币的最主要职能是作为商品的流通手段，所说"通施"、"通货"、"沟渎"，都是这个意思，货币作为流通手段，它就同各种商品的贵贱有直接关系，国家要对它善为管理，此即"善执其通施"之意；管理的目的，在于控制最重要商品五谷食米及其他商品的流通，使商品价格和商品流通能够正常化。《管子·轻重》各篇关于货币和价格问题的论述，都是以上述三个论点为中心。

　　上面引文已经表明，作为交换媒介和流通手段的货币，已经不是不固定的龟贝等货币，而是贵金属黄金及其铸币刀布。《轻重》各篇分货币为三类，上币是珠玉，中币是黄金，下币是刀布。事实上，珠玉是稀少之物，只作为贵重的进贡用品，难以作为流通货币。在流通中的货币，主要是黄金和刀布，而黄金又主要作为诸侯国间贸易用币，在国内流通的货币主要是刀布。刀布是铜质铸币，它既然是国内主要通用货币，所以《轻重》各篇对于铸币非常重视，在篇文中一再提到。如《国蓄》篇、《山权数》篇、《山至数》篇、《国准》篇，都提出"人君铸钱立币"的必要性。

其主要根据是：它是"民庶之通施"，要有一定数量，以供人民在交换中的使用（《国蓄》篇）；并且用之"立施以守五谷"（《国准》篇），即国家可以用它来控制五谷流通。

应当指出，《轻重》各篇所说的"中币"黄金，是自然形态的货币，"下币"刀布，是用铜铸造的货币，币材都是贵金属，也就是这两种货币的币材原来也是商品，只由于这种商品具有货币职能而成为特殊商品，这种商品就演变而成为货币。这种特殊商品与其他商品一样，都是有价值的。正因为它同样有价值，所以基于这种特殊商品的各种条件，它才能成为衡量其他商品价值的共同尺度，也只有这种特殊商品，即货币，具有价值尺度的职能，它才具有流通手段的职能。货币具有流通手段的职能，是以货币具有价值尺度职能为前提的。《轻重》各篇所说黄金刀布是民之通施，包含黄金刀布具有价值尺度的职能，不过《轻重》各篇没有阐述。这也表明《轻重》各篇对货币缺乏科学的价值观念，自然这是来源于对商品缺乏科学的价值观念。指出这一点很重要，因为单从流通手段来论述货币的作用及其与其他商品贵贱的关系，就将失去其科学依据而流于谬误。这一点从下面讨论的问题将表现出来。

从上述黄金和刀布为主要通用货币，而铸造的刀布并没有和币材价值相脱离，可知《管子》基本上是金属货币论者。这从《轻重》各篇认为"泉（钱）金"是贵重财物，可以用"泉金"作为武器来控制其他商品，主张"使万室之都，必有万钟之藏，藏繦千万；使千室之都，必有千钟之藏，藏繦百万"（《国蓄》篇）。或"百乘之国，不可以无万金之蓄饰（饰，宝也）千乘之国，不可以无千金之蓄饰；百乘之国，不可以无百金之蓄饰"（《山权数》篇），也可得知。不过我们也应注意，《轻重》各篇所说中币黄金和下币刀布之间，并无固定比值。《轻重乙》篇说"故先王善高下中币，制下上之用，而天下足矣"（《揆度》篇也有相同论述）。所谓"善高下中币"，即利用供求关系，使金价急升，由此可以使万物尽归于君。"请以令使贺献出正籍者必以金，金坐长而百倍，运金之重以衡，万物尽归于君"（见《轻重甲》篇）。我们在下面还要讲到，这种政策，不但用于黄金，也用于刀布这种通用货币。因此，在运用这种政策时，不但中币或下币与万物的比价将改变，并且中币与下币的比值也必然要改变。在这种情形下，货币不是由于可以自由铸造，币值与币材价值相一致，而是由于法令的要求，铸币币值势必与币材价值相背离（中币黄金因为是自然形态，应无此种情形）。但《管子》也不是近代意义的金属货币论者。《管子》并不始终认为货币是物质财富的代表，使它成为重金主义者。它虽然认为货币有贮藏手段的职能，因而主张一个国家要有足量的货币贮藏，但是它之认为贮藏货币有必要，是为了作为控制"万物"的手段，而非为了满足积累财富的要求。《国蓄》篇对于这个问题有一段著名论述，常为后人引用。它说，

  三币（珠玉、黄金、刀布），握之则非有补于煖也。食之则非有补于饱也，先王以守财物，以御民事，而平天下也。

这段论述，显然认为货币并非财富，只是用作控制财物的一种手段。这比把蓄藏货币当作一种手段，又进一步远离了金属货币论。所以后来认为货币无价值内涵者，常常引用这一论述。

  由于《管子》重视货币流通的职能和作用，它又论述了按照商品流通所需要货币数量的决定因素。这是《管子》在论述货币流通手段之外，在货币学说发展史上又一卓越贡献。《山国轨》篇提出"币有轨"的命题。"轨"是车辙，在此处当作统计或会计解释（详下《管子的货币、价格学说与政策》一文），"币有轨"即计算货币流通之数。对于这个问题，《山国轨》篇有一段重要论述，不可不录。

田有轨,人有轨,用有轨,乡有轨,人事有轨,币有轨,县有轨,国有轨。不通于轨数,而欲为国,不可。……曰,某县之人若干,田若干,币若干而中用,谷重若干而中币(中,当也),终岁度人食,其余若干。曰,某乡女胜事者,终岁绩其功业若干,以功业直时而衧之,终岁人已衣被之后,余衣若干。

一般来说,商品流通所需要的货币数量,取决于以下因素:市场交易商品总量;商品价格,在一定时期内货币流通速度。在古代社会,货币流通速度不是一个重要因素,可以不计。所以货币流通数量,主要决定于商品交易总额和商品价格水平。我们看上面引文所说,"田若干,地若干而中用,谷重若干而中币,终岁度人食,其余若干"。这就是从耕地多少,生产谷物多少,除食用而外有多少商品粮,粮价多少,计算粮食流通需要货币总量多少。对于衣帛流通所需货币量,亦按相同方法计算。当然还有其他商品加入流通,不过粮食和衣帛二者是大宗,同时《管子》此文不在于计算全社会货币流通总量,而在于指出货币流通量的决定因素和封建国家掌握货币流通量的重要性。即所说"不通于轨数,而欲为国,不可"。它所说的"轨数",不只是货币流通量,但货币流通量是"轨数"之一。

上面所说的货币流通量,是从生产所提供的商品数量和商品价格计算的。值得注意的,《管子》还从个人购买商品支出所需的货币来计算货币流通量。《山至数》篇有论及此问题。它说,

币准之数,一县必有一县中田之笑,一乡必有一乡中田中笑,一家必有一家直人之用(直,亦当然也)。

这里所说"一县"、"一乡"中田之笑,也就是上面所说商品粮等流通所需要的货币量。但"一家必有一家直人之用",是指一家在购买生活资料和生产资料上所需要的货币数,这是家庭支出需要

的货币数。这是对货币流通需要量的两种不同分析方法。虽然《轻重》篇没有进一步说明从家庭支出方面如何计算货币需要量，但它毕竟提出了"币准之数"可以从两个不同方面计算，这不能不说《轻重》篇作者对货币流通数量的分析具有非凡的洞察力。

货币流通是以货币作为一般等价物的形态而出现的。作为一般等价物，货币与各种商品表现为等式的关系，一边是货币，另一边是各种商品。一定数量的货币，例如一百元货币，等于十石粮食（假定粮食每石十元），五丈布帛（假定布帛每丈二十元）等等。这个等式的一边一百元货币价值如果升高了，另一边各种商品的数量亦必相应地增多（假定各种商品价格未变）。在这种情形下，同样多的货币可以换取多量的商品，从各种商品的价格相对于货币来说，就变得便宜了。所以这个等式在价格上是反比例的关系：货币价值高了，商品价格就低；反之，货币价值低了，商品价格就高。这个关系对于商品交换和商品流通有关方面，当然是极其重要的，成为商品市场最为敏感和参加商品交换活动的人们最为注视的焦点。正因为如此，《管子》虽然没有研究货币成为一般等价物的原因，没有研究货币作为价值尺度的职能，却非常重视货币购买力的变动，它可高可低的问题，即《轻重》各篇所常提到的"币重"、"币轻"（即币贵或币贱）问题。如《山国轨》篇提到"币重而万物轻"，《山至数》篇亦说，"彼币重而万物轻，币轻而万物重"，"币轻谷重"，《轻重甲》篇说，"故粟重黄金轻，黄金重而粟轻"，皆是。这是货币（包括黄金）与谷物、万物之间的轻重或贵贱关系。此外，《国蓄》篇还提到谷物与万物之间的轻重关系，说"谷贵则万物必贱，谷贱则万物必贵"。这里所说，"币重"、"币轻"、"谷轻"、"谷重"、"万物轻"、"万物重"，以及彼此间的关系，都表明货币贵贱与谷物及万物贵贱的反比例关系。

但这里有一个问题，除上说"谷贵则万物必贱"而外，《乘马数》篇还有"粟独贵独贱"之说，并且还说"谷贵而万物轻，谷轻而万物重"，似乎在《轻重》篇中，谷物与货币都被视为具有一般等价物的作用。事实上，学者们也有认为《轻重》篇是如此主张的（同见上述一文）。不过这种理解与《轻重》篇所述是矛盾的。因为所说"黄金刀布者，民之通货也"，意味着货币是包括谷物在内的各种商品的等价物，它和一切商品之间存在着一种等式关系。特别是在这一命题之后，接着说"先王善制其通货，以御其司命"。十分清楚，这是说谷物用货币来表示其价格的贵贱，要运用货币的贵贱政策来控制谷物的流通。此外，《轻重》篇还有相同的表述，如"以币准谷"等。如果说谷物与货币一样是一般等价物，岂非自相矛盾。《轻重》篇说"谷独贵独贱"，只是强调谷物是"民之司命"的重要性。由于自然条件造成的丰年或歉年或人为的屯积结果，谷物事实上常产生特别贵和贱的现象。但这种情况，并不意味着谷物就与货币一样起着一般等价物的作用。《轻重》篇说"谷贵而万物轻，谷轻而万物重"，应理解为各种商品之间的比价关系，而这种比价关系，正通过货币作为一般等价物的作用而可以方便地表现出来。这可以用下例说明。

100 钱 = 1 石谷
　　　 = 0.1 匹帛
　　　 = 500 斤柴
　　　 = ……

由上面等式可以得出谷与其他物品的比价：

1 石谷 = 0.1 匹帛
　　　= 500 斤柴
　　　= ……

通过上式，很可以看出，如果货币购买力未变，其他商品价格也未变，惟独谷价涨高了，譬如说 100 钱＝0.5 石谷，那么谷价与其他商品的比价也必改变，即变成"谷重而万物轻"。

关于"币重"、"币轻"的成因，《轻重》各篇亦有论述，但所论述者，与对商品贵贱的论述相同，故并入下节讨论。

(4) 价格学说

《轻重》各篇涉及物价贵贱的论述很多，其中对于贵贱原因的分析，主要有以下几条。

夫物多则贱，寡则贵，散则轻，聚则重。（《国蓄》篇）

岁有凶穰，故谷有贵贱；令有缓急，故物有轻重。

物藏则重，发则轻，散则多。（《揆度》篇）

章（障）之以物则物重，不章以物则物轻。

守之以物则物重，不守以物则物轻。（《轻重甲》篇）

总的来说，《轻重》各篇认为物之贵贱，是由于物之数量多寡和散聚造成的，因而年岁凶穰，政令缓急，就成为五谷及其他商品贵贱的重要因素。上文所说的"物"，是一切商品的泛称，包括五谷在内，并且所论贵贱原因，也适用于货币。这可从《轻重》篇对"币重"、"币轻"之论述见之。

国币之九在上，一在下，币重而万物轻。（《山国轨》篇）

谷为君，币为下，国币尽在下，币轻谷重。（《山至数》篇）

令疾则黄金重，令徐则黄金轻。（《地数》篇）

所说"在上"、"在下"，是说货币为人君所聚藏或散放，即货币在民间流通的数量减少或加多，因而造成"币重"或"币轻"的情形。至于"令疾"、"令徐"是说明人君聚藏货币所采取的措施，也是在于使民间黄金存量少或多，因而造成"黄金重"或"黄金轻"。所以《轻重》各篇认为支配货币购买力或高或低的原则，是与支配"物"价或贵或贱的原则相同的，二者同受数量多少的支配。特别需要指出的是，物的数量多或少，可以由于生产多或少，例如丰年谷物供应多，歉年谷物供应少，这里是假定需求量不变，因而造成谷贱或谷贵的情形。而在"令有缓急"的情形下，则是物的数量未变，仅由于人君聚藏的原因，致使物在民间的流通数量变少，因而使物价升高。反之，如果人君又把聚藏的物散发民间，那么物的数量在民间又增多起来，物价又会降低。这后一种情形，也正是"币重"、"币轻"的情形。货币总的数量未变，只是由于人君聚藏或散放的政策，使民间货币的流通数量暂时减少或增多，因而造成"币重"或"币轻"的结果。总的来说，这些轻重、贵贱情形，都是由于暂时的供求关系改变造成的，这种改变，有的是自然的，有的是人为的。研究《管子》者有认为《管子》的"币重"、"币轻"说，是货币学中的货币数量说。事实上，《轻重》各篇在论"币重"、"币轻"问题时，始终未涉及原来货币流通总量的增加或减少问题，其所以产生"币重"、"币轻"的情形，是由于"币在上"或"在下"的原因。这是暂时的、并且是政策造成的供需关系的改变，与货币学中的货币数量说是有所不同的。

《管子》的货币和价格学说中，有些独特的词汇，如"国轨"、"国会"、"国蓄"、"币乘马"、"筴乘马"等等，还有些基本概念，如"衡"、"准"、"流"、"权"、"势"等，不断在《轻重》各篇中出现，如果对这些词汇和概念没有明确的理解，就会难以理解各篇有些段落，甚至有时产生理解上的混乱。我已在所写的论述《轻重学说的基本概念》一文中，对这些词汇和概念有所阐释，在此就不重复了。

(5) 货币和价格政策

《管子》经济思想的核心，是由管仲的"作内政而寓军令"的"通货积财，富国强兵"的思想，发展而为务本饬末，富上足下的思想，再发展而为强化封建君主控制全国财富的权力，打击富商大贾蓄积财富的思想，它的货币政策和物价政策是最后这种思想的具体体现。上面所说的它的货币学说和价格学说，当然对于商品流通过程的说明有独特的意义，但从《管子》基本思想来说，这些学说是为这些政策提出理论根据，政策是学说的落实处，在《轻重》各篇中货币政策和价格政策都占有非重要的地位。

商品价格是用货币表现的，货币购买力的大小与商品价格高低成反比例，此即《轻重》各篇所说的"币重而万物轻，币轻而万物重"之意。二者既然如此密切联系，在制定政策上，就可以或用改变货币购买力政策以改变商品价格，或用改变商品价格政策以改变货币购买力，两种政策可以交互采用。关于改变货币购买力的政策，《轻重》各篇提出了好几种，如向蓄有货币富户借币，以提高币值。《山国轨》篇说，如此"国币之九在上，一在下，币重而万物轻"。它也提出使币轻的政策，如以币授禄，或以币据谷，如此，币在下，谷在上，币轻谷重（《山至数》篇）。它还提出在州乡存放货币，予购谷物，如此也可使"币为下，谷为上"（《山国轨》篇），达到币轻谷重的目的。总之，《管子》的货币政策是用增减民间货币流通量的办法，提高或降低货币的购买力，从而影响谷物和其他商品的价格，以达到封建君主控制全国财物的目的。应当指出，《轻重》篇对于封建君主运用这种货币政策上下限度，即币重币轻的限度，缺乏原则性的认识。它根据聚散、徐疾作用，甚至推论这种货币政策可以产生魔术般的效果；"一可以为十，十可以为百"（即利用货币聚散或政令徐疾的手段，可以使货币购买力本来是一，可以变为十；十，可以变为百）。这当然是荒诞之论。试想，当民间货币大部分聚藏在人君之手，民间缺乏货币流通时，民间交换可以采取物之交换形式。只有当封建统治者采用强制手段责令民间非上缴货币不可，民间必须变卖什物以求得货币，才会产生"一可为十"的情况。但到了这种情况时，正常经济生活已经破坏，封建统治也就很难存在下去了。《轻重》篇有时也意识到这种货币轻重政策的危险性，《揆度》篇曾指出"币重则民死利，币轻则决而不用，故轻重调于数而止"。这里所说的"币重"、"币轻"，不是一般的货币购买力的变动，而是脱离常规的巨大变动，即非"调于数"的变动。在这种"币重"情形下，人民会冒死来收藏货币，而在这种"币轻"情形下，人民会不收藏以至不使用货币。这几句论述是非常精到的，可以说是对于"一切什九"（即物价十去九，币价一为十）的反驳。可惜《揆度》篇对于所提出的"轻重调下数而止"，没有对这个"数"进一步论证，提出上调或下限的原则。但这也合乎《管子》的思想体系的，一则它是从强化封建君主控制财富的观点出发，二则它的货币学说，如前所说，缺乏科学的价值观念，其结果必然导致极端任意性的政策。

货币购买力高低直接表现在物价贵贱上，提高或降低货币购买力是手段，通过财物价格贵贱来控制全国财物是目的。货币购买力的变动，对所有商品的价格都产生反比例的作用，要对某些财物达到控制的目的，特别如人民必需品的谷物、布帛、盐、铁，还必须制定相应的价格政策。如果货币购买力不变，其他商品价格也不变，只有一种商品价格（如谷物）因供求情形发生变动而产生忽贵忽贱情形时，封建君主则可以采取价贱时收购、价贵时出售的政策，以起到制止价格太贱或太贵的平价作用，也起到封建君主控制谷物和抑制富商大贾蓄积谷物的作用。这种根据谷价贵贱收购和出售谷物的政策，在《国蓄》篇、《山至数》篇、《轻重甲》篇有充分论述。应当说，以上《轻重》各篇所提出的这种收购和出售谷物的平抑谷价政策，并非始创，前于《管子》的范蠡、计然和李悝（一般认为《管子》成书在他们之后），已经提出平粜法和平籴法（见《史记·货殖列传》、《汉书·食货志上》）。不过《轻重》各篇提出的谷价政策已较他们大有发展，它所要达到的目的，已不仅限于使"农末俱利"（范蠡、计然），也不仅限于"使民毋伤，而农以劝"（李悝），而明确提出要使"君必有什倍之利"和使"大贾蓄家不得豪夺吾民"（俱见《国蓄》篇）。这可以说是《轻重》篇谷价政策的特点。

在谷价政策方面，《轻重》篇还根据地区间谷价差距提出谷物供应调济措施。这也是道前人之所未道。《轻重丁》篇说齐国西部因水灾歉收粮贵，每釜百钱，每钘二十钱（五钘为釜）。而齐国东部则因丰收粮贱，每釜十钱，每钘二钱。在这种情形下，该篇提出下令征收人头税，齐西齐东每人同征三十钱，并规定以粮交纳。这样，齐西由于粮贵，每人纳粮三斗即足额（每斗十钱，三斗为三十钱），而齐东粮贱，每人要纳粮三釜才足额。通过这种政策，国家可以从齐东收到大量粮食，用它来救济齐西缺粮民户。这事实上是在不改变地区间因收成丰歉原因发生巨大差价的基础上，利用货币购买力在两个地区的差异，通过对两个地区征收不同数量的粮食以达到以丰济歉的妙用。

除谷价政策而外，《轻重》篇对于一些重要物资，如盐、铁、布帛，都有特定政策。盐铁主要采用加价办法，以满足封建国家财政上的需要。应该说这是对民生和对生产都有害的政策。对于布帛，主要是乘生产者需要货币或谷物之时，用货款或货谷办法，订立合同，压低帛价，到期时偿付布帛，使封建国家能掌握大量布帛或谷物。这种政策也是对布帛生产者的一种高利贷形式的剥削。《轻重》篇还针对富商蓄贾兼并财物提出一种"平价"政策，命令"富商蓄贾、积余藏羡跱蓄之家"按照规定价格（"平价"）将"五谷菽粟布帛文采"售给国家。它所根据的理由，或说这些人是"此吾国之豪也",即非加以制裁不可。或说"世且并兼而无止,蓄余藏羡而不息",非"分并财,散积聚"不可(俱见《轻重甲》篇)。或说"国贫而用不足"(《轻重乙》篇),或说"国且有大事"(《轻重丁》篇),非以"平价"取之于他们不可。而对于"平价"如何规定,无一字道及。事实上,这所谓"平价"不过是官样文章的一种说法而已。说得好听些,是"捐助"、"贡奉",说得直率些,则是剥夺。从这里可以证实我们前所说的《轻重》各篇的基本思想,不是"重商",而是强化封建国家控制全国财富的权力。

前已提到,《管子》讲商品货币流通,不仅注重国内,并且注重诸侯国之间。因此,对于诸侯国间商品流通,特别是谷物流通,如何制定价格政策,保证使其有利于本国,《轻重》各篇有很多论述。其中一个主要论点,就是要使本国谷价不低于诸侯国,免使谷物外流,或在必要时,提高本国谷价,使诸侯之谷流入本国。这一论点,颇具有近代民族国有保护主义前驱的意味,值得珍视。

《轻重》各篇对于货币和价格政策,著论特多,以上所述,仅是其要点,因另文已作了专门论述,避免重复。欲知其详,可看本书下篇。

(6) 赘语

《轻重》各篇对于流通过程的重视,对于商品货币关系所作的分析,及所提出的概念问题等,在我国古代社会思想家的著作中,确实是罕见的。从经济思想发展史的角度来看,它在很多方面无疑是有创见性的。它的贡献,我们在前面已经提到。关于它从商品流通和货币流通中的贵贱、轻重现象,得出了封建国家如何打击富商大贾和控制货币和物资的政策,这些也是经济思想发展早期阶段和强化封建统治的正常情况,不应苛求,所需要的是指出其实质。不过这里要指出，《轻重》篇有时把问题过于简单化，在不少论述中作出了违乎常情、悖乎现实的论断。例如说实行不加任何条件的盐铁加价及聚散货币和谷物政策，认为其对财政收入所收到的成效，可以取代一切赋税。又在各篇中列举不少荒诞不经的事例，例如说，路旁有树，树可遮阳，男女由市场归来时，常在树下"谈语终日不归"，是以田（草）不发，五谷不播，玺缕不治"，"五衢之民衰然多衣弊而履穿"，而一旦去路旁树枝，"使无尺寸之阴"，"行令未能一岁，五衢之民皆多衣帛完履"（《轻重丁》篇）。又如说，齐桓公欲制服鲁梁，鲁梁之民擅长织绨。管仲献计，请桓公带头穿绨料衣服，大臣和百姓也都效法，并令本国专种粮食，不得织绨，绨料皆仰赖鲁梁，以高价买进。鲁梁两国知道此事后，于是都不种粮食，专门织绨。过了一年多，桓公和全国百姓改穿帛衣，并闭关不与鲁梁通。这样"鲁梁之民，饿馁相及"，"三年，鲁梁之君请服"（《轻重戊》篇）。这些事例，都失去了对问题论证的意义，成为《轻重》篇的严重缺点。过去研究《管子》者，大多谓轻重诸篇，"谬妄"、"琐屑"（参看戴望校著《管子》本《文评》），就其中所举很多事例来说，实无可讳言。因此，《管子》一书虽然瑕不掩瑜，但作为学术思想著作来看，亦不能不全面考察。

六　侈俭论

侈俭论是《管子》的消费论。当讨论这个问题之前，有两点需要指出。第一，《管子》的侈俭论，与先秦思想家有相同处，主要是关于统治阶级的消费。一般人民消费水平极低，谈不上有什么侈俭的问题。不过思想家一般认为统治阶级的消费原则，可以适用于一般人民。第二，《管子》的侈俭论，与先秦思想家有不同处，它既主俭，而又不是无条件地崇俭。它既反侈，而又肯定侈靡的作用。它在侈俭方面提出非常可贵的新的论点。以下我们分别叙述《管子》的侈俭论。

(1) 节俭论

《管子》主俭的论述很多，散见于书中许多篇，兹先举两段正面论述如下。

> 明君制宗庙，足以设宾祀，不求其美；为宫室台榭，足以避燥湿寒暑，不求其大，为雕文刻镂，足以辨贵贱，不求其观。故农夫不失其时，百工不失其功，商无废利，民无游日，财无砥滞。故曰，俭其道乎！（《法法》篇）

> 故圣人之制事也，能节宫室，适车舆以实藏，则国必富，位必尊矣。能适衣服，去玩好以奉本，而用必瞻，身必安矣。（《禁藏》篇）

从上面论述，可知《管子》的主俭内容，是主张宗庙、宫室台榭、车舆、衣服等不求其大、其美，这些都是有关统治阶级的消费。至于主俭的目的，则是为了保持统治阶级的安富尊荣，同时亦使农工商可以各安其业。俭的反面是侈。《管子》既然主俭，它就必然反侈。《管子》反对奢侈的论述也很多，举其要者。

> 故奸邪之所生，生于匮不足。匮不足所生，生于侈。侈之所生，生于无度。故曰，审度量，节衣服，俭财用，禁侈泰，为国之急也。（《八观》篇）

> 故适身行义，俭约恭敬，其虽无福，祸亦不来矣。骄傲侈泰，离度绝理，其虽无祸，福亦不至矣。（《禁藏》篇）

> 侈则金贵，金贵则货贱，故伤货。货尽而后知不足，是不知量也。（《乘马》篇）

《管子》取对奢侈，是指消费"无度"或"离度绝理"而言。具体地说，侈会造成浪费财物，"伤货"，和"匮不足"的情形，所说

"不知量"，也就是消费无度。《管子》主俭反侈的态度，最清楚地表明在下述两段回答中。

> 桓公曰，泰奢教我曰，帷盖不修，衣服不众，则女事不泰。俎豆之礼必致牲（"必"原作"不"，依马元材等人校改），诸侯太牢，大夫少牢，不若此，则六畜不育。非高其台榭，美其宫室，则群材不散。此言何如？管子对曰，非数也。……非有积蓄不可以用人，非有积财，无以劝下，泰奢之数，不可用于危隘之国。（《事语》篇）

> 桓公问管子曰，特命我曰，天子三百领，泰啬而散，大夫准此而行，此如行？管子曰，非法冢也。大夫高其垄，美其室，此夺农事及市庸，此非便国之道也。民不得以织为繻绡，而狸（同埋）之于地。（《山至数》篇）

这里《管子》借泰奢和特两人主奢之说，故为设问，以阐明自己主俭反奢的主张，最可以看出《管子》消费论的基本思想。但如前面所说，《管子》的反奢思想中还有肯定侈的作用的一面，这一层留待下节讨论。

我们说过，《管子》主俭，并不是无条件地崇俭。在这个问题上，它一方面提出"节"的概念，另方面还把"俭"与"啬"区分开。其论述如下：

> 俭则金贱，金贱则事不成，故伤事。……事已而后知货之有余，是不知节也。不知量，不知节，不可谓之有道。（《乘马》篇）

> 审用财，慎施报，察称量，故用财不可以啬，用力不可以苦。用财啬则费，用力苦则劳。（《版法》篇）

所说"俭则伤事"，殆即"用财啬则费"之义。这里《管子》批判了社会上把"俭"等同于"啬"的思想，指出了啬的害处。所说"伤事"，就是说，由于过分俭和啬，就要停办或少办宗庙、宫室、车舆、衣服等事，结果使得供应这些用途的财货成为多余，并使这方面的生产活动陷于停滞。它认为这样的俭，就失去俭的一定之度，就变成了啬。这叫做"不知节"。近人有把《管子》所说的"伤事"，解释为不利于生产，[①]恐涉义过于广泛。事实上，《管子》所说的"伤事"，只是指已经生产出来的财货将被弃之不用，此即"事已而后知货之有余"之意。当然，在这种情况下，这些财货的生产肯定要受到影响，不过这是进一步的推论，《管子》书并未说。

《管子》论俭和生产的关系，是通过"积蓄"、"实藏"的环节来论述的。它有以下几段论述。

能节宫室、适车舆，以实藏，则国必富。(《禁藏》篇)

主上无积而宫室美，氓家无积而衣服修，乘车者饰观望，步行者杂文采，本资少而末用多者，侈国之俗也。国侈则用费，用费则民贫。(《八观》篇)

非有积蓄，不可以用人，非有积财，无以劝下。(《事语》篇)

上文所说的"积蓄"、"实藏"，应该是关于生活资料以至生产资料的积藏。这种积藏，对于再生产的进行是必要的，特别是一旦遇到凶年和战争，非有多量积蓄，生产将难以进行。所以《管子》常强调"国有十年之蓄"(《国蓄》、《事语》等篇)。而为了能有适量的积蓄，则非实行"节宫室，适车舆"等等不可。不过《管子》对"节宫室"、"实藏"、"国富"三者的关系，也没有作更多的阐述。

《管子》在侈俭论中提到的"节"，是先秦思想家关于消费论

[①] 黄汉：《管子经济思想》，第162页；胡寄窗：《中国经济思想史》(上)，第313页；《管子选注》，第130页。

的一个重要发展。"节"的意义是"制"、是"度"、是"适"。《管子》提出消费既不要侈，也不要俭，而要节，就是认为消费的度数应视产品多少而定。《乘马》篇批判侈是"不知量"，俭是"不知节"，都是说消费要适度，即要与生产相适应。这一点，《乘马》篇也已明白指出。我们知道，孔子不赞成"奢"，但也不崇俭。他说"奢则不孙，俭则固，与其不孙也，宁固"（《论语·述而》）。孔子的侈俭论，是以礼制为准则的。墨子是崇俭论者，他主张"节用"、"节葬"、"非乐"，反对儒家以礼制为消费准则，主张"去其无用之费"，"诸加费不加民利者，圣王弗为"（《墨子·节用上、中篇》），是以"奉给民用"作为消费准则。孔子固然没有提出以社会产品多少作为消费准则，墨子也没有从生产发展水平上来提节用准则。在这个问题上，孔墨都是静态论者，而《管子》则具有发展论的含义。《易轻》《节》卦曾提出"安节"、"甘节"等概念，《管子》提出"节"这个概念，可以说是对于《易轻》"节"的思想和对于墨子"节用"思想的继承和发展。但《管子》对于这个概念也没有作更多的阐述。

在此还应指出，《管子》关于"俭"和"节"的概念，恐与它对于侈的全面观点有关。这一点从下节所述可以看到。

（2）侈靡论

从上文可以看到《管子》有主俭反侈之说，但《管子》又有《侈靡》篇，专论侈靡消费的有利作用，这是不是意味着《管子》的奢侈论本身存在着两种不同的学说，或者另有解释？本节所要讨论的主要是这个问题。

先看看《侈靡》篇的主要论点。诚如郭沫若所说"《管子·侈靡》篇在中国思想史上是一篇具有特色的相当重要的文字"。[①] 我

---

① 《侈靡篇的研究》，载《奴隶制时代》一书。

们认为它的最大特色，在于它从社会变革的观点提出了侈靡问题，并论述了消费与生产和工商业与农业的关系问题。兹举《侈靡》篇关于这方面的主要论述于下。

关于社会变革的观点

问曰，古之时与今之时同乎？曰，同。其人同乎不同乎？曰，不同（此为本篇"开宗名义"文句）。

问曰，与时化若何？（'与'原作'兴'，依陶鸿庆校改）？莫善于侈靡。

民变而不能变，是桡之傅革（桡，落毛也），有革而不能革，不可服。

故法而守常（郭大痴云，'故'、'固'古通），尊礼而变俗，上信而贱文，好缘而嫌驵（'嫌'原作'好'，依郭沫若校改。缘，顺也。驵，犹粗也），此谓成国之法也。

能靡故道新，奠定国家（'奠'原作'道'，依郭沫若校改），然后化时乎？

天地不可留，故动。化故从新。是故得天者，高而不崩，得人者，卑而不可胜。

请问形有时而变乎？对曰，阴阳之分定，则甘苦之草生也。从其宜，则酸咸和焉，而形色定焉，以为声乐。夫阴阳进退，满虚亡时，其散合可以视岁，唯圣人不为岁（谓不狃于数也）。能知满虚，夺余满，补不足，以通政事，以赡民常。

《管子》本篇的社会变革思想，与商鞅、荀况、韩非的"世异则事异"的变革思想是相同的，但《管子》的"化"和"变"的思想，具有稷下黄老学派的哲理（《管子》书中《心术》、《内业》、《白心》诸篇都是黄老学派的哲理论文）。更为新异的是，《管子》根据"化"和"变"的思想来论述侈靡问题，这是先秦思想家著述所未及的。它对于消费与生产、商工业与农业的关系有如下论述。

关于消费与生产

饮食者也，侈乐者也，民之所愿也，足其所欲，瞻其所愿，则能用之耳。今使衣皮而冠角，食野草，饮野水，孰能用之？伤心者不可以致功。故尝至味而，罢（与疲同）至乐而，雕卵然后瀹之，雕撩然后爨之，丹砂之穴不塞，则商贾不处，富者靡之，贫者为之，此百姓之息生（'息生'原作'怠生'，依豬飼彦博校改），百振而食，非特自为也。为之畜化。

长丧以毁（何如璋云，'毁'疑乃'毁'之误）其时，重送葬以起其财，一亲往，一亲来，所以合亲也。……巨瘗培，所以使贫民也。美垄墓，所以使文萌也（'使文萌'原作'文明'，依郭沫若校改）。巨棺椁，所以起木工也。多衣食，所以起女工也。犹不尽，故有次浮也，有差樊，有瘗藏（郭沫若云'次浮'，为各种牺牲的包裹，'差樊'为各种仪仗，'瘗藏'，为各种殉葬品。见《侈靡篇的研究》）作此相食，然后民相利，守战之备合矣。

故上侈而下靡，而君臣相得，上下相亲，则君臣之财不私藏，然则贫动枳（肢）而得食矣（"得"字原缺，"贫"原作"贪"，依张佩纶、郭沫若校改）。

上文所说"雕卵然后瀹之，雕撩然后爨之"，郭沫若的译文为："要煮鸡蛋吧，先画上彩色然后煮，要烧柴吧，先雕上花然后烧"，最以表明《侈靡》篇所说侈靡消费的意思。而所说"富者靡之，贫者为之"，也最足以表明《侈靡》篇所说侈靡消费与生产的关系。上文"巨瘗培，所以使贫民也。……"一段，是"富者靡之，贫者为之"的最好说明。按消费是生产过程的终点，在消费中，产品成为享用的对象，但这种享用又会重新引起整个生产过程，因而消费又会反过来对于生产起作用。这种反作用，是由于消费是社会全生产过程的一个环节，消费对于社会生产的不断重复进行和不断扩大所起的作用。马克思说"消费这个不仅被看成终点而且被看成最后目的的结束行为，除了它又会反过来作用于起点并重新引起整个过程之外，本来不属于经济学的范围"。[①] 由此可见，《侈靡》篇对于侈靡消费的论述，已经联系"使贫民"、"使文萌"、"起木工"、"起女工"、"作此相食"的再生产问题。《管子》的奢侈论已经深入到经济活动的分析。这是《管子》经济思想超出所有古代思想家又一独特之处。而应大书特书的。

关于工商业与农业

《侈靡》篇关于这方面的论述，有以下文字。

圣人者，省诸本而游诸乐。

故贱粟米如苟珠玉（'苟'原作'敬'，依陈奂校改。'苟'与'亟'同），好礼乐如贱事业，本之始也（两'如'字上本有'而'字，依诸家校删。'如'即'而'也）。

积者立余食而侈，美车马而驰，多礼醴而靡，千岁出食，此为本事。

上短下长，无度而用，则危本。

国贫而鄙富，美如朝市，国富而鄙贫，尽如暮市（此四句依张佩纶校改）。市也者，劝也。劝者，所以起本事（'事'原作'善'，依豬饲彦博校改），而末事起，丕侈（'丕'原作'不'，与文义不合，本人校改，见《侈靡》篇注译），本事不得立。

[①] 《政治经济学批判导言》，见《马克思恩格斯选集》第2卷，第92页。

然后移商入于国，非用（庸）入也，不择乡而处，不择君而使，出则从利，入则不守，国之山林也，财而利之（'财'原作'则'，依猪饲彦博校改），市廛之所及，二倍其本（"倍"原作"依"，依丁士涵校改）。

《侈靡》篇虽论侈靡消费的作用，但贯彻了《管子》书中提出的"务本饬末"的思想。"本"是农业，"末"是工商业。《管子》书中的"末作"，不是指一般工商业，而是与刻镂文采、文巧玩好、游食等划等号的，认为后面这些行业都在整治或抑制之列。《侈靡》篇没有提出"饬末"或"禁末"的论调，但它一再提出"重本"。《管子》和先秦法家著作一样，本末是并提的，提到"重本"，就意味着"饬末"或"禁末"。所以《侈靡》篇虽然没有提出"饬末"的主张，但从它提出的"重本"中，也可以看出它对于"末"所持的态度。事实上，上面所引《侈靡》篇的一些论述，已可见到此意。例如说，"圣人者，省诸本而游诸乐"，是说进行游乐，要看农业生产搞得怎样，农业生产搞得不好，即不应游乐。又如"贱粟米如苟珠玉，好礼乐如贱事业，本之始也"。是说丰产粟米而又重视珠玉（珠玉是上等货币），爱礼好乐而不贵刻镂文采（事业，指宫室、车舆、衣服等事），这是发展农业生产的根本。又如说"积者立余食而侈，美车马而驰，……此谓本事"，也是说，侈靡必须以积蓄为条件，而积蓄又只有在发展农业生产的情形下，才能做到。又如说"国贫而鄙富，美如朝市，国富而鄙贫，尽如暮市"，是极言"国贫"、"鄙富"的必要。"国"是统治者及工商业所在的城市，"鄙"是农业生产者所在的乡村。主张"国贫"、"鄙富"，与主张"务本饬末"是同一意思。又如说，"市也者，劝也。劝者，所以起本事"，是说工商业和交换的发展，有促进农业发展的作用。但是接着又说"而末事起，丕侈，本事不得立"。就是说，它认为如果工商业发展起来，而侈靡过度，则农业生产要受到破坏（一般诠释《侈靡》篇者，皆依据《管子》本，读为"不侈，本事不得立"，恐非是。因为既然重本，如果说"不侈，本事不得立"，则成为"重侈"，而非重本了，并且也与篇文"无度而用，则危本"之说矛盾。但如果读为"丕侈，本事不得立"，既符合侈靡消费反作用于生产之义，又与重视农业生产和反对过度侈靡之旨相一致）。至于说，"移商入于国，非庸人也，……"，乃是就一般商业活动而言，并无强调"商本"之意。从侈靡消费与工商业发展的关系来说，似乎强调工商业发展是《侈靡》篇应有之义，但统观全篇论述，该篇仍然一再提出农业生产是根本，侈靡消费要服从农业生产的发展。

《侈靡》篇这篇重要论文，大概由于它包括哲理、阴阳五行、政法、文教、经济等多方面的内容，并且由于全文错简较多，难以通读，历代学者都未对此篇旨意有何阐发。直至十九世纪末，章太炎首先发掘出埋没了两千多年的这篇重要经济论文，指出，"《管子》之言，兴时化者，莫善于侈靡，斯可谓知天地之际会，而为《轻重》诸篇之本，亦泰西商务所自出矣"，[①] 极言此篇关于消费与工商业发展的关系的论述，已为近世西欧各国经济发展所验证。但章氏卓见，并未引起当时学术界的讨论。直至五十余年之后，郭沫若著《侈靡篇的研究》一文，全面地阐述该篇的内容，并认为"作者毫无疑问是代表着自春秋中年以来新发生的商人阶级说话的"。郭氏著此文时，也可能未见章文（因郭氏未提章文），但郭氏论点基本上与章氏相同。自此以后，《侈靡》篇乃受到学术界广泛注意。杨联陞教授在美国《哈佛大学亚洲研究杂志》发表一文，论中国古代关于浪费的经济思想，从《管子·侈靡》篇说到

[①] 章太炎：《读〈管子〉书后》，1899年《经世报》第3册，后收入《訄书》，名《喻侈靡》。俱见《章太炎选集》，1981年，上海人民出版社。

宋代范仲淹和明代陆楫的主奢思想。[1] 另外胡寄窗等同志所著的《中国经济思想史》一类著作，亦多把侈靡思想提到重要地位，[2] 所有这些著作，都对《管子》所论侈靡消费对于生产的作用一点，评价甚高，但对《管子》侈靡思想的理解上，则存在分歧。总的来说，一是认为《管子》侈靡论是把侈靡消费视为社会生产活动乃至工商发展的推动力，是在对一般经济活动的作用上，将"侈靡"消费与一般消费等同起来。因此《侈靡》篇包涵有重工商的思想。上述章、郭所论，即属此说。另一是认为《侈靡》篇所主张的侈靡消费，"是在特殊情况下为了达到一定的目的所采用的手段"，[3] 这是胡寄窗同志提出的见解。应当指出，胡氏是就《管子》全书"俭侈并重"思想来论侈靡思想的，与章、郭二氏单从《侈靡》篇来论侈靡思想不同。由于《管子》非成于一人之手，《侈靡》篇作者完全可能提出他个人独特的见解和主张，因此，单就《侈靡》篇而论侈靡思想，完全是可以成立的。不过就时代而论，侈靡论恐怕仍在"农本论"的统治思想下（《侈靡》篇亦再提到"农本"），采取公私土木工程措施，使贫民得以就业谋生。这在宋代范仲淹犹作此论，何况战国时代？关于这个问题，我在《〈侈靡〉篇的经济思想和写作时代》一文，已有所论，不再在此重复了。

---

[1] Yang L.S. Economic Justification for Spending – An Uncommon Idea in Traditional China（杨联陞：浪费在经济上的正当性——中国传统中一种少见的思想）Harvard Journal of Asiastic Studies Vol.20, June, 1957。

[2] 胡寄窗：《中国经济思想史》（上）；叶世昌等：《中国经济思想简史》中册。

[3] 胡寄窗：《中国经济思想史》（上），第312页。

孙武、孙膑的经济思想[*]

一 生平及其著作

孙武,齐国人,生卒年不详,我国古代大军事家。据《史记》载,他"以兵法见于吴王阖庐",阖庐"卒以为将,西破强楚,入郢,北威齐晋,显名诸侯,孙子与有力焉"(《孙子、吴起列传》)。所以后人亦称他为吴孙子。吴王阖庐在位时为公元前514—前496年,是孙武生活年代在春秋末年,约与孔子同时。关于他的著作,《史记》载,孙子"以兵法见于吴王阖庐,阖庐曰,子之十三篇,吾尽观之矣。"(《史记正义》引魏武旁〔曹操〕云,孙子"作兵法十三篇"。又引《七录》〔南朝梁阮孝绪撰〕云,"孙子兵法三卷",案十三篇为上卷,又有中下二卷。)又《汉书·艺文志》载"吴孙子兵法八十二篇"。历代相传的,仅有《孙子兵法十三篇》,其他皆未见。但1972年山东临沂银雀山汉墓出土的竹简,除保存了十三篇每篇多少不等的残简而外,还发现孙武的佚著残简四篇(《吴

---

[*] 原载《管子学刊》1989年第3期。

问》、《四变》、《黄旁伐赤帝》、《地形二》)及记孙武见吴王以兵法试诸妇人的残文一篇,这使吴孙子不但以大军事学家著称,并且对于政治经济问题的卓越论述,过去不大为人们所注意,现在亦展示在人们面前。在学术界对吴孙子思想的认识和评价,还有一个新的发展。即自第二次世界大战以来,一些国家的企业管理学者在探求企业经营管理理论及其历史发展时,相率研究《孙子兵法》,认为它包含有重要的管理思想。据称,在日本,有些企业家把《孙子兵法》视为企业管理的教科书,甚至还出现了"孙子兵法管理学派"[1] 在美国,《孙子兵法》亦受企业管理学者的重视。如小乔治教授著书说,"你若想成为管理人才,必须读《孙子兵法》"[2]因此,在新发现孙武的佚著以后以及最近经济学界对孙武兵家思想研究的新发展,孙武的学术思想,已经不单纯属于兵家思想范围,它对于企业经营思想的影响和他的卓越的经济思想亦占有重要地位。

孙膑,也是齐国人,是孙武的后代,战国时期人,亦学兵法,生卒年亦不可考。据《史记》载,孙膑事齐威王(公元前356—前320年),先破魏军于桂陵,后十三年又在马陵大破魏军,擒庞涓,"虏魏太子申以归,孙膑以此名闻天下,世传其兵法"(《孙子、吴起列传》),是孙膑生活在战国中期,约与商鞅、孟子同时,后人为了区别于孙武,称他为齐孙子。司马迁没有提到他的具体著作,《汉书·艺文志》载有《齐孙子八十九篇》,未见流传,后人因而怀疑《孙子十三篇》是否是孙膑所著。1972年银雀山汉墓出

---

[1] 国家经委经济管理研究所编,《中国古代思想与管理现代化》,201页,1985年版。

[2] 上引书《中国古代思想与管理现代化》33、34页。参看克·小乔治,《管理思想史》,孙耀君译,商务版,1985年。

土文物中，发现有《孙膑兵法》竹简二百四十多枚，字数在六千以上。由此，失传了一千七百多年的《孙膑兵法》乃得与世人相见，不但解决了过去怀疑的悬案，并且为研究我国古代兵家学术思想提供了宝贵的新的资料。《孙膑兵法》继承其先人孙武的军事思想，其中亦有经济思想资料可供研究。因其兵家思想及其经济思想与孙武的学术思想一并研讨为宜，故附论于孙武之后。

二　富国富民思想

战争是关系国家存亡和人民生死的大事。一个大军事学家，除了考虑战略战术问题而外，还要考虑关于政治经济方面国家实力和民心向背等问题，这些问题对于战争的胜负具有根本的意义。从《孙子兵法十三篇》的战略思想中，可以看出孙子关于政治经济方面纲领性的思想，例如《孙子兵法·计》篇提出，"经之以五事"，"一曰道，二曰天，三曰地，四曰将，五曰法"。《孙膑兵法·见威王》篇说，"事备而后胜"，《八陈》篇说，"知道者，上知天之道，下知地之道，内得民之心"（本文所引《孙子兵法》及《孙膑兵法》篇文，都根据银雀山汉墓竹简整理小组编，文物出版社版本）。这些论述中，都包含有政治经济思想。但他们对政治经济问题的具体论述，惟有新出土的孙武和孙膑的几篇著作，才为人们提供了材料。其中《吴问》是一篇记孙武的纯政治经济论述，计有255字，论证坚实，首尾一贯，可以说是春秋时期罕见的一篇精湛论著，特别值得重视。它记载吴王问孙武，晋国六卿孰先灭亡。孙武不从地形、攻守等等方面来回答，而从六卿辖地的田制和税制的不同来回答，认为这种差异是六卿存亡的根本因素。具体地说，即认为六卿中之范氏、中行氏亩制较智氏小，而亩税相等（皆有具体数字，下同），故将先亡。智氏亩制又较韩氏、魏氏小，而亩税相等，故智氏将次于范氏、中行氏亡。韩氏、魏氏亩制又较赵氏小，而亩税则高于赵氏，故韩氏、魏氏将次于智氏亡。独赵氏亩制最大，税最轻，所以孙武说赵氏将为"固国，晋国归焉。"虽然后来历史的发展是韩、赵、魏三家分晋并立，与孙武的预计不尽相合，但孙武提出田制和税制的不同，由此而论公室聚敛的厚薄，民众负担的轻重，和国家存亡的先后，则是有根本意义的。后来商鞅变法在秦国所实行的亩制，就是孙武所说赵国所行的最进步的以240步为亩的亩制。在孙武回答以后，吴王说，"善。王者之道，□□厚爱其民者也。"（孙武与吴王答问，具见《孙子兵法》下篇《吴问》）吴王所说"厚爱民者也"，就是孙武的赋税思想。春秋早期，管仲在齐国实行"作内政而寄军令"的政策，使齐国称霸诸侯，司马迁说他"通货积财，富国强兵"（《史记·管晏列传》），是就他实行的政策的实质和成效而说的。孙武论田制和税制的大小轻重，其主旨也在于富国、富民和强兵，不过管仲和孙武都还未提出"富国强兵"这一口号。人们以往从先秦文献中，仅知道这一口号的最早提出者是商鞅（见《商君书·壹言篇》），现在从新出土的《孙膑兵法》中，有《强兵》篇，篇中记威王与孙膑问答，孙膑批驳了"以政教"、"以散粮"、"以静"等等主张，说"皆非强兵之急者也"，他然后提出"富国"的主张。由此可见，在战国时期，"富国强兵"一语，并不一定首先由商鞅提出，差不多在相同时期，孙膑亦向齐威王提出，而孙膑从经济方面来论强兵的思想，就其《兵法》有些文句与《孙子兵法》有相同处来说，可以相信孙膑的"富国"思想亦渊源于其先人孙武。关于富民思想，《孙膑兵法》中亦有表现。《行篡〈篡借为选〉》篇说，"私公之财壹也。夫民有不足于寿而有余于货者，有不足于货而有余于寿者，唯明王、圣人知之。故能留之。""然则为民赇也，吾所以为赇也，此兵之久也。"（原注：赇，此处疑指积聚财富）又如《篡卒》篇说，兵之胜"其富在于亟归，其强在于休民"，都可以说是孙武爱民、富民思想的继承和体现。由此还可以察觉孙武、孙膑的富国强兵思想具有孔、孟的富民思想的内涵，与商鞅有所不同。

三　数量观念

战争是政治经济斗争的最高形式。要使战略战术建立在科学基础之上，必须对各种战备有确定的计算，例如兵员多少，粮秣多少，各种兵器多少等等，必须知道实际以及可能供应的数量，然后才能考虑如何进行战争。这首先就涉及数量观念问题。"数"是我国古代"六艺"之一，早受到思想家的重视，但对数量概念及其对研究实际问题的重要性的论述，要以孙武为最早。这种论述具有极重要的经济意义。因为经济活动离不开数量关系，一讲到财富，就有多少的问题，一讲到商品交换，应有两个以上商品价值对比的问题。所以基于数量观念如何完善计算数量的方法，是经济发展中的一个带有根本性的问题。在孙武之后，就有《管子》对于数量问题作进一步的论述[1]，并有《九章算术》一书的出现（一般认为此书成于战国末期至汉初之间）。秦始皇统一六国以后，实行统一货币制度和度量衡，就是为了解决地区间物品生产和交换的统一规格和统一数量计算等问题。所以孙武作为最早数量观念的提出和论述者，在经济思想发展史上应得到足够的重视。现在我们来看看孙武对数量问题的论述。

---

[1] 参看拙作《论管子·轻重各篇的经济思想体系问题》（下），《经济科学》1983年第3期。

>兵法：一曰度，二曰量，三曰数，四曰称，五曰胜。地生度，度生量，量生数，数生称，称生胜。故胜兵若以镒称铢，败兵若以铢称镒。胜者之战，若决积水于千仞之溪者，形也。（《形》篇）

>夫未战而庙算胜者，得算多也；未战而庙算不胜者，得算少也。多算胜，少算不胜，而况于无算乎？吾以此观之，胜负见矣。（《计》篇）

>凡用兵之法，驰车千驷，革车千乘，带甲十万，千里馈粮，内外之费，宾客之用，胶漆之材，车甲之奉，日费千金，然后十万之师举矣。其用战也，胜久则钝兵挫锐，攻城则力屈，久暴师则国用不足。（《计》篇）

这是《孙子兵法十三篇》的前三篇。从这三篇引文，可以看出孙武关于数量思想的逻辑：从十万之师所需要的各种装备和供应的具体数量，上升为"度"、"量"、"数"、"称"、"胜"等抽象范畴，从这些抽象范畴又回到"多算"、"少算"、"无算"愈来愈复杂的具体问题的筹算。所谓"度"就是土地面积的广狭，"量"是物产资源的多少，"数"是人员的众寡，"称"是军事力量的对比。孙子认为敌我双方在上述这些数量大小对比上的不同，就导致胜负不同结局的产生。单就"度"、"量"、"数"这些个别观念而言，在一些古籍如《尚书》、《周礼》、《国语》等中已经出现，自非首由孙子提出，但把这些数量观念作为军事上的重要范畴并用以计算决定战争胜负的各种物力和人力资源，则是孙子的重要贡献。这种数量观念的重要性和应用，自然不限于军事范围，随着生产和交换的发展，在和平时期，它的重要性亦越来越显著。《管子·七法》篇说，"举事必成，不知计数，不可。"这是对于数量观念的重要性作了更为广泛的概括。

四　兵家战略思想作为企业经营的借鉴

《孙子兵法》是一部讲用兵作战的战略和战术理论的著作。由于战争是有敌我双方，作战的目标在于克敌制胜，而社会经济活动中有许多厂商，并且有些厂商是属于同行业的，厂商经营的目标在于取得较同行业更为优异的效益。这二者——军事谋略与企业经营有某些共同之处，一为作战和取得战争胜利，一为竞争和取得经营效益。正是由于这些共同之处，孙武对于用兵作战的战略和战术理论，遂被当代中外学者认为是可供企业经营管理方面取法借鉴的宝贵财富。关于这个问题的全面研究，属于企业管理学的范围，并且在取法和借鉴方面，也随社会经济制度的不同而有所不同。这里仅就孙武的战略思想简述其可以作为企业经营的借鉴之处。

《孙子兵法》的首篇《计》篇提出了重要的战略思想。它说：

> 兵者，国之大事，死生之地，存亡之道，不可不察也。故经之以五事，校之以计，而索其情。一曰道，二曰天，三曰地，四曰将，五曰法。道者，令民与上同意也，故可以与之死，可以与之生，而不畏危。天者，阴阳、寒暑，时制也。地者，远近、险易、广狭、死生也。将者，智、信、仁、勇、严也。法者，曲制、官道、主用也。凡此五者，将莫不闻，知之者胜，不知者不胜。故校之以计，而索其情。曰，主孰有道，将孰有能，天地孰得，法令孰行，兵众孰强，士卒孰练，赏罚孰明？吾以此知胜负矣。

孙武认为决定战争胜负的基本因素有五，即道、天、地、将、法"五事"，而要孰知和掌握这些基本因素，就要具体了解敌我双方

"主孰有道，将孰有能，天地孰得，法令孰行，兵众孰强，士卒孰练，赏罚孰明"这七方面的情况（"七计"），而在这些方面，将帅的得人与否是起关键作用的：将帅"知之者胜，不知者不胜"。孙武所说的"五事"、"七计"以及将帅的作用，都对于战争全局的筹划、指导和最后胜负起决定作用，属于战略思想。上面说到的数量观念和运用以及"多算"、"少算"等问题，也都包括在这些战略思想当中。这些战略思想是军事胜负所系，可以运用于企业经营，作为企业经营成败的决定因素来考虑。例如"五事"的"道"，从企业经营来说，就是如何树立正确的经营方针，发挥全体职工的积极性，使企业取得最大社会效益的问题。又如"五事"中的"天"和"地"，从企业经营来说，就是根据现有的设备、资金、人员及市场等客观条件，根据"多算"的原则充分而合理地利用，并积极进行技术改造和采用新技术，以求改进产品质量，减低生产成本，使产品在国内外市场上均能取得优势。这些在军事上关系胜负的战略思想，孙武以大军事学家的才智作了迄今犹为中外交誉的经典性论述，确实是可以作为企业经营成败的战略思想来借鉴的。还值得特别指出的，即孙武重视将帅在军事上的关键作用，除上面所引论述而外，他在《十三篇》一再强调，如在《作战》篇说，"故知兵之将，民之司命，国家安危之主也"，在《谋攻》篇中说，"夫将者，国之辅也，辅周则国必强，辅隙则国必弱"。这一战略思想，到了他的后代孙膑所著的《兵法》，还得到了充分的发挥，新出土的竹简《孙膑兵法》中专门论"将"者应有《将义》、《将德》、《将败》、《将失》四篇，非常精湛，充分表现这两大军事学家对于将帅作用的重视。兹引《将义》、《将败》二篇全文如下：

> 将者不可以不义，不义则不严，不严则不威，不威则卒弗死。故义者，兵之首也。将者不可以不仁，不仁则军不克，

军不克则军无功。故仁者，兵之腹也。将者不可以无德，无德则无力，无力则三军之利不得。故德者，兵之手也。将者不可以不信，不信则令不行，令不行则军不持，军不持则无名。故信者，兵之足也。将者不可以不智胜，不智胜……则军无□，故决（果断意）者，兵之尾也。(《将义》),(《孙膑兵法》银雀山汉墓竹简整理小组编者对本篇作了解释，谓"此所谓义、仁与儒家所说的仁义不同。")

一曰不能而自能。二曰骄。三曰贪于位。四曰贪于财。〔五曰〕□。六曰轻。七曰迟。八曰寡勇。九曰勇而弱。十曰寡信。十一〔曰〕□。……十四曰寡决。十五曰缓。十六曰怠。十七曰□。十八曰贼（残暴意）。十九曰自私。廿曰自乱。多败者多失。(《将败》)

这两篇可以说是孙膑对于孙武在《计》篇所说"将者，智、信、仁、勇、严也"之义所作的解说和发挥，《将义》篇是从正面说，《将败》篇是从反面说，都是说明将帅应具备的条件及其在军事胜负中所起的关键作用。这一战略思想应用于企业经营，就是在企业经营上，企业家应具备的条件和对企业经营成败所起的关键作用。可以说，孙武、孙膑所说将帅具备义、仁、德、信、勇、严、智等品德，企业家也应该具备，而孙膑所列举将帅招致失败的二十条恶劣行为，对于企业家也是十分适用而应悬为戒律，力求避免。企业家的职能，本来是按照经济规律经营管理企业，改革创新，实行优化方案，减低消耗，增加收益，使其产品在国内国外市场取得优势。他在搞活经济和发展经济中所居的地位，确如战争中的将帅所居的地位，同样是关键性的。从提高社会生产力和发展国民经济来说，他有如将帅之对战争胜负的重要一样，应受到高度的重视。就是说，要提高社会生产力和发展国民经济，非培养和重视各种企业的企业家并使其充分发挥作用不可。这对于资本主义社会经济发展是如此，对社会主义社会经济发展也是如此。不同的是，在社会主义社会，企业家要遵守社会主义国家的法律和方针政策。一般地说，社会主义国家过去忽视了企业家在搞活经济和发展生产力中的作用，但中国从一九七八年党的十一届三中全会以后，采取搞活经济，解放生产力的方针政策，随着经济体制改革的进行，企业家的重要性逐渐为社会所认识，而企业家发挥的作用亦逐渐受到社会的重视。在这个问题上，学习孙武、孙膑关于将帅的作用和战略思想，是有十分重要意义的。

庄子的经济思想[*]

一 生平概述

庄子名周（约公元前369—前286年），宋国蒙（今河南商丘县）人，与孟子同时而稍后。据司马迁记载，他曾管理过漆园（"漆园吏"）（《史记·老子韩非列传》），可能这个职事做得并不久。据《庄子·山木、外物、列御寇》等篇记载，庄子家贫，穿补丁衣，住在陋巷，靠打草鞋生活，有时向人借米下炊。可是他学问很渊博，司马迁说，"其学无所不窥"。与稷下学士宋钘（宋荣子）稔知（见《庄子·逍遥游》篇），与同是宋国的名士并一度做过魏相的惠施是好友，尝相辩论（见《逍遥游》等篇）。想必他也有不少门徒，见诸记载的有蔺且（见《山木》篇）、魏牟（见《秋水》篇）。他不是没有机会做大官，据《史记》记载，"楚威王闻庄周贤，使厚币迎之，许以为相"。但是庄子回绝了使者，说你快走开，不要玷污我，我宁愿像条小鱼在低洼小渠中自得其乐，而不

---

[*] 原载《北京社会科学》1988年第3期。

愿受国君的约束羁绊。所以他"终身不仕"。（见《老子韩非列传》）。

庄子较老子晚很多，当然与老子无直接师承关系，但与杨朱的关系如何呢？这还是一个问题。庄子《应帝王》，《寓言》两篇均载"阳子居见老聃"的事。《山木》篇亦载"阳子之宋"的事，有说阳子居就是杨朱，有说不是。不管如何说，杨朱无疑是晚于老聃而早于庄子的人。至于庄子与杨朱的关系，最多只能说同属道家，但不属于同一流派[①]。庄子的学术思想与杨朱的思想有共同之处，也有相异之处，关于这一点，我们将在下文加以辨析。

庄子的学术思想，都载于今存《庄子》一书三十三篇。《汉书·艺文志》说，《庄子》有五十二篇，其他十九篇后来散失了。三十三篇中分为内篇七篇，外篇十五篇，杂篇十一篇。大多学者认为就思想风格来说，如司马迁所说，"善属书离辞，指事类情"，"其言洸洋自恣以适已"（《老子韩非列传》），内篇是庄子自著，而外篇杂篇则为庄子门徒所整理的庄子讲授记录及庄子后学对庄子学术思想所作的阐述。[②] 本文主要采此说。

二 基本思想

庄子是哲学家，他的各篇著作是老子思想的继承和发扬。正如司马迁说他"其要本归于老子之言"，"庄子散道德，放论，要

[①] 阳子居与杨朱是否是一人以及杨朱的生卒时期，学术界有争论，（见《古史辨》第四册）至今未决。我们现在权从阳子居与杨朱是二人之说，并且认为杨朱的生卒年早于庄子而晚于老聃。

[②] 任继愈近著《中国哲学发展史（先秦）》一书，持相反之说，认为"以外杂篇代表庄子思想，以内篇代表后期庄学思想是比较接近事实真象的"，（368页）亦自成一说。

亦归之自然"(《老子韩非列传》)。郭沫若说,庄子"维系了老子的正统",这是正确的,但他又说、庄子是从颜氏(颜回)之儒出来的"(《十批判书·庄子的批判》),这就很难成立了。因为道家与儒家的思想体系根本不同。《大宗师》篇以及《田子方》、《寓言》篇所载颜渊与孔子的问答,不过是庄子借孔子之口来宣讲道家的大道而已,很难说是庄子"认真称赞儒或孔子"。(同上)何况《庄子》书中还有很多篇是"剽剥儒墨"的呢?

庄子的基本思想同老子相同,是"道法自然",用庄子的话来说是"依乎天理","因其固然"(《养生主》)。《大宗师》一篇较为集中地阐述了这一思想,如其中说:

> 夫道,有情有信,无为无形,可传而不可受,可得而不可见;自本自根,未有天地,自古以固存;神(生)鬼神(生)帝,生天生地,在太极之上而不为高,在六极之下而不为深,先天地生而不为久,长于上古而不为老。

这一篇文字阐述"道"是真实的,它以一种自然力量在起作用,它弥漫宇内,无所不在,贯穿古今,无时不在。亦即万物都是"道"所生,人也是"道"所生,和万物是同类。《齐物论》篇说:天地与我并生,万物与我为一"。《大宗师》篇说:

> 其一与天为徒,其不一与人为徒。天与人不相胜也,是之谓真人。(陈鼓应译文:认为天和人是合一的,就和自然同类。认为天和人是不合一的,就和人同类。把天和人看作不是互相对立,这就叫作真人。见《庄子今注今译》,133页)。

庄子对于天地万物的自然性,对于人的行为应顺任自然,与自然保持一致的论述很多。《天道》篇一段写老聃评孔子仁义之说,很集中地阐明了他关于这些问题的思想:

> 夫子(指孔子)若欲使天下无失其牧乎?则天地固有常矣,日月固有明矣,星辰固有列矣,禽兽固有群矣,树木固

有立矣。夫子亦放德（谓依放自然之德）而行，循道而趋，已至矣！又何偈偈乎揭仁义，若击鼓而求亡子焉？噫，夫子乱人之性也！

正是由于庄子和老子都认为"天道自然""天地有常"，万物和人同属自然，所以他们都认为当时社会上一切仁义等等的说教都是淆乱是非的，都是根本违反万物的本来运行规则的，认为儒家和墨家到处宣讲的是和非的道理，是不足为据的。《齐物论》篇对此有明确的评述：

> 故有儒墨之事非，以是其所非，而非其所是。欲是其所非，而非其所是，则莫若以明。

所谓"莫若以明"，就是说最好以明静之心去观察一切，而所说的明静之心，就是说不要存有主观偏见，要以自然之理来考察社会。

庄子同老子一样，对当时整个封建主义及社会上强凌弱，众暴寡的种种罪恶和弊端都持批评和抨击的态度，他们批判儒墨仁义之说，就是他们对于封建社会的批判。他们认为礼制和法制，都是对于人们生活的束缚，都是对于人们自游生活的破坏。他们主张"无为"，要求个人有宁静而自得的生活，反对强加于个人的礼乐刑政等等干涉和束缚。特别是在战国时期，封建政权不断集中，专制日益加强，这更是庄子所深恶痛绝的。庄子在《骈拇》篇说：

> 且夫待钩绳规矩而正者，是削其性者也；待缠索胶漆而固者，是侵其德者也；屈折礼乐，呴俞仁义，以慰天下之心者，此失其常德也。天下有常德，常然者，曲者不以钩，直者不以绳，圆者不以规，方者不以矩，附离不以胶漆，约束不以缠索。故天下诱然皆生而不知其所以生，同焉皆得而不知其所以得，故古今不二，不可亏也。则仁义又奚连连为胶

漆缠索而道乎道德之间为哉？使天下惑也！

下面《胠箧》篇的一段言论，更是为后世传诵的名言：

> 圣人不死，大盗不止。虽重圣人而治天下，则是重利盗跖也。
>
> 何以知其然耶？彼窃钩者诛，窃国者为诸侯，诸侯之门而仁义存焉，则是非窃仁义圣知耶？

由于老子有"小国寡民"论及"绝圣弃智，民利百倍；绝仁弃义，民复孝慈；绝巧弃利，盗贼无有"等之说，庄子也有类似言论，学者们对老庄思想有不同见解，基本上可以分为两派。一派认为老庄学派是保守、复古、倒退主义者，它主要是反时代潮流的，是消极性的。另一派则认为它在揭露当时封建社会压迫者的罪恶，和主张人民应有平等而自由的生活方面，有积极意义[①]在《中国经济思想史》的著作方面，几乎没有例外，都采取前一派论点，认为老庄学派是反对技术和经济进步的，是反对发展社会生产力的。[②] 我是同意老庄思想有积极性意义的一面之说的，因此，我认为对于庄子的政治经济思想，也需要作具体的分析和得出应有的理解。特别是老庄的"道法自然"的基本思想，它对待事物的态度和分析事物的精神，使人们对社会经济问题按照事物本来面目去考察，去求得客观的解答，这是最值得重视的，这也正是庄子以及老子的政治经济思想的出发点。前面说过，庄子所处的封建社会较老子时还有很大的发展，这就不能不对庄子及其后学产生影响，而在学术思想上有所发展。这在政治经济思想上

---

① 这一方面的著作很多。任继愈近著《中国哲学发展史（先秦）》，1893年版。对两派观点有扼要的论述，243—254页，392—398页，可以参看。

② 参看胡寄窗，《中国经济思想史》（上）（1962年版），200页；叶世昌等《中国经济思想简史》上册（1978年版），70页；赵靖，《中国古代经济思想讲话》（1986年版），129—146页。

主要表现在以下三个方面，一是治世论，二是养生论，三是对工商和技术的态度。以下分别论之。

三　顺应自然的治世论

一般言老庄政治经济思想者，基于老庄反对当时社会的礼乐刑政，主张"无为"，"自然"，并且自己"终身不仕"，认为他们是避世、厌世主义者。这种评论固然有老庄自己的很多言论为根据，但是我要说，这种评论并不全面。老子书中提出了不少治世主张，这里不去谈它，这里专就庄子对现实社会的态度来考察一下。

庄子的《应帝王》篇，可以说是他专门讲治世之道（"明王之治"，"为天下"）的一篇。虽然他讲的是"顺物自然"等的道理，但究竟还是积极地提出自己的主张，很难说他是厌世、避世主义者。我们看《应帝王》篇是如何说的。

夫圣人之治，治外乎？（意谓用法式绳之于外吗？）正而后行，确乎能其事者而已矣。（意谓能无为而顺其自然，确实使能者任其事罢了。）

这里提出使"能其事者"以为治，不能不说是一种积极的态度。当然，所说"能其事者"是以能"正而后行"，亦即顺其自然为前提的，而不是儒墨等之所谓"能者"。再看：

请问为天下。

曰，汝游心于淡，合气于漠，顺物自然而无容私焉，而天下治矣。

这里提出"无容私"，即"为天下"不能有私心，即不能强取暴夺（老子也提出圣人"无私"之说）。这是针对当时的残暴统治而说的，也是庄子提出的积极主张。《应帝王》篇还有阳子居与老聃的一段对话，也是深可玩味的。

    阳子居蹴然曰，敢问明王之治？

    老聃曰，明王之治，功盖天下而似不自己，化贷万物而民弗恃，有莫举名，使物自喜，立乎不测，而游于无有者也。（陈鼓应译文：明王治理事事，功绩广被天下却像和自己不相干，教化施及万物而人民不觉得有所依持，他虽有功德却不用名称说出来，他使万物各得其所，而自己立于不可测识的地位，而行所无事。）

以上这些引文，都是庄子根据老子的"道"以述自己治世的主张。很清楚，他是肯定明王为政的功绩与教化的，他所强调的是，明王要无私心，要任用能者，要使万物各得其所，而自己不居功显名。庄子肯定明王治世的功绩和教化，当然也是指在顺应自然条件下的功绩和教化，这应看作是对社会各种问题的积极态度，其中当然包括经济问题。

值得注意的是，庄子讲了这么多"明王之治"，而偏偏没有接着提出"小国寡民"的主张，不但《应帝王》篇没有提，全《内篇》七篇都没有提。如果按《内篇》七篇是庄子自著的说法，则庄子似乎并不是逃避现实而主张返回到原始社会的思想家。但是《胠箧》，《马蹄》篇里确实提到了类同"小国寡民"的主张，对此不能略而不论。

    子栗独不知至德之世乎？昔者容成氏、大庭氏、伯皇氏、中央氏、栗陆氏、骊畜氏、轩辕氏、赫胥氏、尊庐氏、祝融氏、伏牺氏、神农氏，当是时也，民结绳而用之，甘其食，美其服，乐其欲，安其居，邻国相望，鸡狗之音相闻，民至老死而不相往来。若此之时，则治矣。（《胠箧》）。

    夫至德之世，同与禽兽居，族与万物并，恶乎知君子小人哉！同乎无知，其德不离，同乎无欲，是谓素朴，素朴而

民性得矣。乃至圣人,蹩躠为仁,踶跂为义,而天下始疑矣。澶漫为乐,摘僻为礼,而天下始分矣。(《马蹄》)

夫赫胥氏之时,居民不知所为,行不知所之,含哺而熙,鼓腹而游,民能以此矣。乃至圣人,屈折礼乐以匡天下之形,悬跂仁义以慰天下之心,而民乃始踶跂好知,争归于利,不可止也。此亦圣人之过也。(同上)

以上有些文句是照抄老子的,有些论点如关于"无知"和"无欲"也是和老子相同的,那么,庄子究有什么不同于老子之处呢?这可以从庄子与老子的历史观来考察一下。

老子很少讲古今之不同,全部《道德经》只有下面一条:"据古之道,以御今之有。能知古始,是谓道纪"(14章)。但这里讲的,还是用古代的"道",来治理现在的事,与"小国寡民"的理想不讳。再看庄子,则大有不然。庄子在《天运》篇大讲古今之不同,表现了庄子在坚持"天道自然"的根本原理而外,对于人类社会历史的发展作出了如实的论述,其文如下:

古今非水陆与?周鲁非舟车与?今蕲行周于鲁,是犹椎舟于陆也,劳而无功,身必有殃。

且子独不见夫桔槔者乎?引之则俯,舍之则仰。彼,人之所引,非引人也,故俯仰而不得罪于人。故夫三皇五帝之礼义法度,不矜于同而矜于治,故譬三皇五帝之礼义法度,其犹柤梨橘柚耶!其味相反而皆可于口。故礼乐法度者,应时而变者也。

这个"应时而变"的论点,还见之于《外物》篇:

夫尊古而卑今,学者之流也。且以狶韦氏之流观今之世,夫孰能不波(颇)?唯至人乃能游于世而不僻,顺人而不失己。彼教不学,承意不彼。

这些言论,与商鞅的"治世不一道,便国不法古"(《商君书·更法》），若合符节，也可以说是韩非的"世异则事异"，"事异则备变"（《韩非子·五蠹》）的前奏。但应注意，庄子讲古今异势的落脚点，是"顺至人乃能游于世而不僻，顺人而不失已"，这是老庄道家与法家的根本不同之处。我们不能因为庄子与法家有相同的非议"尊古卑今"之说，即认为其治世论与法家相同。事实上，庄子认为由于社会的进化，处今之世的"礼义制度"亦必顺乎自然，亦即"顺人而不失已"，不是反过来用"礼义制度"强加于人，使人人受其束缚。这是老庄学术思想最根本所在，是丝毫不能含糊的。根据这一理解，上面所引庄子关于"至德之世"的原始生活的说法，可以说只是以此作为例证，来说明人世社会应顺应自然以求得和谐一致罢了。老庄都是封建主义社会制度的反对者，他们力求从那种礼义制度下解放出来，并按照他们的学术思想所绘制的治世蓝图以求其实现。《大宗师》篇开头有一段很深刻的论述，有助于我们对庄子治世态度的理解。其言曰：

> 知天之所为，知人之所为，至矣！知天之所为者，天而生也。知人之所为者，以其知之所知，以养其知之所不知，终于天年，而不中途夭者，是知之盛也。
>
> 虽然，有患。夫知有所待而后当。其所待者特未定也，庸讵知吾所谓天之非人乎？所谓人非天乎？

这段文是说，天人之所为，皆属自然。天之所为通过观察，比较容易知道。至于人之所为，要用已经所知道的知识，探察所不道的知识，这是知识的重要作用。但是这并不容易做到，因为知识必须具备认识的条件，然后才能说知识是正确与否（"夫知其所待而后当"），而认识的条件却是变化不定的。由此，可以知道庄子何等重视人们对于现实社会是否合乎自然的探讨。由此亦可知，很难说庄子是避世、厌世主义者，而应说他是积极讲求治世者。他所追求的是一个合乎自然运行，不受任何人为的强制束缚的社会，简单地说，他反对任何人为干预，主张完全顺应自然。荀子说，"庄子蔽于天而不知人"（《解蔽》篇），这是从儒家的学说来评论庄子的，如果从道家的学说来说，庄子是既知天又知人。

四　恬淡自适的养生论

老庄学派一贯主张少私寡欲和宁静恬淡的生活，以至追求超脱好恶、利害、祸福、死生等思念。这种生活观念，是以个体为主的。在群体中，彼此等同，不讲偏爱，每个人都应像万物一样自由自在地生活，不受人为的强力的干预，是"天道自然"的体现。老子是最早主张贵身的，如说"名与身孰多？"（44 章）等，不过老子还没有把贵身论当作一个特殊的问题提出来。杨朱的著作没有传下，见于其他记载的，他提出了"为我"、"贵己"之说。到了庄子，则有《养生主》等篇，把养生论当作一个专题提了出来，作了相当充分的阐述，可以说是老子贵身说的重要发展。这个学说涉及经济上的"欲"、"物"以及个人与社会的关系等问题。

庄子《养生主》篇开头就说：

为善无近名，为恶无近刑，缘督以为径，可以保身，可以全生（性），可以养身（"身"，原作"亲"），可以尽年。

这里提出保身、全性、养身、尽年的主要守则，一不要求名，二不要做受处罚之事，三要顺应自然以为常法（"缘督"，顺应自然之意）。关于顺应自然、生活的道理，庄子用了一个非常著名的譬喻"庖丁解牛"来说明。他说，文惠君的一个有长年经验的宰牛者，在宰牛时，顺着牛身筋肉骨节的间隙处用刀，这样就不会碰到骨头，不必使劲用力，牛就哗啦解体了（"动作甚微，謋然已解"）。这叫做"依乎天理"（依从牛身的自然纹理），"因其固然

(顺着牛身的自然结构)。文惠君听了庖丁解牛这一番话以后,说:好得很,我从这番话里得到养生的道理。

庄子在《养生主》篇,还讲到人生所最关切的死生问题。他说生是应乎自然而来,死是应乎自然而去,何必要有哀乐的情绪呢?应当顺应变化,遂时而安。("安时而处顺,哀乐不能入也"。)庄子妻子死了,他"鼓盆而歌",说生死"是相与为春秋冬夏四时行也"(《"至乐"》篇)。这个故事更能具体地说明,庄子认为人们应当超脱喜怒哀乐等世俗思想而虚静恬淡地生活。

庄子也不是不考虑现实世界的种种纠缠的。他在《人间世》篇,曾讲到父子关系和君臣关系,认为这些关系的存在,就不能不产生违乎自然法则的偏爱之事。老庄学派是很少谈论人伦关系和君臣关系的。老子曾说"圣人无亲"(《老子》79章),庄子也说"至仁无亲",并认为"孝"不能说明"至仁"的境界(《天运》、《庚桑楚》篇)。不过庄子也承认"爱亲"和"事君",是人世间无法逃避得了的事("无所逃于天地之间")。因此,只好"知其不可奈何而安之若命"("若命",谓苦自然)。但是,他说,纵然无可奈何地去做,也要避免哀乐情绪("哀乐不易施乎前")。总之,庄子要求能尽量做到悠然自适地生活。

老庄学派既然主张贵身,养生,也就不能不讲欲望和财货这类问题。对此,老子多次讲到"欲"的问题,一方面抨击和反对社会上贪得无厌的、伤身的种种欲求,另方面以主张个人生活应"少私寡欲",认为知足乃能常足。庄子《内篇》七篇中,只在《大宗师》篇指出,"其耆欲深者,其天机浅",此外没有论述"欲"的问题,似乎他不大重视这个问题。其实不然。在《内篇》中,实质上提到"欲"的问题之处不少,如说:

> 吾闻诸夫子,圣人不从事于务,不就利,不违害,不喜求,不缘道,……而游乎尘垢之外。(《齐物论》)

> 吾所谓无情者，言人之不以好恶内伤其身，常因自然而不益生也（"不益生"谓不求超过自然必需的生活）（《德充符》）
>
> 古之真人，不知说（悦）生，不知恶死，其出不䜣（出生不欣喜），其入不距（入死不拒绝），翛然而往，翛然而来而已矣。（《大宗师》）

所说"不就利"、"不喜求"、"不益生"、"不悦生"等，其实就是力求寡欲而顺自然。这个道理，在《外篇》诸篇，有更多的阐述。例如《马蹄》篇在抨击贪欲横行的时弊时，就有"同乎无欲"，使民性反朴之说。在《山木》篇，亦提出"其民愚而朴、少私而寡欲"之说。庄子所说"不喜求"、"不益生"等等，只是在求身心自适、不为物欲所累的生活，即《天下》篇所说，"独与天地精神往来，而不敖倪于万物"的意思，与老子"少私寡欲"之说完全一派相承。需要指出的是，老庄学派的"寡欲"，与他们所常说的"无欲"是不能混淆的。后者是就社会现象而言，谓不要有剥削争夺的欲念，前者是就个人生活而言，谓要减少欲念，能满足生存的需要就行了。庄子《外篇》有好几篇对这个区别作了说明。如《达生》篇说："养形必先之以物，物有余而形不养者有之矣"。这说保养人的形体（生命），必有物资以为前提，但物资太多不一定就能保养好人的形体（生命），这把"寡欲"的内涵和"耆欲"的不必要的道理，都说得非常清楚。庄子反对"物有余"，是由于重视精神生活的自在自适，认为物资是为了养生的需要，而不要使物资成为养生的累赘和危害。关于这一点，《外篇》也有论述，如：

> 物，而不物于物（役使外物而不被外物所役使），则胡可得而累耶？（《山木》）
>
> 明于权者，不以物害己。（《秋水》）

庄子讲述"养生",讲求"不为物累",并不意味着他是个自私自利主义者。他反对"物有余",固然在于使自己免为"物累",同时也在于要全社会的人都能如此养生,这是庄子养生说的精义。庄子反对占有不必要的物量,反对剥削和争夺的欲念,都是在于使人人能有生活的必要物资。这是庄子"治世"论所主张的"无欲而天下足"(《天地》篇),"顺人而不失己"(《外物》篇)等的必然内涵。对于这一点,我们还可以举出庄子"共利"、"共给"的论述以为佐证。

> 德人者,……四海之内共利之之谓悦,共给之之为安,……财用有余而不知其所自来,饮食取足而不知其所从,此谓德从之容。(《天地》篇)

庄子是主张"至仁无亲(《天运》《庚桑楚》篇),"无所甚亲,无所甚愁,抱德炀和以顺天下"(《徐无鬼》篇)的,所以他的养生论是个人主义的,也是"共利"、"共给"主义的,而不是自私自利主义的。

这里可以讲讲庄子养生论同杨朱学术的关系。孟子说,"杨子取为我,拔一毛而利天下不为也"(《尽心上》),《吕氏春秋》说,"阳生贵己"(《不二》篇)。"为我"、"贵己",与"养生"之义有相同处,不过孟子意在排斥杨朱,"为我"就有与"利人"对立的含意。使人认为,杨朱是个利己主义者。我们现在看看庄子是如何看待杨朱的。《庄子》书中说到"阳子居"的有三篇,说到"杨墨"的有四篇,"杨墨"中之"杨"是指杨朱,这是大家公认的。就庄子所说阳子居与杨朱的学说思想来看,二人有同有不同。不同的地方是,阳子居在庄子三篇中都表现为学道于老子,对老子称"夫子",而在另四篇中的杨朱,则大多以辩者的姿态出现,以"杨墨"并称,亦有以"儒墨杨秉"(公孙龙)并称,都受到庄子的批评。同的地方可能是,杨朱作为辩者是从道家的名实学说来与儒墨等展开辩论。① 就《列子·杨朱篇》所记杨朱有些言论②，他应属于老庄学派。不过就《杨朱篇》所记杨朱的许多"乐生"、"逸生"的言论来看，他可能属于注重物质生活的享乐主义论者，与老庄的恬淡寡欲的养生论不同。庄子在《天地》篇中就对杨朱的"天性"提出了批评。说"此五者（五色、五声、五臭、五味、趣舍滑心），皆生之害也。而杨墨乃始离跂自以为得，非吾所谓得也"。由此完全可以说，庄子的养生论，是从老子的自然主义学说发展出来的，而与杨朱的"贵己"论无继承关系。

五　对于工商与技术的态度

《庄子》一书中，论述工商和技术之处较老子要多得多，这大概与战国时期商品经济发展和道家对自然界感兴趣、庄子注重"析万物之理"（《天地篇》）有关系。总的来说，庄子对于工商和技术的态度，有否定它的一面，也有肯定它的一面，各随其所论述的问题而定，但后者较前者为多。先看看庄子否定工商和技术的一面，这表现在《德充符》、《天地》、《马蹄》三篇中。《德充符》篇说：

> 故圣人有所游，而知为孽，约为胶，德为接，工为商，圣人不谋，恶用知；不斲，恶用胶；无丧，恶用德；不货，恶用商。

这一段文字，是说有最高修养的人（圣人），悠然自适，与自然同

---

① 《列子·杨朱篇》有"老子曰，名者实之宾"之语。查老子无此语，而庄子《逍遥游》篇则有之。

② 例如他说，"智之所贵，存我为贵；力之所贱，侵物为贱"。又说，"不横私天下之身，不横私天下之物者，其唯圣人乎！公天下之身，公天下之物，其唯至人乎！"

体，一切违反自然的智巧、约束、施惠、工商都无用处。这显然是他对于当时封建社会违反自然工艺技术的否定。

《马蹄》篇对此有论述：

> 吾意善治天下者不然。彼民有常性，织而衣，耕而食，是为同德，一而不党，命曰天放。
>
> 夫残朴以为器，工匠之罪也；毁道德以为仁义，圣人之过也。

《马蹄》篇的主旨是，反对用规范束缚，主张依"常性"生活。它这里所说的"工匠之罪"，应该理解为譬喻"民之常性"受到仁义礼乐等的破坏，犹如原木被削为器所受到的破损，而不是论述"为器"的当否。不然，如何解释"织而衣"呢？

关于工艺技术，《天地》篇里讲了一个很生动的故事，是关于机械功效的评价问题。故事是这样的：子贡路过汉阴地方，看到一个老菜农，挖地道到水井，抱着罐子取水来灌菜地，觉得"用力多而见功寡"。子贡对他说，这里有一种机械，一天可以灌溉一百条菜畦，"用力甚寡而见功多"。你为何不用呢？这个菜农很生气而笑着对子贡说：

> 吾闻之吾师，有机械者必有机事，有机事者必有机心。机心存于胸中，则纯白不备；纯白不备则神生（性）不定；神生（性）不定者，道之所不载也。吾非不知，羞而不为也。

庄子这一段反机械的论述，与老子的"人多伎巧，奇物兹起"（《老子》57章）的旨意，可以说完全一致。老子是从反对当时统治者和压迫者的观点而说的，认为在横暴强制的统治下，技巧越精，奇物越多，越是被用于加强横暴的统治，对于被统治和被压迫者绝无好处。庄子反对"用力甚寡而见功多"的机械操作之说，是针对"博学以拟圣，於于以益众（於于，夸诞），独弦哀歌以卖名声"的"孔丘之徒"（《天地》篇）而说的，是在于箴告他们不要务于功利机巧，而丧失自身的自然真朴。其实，庄子在他所设想的世界里，他并不反对工商技艺。老子亦何尝反对呢？在"小国寡民"里，人们要"甘其食，美其服，安其居"，难道这些物质生活不需要工巧技艺吗？我们现在来看庄子是如何肯定工商技术的。

首先，在《大宗师》篇有下面一段论述：

吾师乎！吾师乎！齑（和也）万物而不为义，泽及万世而不为仁，长于上古而不为老，覆载天地刻雕众形而不为巧，此所游已！

这一整段文字，在于批判仁义道德规范，而归宗于产生万物的大道。在大道的运动中，就各种形体来说，不管如何刻雕，都不是成为伪巧，而是自然而然出现的，不是什么外力强加的。这时显然把"刻雕"与"伪巧"区别开来，而肯定了自然运行的刻雕技术。

我们再看看《养生主》篇所讲的庖丁解牛和《天道》篇所讲的轮扁斲轮这两个有名的故事。上面讲庄子的自然思想时，已经讲过前一个故事，这里所要特别指出的，是庄子对事物的"天理"（自然秩序），"固然"（自然结构）及存于事物之间的"数"（一定的技术）的论述。兹将这些论述摘录如下。

依乎天理，批大郤（批，击；郤，骨节间隙），导大窾（骨节空处），因其固然枝经肯綮之未尝微碍（枝经，经络；肯綮，骨肉结处），而况大軱乎（軱，大骨）！良庖岁更刀，割也；族庖（族，众、一般）月更刀，折也。今臣之刀十九年，解所数千牛矣，而刀刃若新发于硎（砥石）。彼节者有间，而刀刃者无厚，以无厚入有间，恢恢乎其于游刃必有余地矣。是以十九年而刀刃若新发于硎。（《养生主》）

桓公曰，寡人读书，轮人安得议乎！有说则可，无说则死。轮扁曰，臣也以臣之事观之，斲轮徐则甘而不固，急则苦而不入。不徐不疾，得之于手而应之于心，口不能言，有数存于其间。……古之人与其不可传也死矣。然则君之所读者，古人之糟魄已夫！（《天道》）

这里所说解牛的"批大郤，导大窾，枝经肯綮之未尝微碍，彼节者有间，而刀刃者无厚，以无厚入有间，恢恢乎其于游刃必有余地矣"，完全是关于牛身本来的骨肉结构和如何根据这种具体结构而用刀进行剖解的道理。这是很高的技术，是根据多年的经验才能掌握的。所以庖丁说，他所爱好的"道"，已经体现在技术中了。（"臣之所好者道也，进乎技矣"。）轮扁说他的斲轮，"不徐不疾"，完全适合具体木料的本性，有一定的方法技术，这些方法技术没有传下来，现在书上记载的都是陈腐的东西。这些论述，完全是对"循乎天理"和"因其固然"的技术的肯定。与老庄对那些为统治者所利用的技巧的否定根本不同。庄子书中所论适合事物本性的技术，远不止于上述二事。李约瑟曾举出"三籁"（《齐物论》）、"承蜩"（《达生》），"操舟"（《达生》）、"蹈水"（《达生》）、"为锯"（《达生》）"工倕"（《达生》）、"捶钩"（《知北游》）等等，并且他从《列子》、《淮南子》书中也列举了类同的很多事例之后说，"起初，很难确切地看出对于这个主题翻来覆去的意义何在，但我们不能忽视这个主题与经验主义有联系。道家大概看到那些能工巧匠纯熟到忘我程度的技艺，达到了极其接近于自然过程的境界。我们不会不认为这些技艺是古代中国技术上的重大贡献"。[①] 李约瑟的科学论证，对于我们如何评价庄子以及道家对待工匠技术的思想有很大的帮助。

最后，我们还可以用《天地》篇的一段话，作为本节的结语。

[①] 李约瑟《中国科学文明史》第二卷（英文本）第 121—122 页。

能有所艺者，技也。技兼于（合乎）事，事兼予义，义兼于德，德兼于道，道兼于天。

庄子所肯定的技术，是合于"道"，即合于事物本性的技术，上面一段论述最为明确。

司马迁"法自然"的经济思想[*]

司马迁是一个伟大的历史学家、文学家和思想家,他留给后人的是他的一部伟大著作《太史公书》,后称《史记》。不论研究他在那一方面的贡献,都离不开他的著作《史记》,不论研究他那一方面的学说思想,也都离不开他在《史记》中所表述的思想。所以我们研究他的经济思想,也必须从他的著作《史记》和他在《史记》中所表述的基本思想开始。

一 司马迁的著作《史记》和他的基本思想

《史记》一书是与司马迁一生相终始的。从他42岁(汉武帝太初元年,公元前104年)开始著述时算起,到他55岁(武帝征和二年,公元前91年)《太史公书》完成时止,他为此巨著共用了13年的时间。若从他38岁做太史令(武帝元封三年,公元前108年)开始搜集资料、准备著作时算起,则历时共有17年。再

---

[*] 原载《中国经济思想史论》,中国社会科学院经济研究所中国经济思想史组编,人民出版社,1985年。

若从他 20 岁至 21 岁（武帝元朔三年至四年，公元前 126—前 125 年）遨游大江南北，22 岁（元朔五年，公元前 124 年）任郎中职随武帝巡游、奉使巴蜀滇中和负薪塞河等活动时算起，（谁都认为如果司马迁没有如此丰富的阅历，没有掌握亲自考察过的活材料，他是写不出《史记》这部博学而生动的著作的。）则历时共有 35 年。若再从他 6 岁起，父亲司马谈就做太史令，并且死前嘱咐他，"余死，汝必为太史，为太史，无忘吾所欲论著矣"①，可知从司马迁幼年起，他父亲就注意培养他接班任太史。所以说《史记》一书与司马迁一生相终始，是不过分的。

这里自然要提出以下一些问题：司马迁为什么要著作《史记》这部书？他的世界观即基本思想是什么？《史记》这部书有那些内容？它的贡献是什么？这些问题对于研究司马迁的经济思想似乎远了些，其实是很基本的。所以我们准备在研究司马迁的经济思想之前，先简括地回答上述问题。

《史记》是中国最早的一部通史，它叙述我国从黄帝到汉武帝三千多年的历史，反映各个时代，尤其是记录了自西周至西汉各个时代的政治变革、社会经济生活面貌和学术思想源流，在著作体例上开创了纪传体，成为以后"正史"编纂的范例。

《史记》是一部大著作，共五十二万六千余字，包括十二本纪，十表，八书，三十世家，七十列传，共一百三十篇。十二本纪是以一个朝代或帝王等统治人物为中心的大事记，是全书总纲。十表有世表、年表、月表三种，记载简明扼要，作为本纪的补充。八书即《礼书》、《乐书》、《律书》、《历书》、《天官书》、《封禅书》、《河渠书》、《平准书》，叙述重要的典章制度，天文现象，政治设施，山川水利，经济发展。自此以后，各代有关制度、经济、

---

① 《史记·太史公自序》。

文化发展资料的整理和编著，多是继承司马迁所开创的工作。三十世家主要是各诸侯国的历史，其中有西周至战国十七个重要的侯国史，大大丰富了这一段历史的内容。七十列传，是重要人物的传记，也有少数民族和邻国的历史。特别值得提出的，司马迁不受西汉经学的拘束，传记中包括有社会上低下阶层的人物，如医士、侠客、大商人、冶铁主、优伶、占卜人等。这充分表现了司马迁视野的广阔和思想的卓越。

《史记》是私人著作，并非官书。所以司马迁在《太史公自序》中说："藏之名山，付在京师，俟后世圣人君子"。《汉书·司马迁传》说："迁既死后，其书稍出。宣帝时，迁外孙平通侯杨恽祖述其书，遂宣布焉。"又说："自刘向、扬雄博极群书，皆称迁有良史之才，服其善序事理，辨而不华，质而不俚，其文质，其事核，不虚美，不隐恶，故谓之实录"。但后汉王允则说："司马迁作谤书"[1]，此盖言"迁不隐孝武之失，直书其事耳"[2]。《史记》流布以后，各篇有所散失。《汉书·艺文志》著录"太史公百三十篇"，附注说："十篇有录无书"。《汉书·司马迁传》也说："而十篇缺，有录无书"。张晏注曰："迁没之后，亡《景纪》、《武纪》、《礼书》、《乐书》、《兵书》、《汉兴以来将相年表》、《日者列传》、《三王世家》、《龟策列传》、《傅靳列传》。元、成之间，褚先生（褚少孙）补缺，作《武帝纪》、《三王世家》、《龟策》、《日者》，言辞鄙陋，非迁本意也"[3]。

《史记》一书的经济思想，集中表现于《河渠书》、《平准书》和《货殖列传》三篇。但司马迁的思想是贯穿在对史实的叙述中，

---

[1] 《三国志·魏书·董卓传》注。
[2] 同上。
[3] 《史记正义》云此十篇皆褚少孙补缺。《兵书》以《律书》补。

研究他的思想，不可限于上述几篇。

司马迁的基本思想，最可以从他为什么写《史记》这部书的问题看出。他自己对这个问题作了表述。他在《报任安书》中说：

> 仆窃不逊，近自托于无能之辞，网罗天下放失旧闻，考之行事，稽其成败兴坏之理，凡百三十篇，亦欲以究天人之际，通古今之变，成一家之言①。

很清楚，"欲以究天人之际，通古今之变，成一家之言"，就是《史记》的中心思想。意思是他力图究明自然界和社会的关系，找出古往今来兴衰成败的规律，对此提出自己的见解。他为什么要这样做呢？为的是让后世可以有所取法和鉴戒。例如，他说："后有君子，以览观焉"②。"令后世得览，形势虽强，要之以仁义为本"③，等等。司马迁的著作《史记》过程中，曾由于为李陵辩解而下狱，并受到极大污辱和惨酷的腐刑。但是他负辱忍痛，以极大的毅力，出狱后继续著作以至完成。他说，他"隐忍苟活，函粪土之中而不辞者，恨私心有所不尽，鄙没世而文采不表于后也"④。说到这里，不能不令人想到，欧洲文艺复兴时代一些自然科学家，如哥白尼、布鲁诺、伽利略等，为坚持对自然科学的发现和研究，而与当时教会及经院哲学所进行的斗争。虽然司马迁在著作《史记》过程中遭受刑辱，是由于推言李陵之功的原因，与哥白尼等之受教会迫害是由于提出反对上帝创造世界理论的原因不同，但是司马迁在封建专制压力下，为探讨真理的不屈不挠的精神是和他们相同的。

---

① 《汉书·司马迁传》。
② 《史记·六国年表序》。
③ 《史记·汉兴以来诸侯年表序》。
④ 《汉书·司马迁传》。

那末，司马迁对于自然界和社会的关系以及对于古往今来兴衰成败的规律，提出了什么见解呢？应当说，司马迁对于这些关系和规律的见解，没有用总结的形式表明出来，他是通过对于各种历史事实的叙述，来表明他对这些关系和规律的见解的。如同顾亭林所说："古人作史有不待论断，而序事之中即见其指者，惟太史公能之"①。也是由于这个原因，后人对他的基本思想一直有不同理解。有说他"崇道抑儒"，有说他崇奉儒家思想，发挥春秋公羊学，至今犹争论不决②。我们认为"崇道"是司马迁继承他父亲司马谈的思想，但是他并不"抑儒"，相反，他是十分尊孔的，他在"崇道"的基础上，发挥了儒家德治和仁政的思想。所以我们认为司马迁的基本思想是"崇道"的，但又尊儒。关于这个问题，需要从司马谈《论六家要指》说起。《要指》说：

《易·大传》："天下一致而百虑，同归而殊途"。夫阴阳、儒、墨、名、法、道德，此务为治者也。直所从言之异路，有省有不省耳。尝窃观阴阳之术，大祥而众忌讳，使人拘而多所畏；然其序四时之大顺，不可失也。儒者博而寡要，劳而少功，是以其事难尽从；然其序君臣父子之礼，列夫妇长幼之别，不可易也。墨者俭而难遵，是以其事不可遵循；然其强本节用，不可废也。法家严而少恩；然其正君臣上下之分，不可改矣。名家使人俭而善失真；然其正名实，不可不察也。道家使人精神专一，动合无形，赡足万物。其为术也，因阴阳之大顺，采儒墨之善，撮名法之要，与时迁移，应物变化，立俗施事，无所不宜。指约而易操，事少而功多。儒

---

① 《日知录》卷26。
② 参看何世华：《司马迁思想研究中的几个问题》，《人文杂志》1980年，第6期；许绍光：《试论司马迁在思想方面的贡献》，《扬州师范学报》1981年，第4期。

者则不然，以为人主天下之仪表也，主倡而臣和，主先而臣随。如此则主劳而臣逸。至于大道之要，去健羡，绌聪明，释此而任术。夫神大用则竭，形大劳则敝。形神骚动，欲与天地长久，非所闻也①。

从以上论述里，完全可以看到，司马谈对阴阳、儒、墨、明、法等五家分别判定其非与是，但对于道家则完全予以肯定。这与荀子的《非十二子篇》单纯地批判是不同的，也与庄子的《天下篇》有所非议也有所论述的中心思想是不同的。以前各家各是其是，非其非，学派之间相互对立，如司马迁所说："世之学老子者则绌儒学，儒学亦绌老子"②。值得注意的是，司马谈肯定的道家，已经不是一般所理解的消极的、逃避现实的道家，而是与其他五家相同"皆务为治者"的道家。司马谈所述的道家，具有"因阴阳之大顺，采儒墨之善，撮名法之要"的特点。这不能不说，这种道家，至少是以经过西汉文景时代与政治密切相结合的"黄老"③思想为其内容，而由司马氏父子的理论上加以发展。这种道家思想，在政治上为现实政治服务，在学说思想上则以"法自然"为核心，即上面引文所说的，"与时迁移，应物变化，立俗施事，无所不宜。指约而易操，事少而功多"。司马迁在为他这部著作写的自序中，如此完整地提出这种思想，并在各篇"网罗天下放失旧闻，考之行事"中，验证了这种思想，这就有理由认为这种"法自然"思想，就是司马迁关于自然界和社会的关系以及关于古往今来兴衰成败的规律的"一家之言"。一般都认为司马迁记述汉初

---

① 《太史公自序》。

② 《史记·老子韩非列传》。

③ "黄老"之说，最先见于《史记》。

的政治说，"汉兴，承敝易亦，使人不倦，得天统矣"①，又说："汉兴，至孝文四十余载，德至盛也"②，等等，是他的儒家德治思想的表现，这是没有疑问的。但是这些思想不正是司马迁"法自然"思想的内容吗？司马迁根据这一思想，除了肯定汉武帝建立的大一统帝国以及兴治水利、统一币制等功绩而外，还指出武帝加强绝对君权专制主义的危害性。这就说明了司马迁思想强烈的时代意义和持批判态度的科学精神。司马迁提出这种思想，不是无的放矢的。他明白地说，《论六家要指》的提出，是由于他父亲司马谈"仕于（汉武帝）建元、元封之间，愍学者之不达其意而师悖"③。所谓"师悖"，颜注："悖，惑也。各习师意，惑于所见也"。具体地说，当时儒者公孙弘等对武帝阿谀奉承，法家张汤等专看武帝眼色行事，司马迁在写他们的列传时，都直书这些史实。通过司马迁在《史记》各篇的序事，来印证《论六家要指》中所说的道家思想，就可以领会司马迁的"法自然"的基本思想。

这里要讲一讲"法自然"思想的具体含义。《论六家要指》中，关于道家思想，曾提到："因时迁移，应物变化，立俗施事，无所不宜"。还说："其术以虚无为本，以因循为用"。有法无法，因时为业（《正义》：因时之物，成法为业。）；有度无度，因物与合（《正义》：因其万物之形，成度与合也。）。"因"这个概念，包含有顺应事物本身发展变化的意义。司马迁一再说的"因"或"因循"，就是顺应事物本身的变化。老子《道德经》中，有"人法地，地法天，天法道，道法自然"④。"道"是老子所说的最高最

---

① 《史记·高祖本纪》。
② 《史记·孝文本纪》。
③ 《史记·太史公自序》。
④ 《老子》，第25章。

原本的实体。这最原本的实体，是以它自己本来的样子（自然）为根据①。这个"道法自然"，是中国哲学史上最早提出的唯物主义学说。孔子也讲这"因"，他说："殷因于夏礼，所损益可知也；周因于殷礼，所损益可知也"②。这里所说的"因"，也是说事物本身在发展变化。还有战国时期的慎到，他是早期法学家，也大讲"因"的道理。他说："天道因则大，化则细。因也者，因人之情也。人莫不自为也，化而使之为我，则莫可得而用矣"③。慎到已经从"因人之情"来讲天道，来讲君人之治，并且以"因循"做他著述的篇名，可惜现在此篇存留的已不是全文。所以司马迁所说的道家"因时迁移，应物变化"的思想，是他兼采儒家和法家的思想，可以说是他所说的道家"采儒墨之善，撮名法之要"的最好证明。

以上仅就《论六家要指》所提出的关于"因循"思想的本身含义而言。关于这一思想，司马迁所言并不止于此，他还在各世家、列传序事之中，验证这一思想。例如他论曹参为相说："其治要用黄老术，故相齐九年，齐国安集，大称贤相"。又说："百姓离秦之酷后，参与休息无为，故天下均称其美矣"④。又如记陈平答文帝问说："宰相者，上佐天子理阴阳，顺四时，下育万物之宜，外镇抚四夷诸侯，内亲附百姓，使卿大夫各任其职焉"⑤，也是本诸黄老遵循自然，奉法守职的道理。又如写汲黯说："黯好黄老之言，治官理民，好清静，……其治，责大指而已，不苛

---

① 参看任继愈：《中国哲学史》，第1册。
② 《论语·为政》。
③ 《慎子·因循》。
④ 《史记·曹相国世家》。
⑤ 《史记·陈丞相世家》。

小,……岁余,东海大治"①。再如《货殖列传》说:"故善者因之,其次利道之,其次教诲之,其次整齐之,最下者与之争",则更是直陈"因应"的道理。所以我们认为司马迁的基本思想,是因时与变的思想,即法自然的思想。这种思想已经不是先秦道家的具有消极面的思想,而是顺应时变的,积极的,兼采各家,特别是儒家德治的,发展了的道家思想。

对于司马迁思想与儒家公羊学派的关系,学术界也是有不同意见的。有的同志认为司马迁所说的"究天人之际",即公羊学派的"天人之学"或"天人感应"之学。但也认为司马迁所说的天道,更强调了天地变化的一面,即更多重视社会经济发展的一面②。有的同志不大同意这种意见,认为董仲舒公羊学的主要思想,是在论述"灾异"的问题上,是在论述"天道"与"人道"的关系上("天"主宰自然与社会的作用);认为司马迁与董仲舒在学术思想上没有全面的必然的联系,更谈不上司马迁全面承继了董仲舒的思想③。我们比较同意后一种意见。我们认为司马迁所说的"天人之际",很难说就是董仲舒的"天人之学"。不说别的,董仲舒是用阴阳五行之气的变化以及符瑞和灾异等,来解释人世间的盛衰治乱。但司马迁讲阴阳,主要说"春生夏长,秋收冬藏,此天道之大经也,弗顺则无以为天下纲纪"④。对于"天"为物质之天,自然之天,而非人格神的天的认识,从荀子起已经提出。荀子曾说:"天行有常,不为尧存,不为桀亡。应之以治则吉,应

---

① 《史记·汲郑列传》。
② 旋丁:《司马迁与董促舒政治思想相通论》,《中国史研究》1981年,第2期;杨向奎:《司马迁的历史哲学》,《中国史研究》1979年,第1期。来新夏:《从〈史记〉看司马迁的政治思想》,《文中哲》1981年第2期。
③ 张维华:《司马迁与〈史记〉》,《文史哲》1980年,第1期。
④ 《史记·太史公自序》。

之以乱则凶"①。司马迁对于荀子"嫉浊世之政，亡国乱君相属，不遂大道，而营于巫祝，信机祥，……于是推儒、墨、道德之行事兴坏，序列著数万言而卒"②，颇有引为同道之感。我们认为司马迁的"天人之际"比较恰当的解释，就是"天行有常，应之以治则吉，应之以乱则凶"的意思。《史记》中是有当时盛行的一些迷信附会的言论，例如关于"五德之传"、"受命而帝"③等。不过，这也很难说是司马迁的主要思想。一则象《历史》所述，未尝不可以用上述"天行有常"的思想来解释。另外，要说迷信之事，汉武帝时的封禅和求仙活动，可以说是最大的迷信。但司马迁记载那些活动时，一再说"终无有验"、"无有效"④。由此也可知道司马迁对于迷信、灾异等的基本态度。公羊学派是讲"微言大义"，不注重史实的，因而可以随意附会怪异之事，这与司马迁《史记》从历代史实得出他的论断，是完全不同的。

二　司马迁关于社会经济发展的学说

由于《史记》首先是一部伟大的历史著作，所以司马迁是以历史学家和文学家而著称，而不是以经济思想家著称。不过就中国古代经济思想家而论，司马迁无论在史料的整理上和在新思想的阐发上，无疑都作出了巨大的贡献而应享有独特的地位的。首先我们想提出他关于社会经济发展的思想。作为"通古今之变"的历史学家，这个问题也必然是他想作为一个基本问题来回答的。

---

① 《荀子·天论》。
② 《史记·孟荀列传》。
③ 《史记·历书》、《史记·天官书》、《史记·秦楚之际月表》等篇都有此言论。
④ 《史记·封禅书》。

据司马迁说，中国历史起自黄帝，历夏商周，而经秦的统一，到司马迁生活的汉武帝时代，已经从远古社会发展到封建集权专制主义的大一统帝国。司马迁研究古史，更研究"当代史"[①]。他对于当时封建帝国经济的发展究竟是如何理解的呢？这是摆在司马迁面前的一个大问题。他为了回答这个问题，研究了远古以来的经济发展，着重地研究了西汉的经济发展和经济政策，写了《河渠书》、《平准书》、《货殖列传》。在这些著作中，他提出了社会经济发展的内部联系、发展规律以及如何看待当前各种经济现象和国家经济政策的问题。特别是在《货殖列传》中，他集中地论述了社会经济发展规律的问题。他很尖锐地以老子说的"小国寡民"社会与汉代大一统帝国对比来提出问题。《货殖列传》一开头就说：

> 老子曰："至治之极，邻国相望，鸡狗之声相闻，民各甘其食，美其服，安其俗，乐其业，至老死不相往来"。必用此为务，輓（輓，晚古通）近世涂民耳目，则几无行矣"[②]。

这是说，时代发展到今天（"近世"），如果要按照老子所说的办事，涂饰老百姓的耳目，那末一定是行不通的。这就把老子所说的社会与后来发展的社会的不同，十分鲜明地提出来了。那末司马迁所说的"近世"是怎样的情况呢？他紧接着上文说：

> 太史公曰，夫神农以前，吾不知已。至若《诗》、《书》所述虞、夏以来，耳目欲极声色之好，口欲穷刍豢之味，身安逸乐，而心夸矜势能（态）之荣，使俗之渐民久矣，虽户

---

① 参看施丁：《司马迁写当代史》，《历史研究》1979年第7期。
② 《老子》第80章原文为："小国寡民，使有什伯之器而不用，使民重死而不远徙。虽有舟舆，无所乘之。虽有甲兵，无所陈之。使人复结绳而用之。甘其食，美其服，安其居，乐其俗，邻国相望，鸡犬之声相闻，民至老死不相往来。"

> 说以眇（妙）论，终不能化。故善者因之，其次利导之，其次教诲之，其次整齐之，最下者与之争。

这里司马迁把远古以来的人类社会的基本需要，极其简括地描述出来，并说这种基本需要，不管你怎么巧为说辞要它改变，是无法改变的。根据这一认识，司马迁认为治国之道的上策，是顺应人类社会的自然发展，其次是因势利导，再次是实行教化办法，再次是实行刑罚干预，最坏的办法是与民争利。这几句论述，非常重要。一则他把成为社会经济问题出发点的人类需要这个问题提到一定的高度。再则他把人类基本需要和他的"因"的思想联系起来，成为他的关于社会经济发展的"因"或"法自然"的基本思想。他提出这一理论，不是迂阔之谈，而是密切结合历史实际，特别结合汉代的经济发展。后面将说到他在论述汉武帝的经济政策时，即指出有与民争利之处。由于这许多原因，司马迁关于"因"或"法自然"的社会经济发展的学说，可以说是他的经济思想的纲。我们认为他的许多关于各种经济问题的卓越见解，都要从这个基本思想去理解。

司马迁关于人类基本欲求以至较高欲求的理论，多少是源自荀子的人性论，但是他在这个问题的论述上，也有新的发展。荀子认为人类的自然欲望是不能去掉的，而较高的欲望要根据生产水平的可能性，按照封建等级制度尽可能予以满足[1]。《史记》中的《礼书》，大部分是根据《荀子·礼论》。例如《史记·礼书》说：

---

[1] 《荀子·性恶》篇说："今人之性，饥而欲饱，寒而欲暖，劳而欲休，此人之情性也。"又说"夫好利而欲得者，此人之情性也"。《荀子·正名》篇说："故虽为守门，欲不可去，性之具也。虽为天子，欲不可尽。欲虽不可尽，可以近尽也。欲虽不可去，求可节也"。

> 人体安驾乘，为之金舆错衡以繁其饰，目好五色，为之黼黻文章以表其能，耳乐钟磬，为之调谐八音以荡其心，口甘五味，为之庶羞酸咸以致其美，情好珍善，为之琢磨圭璧以通其意。故大路越席，皮弁布裳，朱弦洞越，大羹玄酒，所以防其淫侈，救其凋敝。是以君臣朝廷尊卑贵贱之序，下及黎庶车舆衣服宫室饮食嫁娶丧祭之分，事有宜适，物有节文。

这里所说的"事有宜适，物有节文"，可以说是完全照搬荀子人性论和封建等级理论。但司马迁在《礼书》中论述的侧重点，不完全同于荀子，更不是完全取之于《荀子·礼论》的[①]。例如《礼书》有一段说：

> 周衰，礼废乐坏，大小相逾，管仲之家，兼备三归。……自子夏，门人之高弟也，犹云："出见纷华盛丽而说，入闻夫子之道而乐，二者心战，未能自决"，而况中庸以下，渐渍于失教，被服于成俗乎？

司马迁在这里说，"礼"是会废的，"乐"是会坏的，封建等级之间是常相逾越的。他用圣人之徒子夏等常常在"夫子之道"与人间"纷华盛丽"二者之间的斗争为例，来说明一般人对"纷华盛丽"的追求。这里他把封建等级制度的一套礼仪，不是看成一成不变的东西，相反，他在探究形成"礼"和"俗"的根本原因。请看《礼书》一开头就说：

> 太史公曰，洋洋美德乎！宰制万物，役使群众，岂人力也哉？余至大行礼官（"大行"，秦官，主礼仪），观三代损益，乃知缘人情而制礼，依人性而作仪，其所由来尚矣。

[①] 《汉书·司马迁传》说"十篇缺，有录无书"。张晏注说，《礼书》是亡缺十篇之一，但他没有说褚少孙补作《礼书》。今《礼书》内容有不少司马迁自己的论述。

"缘人情而制礼，依人性而作仪"，这是司马迁考察三代礼仪变革之后所做的结论。于此可以看到司马迁从荀子关于礼产生于节制人们欲求的理论，发展为礼仪的变化也是以"人情"、"人性"为根据的理论。司马迁这种认识，又使他进一步发展了前人对于人类社会存在的"求富"、"求利"活动的理论。即他认为农虞工商等的普遍"求富益货"活动，是来源于人类的基本欲求和较高欲求的。

司马迁关于从远古到"近世"社会经济发展的理论，当然远不止于上说。他还运用历史材料进一步阐述他的论点。下面是他关于这一方面带有总结性的一段论述。

夫山西饶材、竹、谷、纑（纻属）、旄、玉石；山东多鱼、盐、漆、丝、声色；江南出枏、梓、姜、桂、金、锡、连（铅之未炼者）、丹沙、犀、玳瑁（一种大海龟）、珠玑、齿革；龙门、碣石北多马、牛、羊、旃裘、筋角；铜、铁则千里往往山出棋置；此其大较也。皆中国人民所喜好，谣俗被服饮食奉生送死之具也。故待农而食之，虞而出之，工而成之，商而通之。此宁有政教发徵期会哉？人各任其能，竭其力，以得所欲。故物贱之征贵（征者求也），贵之征贱，各劝其业，乐其事，若水之趋下，日夜无休时，不召而自来，不求而民出之，岂非道之所符，而自然之验耶？①

上文有以下几点值得我们注意：

1. 重视商品流通。在先秦经济思想中，《管子》是比较重视工商业的，如《小匡》篇对于商人的活动说："是以羽旄不求而至，竹箭有余于国，奇怪时来，珍奇物聚"。此外，荀子也是比较重视商品流通的，但他亦只说到"北海"、"南海"、"东海"、"西

---

① 《史记·货殖列传》。

海"等地区的产品①。可以认为《小匡》及荀子所说的，都是大商人为了满足封建主需要，在诸侯国外或边远地区贩运的特产奢侈品。但司马迁所论述的，则是帝国内中心地区"山西"、"山东"、"江南"等地区的普通产品。他说这些产品都是"中国人民所喜好"和"奉生送死"的生活用品。这就为他重视一般工商业的发展，提供了论据。

2. 提出农虞工商并重论。先秦诸子一般都是重农轻工商的。即使有时就社会职能而言，把工商与农并提，如《管子》提出"士农工商四民者，国之石民也"②，荀子提出"农分田而耕，贾分货而贩，百工分事而劝，士大夫分职而听"③。但就他们思想的总体而论，他们虽然与商鞅、韩非之说有所不同，也还是重农轻工商的。这种思想在西汉时代，已经形成法令，成为法定的正统思想。但司马迁则根据客观事实提出不同的见解。他在《货殖列传》中说，农虞工商（虞，主要是煮盐，冶铁的治山海之利的人）"此四者，民所衣食之原也。原大则饶，原小则鲜。上则富国，下则富家。贫富之道，莫之夺予"。（《索隐》说：言贫富自由无予夺"，或可解为这是不依人们意志为转移的致富或变贫之道。）他还引《周书》说："农不出则乏其食，工不出则乏其事，商不出则三宝绝，虞不出则财匮少"。他在这里已经抛弃了已往的从不同社会职能而提出的"士农工商"的说法，而代之以四大社会经济活动部门的"农虞工商"的分类。这种新的提法，意味着一方面这四个部门都属于经济活动的领域，探讨的问题更专门化了。另方面从社会经济活动和人民需要来说，虞、工、商与农业生产有的是物

---

① 《荀子·王制》。
② 《管子·小匡、治国》。
③ 《荀子·王霸》。

质生产部门,有的是商品流通部门,是同样重要的和不可或缺的。所以他说:"故待农而食之,虞而出之,工而成之,商而通之",表明了他对这四种经济活动的实质和重要性有了进一步的理解。

3. 提出"任能"、"作力"论。更重要的是,司马迁分析了这些社会经济活动发展的动力。他认为这四种社会经济是完全适应社会客观发展的要求的,不是由于谁在那儿发号施令和施加影响而造成的。他说:"此宁有政教发微期会哉?"说的就是这个意思。为什么这四种经济活动各能发挥其作用呢?他回答说:"人各任其能,竭其力,以得所欲。……各劝其业,乐其事,若水之趋下,日夜无休时,不召而自来,不求而民出之"。这就是说,若能使农、虞、工、商有机会发挥他们的才力,满足他们的欲求,他们就会如水之就下,整天整夜不停地努力去干。他在《货殖列传》,反复阐述这个思想。如:

> 故太公望封于营丘,地潟卤,人民寡,于是太公劝其女工,极技巧,通鱼盐,则人物归之,襁至而辐凑。故齐冠带衣履天下,海岱之间敛袂而往朝焉。

> 农工商贾畜长,固求富益货也。此有知尽能索耳,终不余力而让财矣。

> 是以无财作力,少有斗智(《正义》:"言少有钱财,则斗智巧而求胜也"),既饶争时,此其大经也[①]。

值得注意的是,封建正统思想是墨守陈规,而歧视创新,对于古代世界最初起变革作用的工商,常常视为"奇技淫巧"。但司马迁则反其道而言之,极称技巧的作用,并引齐国之富庶作为例证。他把"作力"、"斗智"、"争时"三者总结为致富的三大原则,也最能表现他对于发挥各个人在社会经济发展中的作用的重视。这

---

① 《史记·货殖列传》。

些论述应该是司马迁邀游全国各地所观察到的活生生的事实。所以最后他用反问的语句总结说，这些事实"岂非道之所符，而自然之验耶？"也就是说，这些事实正是符合社会经济的发展规律而得到了验证的。我们可以说，司马迁这些论述，扼要地表述他的"法自然"的经济思想。对于他的"人各任其能，竭其力，以得其所欲"的理论，我们不禁想起《管子·乘马》篇亦有与此颇为相同的论述①。但是《乘马篇》所说还仅指农业生产，而司马迁所说的，则是统农虞工商各种经济活动而言。这也是司马迁发展前人论述的方面。

司马迁的顺应社会经济自然发展的"法自然"的经济思想，论者说是经济放任主义思想。胡适说："这是很替资本制度辩护的理论"，"这种自然主义的放任政策是资本主义初发达时代的政治哲学"②。这种解释，把司马迁的时代提到资本主义时代，显然是不符合历史的。他所提的自然主义的放任政策，亦有待于说明。胡寄窗同志说司马迁的"善者因之"的思想，是"倾向于经济的放任政策，不主张人为的干涉"③。我们认为司马迁不主张汉武帝时的封建专制官营经济政策，是事实，在下面第五节我们将谈到。但是"放任主义"与"法自然"各有特定的涵义，不能把二者等同起来。关于这一点，我们将在最后一节讨论。

司马迁的"法自然"的经济思想，表现在（1）"求富益货"即货殖学说上，（2）农虞工商各业经营的论述上，（3）反对封建国家绝对君权专制主义与民争利的政策上。以下依次分别

---

① 《乘马》篇说："均地分力，使民知时也。民乃知时日之蚤晏，日月之不足，饥寒之至于身也，是故夜寝蚤起，父子兄弟不忘其功，为而不倦，民不惮劳苦"。

② 《司马迁替商人辩护》，《胡适论学近著》第一集，下集，第575页。

③ 胡寄窗：《中国经济思想史》中，第53页。

论之。

三 司马迁的货殖学说

中国最早的经济思想，就提出"食"与"货"的问题。《尚书·洪范》篇说："八政，一曰食，二曰货"。"食"当然是指谷物生产，"货"一般理解为货币和手工业产品[①]。至于如何增加食与货的生产，如何看待食与货经济活动，用什么方式生产食与货，食与货应以何者为重等等问题，则是春秋战国以来思想家所不断探讨，并成为制定国家经济政策的重要问题。到了西汉时代，由于社会经济发展所提出的新问题，并由于过去思想家探讨经济问题所提供的思想资料，思想家因而也提出了新的经济观点、新的经济学说。可以说司马迁是提出新的经济观点和新的经济学说最为特出的思想家。他的特出的经济观点和学说，除了表现在他对于社会经济发展的学说等而外，还表现在他对于"货殖"的学说。

食货问题到战国时代发展成为"富国"、"富民"的问题。到了西汉时代，由于工商业的发展，更概括地提出了"求富"的问题。司马迁对于这一问题从史实到理论都作了全面的论述。他的著名的《货殖列传》所论述的重点之一，就是这个问题。这里有必要先说清楚他所说的货殖的涵义。

"货殖"一义，最早见于《尚书》，仲虺谏汤王说："惟王不迩声色，不殖货利"[②]。但货殖，成为一个专门名词，还是始自《论

---

① 《洪范》传说是殷箕子答周武王问所作，现在学者认为是战时代作品。但其中有些思想，如关于"食"与"货"的观点，出现较早。

② 《仲虺之诰》篇。

语》"赐不受命而货殖焉"一语。朱熹注："货殖，货财生殖也"①，这是对"货殖"所作的解释。司马迁所用"货殖"概念，与此义同。但对待"货殖"问题的态度，司马迁与往前是不同的。孔子批评子贡的"货殖"活动，说他"不受命"，而司马迁则反过来说，子贡"废著鬻财于曹鲁之间，七十子之徒，赐最为饶益"，"夫使孔子名布扬于天下者，子贡先后之也"②。这不但肯定了子贡的货殖活动，并且还表彰了子贡货殖活动对孔子名扬天下的作用。更值得注意的，司马迁提出他作《货殖列传》的旨意，不是在于为贵族和统治者增殖货财作解说，而是在于论述"布衣匹夫之人，不害于政，不妨百姓，取与以时，而息财富，智者有采焉"③。司马迁的这种思想，应该说是前所未见的新思想、新观点。因为从战国时代以至西汉，重农抑工商思想已逐渐居于统治地位，尤其以西汉时代为甚。但司马迁则认为即使是工商"末"业的货殖活动，也有可以供"智者"采择的地方。这显然提出了反对传统的和流行的抑末的观点。所说"取与以时，而息财富"，就是通过商业活动以增殖财富。不正是同战国时期所说，"事商贾"之人有类于"螟螣蚼蠋"害虫的思想，相对立吗④？不正是同贾谊所说的末业是"不耕而多食农人之食"之说相对立吗⑤？

其次，司马迁所说的"货殖"概念，是关于货财的取得和增殖，而货财的含义，既是各种自然状态和加工过的有用物品和交换得来的物品，如谷帛等物，又是可以换取各种物品的货币。《货殖列传》说，白圭"人弃我取，人取我与。夫岁孰取谷，予之丝

---

① 《四书集注·论语·先进篇》。
② 《史记·货殖列传》。
③ 《史记·太史公自序》。
④ 《商君书·农战》。
⑤ 《新书·瑰瑋》。

漆；茧出取帛絮，予之食"。至少从字面解释，白圭是以实物交换的方法增殖财富。但司马迁所说的"货殖"，并不全指增殖实物财富。他在很多论述中，都讲到货币。如讲范蠡、计然之术，说"积著（贮）之理，务完物，无息币"①，这里是说不要使货币呆置，而应发挥其不断周转的作用。又说范蠡"十几年之中，三致千金，再分散与贫交疏昆弟"。这也显然是说，范蠡通过商业活动，增殖了大量货币财富。又说："庶民农工商贾，率亦岁万息二千，百万之家则二十万"，这些数字也指货币（钱）而言。司马迁所以列举很多经营工商业的富人，而少举依靠地租或聚集财富的大地主，也表明他所说的货殖，特别是指以商品交换形式增殖的财富。司马迁还在列述汉代工商业家致富经历以后总括地说，他们"皆非有爵邑奉禄弄法犯奸而富，尽椎埋去就，与时俯仰，获其赢利，以末致财，用本守之"。这里"赢利"，"以末致财"，当然是以 G—W—G′形式表现的。在货币经济尚未充分发达的封建社会，商人常通过以丝换谷或以谷换茧的方式累积实物财富，但这种实物财富的累积，不是为自己使用，而是为出售，作为增殖财富的方式。司马迁对这一点说的很充分。如说："而不轨逐利之民，蓄积余物以稽市物，物踊腾粜，米至石万钱，马一匹则百金"。又说："商贾以币之变，多积货逐利"。还说："咸阳，齐之大煮盐，孔仅，南阳大冶，皆致生累千金"②。这些论述，都不是指获取更多的生活用品，而是指获取更多的货币或可以再出售的货物。对于这种"富"的追求，自然是没有限度的。关于这一点，司马迁也说得很清楚。他说："若至力农畜，工虞商贾，为权利以成富，大者倾郡，中者倾县，下者倾乡里者，不可胜数"，"千金

---

① 《史记·货殖列传》。以下引文不加注者，皆见此文。
② 皆见《史记·平准书》。

之家，比一都之君，巨万者乃与王者同乐"。所以司马迁的货殖概念，显然包括实物与货币财富二者，具有以交换为手段，以无限量增殖财货为目的的内容[1]。这不禁使我们想到亚里士多德的货殖学说。马克思说，亚里士多德拿经济同货殖作对比："对货殖来说，流通是财富的源泉。货殖似乎是围绕着货币转，因为货币是这种交换的起点和终点。因此，货殖所追求的财富也是无限的"。"有限的是经济而不是货殖。……后者的目的是增加货币"[2]。亚里士多德所说"货殖"原文是 Chrematistik，意为以货币形式增加财富的技术，或简单地说："增殖货币术"。亚里士多德是把无限量的增殖货币财富的经济活动，同有限量的取得生活用品的经济活动相对比、相区别的，并从伦理的角度认为后者是必要的，前者是不自然的，特别认为高利贷用货币增殖货币，更应受到谴责。如果以司马迁的货殖学说与亚里士多德的货殖学说相比较，他们在无限度的增殖货币财富的论点上，可以说是一致的，但司马迁论述财富的增殖，不像亚里士多德限于货币，还包括生活用品等实物，也不像亚里士多德那样仍然没有摆脱伦理规范的束缚。

先秦和两汉时代的思想家关于"富民"、"富国"的论述，是很多的，但都离不开重视农业生产、重视自然经济这个大框框。象司马迁这样公开提出并论证增殖财富，包括货币财富的思想家，尚找不出第二人。从这里也就产生一系列问题需要解答。首先是如何看待谋求增殖财货的活动？在这个问题上，司马迁在前人学说的基础上也作了重要的发展。道家主张弃利，儒家反对言利，法家专言君国之利。总起来说，就是关于人类"求利"、"求富"

---

[1] 吴炎吾说："货殖之涵义，殆颇与今言之'经济'主义相当"，甚是，见《〈史记·货殖列传〉校释》，《华中师院学报》1981年，第1期。

[2] 以上均见《马克思恩格斯全集》第23卷，第174页。

的活动，有不同的理解和主张。司马迁认为"求利"或"求富"活动是普遍存在的，尤其是"农工商贾畜长"，他们的职业就是"求富益货"。他用一大段很生动文字来描述这种情形。他说：

> 由此观之，贤人深谋于廊庙，论议朝廷，守信死节，隐居岩穴之士，设为名高者，安归乎？归于富厚也。是以廉吏久，久更富，廉贾归富。富者，人之情性，所不学而俱欲者也。故壮士在军，攻城先登，陷阵却敌，斩将搴旗，前蒙矢石，不避汤火之难者，为重赏使也。其在闾巷少年，攻剽椎埋，劫人作奸，掘冢铸币，任侠并兼，借交报仇，篡逐幽隐，不避法禁，走死地如骛者，其实皆为财用耳。今夫赵女郑姬，设形容，揳鸣琴，揄长袂，蹑利屣，目挑心招，出不远千里，不择老少者，奔富厚也。游闲公子，饰冠剑，连车骑，亦为富厚容也。弋射渔猎，犯晨夜，冒霜雪，驰坑谷，不避猛兽之害，为得味也。博戏驰逐，斗鸡走狗，作色相矜，必争胜者，重失负也。医方诸食技术之人，焦神极能，为重糈也。吏士舞文弄法，刻章伪书，不避刀锯之诛者，没于赂遗也。农工商贾畜长，固求富益货也。此有知尽能索耳，终不余力而让财矣。

上面所述的求富情形，不仅限于"农工商贾畜长"物质财富的生产者和贩运者，并且给我们展现出一幅宽广的图画，从达官贵人至隐穴之士，从壮士陷阵却敌至闾巷少年劫人作奸，从赵女郑姬目挑心招至游闲公子连车结骑，从弋射渔猎到斗鸡走狗，从医方食技之人至舞文弄法吏士，无一不为了财用和富厚而竭其心力。正如他说："天下熙熙，皆为利来，天下攘攘，皆为利往。夫千乘之王，万家之侯，百室之君，尚犹患贫，而况匹夫编户之民乎？"司马迁所以极力描述一幅图画，不是旨在赞美那些物质财富生产的求富活动，而是在于极言"富"的重要。尤其是他提出"匹夫编户之民"求富的不容非难的论点，更是非常可贵的。他认为"富"是礼仪的物质基础。他在引用管仲名言"仓廪实而知礼节，衣食足而知荣辱"之后，说：

> 礼生于有而废于无。故君子富，好行其德，小人富，以适其力。渊深而鱼生之，山深而兽往之，人富而仁义附焉。

这把"仁义"的物质基础，揭示得再透彻不过了。不但如此，他还称，庶民农工商贾富者为"贤人"，他们的富厚，"皆与千户侯等"。司马迁把他们叫作"素封"，意即"千金之家比一都之君，巨万者乃与王者同乐"。司马迁对于这些"素封"，并不与传统思想相同，意在贬抑，相反，他是意在"令后世得以观择焉"，就是要后世有所取法。他还责难那些好讲仁义不务货殖的人是可耻的（"无岩处奇士之行，而长贫贱，好语仁义，亦足羞也"）。

对于有千金之家，就会产生有余和不足的贫富问题，对于财富增殖的无定问题和剥削关系问题等，司马迁不但有所论述，并且把这些问题提到规律性的高度来看待。他说：

> 贫富之道，莫之夺予（《索隐》云：'言贫富自由，无予夺'）。而巧者有余，拙者不足。

> 由此观之，富无经业，则货无常主。能者辐凑，不肖者瓦解。

> 凡编户之民，富相什，则卑下之；佰，则畏惮之；千，则役；万，则仆，物之理也。

以上论述，可以说是司马迁为封建社会小生产者增殖财富，两极分化，以及产生的剥削关系所描绘的图景。他把封建社会"编户之民"两极分化所产生的剥削关系，叫做"物之理"，即把这种关系提高到规律性来认识，这应该说是司马迁经济思想的最深刻之处。

需要指出，交换关系的发展，都是与货币的出现不可分的。

货币的出现,标志着一种新的社会力量的出现,恩格斯称之谓"一种整个社会都要向它屈膝的普遍力量"①。司马迁说:"千金之家比一都之君",表明他意识到货币财富的社会力量。不过司马迁对于货币还缺乏理论的分析。《平准书》是主要论述货币问题的,在那里,他明确地说,有了贸易关系,有了商人,货币就会出现,他说这事已经"所从来久远"。他认识到"维币之行,以通农商"②。但是司马迁终究没有对货币作为价值尺度、流通手段和贮藏手段等职能进行分析,没有对货币在简单商品流通中的作用和对货币在商人资本增殖货币财富中的作用等加以分析。他讲他作《平准书》的主旨,是"维币之行,以通农商,其极则玩巧,并兼兹殖,争于机利,去本趋末,作《平准书》以观事变"③。这就是说,货币本来是用作商品流通的手段的,但是它产生了很多流弊,这种流弊究竟会产生什么后果,还难以说清楚,有待于继续观察其发展("以观事变")。显然,司马迁所说的"其极则玩巧"等等,包括汉武帝时封建专制主义所实行的许多经济政策的流弊。

四 司马迁关于农虞工商各业经营原则的论述

司马迁以前的思想家论述"富"和"利",多是从一般原则或封建国家的观点提出问题。法家的"富国强兵"固然如此,儒家的"百姓足,君孰与不足"也是如此,没有人从个人以及农虞工商事业如何经营致富的问题进行考察。在这个问题上,司马迁可以说是中国历史上第一个。胡奇窗同志说:"在司马迁以前的经济

---

① 《马克思恩格斯选集》第4卷,第109页。
② 《史记·太史公自序》。
③ 同上。

思想家，对商品生产一般都缺乏较详细的论述，连管子也不例外"①。确实如此。所以"缺乏较详细的论述"，我认为就是缺乏对个人以及农虞工商各业如何经营财货的增殖进行考察。用现代的语言来说，以往思想家多进行宏观经济的论述，而少对微观经济进行考察，从这一点来说，荀子的《富国》篇所论，"下富则上富"、"上下俱富"，可以说综合儒法两家立论，为先秦诸子宏观经济的论述做了一个总结。若与希腊、罗马的一些经济著作相比，他们的《经济论》或《论农业》诸书，常常论述如何管理奴隶和经营大农庄，我国先秦思想家以"富国论"为其主题，可以说是一个特点②。从这个意义来说，司马迁着重微观经济的考察，也表明了司马迁经济思想的特点。这个特点是从他"法自然"的社会经济发展思想和货殖学说派生出来的。

关于货财增殖经营原则的论述，司马迁用历史学家的笔法，列举农虞工商各业著名人物的经营业绩来做说明。我们来看他对于各业的论述。

1．农牧　大概因为农业是小农经济，无何特殖事例可举，司马迁所列举的是三个畜牧长。其文如下：

乌氏倮畜牧，及众，斥卖，求奇缯物，间献遗戎王，戎王什倍其价，与之畜，畜至用谷量马牛③。

初，卜式者，河南人也。以田畜为事。亲死，式有少弟，弟壮，式脱身出分，独取畜羊百余，田宅财物尽与弟。式入山牧十余岁，羊致千余头，买田宅。

---

①　《中国经济思想史》中，第58页。
②　参看拙作：《中西古代经济思想比较研究绪论》，《经济理论与经济史论文集》，北京大学出版社，1982年版。
③　《史记·货殖列传》。

初，卜不愿为郎。上曰："吾有羊上林中，欲令子牧之"。式乃拜为郎，布衣而牧羊。岁余，羊肥息。上过见其羊，善之。式曰："非独羊也，治民亦犹是也。以时起居，恶者辄斥去，毋令败群"①。

塞之斥也（《正义》孟康云："边塞主斥候卒也"。颜云："塞斥者，言国斥开边塞，更令宽广，故桥姚得姿其畜牧也"），唯桥姚已致马千匹，牛倍之，羊万头，粟以万钟计。

宣曲任氏之先，为督道仓吏。秦之败也，豪杰皆争取金玉，而任氏独窖仓粟。楚汉相距荥阳也，民不得耕种，米石至万，而豪杰金玉尽归任氏，任氏以此起富。富人争奢侈，而任氏折节为俭，力田畜。田畜人争取贱贾，任氏独取贵善，富者数世。然任公家约，非田畜所出弗衣食，公事不毕则身不得饮酒食肉。以此为闾里率，故富而主上重之②。

这几个例子，说明畜牧可以繁殖，可以致富，并可以"买田宅"。而繁殖之道，要"以时起居，恶者辄斥去"。既要善为管理，时时检查，毋令畜病传染。另外，宣曲任氏可算是官僚地主兼商人的代表人物，他经营产业，颇有蓄财家的特点，即效法白圭的治生产之法："薄饮食，忍嗜欲，节衣服"，同时窖藏米粟，贾取善畜，待时换取金玉。这可以说是大地主同大商人转化的典型。

2.盐铁　这是属于"虞"的部门。司马迁举的事例较多。兹录于下：

猗顿用盐盬起，而邯郸郭纵以铁冶成业，与王者埒。

蜀卓氏之先，赵人也，用铁冶富。秦破赵，迁卓氏。……致之临邛，大喜。即铁山鼓铸，运筹策，倾滇蜀之

---

① 《史记·平准书》。
② 《史记·货殖列传》。

民，富至僮千人。田池射猎之乐，拟于人君①。

程郑，山东迁虏也，亦冶铸，贾椎髻之民（《索隐》：'谓通贾南越也'），富埒卓氏。

宛孔氏之先，梁人也，用铁冶为业。秦伐魏，迁孔氏南阳，大鼓铸，规陂池，连车骑，游诸侯，因通商贾之利，有游闲公子之赐与名。

鲁人俗俭啬，而曹邴氏尤甚，以铁冶起，富至巨万。然家自父兄弟子孙约，俯有拾，仰有取，贳贷行贾偏郡国。邹、鲁以其故多去文学而趋利者，以曹邴氏也。

齐俗贱奴虏，而刀闲独爱贵之。桀黠奴，人之所患也，唯刀闲收取，使之逐渔盐商贾之利，或连车骑，交守相，然愈益任之。终得其力，起富数千万。故曰："宁爵毋刀"（《索隐》谓宁免去求官爵，止为刀氏作奴），言其能使豪奴自饶而尽其力②。

以上司马迁所举的关于经营渔盐和冶铁致富的事例说明：（1）冶铁煮盐是最重要的致富行业，因为这是人民生活和生产的重要资料。有的经营规模很大，如蜀卓氏，所用工奴有千人之多。（2）冶铁煮盐业多兼营运销，有的如程郑冶铸产品的运输，远至南越。（3）这些大盐铁业主，很重视经营管理，如曹邴氏家中父兄子弟都按照规定办事："俯有拾，仰有取"，即不能浪费物资，要讲求效益。（4）利用工奴劳动，使工奴也得到一些收益，爱业如家，努力生产，为对于"不驯"工奴，刀闲能按照上述办法，使用他们，"终得其力，起富数千万"。

3．商业　司马迁举的著名经商人物也较多，这也是当时工商

---

① 《史记·平准书》。
② 以上引文皆见《史记·货殖列传》。

业的特出现象。司马迁未举小手工业者，因为小手工业者亦如小农相同，就各户来说，无何特殊性，并且小手工业者和小农都通过商品流通而表现了封建经济的特点。封建社会的商业，是封建社会自然经济下部分生产物转化为商品的体现。封建主取得的剩余产品必须通过交换才能取得奢侈消费品，小农和手工业也必须通过交换才能取得极少量生活用品和再生产所需要的生产资料。因此，商业在封建社会经济中据有特殊地位，司马迁举了很多大商人的经营事例，在社会经济发展上是有很重要的时代意义的。兹录其重要者如下。

昔者越王勾践……乃用范蠡、计然。（一说"计然者，范蠡之书也"。）计然曰："……夫粜，二十病农，九十病末。（《索隐》"言米贱则农夫病也则。若米斗直（值）九十，则商贾病"。）末病则财不出，农病则草不辟矣。上不过八十，下不减三十，则农末俱利，平粜齐物，关市不乏，（吴炎吾云："乏"应为"正"，正，征也。）治国之道也。积著（贮）之理，务完物，无息币，以物相贸易，腐败而食之，（吴炎吾云："食"读为"蚀"。食之，断句。）货勿留，无敢居贵。论其有余不足，则知贵贱。贵上极则反贱，贱下极则反贵。贵出如粪土，贱取如珠玉。财币欲其行如流水"。

范蠡既雪会稽之耻，……之陶为朱公。朱公以为陶天下之中，诸侯四通，货物所交易也。乃治产积居，与时逐而不责于人。故善治生产者，能择人而任时。十九年之中三致千金。

白圭，周人也。……白圭乐观时变，故人弃我取，人取我与。夫岁孰取谷，予之丝漆，茧出取帛絮，予之食。……积著（贮）率岁倍。欲长钱，取下谷；长石斗，取上种。能薄饮食，忍嗜欲，节衣服，与用事僮仆同苦乐，趋时若猛兽鸷鸟之发。故曰："吾治生产，犹伊尹、吕尚之谋，孙吴用兵，商鞅行法是也。……"盖天下治生祖白圭。白圭其有所试矣，能试其所长，非苟而已也。

吴楚七国兵起时，长安中列侯封君行从军旅，赍贷子钱，子钱家以为侯邑国在关东，关东成败未决，莫肯与。唯无盐氏出捐千金贷，其息什之。三月，吴楚平。一岁之中，则无盐氏之息什倍，用此富埒关中①。

上述商业和高利贷经营原则，主要可以概括为：（1）敏锐地掌握时机，贱买贵卖，或高利贷款，以牟取厚利。（2）充分利用货币这个交换手段，以增殖货币财富。（3）采取"节衣缩食"办法，以积蓄货币资本，增大经营规模。（4）利用廉价劳动，发挥"僮仆"的积极性，以增大营利率。这些经营原则，都是力求利用各种条件，以达到最大地增殖财富的目的。司马迁从他所搜集的历史资料和汉代的记述资料，提出这些多种多样的商业和高利贷经营原则，说明司马迁对西汉时代商人资本的发展和活动，是有深刻的理解的。特别应该指出的，司马迁并没有同以往以及汉代的思想家一样，对商人以及畜牧长和盐铁家的经营活动，视为非蠹即奸，大加贬抑。恩格斯曾总结原始社会瓦解以后社会分成剥削阶级和被剥削阶级的发展说：

卑劣的贪欲是文明时代从它存在的第一日起直至今日的动力；财富，财富，第三还是财富，——不是社会的财富，而是这个微不足道的单个的个人的财富，这就是文明时代唯一的、具有决定意义的目的②。

恩格斯这段精辟论述，也是司马迁历述工商业者各种经营原则所

---

① 上引文皆见《史记·货殖列传》。
② 《马克思恩格斯选集》第4卷，第173页。

包含的中心思想。在他考察的时代，特别是到了西汉时代，商品货币关系的发展，不但使工商业占有商品财富和货币财富，并且土地也成为可以交换的对象，从而通过货币财富也可以占有大量土地。司马迁说，"以末致财，以本守之"，表明土地也已纳入交换范围了。

五　司马迁反对封建专制主义与民争利的经济政策

在司马迁生活的汉武帝时期，政治上继秦始皇之后进一步建立了大一统帝国，通过削弱诸侯，加强了封建专制主义；经济上继汉初休养生息之后，农业和工商业都达到了较高的发展水平。但即在这个时期，汉武帝所实行的一系列经济政策，表明了封建帝国社会经济的发展存在着向何处去的严重问题。这个问题后来在汉昭帝时盐铁会议上贤良文学与御史大夫的争论中表现了出来。这个会议所争论的盐铁、均输、平准等经济政策，是在汉武帝时期实行的，这些经济政策问题在当时已经暴露出来了，不过当时还没有通过会议形式变成公开的双方对垒的争论罢了。但是司马迁以其敏锐的洞察力，早在盐铁会议之前，就提出了对于汉武帝实行的一系列经济政策的意见。他的意见是以他关于社会经济发展的原则和关于货殖的学说为根据的。既不同于御史大夫，也不同于贤良文学。以下我们就来看看司马迁对于汉武帝实行的经济政策所作的评论。

司马迁对于西汉以来的经济发展，包括汉武帝所实行的经济政策，可以说既有歌颂，也有批评。例如《河渠书》中极言"水之为利害"，汉武帝对于治理黄河决口做了重大决定，"而梁、楚地复宁，无水灾。自是之后，用事者争言水利，……皆穿渠为溉田，各万余顷。"又如西汉以来，私铸繁兴，钱法紊乱，汉武帝时，各地方官亦多铸钱；但后来在元鼎4年决定废三铢钱，改铸五铢钱，统一货币，"悉禁郡国无铸钱，专令上林三官铸。……令天下非三官钱不得行"[①]。这当然是一项有利发展经济的重大决策。再如《货殖列传》说："汉兴，海内为一，开关梁，弛山泽之禁，是以富商大贾周流天下，交易之物莫不通，得其所欲"，则是盛赞国家统一、实行取消内地关卡，开放山泽之利等政策后所取得的经济发展的重大成就。对于以上这些政策和所取得的成就，司马迁是备致歌颂的，因为他认为这些政策是符合他所说的"善者因之"的"法自然"的社会经济发展原则的。另一方面，司马迁对于汉武帝所实行的盐铁、均输、告缗等政策，则持非议的态度，认为是与民争利，是"最下"的政策，是与社会经济健康发展背道而驰的。有的同志认为司马迁对武帝和对时政有意指责，是由于遭刑之后的激愤[②]，当然不能说这二者毫无关系，但我们认为司马迁对武帝和对时政的指责，是关于封建社会经济发展方向和前途的大问题，应从司马迁反对封建君主专制国家与民争利政策的经济思想来找解释。以上我们分两点来讲。

1. 官营盐铁和官营商业 《平准书》大部分是讲汉武帝时期实行的官营盐铁和官营商业政策。这些政策也是"求利"的，但在司马迁的评论中，显然与他在《货殖列传》对布衣匹夫之人"求富"的评论不同。司马迁对于后者是肯定的，肯定的根据是认为它符合社会经济发展的"自然"原则。司马迁对于前者，可以说基本上是否定的，否定的根据是认为它与民争利，不符合社会经济发展的"自然"原则。我们看司马迁是如何评论汉武帝的盐铁等政策的。

---

① 《史记·平准书》。
② 施丁：《司马迁与董仲舒政治思想相通论》，《中国史研究》1981年，第2期。

当是之时，招尊方正贤良文学之士，或至公卿大夫。公孙弘以汉相，布被，食不重味，为天下先，然无益于俗，稍骛于功利矣。

于是以东郭咸阳、孔仅为大农丞，领盐铁事，桑弘羊以计算用事，侍中。咸阳，齐之大煮盐，孔仅，南阳大冶，皆致生累千金，故郑当时进言之。弘羊，雒阳贾人子，以心计，年十三侍中。故三人言利事析秋毫矣。

使孔仅、东郭咸阳乘传举行天下盐铁，作官府，除故盐铁家富者为吏。吏道益杂，不选，而多贾人矣。

元封元年，……而桑弘羊为治粟都尉，领大农，尽代仅筦天下盐铁。弘羊以诸官各自市，相与争，物故腾跃，而天下赋输或不偿其僦费。乃请置大农部丞数十人，分部主郡国，各往往县置均输盐铁官，令远方各以其物贵时商贾所转贩者为赋，而相灌输。置平准于京师，都受天下委输。召工官治车诸器，皆仰给大农。大农之诸官尽笼天下之货物，贵即卖之，贱则买之。如此，富商大贾无所牟大利，则反本，而万物不得腾踊。故抑天下物，名曰平准。天子以为然，许之。于是天子北至朔方，东到太山，巡海上，并北边以归。所付赏赐，用帛百余万匹，钱金以巨万计，皆取足大农[①]。

上文中所说"尽笼天下盐铁"、"置均输、平准官"，是汉武帝新实行的经济政策。需要说明一下，秦国已经没有铁官，汉承秦制，可能西汉时代也有此官，主管官营冶铁。不过那时私营大冶铁主仍存在，可知冶铁只是部分官营。从元狩四年（前119年）起，汉武帝任用东郭咸阳、孔仅、桑弘羊三人先后做大司农，把全国冶铁和煮盐这两大重要工业都收归封建国家官营。在各产区设盐铁官，管理生产。历史

---

① 上引文皆见《史记·平准书》。

材料对盐铁收归官营的过程，记载很少，但它涉及禁止私营盐铁业的存在，必然经历一场激烈的斗争。《平准书》说："其沮事之议，不可胜听"。并用刑罚规定："敢私铸铁器煮盐者，钛左趾"。亦足表明这场斗争的一些情况。均输和平准官的设置，是经营官营商业的，也归大司农掌管。均输法规定，各行政区均输官，按应纳贡物折价数和贡物运输费多少，用上好货物或货币上交国家，解决转运贡物实物困难和实物质量次劣等问题。平准官掌管平抑各地物价，免为富商弁大利。它可以命令各地均输官在物价低时买进货物，运到京都，或转运到价贵的地区出售。这样，封建国家就在全国建立了商业网，"尽笼天下之货物"。这种政策措施，当然也是对富商大贾不利的。这两种政策——官营盐铁和商业的实行，是以前未有过的，具有重大的作用和影响。最直接的作用，是为封建国家的财政收入找到新的来源，满足对外战争和君主豪华消费的需要（这本来是实行这项政策的最初目的），加强大一统帝国封建君主专制的经济实力。这项目的是达到了的。司马迁说："汉连兵三岁，……费皆仰给大农。大农以均输调盐铁助赋，故能赡之"[①]。又说"民不益赋而天下用饶"，"宫室之修，由此日丽"，即主要指这项政策实行的效果。但是在生产经营上，效果并不好。司马迁用御史大夫卜式的话说："郡国多不便县官作盐铁，铁器苦恶，价贵，或强令民卖买之"。另一最直接的作用，是打击富商大贾豪强势力，驱使工商业家向官僚地主转化，使他们不致成为封建君主专制国家的对抗力量，而成为封建君主专制国家的有用肢体。关于这一点，司马迁也明白地指出了。他说："如此，富商大贾无所弁大利，则反本"。又说："除故盐铁家富者为吏，吏道益杂，不选，而多贾人矣"。事实上，主管这项政策的大员东郭咸阳和孔仅，原来就是大冶铁家和煮盐家，桑弘羊也是

[①] 上引文皆见《史记·平准书》。以下引文不另加注者，同此。

出身于商贾之家。至于间接的和长远的作用和影响,则是抑制了私营工商业的发展,阻碍了私人工商业资本的积累,使封建社会经济发展走上了一种完全由超经济强制起支配作用的道路,即走上了司马迁所说的"最下者与之争"的发展道路,而不是"善者因之"的道路。这是有关中国封建社会经济发展或停滞的大问题,也是司马迁所注意的大问题。下述经济政策也同样具有这种意义和影响。

2. 新立工商税和颁布"告缗令" 汉代的税收,据史书所记,约有十九种,而汉武帝新立的有七种。这七种税是假税、车船税、息税、关税、缗钱算、盐铁税、榷酒酤①。除假税是租种公地交纳的地租而外,其他六种都是主要对工商业者的课税。这些工商税对于工商业的发展,当然是有影响的。如御史大夫卜式就说:"船有算,商贾少,物贵"②。缗钱算是对商贾藏有的现钱课税。"算"是计算单位,每算一百二十钱。商贾按藏有的现钱多少出算赋。但在汉武帝元狩四年(前119年)又颁发了缗钱令,《平准书》记载如下:

> 诸贾人末作贳贷卖买,居邑稽诸物,及商以取利者,虽无市籍,各以其物自占,率缗钱二千而一算。诸作有租及铸,率缗钱四千一算。非吏比者三老、北边骑士,轺车以一算(谓不是三老、北边骑士而有轺车的,一乘抽一算),商贾轺车二算,船五丈以上一算。匿不自占,占不悉,戍边一岁,没入缗钱。有能告者,以其半畀之。贾人有市籍者及其家属,皆无得籍名田,以便农。敢犯令,没入田僮。

这个缗钱令与以前的缗钱算不同。以前只对商贾现钱课税,现在则包括商贾一切财产在内。所说"各以其物自占","占不悉,没入缗

---

① 见贺昌群:《汉唐间封建土地所有制形式研究》,第141、151页。
② 《史记·平准书》。

钱",《史记·索隐》说:"谓各自隐度其财物多少,为文簿送之官也。若不尽,皆没入于官"。这就是说,工商业者自己向官府报告财物多少,如果虚报,即没收全部财物。这样一来,暴急刻深的酷吏,即可诈取商贾财物。由于出现了虚报情况,不久在元鼎三年(前114年)颁发"告缗令",用法律形式来没收商贾财物。这是汉武帝时实行财政经济政策中打击工商业的一件大事。司马迁对此记载如下:

> 杨可告缗遍天下①,中家以上大抵皆遇告②。杜周治之,狱少反者。乃分遣御史廷尉正监分曹往,即治郡国缗钱,得民财物以亿计,奴婢以千万数,田大县数百顷,小县百余顷,宅亦如之。于是富贾中家以上大率破。民偷甘食好衣,不事畜藏之产业,而县官有盐铁缗钱之故,用益饶矣。

> 及杨可告缗钱,上林财物众,乃令水衡主上林。上林既充满,益广。……乃作柏梁台,高数十丈。宫室之修,由此日丽。乃分缗钱诸官,而水衡、少府、大农、太仆各置农官③,往往即郡县比没入田,田之。其没入奴婢,分诸苑养狗马禽兽,及与诸官。诸官益杂置多。

在上述记载中,司马迁提出的重要问题至少有以下这些:(一)

---

① 《史记·索隐》说"杨可"人名。如淳云:"告缗者,令杨可告占缗之不尽者也"。《酷吏列传·索隐》说:"汉代有告缗令,杨可主之,谓缗钱出入有不出算者,令得告之也"。故友谷春帆氏对此说提出不同解释,他认为"杨可"并非人名,"杨"应读为扬,"杨可"即宣告认可之意。因为如果"杨可"是人名,何以对于这样一个人而无他的生平行事等记载?此一新解颇有见地,特为录出。见谷著:《中国奴隶制经济重探讨》(未刊稿)。

② "中家"即中民之家,《史记·孝文帝本纪》有"百金,中民十家之产"。是十金为中民一家之产,一金直万钱,十金则为十万钱。

③ 上林,苑名,汉武帝扩建,供打猎及行乐用。水衡,掌管冶铜、铸钱。少府掌管皇家财货收入。太仆,掌管舆马。

"告缗令"无异于对全国工商业者的财物发动一次空前规模的没收运动,不但富商大贾是告发对象,就是一般工商业者("中家")也包括在内。采取的形式是告发漏税,执行的方法是派遣大小官吏到全国各地办案,只要有告发,就没收其财物。于是"商贾中家以上大率破",就是说商贾几乎全都破产了。(二)这个大规模运动的结果是,在官府方面"得民财物以亿计,奴婢以千万数,田大县数百顷,小县百余顷,宅亦如之"。因而封建国家以及地方官府财用大为充裕。而在大小官吏方面,奸吏则趁火打劫,没收财物,名为归官,实则攫为己有。司马迁说:"县官所兴,未获其利,奸吏并侵渔"①。如酷吏杜周,他是告缗案的主办人,最初做监狱小吏时,只有一匹马,鞍辔都不齐全,但后来做了廷尉(掌握刑狱的大官),"家訾累数巨万矣"②。(三)这个"告缗令"的长远影响是,一方面老百姓再也不想积蓄财物经营工商业了,而有点资财的人,也就把它吃光用光。即司马迁所说:"民偷甘食好衣,不事畜藏之产业"。另方面,在这样的浩劫下,当然会直接间接影响老百姓的生活,因而导致老百姓的反抗。司马迁说"百姓不安其生,骚动",并且一再说"物盛而衰"③。事实上,这就指出了汉武帝时社会危机的开始爆发了。

六 司马迁经济思想的历史地位

东汉班固评论司马迁的学说思想说:"又其是非颇谬于圣人,论大道则先黄老而后六经,序游侠则退处士而进奸雄,述货殖则

---

① 《史记·酷吏列传》。

② 同上。

③ 《史记·平准书》。

崇势利而羞贱贫，此其所蔽也"①。这是封建专制主义正统派对于司马迁的学说思想的非难。但班固的非难，也正表明了司马迁学说思想的卓越性。就经济思想而言，司马迁确实崇尚货殖，重视求富，但他的经济思想卓越之处，正在这里。从先秦以来，言富言利者多矣。儒家如后来董仲舒所说，"正其谊（谊，与义通）不谋其利"②，法家如后来晁错所说，"明君贵五谷而贱金玉"③，总的来说，都是贱视求利，贱视工商。而司马迁则反是。根据以上各节所说，他提出（一）求富是人之情性，自匹夫编户至千乘之王，都不能例外。（二）农畜工虞所生产，积贮交易所赢利，车船所得，子贷金钱，都属于财富范畴。（三）农虞工商，同样重要，"此四者，民所衣食之原也"④。（四）发挥人们的积极性，人们就能勤俭治产，"致其畜藏"（积累财富）。（五）以上所举，都是为历史所证验的社会经济发展的客观事实，因此要使社会经济得到健康的发展，最好的政策是顺应这些客观发展情况。司马迁提出的这些原则和学说，应该说在中国经济思想上是前所未有的，是最具有创新性的。中国封建专制主义的社会经济，发展到了汉武帝时期，已经走到了十字路口，是象汉武帝那样实行与民争利的专制政策继续走下去呢，还是尊重社会经济发展的客观要求实行"善者因之"的政策呢？这是司马迁心目中的关键性问题。因为他所目击的大量事实，已经把这一问题提到他的面前，于是他从封建社会过去经济发展正反两方面的历史教训，提出封建社会经济发展的一些基本原则和学说。这是在封建专制主义社会中永放光

---

① 《汉书·司马迁传》。
② 《汉书·食货志上》。
③ 同上。
④ 《史记·货殖列传》。

辉的思想。司马迁的卓越史学和文学,永远为后人所称道。实则他的史学和文学中所包含的卓越的经济思想,构成了他的史学和文学的实质部分。侯外庐同志说,司马迁"并非仅为史学而史学,其成一家之言的内容,多针对现实的黑暗而批判,并对社会制度提出他的积极愿望和理想,这实在是他的史学的战斗精神"①。我们认为应当如此理解司马迁。这里当然会提出这样的问题,即司马迁反对封建专制主义经济政策的卓越思想,为什么在中国封建社会没有开花结果? 这就涉及中国封建社会经济发展长期停滞的问题。即司马迁所维护的农虞工商各业"任其能、乐其业"的原则,受到封建专制官工、官商的打击压制,使民间工商业者无由从刚刚开始出现而壮大成为一个可以与封建地主专制力量相对抗的阶级力量。有的同志说,这是中国历史上的一个悲剧②,诚然。梁启超在戊戌变法失败之后,深有所感地说:"《货殖列传》私谓与西土所论("富国学"),有若合符。苟昌明其义而申理其业,中国商务可以起衰。前哲精义,千年湮没,深可悼也"③。问题是中国封建专制主义所建立的整个超经济强制经济,很少能有"昌明其义而申理其业"的可能。

一个伟大的思想家,常常都是有所继承和有所发展创造的。在这个问题上,司马迁与先秦以及西汉思想家的继承和发展关系是怎样的呢? 可以说,在经济思想上,司马迁是接受了荀子的欲求学说的。荀子的封建等级制国家《富国》论,是以他的欲求说为出发点的,司马迁则从荀子的欲求说出发,论证了他的封建社

---

① 《中国思想通史》第2卷,第159页。
② 参看施丁:《论司马迁的'通古今之变'》,《历史研究》1980年,第2期。
③ 梁启超:《〈史记·货殖列传〉今义》,《饮冰室合集》第二集,中华书局版,第35至36页。

会各阶级的求富说。除此而外，关于重工商的思想，不独先秦诸子没有一个可以与之相比，即使西汉思想家也是如此。《管子》轻重诸篇的基本思想，无疑是与汉武帝的经济政策思想一致的。如果此说成立，那么司马迁的经济思想就很难说同《管子》轻重篇的经济思想相一致。还有，我们前面提到，在司马迁之后，盐铁会议御史大夫与贤良文学的争论，似乎在"开本末之途，通有无之用"[①] 上，司马迁与御史大夫即桑弘羊等人的观点是相同的。御史大夫辩论中所说的"工不出，则农用乏，商不出，则宝货绝"[②] 等等，完全与司马迁在《货殖列传》中所说的相同。另一方面，贤良文学主张罢官营盐铁、均输、平准，反对"与民争利"，主张"抑末利而开仁义"[③]，亦与司马迁看待桑弘羊等所行所为的态度相同。并且司马迁在《孟荀列传》还说，"利诚乱之始也"，在《汉兴以来诸侯年表》中说，"形势虽强，要之以仁义为本"，岂非又与贤良文学的观点和主张相同？对于这一问题，我们认为要看司马迁的基本经济思想，是否与御史大夫和贤良文学相同，不可以片段论述来定其相同与否。弄清楚这一问题，对于理解司马迁经济思想的特点，非常必要。有两个关键性问题需要说明。一是司马迁所讲的求利和求富，有两种涵义，即有匹夫编户和"素封"之家求利与封建专制君主利用国家权力求利之不同。司马迁在《孟荀列传》所谴责的求利，以及在《平准书》中对"兴利"所表示的意见，都是指后一种求利，而在《货殖列传》所说的"求富益货"和"利往"、"利来"，则是指前一种求利。明确了这一区分，就可以知道在反对封建专制君主"兴利"上，司马迁与贤良

---

① 《盐铁论·本议》。
② 同上。
③ 同上。

文学以及董仲舒①是一致的,但在"抑末利"上,并不与贤良文学主张相同。另一方面,桑弘羊等御史大夫所标榜的"开本末之途",是旨在为封建专制君主"兴利",与司马迁所说的农虞工商求富益货的涵义不同。那种"兴利",事实上是与民争利,是暴夺民间工商业者之利。其次要辨明的是,东郭咸阳、孔仅、桑弘羊本来都是大冶铁家、煮盐家和贾人之了,他们本来属于司马迁所说的"素封"之家,是治产积居,以末致财的人。但这些人一旦成为封建专制国家的大官僚,他们就成为官工官商,他们就能够用超经济强制手段来取得资财和势力,而与匹夫编户的利益相对立。这就是为什么在他们主政之下,告缗令下,"商贾中家以上大率破"。他们投入封建大官僚的阵营,并且把原来经营盐铁的富家也拉到官僚阵营,这就一方面扩大了封建专制国家官营经济的力量,另一方面则削弱了民间工商业的力量。这是不符合司马迁所说的社会经济发展原则,而为司马迁所反对的。有的同志认为桑弘羊的经济观点,"是商人阶级的观点,特别是富商大贾的商人资本的观点"②。这除了作官商观点解释外,是很难说得通的。因为"笼天下盐铁,排富商大贾,出告缗令"③,虽为张汤所献策,武帝所批准,但也有桑弘羊的主张在内,并且桑弘羊是直接主持执行此政策之人,怎么能说他是代表富商大贾的商人资本的利益呢?弄清楚桑弘羊的真正的经济观点,对于理解司马迁经济思想的卓越性,是极其性要的。必须分辨清楚,桑弘羊的财政经济政策有利于封建专制君主的国家统治是一回事,它是否有利于封建社会经济的发展又是一回事。恩格斯说:"在发展的进程中,以前的一

---

① 董仲舒也主张"盐铁皆归于民",见《汉书·食货志上》。
② 胡寄窗:《中国经济思想史》中,第76页。
③ 《史记·酷吏列传》。

切现实的东西都会成为不现实的,都会丧失自己的必然性、自己存在的权利、自己的合理性"①。对于汉武帝与桑弘羊所实行的官营经济政策和司马迁对这种政策所持的态度和见解,应该按恩格斯所提出的原理去理解。

司马迁经济思想的历史意义,一方面表现在他揭露了汉武帝时期封建专制主义经济政策走上了扼杀经济发展生机的道路,另一方面表现在他提出了封建经济正常发展的原则及其所以然的理论。他虽然还是在"本富为上,末富次之"的封建经济范围内提出问题和设想,他没有突破"君臣上下之分","夫妇长幼之别"的封建教条,但是他提出了封建经济内"布衣匹夫之人……取与以时而息财富"②的这个重要内容,他作《货殖列传》,供"智者"采择行事。他并且看到了封建经济内交换经济的发展和货币具有"并兼兹殖,争于权利,去本趋末"的其极则"玩巧"③作用。他虽然不能明确指出这些事物是变革封建经济的内在力量,但他确实看到了"事变"在发生,他说"作《平准书》以观事实"④。他这些学说思想,对于封建专制统治者以及正统学派,当然是异端,但是对于当时封建社会经济发展的方向问题,确实提出了积极的和具有科学性的观点。再者,司马迁经济思想的历史地位,若与西欧的政治经济思想比较一下,也更可以看出它的卓越性。在西欧的封建社会末期,即在十五世纪末,商人资本积累有了发展,自然经济开始解体。接着英国、法国一些思想家提出了"自然法"哲学。他们反对封建专制主义,为资本主义的发展开路,认为人

---

① 《费尔巴哈与德国古典哲学的终结》,《马克思恩格斯选集》第4卷,第212页。

② 《史记·太史公自序》。

③ 同上。

④ 同上。

们有自利、竞争、自由获取财富的本性，人们是生而平等的，这些权利都是自然的，不能剥夺的，人们保有这些权利是最合乎理性的，而国家的组织则是社会成员同意以契约形式建立的。这种自然法哲学以后成为资产阶级革命的思想基础，而古典派政治经济学所根据的自然秩序理论以及所提出的自由放任经济政策，也是渊源于自然法哲学理想。不能不承认司马迁的哲学思想和经济思想，与西欧自然法思想有共同之处，如认为人们有自利和自由获取财富的本性，国家经济政策应该顺应社会自然发展的原则，以及反对封建专制主义违反"法自然"原则等。但在时代上司马迁是处在公元前二世纪中国封建主义初盛时期，与西欧思想家处在公元十六、十七世纪资本主义初期不同。就以商人资本的发展来说，西欧城市工商业的发展，已经造成工商业者有与封建主对抗的力量，而中国在秦汉时代，虽然出现了一些大工商业者，但他们都处于依附封建专制君主的地位，最后都放弃了或改变了他们原来工商业者的阶级属性，而转化为封建专制主义的重要构成力量。在这种社会政治经济条件下，司马迁能突破传统教条，重视工商业的作用，认识增值财富的必要，提出"法自然"的社会经济发展原则，不能不说他不但在中国经济思想的发展史上享有卓越的地位，并且在世界经济思想发展史上也是一位卓越的思想家。我认为司马迁"法自然"的经济思想最好不用"自由放任"思想和政策来比拟和解释，因为后一思想是代表工业资产阶级利益反对重商主义国家干涉政策的，时代在18世纪，晚得多，其中心思想和司马迁不同。

1982年1月26日完稿

作者著译书目

一、专著、译著

《中国粮食对外贸易,其地位、趋势及变迁(1912—1931)》"国防设计委员会参考资料"第二号 1934年2月 南京

《农业经济学》(翻译),奥伯利昂著,商务印书馆 1935年 上海

《福建省粮食之运销》(与张之毅合著),"社会科学研究所丛刊"第11种 商务印书馆 1937年 上海

《经济学概论》(大学丛书)(与杜俊东合译) 商务印书馆 1937年 上海

《农业贷款与货币政策》"社会科学研究所社会经济问题小丛书"第2种 1940年8月 昆明

《战时物价之变动及其对策》"社会科学研究所社会经济问题小丛书"第5种 商务印书馆 1942年 重庆

《农业十篇》(与汤佩松合著) 独立出版社 1943年 重庆

《国民所得概论》 正中书局 1945年2月 重庆

《中国国民所得,1993》二卷(主编)"社会科学研究所丛刊"第25种 中华书局 1947年 上海

《中国近代经济思想与经济政策资料选辑(1840—1864)》(与冯泽、吴朝林合编)科学出版社 1959年 北京

《用商品生产商品》(世界名著,

翻译），斯拉法著，商务印书馆 1963年第1版，1991年第3版　北京

《经济计量学》（《当代资产阶级经济学说》第4册）（与孙世铮、胡代光合著）商务印书馆　1964年　北京

《中国经济思想史资料选辑》（主编）先秦卷二册，1985年；两汉卷1988年；三国至隋唐卷　1992年；宋金元卷1996年；明清卷1990年。中国社会科学出版社　北京

《管子经济思想研究》　中国社会科学出版社　1989年　北京

《经济问题与经济思想史论文集》　山西经济出版社　1995年

《古希腊、罗马经济思想资料选辑》（主编）　商务印书馆1990年　北京

《西欧中世纪经济思想资料选辑》（主编）　商务印书馆　1998年　北京

《先秦经济思想史》（主编）中国社会科学出版社　1996年　北京

二、论文

《句容农民状况调查》，《东方杂志》第24卷16号　1927年8月　上海

《论银借款之不利与不必要》，《大公报》　1931年2月20日

《我国银本位币制之实行》，《大公报·经济周刊》　1933年3月15日　天津

《河北省农村信用合作社放款之考察》，《社会科学杂志》第5卷1期　1934年3月　北平

《定县主义论》，《独立评论》第96号　1934年4月　北平

《民国二十二年的中国农业经济》，《东方杂志》第31卷11期　1934年6月　上海

《乡村人口问题》，《独立评论》第134号　1934年12月　北平

《察绥晋旅行观感》，《独立评论》第196、197号　1935年1月　北平

《王同春开发河套轶记》附记，《禹贡》第4卷7期　1935年10月　北平

《我国农业政策之商榷》，《新经济》第3卷8期　1940年10月　北平

《论我国人口与经济进步》,《今日评论》第 4 卷 10 期　1940 年 9 月　昆明

《论农村人口过剩》,《中央日报》副刊《人文科学》第 4 期　1941 年 1 月　昆明

《农业与经济变动》,清华大学《社会科学》第 3 卷 1 期　1941 年　昆明

《论目前的货币、物价与生产》,《时事类编》等 64、65 期　1941 年 7 月　重庆

《我国银行信用膨胀问题的商榷》,《金融知识》第 1 卷 3 期　1942 年 5 月　重庆

《论我国农业金融制度与货币政策》,《金融知识》第 1 卷 4 期　1942 年 7 月　重庆

Food Problem in War-Time China, Pacific Affairs, vol, 15. No.3 1942.sept, N.Y.U.S.A 即**《我国战时的粮食问题》**,《太平洋事务杂志》第 15 卷 3 期　1942 年 9 月　美国,纽约

《战时工资变动》(与桑恒康合撰),《人文科学学报》第 1 卷 2 期,1942 年 12 月　昆明

《平均地权与地尽其利及其实行》,《经济建设季刊》第 1 卷 3 期　1943 年 1 月　重庆

Ex-ante Saving and Liguidity Prefrence, Review of Economic Studies 1943 Winter, London, 即**《预期储蓄与灵活性偏好》**,《经济研究评论》杂志,1943 年　冬季号　英国伦敦

《中国国民所得估计方法论稿》,华西大学《经济学报》第 1 卷 1 期　1944 年　成都

International Payments in National Income, Quarterly Journal of Economics, Vol.60. no.2.1946.Feb. U.S.A. 即《国民所得中的国际收支》　哈佛大学《经济学季刊》第 60 卷 2 期　1946 年 2 月　美国

A New Estimate of China's National Income, Journal of Political Econcmy, 1946 Dec. U.S.A 即《中国国民所得的一个新估计》,芝加哥大学《政治经济杂志》　1946 年 12 月　美国

《中国国民所得,1933 **修正**》,《社会科学杂志》第 9 卷 2 期　1947 年 12 月　南京

《中国国民所得,1933,1936,1946》,《社会科学杂志》第 9 卷 2 期　1947 年 12 月　南京

《现行外汇政策必须改变》,《世纪评论》第 1 卷第 1 期　1947 年 南京

《论九万三千亿大预算》，《世纪评论》第1卷第6期 1947年 南京

《假如有十亿美元借款就可以改变币制了吗?》，《世纪评论》第2卷16期 南京

《消蚀的经济》，《大公报》《星期论文》 1947年10月12日 上海

《新中国物价稳定的过程》（与萧步才、胡积德合撰），《新建设》1953年第7期 北京

《关于我国过渡时期经济法则的作用的几个问题》，《经济研究》1955年第2期 北京

《当代"福利国家"谬论的渊源和性质》，《经济研究》 1963年第3期 北京

《现代资产阶级福利经济学说和福利国家的几个方面》，《新建设》1964年第4期 北京

《侈靡篇的经济思想和写作时代》，《经济研究所集刊》第1集 1979年 又载《中国社会科学》1980年第5期 北京

《关于物质生产和非物质生产问题》，《科研简报》第6期 1981年7月 中国社会科学院经济研究所 北京 又载《经济学动态》1985年第6期 于光远：《孙治方同志1981年给我的一封信》一文附录

《经济思想史的学科建设极须加强》，《经济研究》1981年第8期 北京

《谈谈研究中国早期经济思想的意义、现状和前景》，《经济研究》1982年第8期 北京

《管子乘马篇经济思想研究》
北京师范大学经济系《经济学集刊》(2) 1982年5月 北京

《经济思想史研究的对象、方法和意义——经济思想史研究的回顾和前瞻》，《经济思想史论文集》（纪念陈岱孙教授任教55周年），北京大学出版社 1982年8月 北京

《中西古代经济思想比较研究绪论》，《经济理论与经济史论文集》（纪念赵廼抟教授从事学术活动56周年），北京大学出版社 1982年8月 北京

《学习"必须加强经济科学和管理科学的研究和应用"方针政策的一点体会》，《经济研究》1982年第12期 北京

On the Significance, Present Situation and the Prospect of the Study of Early Chinese Economic Thought, Social Sciences in China, vol.4, no.2 1983.Feb, Beijing.

《"轻重"各篇的经济思想体系问题》，《经济科学》1983年第2、3期　北京

《轻重16篇的成书时代问题》，《南开经济研究所季刊》1983年第4期　天津

《管子轻重学说的渊源、基本思想和基本概念》，《经济研究所集刊》第7集　1984年　北京

《谈中国古代经济思想史研究的几个问题》，《南开经济研究所集刊》1984年第2期　天津

《先秦租赋思想的探讨》载《中国经济思想史论》人民出版社1985年2月　北京

《西方福利经济学述评》序，商务印书馆　1985年　北京

《对"七五"计划的意见——关键在于严格执行》，《群言》1986年第1期　北京

《"度地"篇和"地员"篇对于发展农业生产力的意义及其农学思想渊源》，《中国经济史研究》1986年第1期　北京

《管子的货币、价格学说和政策》，《经济研究所集刊》第8集1986年　北京

《管子研究小识》，《管子学刊》创刊号　1987年8月　山东淄博

《严格控制计划外投资必须采取立法措施》，《群言》1987年第5期　北京

《政治经济学原理的历史考察》序，《贵州社会科学》1987年第7期　贵阳

《三峡工程在"经济上是合理的"吗?》，《群言》1988年第6期　北京

《庄子的经济思想》，《北京社会科学》1989年第3期　北京

《中国古代经济思想对法国重农学派经济学说的影响问题的考释》，《中国经济史研究》1989年第1期　北京

《孙武、孙膑的经济思想》，《管子学刊》1989年第3期，山东淄博

《国蓄篇经济思想研究》，《平准》第2集　1990年3月　北京

《中国经济思想史研究展望》，《经济研究》1990年第4期

《改善大中型企业经营管理造就社会主义企业家》，《民主》1990年第4期　北京

《古代希腊、罗马经济思想资料选辑》序，商务印书馆　1990年　北京

《中国经济思想史研究的几个主要方面及其意义》，《中国经济史研究》1991年第1期　北京

《先秦经济思想史》〈导论〉，中国社会科学出版社　1996 年　北京

《中国古代经济分析论著述要》，《中国社会科学院研究生院学报》1992 年第 1 期　北京

《繁荣社会科学非常重要》，《中国社会科学院通讯》第 28 期　1992 年 11 月　北京

《纪念孙冶方同志》，《经济研究》1993 年第 4 期　北京

《管仲"相地而衰征"的历史意义和理论贡献》，《河南师范大学报》1993 年第 3 期　河南新乡，又载《齐文化纵论》华龄出版社 1993 年　北京

《纪念招商局成立 120 周年学术研讨会论文集》序　1994 年　深圳

《简论中国经济思想史研究的三个主要方面》载《东亚地区社会经济思想与现代化研讨会论文集》1994 年　北京

《纪念我国著名社会学家和社会经济研究事业的开拓者陶孟和先生 (1888—1960)》《近代中国》1995 年　上海

《试释关于唐代丝织业商人的一则史料》，《中国经济史研究》1996 年第 2 期　北京

《唐代重商思想的兴起》，《中国经济史研究》　1997 年第 3 期　北京

《中国古代地租和田赋思想的演进》，《南京社会科学》1998 年第 8 期　南京

作者年表

1905年7月28日 生于江苏省句容县。

1925年 考入吴淞政治大学。

1927年 考入南京中央大学。

1930年 转入清华大学。

1932年 清华大学毕业,获学士学位。同年入南开大学经济学院,从事研究工作。

1933—1935年 北平社会调查所,任助理员。

1935—1949年 中央研究院社会科学研究所。任助理研究员、副研究员、研究员。(1935年北平社会调查与中央研究院社会科学研究所合并)

 其间:**1936—1938年** 美国哈佛大学,学习。获硕士学位。

1938—1939年 德国柏林大学,进修。

1939—1941年 随中央研究院迁昆明。任副研究员。

1941—1947年 中央研究院社会科学研究所,任研究员。

1947—1948年 美国哈佛大学,学习。获博士学位。

1948—1949年 中央研究院社会科学研究所,任研究员。

1950—1952年 中国科学院社会研究所,任研究员、副所长。

1953年 中国科学院经济研究所,任研究员、代理所长。

1954—1978年 中国科学院经济研究所,任研究员。

1978—1999年 中国社会科学院经济研究所,任研究员。